# Zivilrechtliche Haftung deutscher Unternehmen für menschenrechtsbeeinträchtigende Handlungen ihrer Zulieferer

# Internationalrechtliche Studien

## Beiträge zum Internationalen Privatrecht, zum Einheitsrecht und zur Rechtsvergleichung

Herausgegeben von Ulrich Magnus und Peter Mankowski

Band 68

PL ACADEMIC RESEARCH

Gesine Osieka

# Zivilrechtliche Haftung deutscher Unternehmen für menschenrechtsbeeinträchtigende Handlungen ihrer Zulieferer

PL ACADEMIC RESEARCH

**Bibliografische Information der Deutschen Nationalbibliothek**
Die Deutsche Nationalbibliothek verzeichnet diese Publikation in der Deutschen Nationalbibliografie; detaillierte bibliografische Daten sind im Internet über http://dnb.d-nb.de abrufbar.

Zugl.: Hamburg, Univ., Diss., 2013

Gedruckt auf alterungsbeständigem,
säurefreiem Papier.

D 18
ISSN 0947-0395
ISBN 978-3-631-64960-2 (Print)
E-ISBN 978-3-653-04094-4 (E-Book)
DOI 10.3726/978-3-653-04094-4


PL Academic Research ist ein Imprint der Peter Lang GmbH.

Peter Lang – Frankfurt am Main · Bern · Bruxelles · New York ·
Oxford · Warszawa · Wien



Dieses Buch erscheint in einer Herausgeberreihe bei PL Academic Research und wurde vor dem Erscheinen peer reviewed.

www.peterlang.com

# Danksagung

Bei meinem Doktorvater, Herrn Prof. Dr. Ulrich Magnus, bedanke ich mich ganz herzlich für die Betreuung des Promotionsvorhabens. Außerdem danke ich dem Zweitgutachter, Herrn Prof. Dr. Heribert Hirte, für die zügige Korrektur meiner Arbeit.

Bedanken möchte ich mich auch bei Dr. Nils Schaks und Dr. Amanda Lipuscek für ihre hilfreichen Anregungen und kritischen Anmerkungen, sowie bei Dr. Miriam Saage-Maaß und Robert Grabosch, die mir als wertvolle Diskussionspartner zur Seite standen.

Ganz besonderer Dank gilt meiner Familie und meinen Freunden, meinen Eltern Anne und Rolf Osieka, meiner Schwester Maren Heinemann, Jenny Horst, Judith Conrad und Lisa Besler – nur durch ihre Hilfe konnte ich diese Arbeit abschließen.

Meinem Mann Christian Lampe danke ich für seine immerwährende Unterstützung und für alles andere.

Meinem Mann Christian
und unseren Kindern Marten und Elin

# Inhaltsverzeichnis

# I. Einleitung

## 1. Gegenstand der Untersuchung

In den letzten Jahren sind die Produktionsbedingungen, unter denen für den Weltmarkt produzierte Konsumgüter hergestellt werden, immer stärker ins Bewusstsein der Öffentlichkeit gerückt. Medienberichterstattung und Aktionen von Menschenrechtsgruppen haben dazu geführt, dass große Unternehmen heute kaum noch unbeobachtet Arbeitsschutz- und Umweltstandards verletzen können, ohne dass ihr Ruf nachhaltig leidet. Eine negative Pressedarstellung kann zu einem tatsächlichen Rückgang der Umsatzzahlen führen, sodass Unternehmen ein nicht unerhebliches Interesse daran haben, zumindest einen gewissen Produktionsstandard auch an ihren ausländischen Standorten zu gewährleisten. Dem informellen Druck der Verbraucher kommt demnach eine erhebliche Präventionswirkung zu.

Dennoch ist die Produktion unter unmenschlichen Bedingungen sowie die Verursachung von erheblichen Umweltschäden im Zusammenhang mit dem Herstellungsprozess in einer Vielzahl von Ländern weiter an der Tagesordnung. Während die Betroffenen zumeist in Entwicklungs- und Schwellenländern leben, werden viele der so fabrizierten Produkte auch in Europa und Nordamerika abgesetzt.

Zu beachten ist dabei, dass es in den meisten Fällen nicht die großen Unternehmen mit Sitz in den Industriestaaten selbst sind, welche die menschenrechtsrelevanten Handlungen begehen, sondern deren ausländische Tochtergesellschaften und – noch weitaus häufiger – die lokalen Zulieferer. Jüngste Beispiele, welche in der internationalen Presse starke Beachtung fanden, sind etwa die Vergiftung chinesischer Arbeiter des Apple-Zulieferers Wintek mit der Chemikalie N-Hexan[1] und ein Massenkollaps in einer kambodschanischen Textilfabrik, die den Einzelhändler H&M beliefert.[2]

---

1 Vgl. Spiegel Online, 22.02.2011, Giftskandal bei Apple-Zulieferer – Chinesische Arbeiter bitten Steve Jobs um Hilfe. Abrufbar unter: http://www.spiegel.de/wirtschaft/unternehmen/0,1518,746963,00.html (zuletzt abgerufen am 12.01.2013).

2 Vgl. Handelsblatt Online, 25.08.2011, Massenkollaps bei H&M-Zulieferer. Abrufbar unter: http://www.handelsblatt.com/unternehmen/industrie/massenkollaps-bei-hundm-zulieferer/4539328.html (zuletzt abgerufen am 12.01.2013). Als Gründe

Der zivilrechtlichen Haftbarmachung der produzierenden Unternehmen vor Ort stehen verschiedenste Hindernisse entgegen. Sie scheitert etwa an gegenläufigen ökonomischen Zielsetzungen des auf Investitionen angewiesenen Staates sowie an Hemmnissen im Justizapparat.

Es besteht daher ein erhebliches gesellschaftspolitisches Interesse, Handelsunternehmen aus Industrieländern als Abnehmer der unter menschenrechts*beeinträchtigenden*[3] Bedingungen hergestellten Güter zur Verantwortung zu ziehen.

Im Völkerrecht beschäftigt man sich schon seit geraumer Zeit mit der Frage, wie Unternehmen – beziehungsweise die Staaten, denen die Unternehmen zurechenbar sind – haftbar gemacht werden können. Untersucht wird, wie mit repressiven Mitteln auf begangene Menschenrechtsbeeinträchtigungen reagiert werden kann. Dagegen sind zivilrechtliche Haftungsklagen gegen Unternehmen für im Ausland begangene Menschenrechtsbeeinträchtigungen immer noch selten. In Europa wurde einzig in Großbritannien bereits eine gewisse Anzahl von diesbezüglichen Verfahren angestrengt. Vor deutschen Gerichten ist hingegen bislang nicht ein einziger derartiger Prozess geführt worden.

Welche Aussichten könnte die Erhebung von zivilrechtlichen Klagen gegen deutsche Unternehmen vor deutschen Gerichten haben? Was behinderte bisher die gerichtliche Geltendmachung? Inwieweit handelt es sich hierbei um europäisch einheitliche Fragestellungen und welche Besonderheiten sind auf der Ebene des materiellen deutschen Rechts zu berücksichtigen?

Die vorliegende Arbeit nähert sich diesen Fragen. Hingegen sind ebenfalls denkbare straf- und zivilrechtliche Ansprüche gegen die handelnden natürlichen Personen des Managements sowie Ansatzpunkte im Bereich der Publizitätspflichten oder außenwirtschaftlicher und handelsrechtlicher Regularien nicht Gegenstand der Untersuchung.

---

für den Kollaps wurden später schlechte Sauerstoffzufuhr, chemische Ausdünstungen und Unterernährung identifiziert, vgl. Mühlmann, Welt am Sonntag vom 09.12.2012, S. 7.

3 Es ist umstritten, ob und inwieweit Unternehmen an die Menschenrechte gebunden sind und diese daher *„verletzen"* können – vgl. hierzu Teil III.1.b.bb. Daher wird nachfolgend stets neutral von einer *„Beeinträchtigung"* der Menschenrechte durch Unternehmen gesprochen. Diese erfordert im Gegensatz zu einer *„Verletzung"* allein, dass der Schutzbereich eines Menschenrechts betroffen wird, ohne dass es dabei auf eine staatliche Verursachung ankommt – vgl. Teil II.1.a.ff.

## 2. Vorgehensweise

Die Probleme, die sich bei der Geltendmachung von Ansprüchen gegen deutsche Unternehmen für menschenrechtsbeeinträchtigende Handlungen ihrer Zulieferer ergeben, betreffen höchst unterschiedliche Ebenen. Neben der prozessualen Frage der Zuständigkeit und der international-privatrechtlichen Klärung des anwendbaren Rechts bergen insbesondere das materielle deutsche Recht und seine Zurechnungsvoraussetzungen Schwierigkeiten.

Am Anfang der Untersuchung wird ein allgemeiner Überblick über die Grundlagen der zivilrechtlichen Haftung von Unternehmen für Menschenrechtsbeeinträchtigungen gegeben. Neben einer Eingrenzung der maßgeblichen Begrifflichkeiten geht es in **Teil II** insbesondere darum, generell das Verhältnis von Zivilrecht und Menschenrechten zu beleuchten. Inwieweit bestehen Schnittmengen? Welche Tatbestands- und Wesensmerkmale kennzeichnen Menschenrechte und zivilrechtliche Rechtspositionen? Und vor allem: Wirken die Menschenrechte unmittelbar oder mittelbar in das Zivilrecht hinein?

**Teil III** lenkt den Blick auf unternehmensverursachte Menschenrechtsbeeinträchtigungen und fragt, ob das Zivilrecht eine Antwort auf diese sein kann. Geprüft werden Erforderlichkeit, Geeignetheit und Angemessenheit des Rückgriffs auf einen Rechtsbereich, der sich bei der bisher maßgeblich völkerrechtlich situierten Thematik nicht von vornherein als Lösungsansatz aufdrängt.

**Teil IV** beginnt mit einer allgemeinen Beschreibung der Wirtschaftsbeziehungen deutscher Unternehmen mit Entwicklungs- und Schwellenländern. Es folgt die exemplarische Darstellung von Lieferbeziehungen eines deutschen Unternehmens mit Bekleidungsunternehmen, die in China unter Missachtung der Menschenrechte produzieren. Teil IV schließt mit Überlegungen dazu, warum gerade deutsche Unternehmen als Adressaten der Haftungsansprüche ausgewählt werden und warum deutsche Gerichte als Forum der Haftungsansprüche in Betracht kommen.

Bevor auf die einzelnen Anspruchsgrundlagen, die das materielle deutsche Recht für die Begutachtung der Zulieferbeziehungen bietet, eingegangen wird, fragt **Teil V** zunächst generell nach der Wirkungsweise der Menschenrechte im deutschen Zivilrecht. Welche Gründe sprechen für eine unmittelbare Drittwirkung und wie würde sich eine solche bei der Prüfung der BGB-Normen auswirken? Wie kann den Menschenrechten zumindest mittelbar Geltung verschafft werden? Eine weitere Vorprüfung erfolgt in der Weise, dass das in Teil IV dargestellte Fallbeispiel auf seine menschenrechtlichen Implikationen hin überprüft wird. Nur soweit tatsächlich Menschenrechte beeinträchtigt sind und nicht lediglich eine Unterschreitung der deutschen arbeits- und sozialrechtlichen Standards erfolgt, wird in der Folge zivilrechtlich vertieft geprüft. Dies vollzieht sich dann als klassische Fallprüfung unter der Maßgabe, dass den Menschenrechten im Wege der Auslegung unbestimmter Rechtsbegriffe möglichst weitreichender Einfluss zugestanden wird.

Im folgenden **Teil VI** wird dann zivilprozessual ermittelt, ob überhaupt eine Zuständigkeit europäischer Gerichte begründet werden kann. Weiterhin wird festgestellt, welche Rechtsordnungen berufen sein könnten, Sachverhalte zu regeln, in denen ein deutsches Unternehmen Produkte abgenommen hat, die von den ausländischen Zulieferern unter Beeinträchtigung von Menschenrechten hergestellt wurden.

**Teil VII** schildert kurz die wenigen bislang bestehenden Erfahrungen mit der Geltendmachung von Schadensersatzansprüchen wegen im Ausland begangener Menschenrechtsbeeinträchtigungen. Hierzu wird die Rechtsprechung englischer Gerichte als Beispiel für eine Geltendmachung nach allgemeinem Zivilrecht und die US-amerikanische ATCA-Litigation exemplarisch für eine menschenrechtliche Spezialregelung dargestellt.

Schließlich sollen in **Teil VIII** die Ergebnisse zusammengefasst werden und die Überlegungen in einer Gesamtbetrachtung über die Aussichten einer hypothetischen Klage de lege lata münden. Zudem formuliert Teil VIII erste Ansätze, an welchen Stellschrauben auf materieller und prozessualer Ebene gedreht werden könnte, um de lege ferenda die Erfolgsmöglichkeiten einer solchen Klage zu verbessern.

# II. Grundlagen

## 1. Begriffsbestimmungen

Vor dem Hintergrund des Untersuchungsgegenstandes werden zunächst die für diese Arbeit maßgeblichen Begrifflichkeiten definiert und abgegrenzt.

### a. Menschenrechte

Haftungsgrund und damit zentraler Begriff dieser Arbeit sind die Menschenrechte.

Eine allgemein anerkannte Definition der Menschenrechte existiert in der heterogenen Staatenwelt angesichts der Verschiedenheit der möglichen Rechtspositionen und der regional unterschiedlichen kulturellen und religiösen Vorverständnisse nicht. So wirkt „*die normative und ethisch-moralische Dimension, die in der Menschenrechtsidee mitschwingt, auf die wissenschaftliche Durchdringung des Begriffs und seines Inhalts mit ein.*"[4]

Zwar wird die Geltung von Menschenrechten an sich von keiner Regierung bestritten,[5] und am 25. Juni 1993 haben sich anlässlich der Weltmenschenrechtskonferenz 171 Staaten der sogenannten Wiener Erklärung angeschlossen, die bereits in ihrer ersten Ziffer feststellt: „*Der universelle Charakter dieser Rechte und Freiheiten steht außer Frage.*"[6] Kontrovers diskutiert werden jedoch sowohl die Existenzberechtigung einzelner Garantien (zum Beispiel die Gleichheit von Mann und Frau) als auch deren konkreter Inhalt und der Rang bestimmter Rechte im Verhältnis zueinander. Die Möglichkeit einer Festlegung auf einen bestimmten Kanon bleibt daher höchst umstritten.[7]

---

4 *Kühnhardt,* Die Universalität der Menschenrechte, S. 22.

5 Vgl. *Kälin/Künzli,* Universeller Menschenrechtsschutz, S. 24.

6 Wiener Erklärung der UN-Weltkonferenz über Menschenrechte vom 25. Juni 1993, UN-Doc. A/CONF. 157/23, in: Europa-Archiv 1993, D498–520.

7 Vgl. zum Diskussionsstand zum Beispiel *Klein/Menke*, Universalität–Schutzmechanismen–Diskriminierungsverbote: 15 Jahre Wiener Weltmenschenrechtskonferenz; sowie *Janz/Risse*, Menschenrechte – Globale Dimensionen eines universellen Anspruchs.

Wenn verschiedene Verfassungen und Vertragsdokumente auf den Begriff der Menschenrechte rekurrieren oder Nichtregierungsorganisationen oder Private die Beeinträchtigung von Menschenrechten beanstanden, muss dies folglich nicht zwangsläufig heißen, dass jeweils von dem gleichen Begriffsverständnis ausgegangen wird.

### aa. Entstehungsgeschichte

Weitgehend Einigkeit besteht darin, dass der moderne Begriff der Menschenrechte erst aus der Naturrechtslehre des 18. Jahrhunderts stammt. Demgegenüber blieben frühere Ansätze im Altertum (Schulen der Stoa und der Sophisten) sowie im frühen Mittelalter (Scholastik) als „philosophische Idealvorstellungen" ohne praktischen Einfluss. Auch solche Freiheiten, die zu Zeiten des territorialen Ständestaates Verbindlichkeit entfalteten, stellten nur Privilegien für bestimmte Gruppen dar.[8]

Die erste umfassende Verankerung der Menschenrechte erfolgte auf nationaler Ebene. Die Virginia Bill of Rights von 1776[9] in den Vereinigten Staaten und die Déclaration des Droits de l'Homme et du Citoyen von 1789[10] in Frankreich bereiteten den Weg für eine Vielzahl nationalstaatlicher Menschenrechtserklärungen. Dabei nahmen die Dokumente jedoch grundsätzlich eine reine Binnensicht ein

---

8 *Neuhold/Hummer/Schreuer,* Österreichisches Handbuch des Völkerrechts, Rz. 1341. Der erst junge Einzug des Begriffs der Menschenrechte in das völkerrechtliche Vokabular darf indes nicht damit gleichgesetzt werden, dass es sich auch um eine neue Fragestellung handelt. Vielmehr geht es bei den Menschenrechten um ein *„Urthema gesellschaftspolitischer Problematik"*, welches – obwohl nicht als solches empfunden – gleichwohl bereits existierte. *Ermacora,* Menschenrechte in der sich wandelnden Welt, Bd. 1, S. 25.

9 Declaration of Rights von Virginia von 1776, in: *Dennewitz,* Die Verfassungen der modernen Staaten, Erster Band, S. 52 ff.; Art. 1 statuiert, dass *„alle Menschen von Natur aus gleich frei und unabhängig sind und bestimmte angeborene Rechte besitzen"* – zu beachten ist jedoch, dass von der Bezeichnung „alle Menschen" nach damaligen Verständnis ganze Kategorien von Personen (insbesondere Sklaven, Frauen und Kinder) ausgenommen waren. *"It would be naïve and refuted by the facts to think that every being that shows the physical characteristics of Homo sapiens is a 'man' in the sense of the human rights declaration of that time. Obviously, there is a biological sort of homo sapiens and a social kind of homo sapiens. Whoever belongs to the first category does not automatically belong to the second category." Cliteur*, Rechtstheorie, 1996, S. 181 f.

10 Déclaration des droits de l'homme et du citoyen von 1789, in: *Dennewitz*, die Verfassungen der modernen Staaten, Erster Band, S. 77 ff.

und beschränkten ihren Wirkungsbereich auf die eigenen Staatsbürger. Ausnahmen von dieser nationalen Begrenzung der Menschenrechte bestanden lange nur in Form von Fremdenrecht, welches den Staaten schon früh die Verpflichtung auferlegte, ausländische Staatsangehörige nach Maßgabe bestimmter Mindestanforderungen zu behandeln, sowie durch das humanitäre Völkerrecht, das humanitäre Mindeststandards für die Kriegsführung etablierte.[11]

Erst vor dem Hintergrund der Schrecken des Nationalsozialismus und des Zweiten Weltkriegs entstand die moderne (überstaatliche) Menschenrechtsordnung.[12] Sie gründet auf der Erkenntnis, dass *„die Anerkennung der angeborenen Würde und der gleichen und unveräußerlichen Rechte aller Mitglieder der Gemeinschaft der Menschen die Grundlage von Freiheit, Gerechtigkeit und Frieden in der Welt bildet"* und es deshalb erforderlich ist, *„die Menschenrechte durch die Herrschaft des Rechtes"*[13] zu schützen.[14] Dies führte in der Folge zur Ratifikation einer Vielzahl von Völkerrechtsverträgen, die sich dem Schutz der Menschenrechte verschreiben.

### bb. Geltung: Universalität versus Relativismus, Naturrecht versus Rechtspositivismus

Die Frage nach der Universalität der Menschenrechte ist die Frage nach einer Begründung dafür, dass Menschenrechte für alle Menschen unabhängig von Zeit und Ort gleichermaßen gelten sollen.[15]

Die relativistische Kritik an der universellen Geltung der Menschenrechte trägt vor, diese seien ein Produkt ihrer historischen und kulturellen Entwicklung. Der chinesische Delegierte Liu Huaqiu verdeutlichte anlässlich der Wiener Weltmenschenrechtskonferenz im Jahr 1993: *"The concept of human rights is a product of historical development. It is closely associated with specific social, political and economic conditions and the specific history, culture and values of a particular country. [As a consequence] one should not and cannot think of the human rights*

---

11 *Buergenthal/Thürer*, Menschenrechte, S. 12 ff.

12 Ebenda, S. 25.

13 Allgemeine Erklärung der Menschenrechte vom 10. Dezember 1948, in: *Tomuschat*, Menschenrechte, S. 38 ff.

14 In Abkehr von der bisherigen Sichtweise, wonach das Völkerrecht in aller Regel lediglich reflexhafte Individualbegünstigungen auslöste, trat der einzelne Mensch nunmehr als Rechtsinhaber *„in das Licht des Völkerrechts."* *Haratsch*, Die Geschichte der Menschenrechte, S. 71.

15 Vgl. *Kälin/Künzli*, Universeller Menschenrechtsschutz, S. 22.

*standard and model of certain countries as the only proper ones and demand all other countries to comply with them."*[16]

Demgegenüber wird überwiegend vertreten, dass zumindest ein Teil der Menschenrechte universelle Geltung beansprucht.[17] Im Wesentlichen stehen sich dabei heute zwei rechtliche Begründungsansätze gegenüber: die naturrechtliche und die positivistische Schule. Während erstere den Grund der Menschenrechte schon im Menschen selbst und seiner Existenz sieht, behandelt die positivistische Lehre die Anerkennung der Verbindlichkeit der Rechte als deren unabdingbare Voraussetzung.[18]

Im Ergebnis dürfte für die vorliegende Betrachtung unerheblich sein, welchem Begründungsansatz gefolgt wird, da zumindest für diejenigen Menschenrechte, für welche eine rechtliche Verbürgung in Form völkerrechtlicher Verträge existiert, die Staaten anerkannt haben, dass es sich um Menschenrechte handelt.

### cc. Tatbestands- und Wesensmerkmale

Umschrieben werden die Menschenrechte beispielsweise als *„vom internationalen Recht garantierte Rechtsansprüche von Personen gegen den Staat oder staatenähnliche Gebilde, die dem Schutz grundlegender Aspekte der menschlichen Person und ihrer Würde in Friedenszeiten und im Krieg dienen."*[19]

Diese Art der Eingrenzung stellt auf die typischen Merkmale von Menschenrechten, nämlich ihre Anspruchsqualität, ihre Inhaber und Adressaten, die Umstände unter denen sie gelten sollen sowie die internationale Verbürgung ab.[20]

Doch was zeichnet diese durch das internationale Recht gewährleisteten Rechte aus? Welches sind diese „grundlegenden Aspekte der menschlichen Person", die durch die Menschenrechte geschützt werden?

---

16 Erklärung der chinesischen Delegation anlässlich der UN-Weltkonferenz über Menschenrechte 1993, in: *Brems,* Int. Studies in Human Rights, 2001, S. 62.

17 Vgl. statt vieler etwa *Tomuschat,* Is Universality of Human Rights Standards an Outdated and Utopian Concept?, in: *Bieber/Bleckmann u. a.*, GS Sasse Bd. 2, S. 585 ff.; *Haratsch,* Die Geschichte der Menschenrechte, S. 75; *Stein/von Buttlar*, Völkerrecht, Rz. 996.

18 Vgl. *Ermacora*, Menschenrechte in der sich wandelnden Welt, Bd. 1, S. 27 f.

19 *Kälin/Künzli*, Universeller Menschenrechtsschutz, S. 37.

20 Dahingestellt bleibt, ob das internationale Recht deklaratorisch die Existenz der Menschenrechte belegt oder ob es sie erst schafft.

Vielfach werden Menschenrechte heute als Ausdruck der allen Menschen in gleicher Weise zukommenden Würde wahrgenommen,[21] die ihnen kraft Geburt[22] zukommt. Aufgrund ihres Wurzelns in der menschlichen Würde sind die Menschenrechte *„eine Rechtskategorie ganz besonderer Art"* und *„keine beliebigen Rechtstitel, die ein Mensch erwerben oder verlieren könnte."*[23]

Sieht man die Menschenrechte aber als Gesamtheit von Rechten an, die den Menschen aufgrund ihrer Menschenwürde zustehen, so dürfte überall dort ein Menschenrecht anzunehmen sein, wo im Falle der Beeinträchtigung einer Rechtsposition die Menschenwürde – als *„elementarer Achtungsanspruch"*[24] – selbst betroffen wäre.

## dd. Klassifizierung

Geht man davon aus, dass die immerdar existierenden Menschenrechte zumindest ab deren sukzessiver normativer Bestätigung universell gelten (werden) *„stellt sich die Entwicklung der Menschenrechte als eine Geschichte des Bewusstseins des Menschen von ihrer Freiheit dar, verstanden als die jeweilige Antwort auf die objektiv möglichen Verwirklichungschancen der menschlichen Existenz und ihre durch Staats- und Gruppengewalt gestörte Verwirklichung in einer gegebenen Epoche."*[25]

Insoweit werden die Menschenrechte auch häufig chronologisch als Menschenrechte erster, zweiter und dritter Generation klassifiziert.[26]

Bei der ersten Generation handelt es sich um zivile und politische und damit um individuelle Rechte, welche primär als Abwehrrechte gegen staatliche Übergriffe konzipiert sind.[27] In diesen Bereich fallen unter anderem das Recht auf Leben oder das Recht auf persönliche Freiheit. Die zweite Generation umfasst ökonomische, soziale und kulturelle Rechte, welche positive Staatshandlungen verlangen, um

---

21 Vgl. zum Beispiel *Buergenthal/Thürer*, Menschenrechte, S. 1 und insbesondere *Bielefeldt*, Menschenwürde – der Grund der Menschenrechte, S. 20 ff.

22 Die Wiener Erklärung der UN-Weltkonferenz über Menschenrechte vom 25. Juni 1993 spricht in Kapitel 1 Ziff. 1 von „Geburtsrecht", vgl. UN-Dok. A/CONF. 157/23, in: Europa-Archiv 1993, D498–520.

23 *Bielefeldt*, Menschenwürde – der Grund der Menschenrechte, S. 24.

24 Ebenda, S. 13.

25 *Ermacora*, Menschenrechte in der sich wandelnden Welt, Bd. 1, S. 605.

26 Vgl. insbesondere *Marks,* Rutgers Law Review, 1981, S. 435, 437 ff.

27 *Hailbronner/Kau* in: *Vitzthum (Hrsg.)*, Völkerrecht, 3. Abschnitt, Rz. 230, der statt „Generationen" von „Gruppen" von Menschenrechten spricht.

die gerechte Verteilung und Teilnahme an der Wohlfahrt zu sichern. Zu ihnen zählen neben Rechten zur Sicherung der Existenz (zum Beispiel das Recht auf Nahrung) Garantien im Arbeitsbereich (Recht auf angemessene Arbeitsbedingungen, Gewerkschaftsrechte et cetera) und im Bereich der sozialen Sicherung.[28] Vermehrt wird zuletzt auch für eine dritte Generation von Menschenrechten eingetreten.[29] Hierzu werden unter anderem. ein Recht auf Entwicklung, auf Umweltschutz und auf Frieden gerechnet. Diese sollen nicht das Ideal der Freiheit des Einzelnen, sondern dasjenige der *„brüderlichen Solidarität zwischen allen Menschen“* verwirklichen.[30]

### ee. Zwischenergebnis: Eingrenzung anhand des aktuellen völkervertragsrechtlichen Schutzes

Unabhängig davon, ob man im Ergebnis einen naturrechtlichen oder einen positivistischen Erklärungsansatz verfolgt, werden diejenigen Rechte, welche von einer überragenden Vielzahl von Staaten als verbindlich akzeptiert wurden, ein gemeinsames, weltweites Verständnis des Menschenrechtsschutzes dokumentieren.

Mit der „Allgemeinen Erklärung der Menschenrechte“ vom 10. Dezember 1948[31] haben die Mitglieder der Vereinten Nationen einen breiten Kanon von Menschenrechten als schützenswert deklariert. Gleichzeitig wird aber bereits in der Präambel klargestellt, dass es sich hierbei lediglich um *„das von allen Völkern und Nationen zu erreichende gemeinsame Ideal“*[32] handelt und damit nur um einen programmatischen, keinen rechtsverbindlichen Ansatz.

Durch die Europäische Konvention zum Schutze der Menschenrechte und Grundfreiheiten vom 4. November 1950 (EMRK)[33] werden dagegen verbindliche Pflichten für die Mitgliedstaaten begründet. Die EMRK ist jedoch regional begrenzt, und auch wenn die vorliegende Arbeit die Tätigkeiten deutscher und damit europäischer Unternehmen näher untersuchen wird, soll aufgrund des Schwerpunkts der untersuchten Menschenrechtsbeeinträchtigungen außerhalb Europas mit einem geographisch umfassenderen Menschenrechtsbegriff gearbeitet werden.

---

28 *Kälin/Künzli*, Universeller Menschenrechtsschutz, S. 38.

29 So unter anderem durch *Riedel*, Die Universalität der Menschenrechte S. 330 ff.

30 *Seidl-Hohenveldern/Stein*, Völkerrecht, Rz. 1586.

31 Allgemeine Erklärung der Menschenrechte vom 10. Dezember 1948, in: *Tomuschat*, Menschenrechte, S. 38 ff.

32 *Ipsen*, Völkerrecht, 2. Kapitel, § 7, Rz. 10.

33 BGBl. 1952 II, S. 585, i. d. F. BGBl. 1968 II, S.1111 und 1120.

Sechs der neun UN-Menschenrechtsverträge, welche das Amt des Hohen Kommissars der Vereinten Nationen für Menschenrechte als „Kernpakte" führt,[34] wurden von einer überragenden Vielzahl von Staaten ratifiziert und stellen vertraglich gesicherte Standards dar,[35] sodass man die hierin verbürgten Rechte als weltweit verbindlichen Mindestgehalt zugrunde legen kann.[36] Hierbei handelt es sich um den „Pakt über bürgerliche und politische Rechte" (UN-Zivilpakt),[37] den „Pakt über wirtschaftliche, soziale und kulturelle Rechte" (UN-Sozialpakt),[38] das „Internationale Übereinkommen zur Beseitigung jeder Form von Rassendiskriminierung" (UN-Rassendiskriminierungskonvention),[39] das „Übereinkommen über die Rechte des Kindes" (UN-Kinderrechtekonvention),[40] das „Übereinkommen gegen Folter und andere grausame, unmenschliche oder erniedrigende Behandlung oder Strafe" (UN-Anti-Folter-Konvention)[41] sowie das „Übereinkommen zur Beseitigung jeder Form von Diskriminierung der Frau" (UN-Frauenrechtekonvention).[42]

Dasselbe trifft auf die acht „Kernarbeitsnormen"[43] der International Labour Organisation (ILO) zu. Sämtliche der 183 Mitglieder haben sich verpflichtet, die

---

34 Vgl. Office of the United Nations High Commissioner for Human Rights. Abrufbar unter: http://www2.ohchr.org/english/law/ (zuletzt abgerufen am 12.01.2013).

35 *Herdegen*, Völkerrecht, § 4, Rz. 15.

36 Zu berücksichtigen ist allerdings, dass einige bevölkerungsreiche Staaten wie China oder Indonesien bislang keine Ratifizierung beziehungsweise Unterzeichnung vorgenommen haben.

37 International Covenant on Civil and Political Rights (ICCPR) vom 16. Dezember 1966 (deutsche Fassung BGBl. 1973 II, S. 1533).

38 International Covenant on Economic, Social and Cultural Rights (ICESCR) vom 16. Dezember 1966 (deutsche Fassung BGBl. 1973 II, S. 1570).

39 Convention on the Elimination of All Forms of Racial Discrimination (CERD) vom 21. Dezember 1965 (deutsche Fassung BGBl. 1969 II, S. 961).

40 Convention of the Rights of the Child (CRC) vom 20. November 1989 (deutsche Fassung BGBl. 1992 II, S. 121).

41 Convention against Torture and other Cruel, Inhuman or Degrading Treatment or Punishment (CAT) vom 10. Dezember 1984 (deutsche Fassung BGBl. 1990 II, S. 246).

42 Convention on the Elimination of All Forms of Discrimination against Women (CEDAW) vom 18. Dezember 1979 (deutsche Fassung BGBl. 1985 II, S. 647).

43 Übereinkommen über die Vereinigungsfreiheit und den Schutz des Vereinigungsrechtes, 1948 (Nr. 87), Übereinkommen über die Anwendung der Grundsätze des Vereinigungsrechtes und des Rechtes zu Kollektivverhandlungen, 1949 (Nr. 98), Übereinkommen über Zwangs- oder Pflichtarbeit, 1930 (Nr. 29), Übereinkommen über die Abschaffung der Zwangsarbeit, 1957 (Nr. 105), Übereinkommen über die Gleichheit des Entgelts männlicher und weiblicher Arbeitskräfte für gleichwertige Arbeit, 1951 (Nr. 100), Übereinkommen über die Diskriminierung in Beschäftigung und Beruf,

darin enthaltenen Rechte zu fördern und zu verwirklichen.[44] Im Gegensatz zum Gesamtbestand der ILO-Instrumente,[45] welche nur teilweise Implikationen auf Menschenrechte haben und einen höchst unterschiedlich ausgeprägten Ratifizierungsstand aufweisen,[46] konnten sich die internationalen Sozialpartner bei den Kernarbeitsnormen auf deren fundamentalen Charakter verständigen. Es handelt sich damit um diejenigen Arbeitsrechtsnormen der ILO, deren menschenrechtlicher Charakter abschließend geklärt ist.[47]

Auch ohne Bezugnahme auf die EMRK sind somit vom Menschenrechtsbegriff dieser Arbeit sämtliche bedeutsamen Menschenrechte der ersten und zweiten Generation umfasst, während die Solidaritätsrechte der dritten Generation nicht berücksichtigt werden.

## ff. Beeinträchtigung (vs. Verletzung)

Eine Haftung soll im Rahmen dieser Arbeit geprüft werden, sobald ein Menschenrecht „beeinträchtigt“ wurde. Auch wenn üblicherweise im Zusammenhang mit

---

1958 (Nr. 111), Übereinkommen über das Mindestalter für die Zulassung zur Beschäftigung, 1973 (Nr. 138), Übereinkommen über das Verbot und unverzügliche Maßnahmen zur Beseitigung der schlimmsten Formen der Kinderarbeit, 1999 (Nr. 182).

44 Vgl. Abs. 2 der ILO-Erklärung über grundlegende Prinzipien und Rechte bei der Arbeit, angenommen auf der 86. Tagung am 18. Juni 1998, http://www.ilo.org/public/german/region/eurpro/bonn/download/ilo-erklaerung.pdf (zuletzt abgerufen am 12.01.2013); darin heißt es: Die Internationale Arbeitskonferenz *„erklärt, dass alle Mitglieder, auch wenn sie die betreffenden Übereinkommen nicht ratifiziert haben, allein aufgrund ihrer Mitgliedschaft in der Organisation verpflichtet sind, die Grundsätze betreffend die grundlegenden Rechte, die Gegenstand dieser Übereinkommen sind, in gutem Glauben und gemäß der Verfassung einzuhalten, zu fördern und zu verwirklichen.“*

45 Seit der Gründung der ILO in 1919 hat die Organisation 188 Konventionen und 196 Empfehlungen angenommen (Stand Juni 2010); zum Ratifikationsstand vgl. http://www.ilo.org/ilolex/english/convdisp1.htm (zuletzt abgerufen am 12.01.2013).

46 Die Übereinkommen behandeln zum Beispiel auch Maßnahmen zur Beschäftigungsförderung und Arbeitsverwaltung (vgl. Übereinkommen Nr. 122 und 63).

47 Vgl. auch *Brupbacher*, Fundamentale Arbeitsnormen der Internationalen Arbeitsorganisation – Eine Grundlage der sozialen Dimensionen der Globalisierung, Schriften zum schweizerischen Arbeitsrecht, Bern 2002, S. 11 f.; sowie *Senti, Martin*, Internationale Regime und nationale Politik, S. 15, 227 und *Blüthner*, Welthandel und Menschenrechte in der Arbeit, S. 157. Vgl. allgemein zur Verbindung zwischen Arbeitsnormen und Menschenrechten *Jenks*, Human Rights and International Labour Standards, Vorwort x, xi.

Menschenrechten von deren „Verletzung“ gesprochen wird, ist diese gerade nicht Voraussetzung für die vorliegende Begutachtung.

Umgangssprachlich fallen unter den Begriff Verletzung eine Vielzahl von Verhaltensweisen unterschiedlichster Akteure.[48] Aufgelistet sind im Amnesty International Jahresbericht für 2011 etwa folgende Vorkommnisse: Usbekistan wird vorgeworfen, die Rechte auf freie Meinungsäußerung und Vereinigungsfreiheit stark eingeschränkt zu haben, indem Journalisten nur mit vorheriger schriftlicher Erlaubnis gestattet wurde, sich mit Vertretern ausländischer Organisationen oder ausländischen Diplomaten zu treffen.[49] Irland wird für einen mangelnden Schutz der Kinderrechte gerügt, da die Misshandlung von Kindern in kirchlicher Obhut nur selten strafrechtlich verfolgt wurde.[50] Das Unternehmen Trafigura wird angeprangert, fünf Jahre nach der illegalen Entsorgung toxischer Abfälle in der Republik Côte d'Ivoire weder Schadensersatzzahlungen geleistet, noch für eine Dekontaminierung gesorgt zu haben.[51]

Völkerrechtlich wird die Verletzung von Menschenrechten überwiegend enger gefasst. Kennzeichnend für eine Verletzung ist aus völkerrechtlicher Perspektive einerseits der Eingriff in den Schutzbereich eines Menschenrechts und andererseits die Täterschaft eines durch die Menschenrechte Verpflichteten.

Eine „Beeinträchtigung“ der Menschenrechte soll nach dem Begriffsverständnis dieser Arbeit demgegenüber bereits dann vorliegen, wenn allein eine Schutzbereichsverletzung bejaht werden kann. Auf die Tauglichkeit des Täters kommt es hingegen nicht an.

Grund für diese einschränkende Begriffswahl ist, dass Adressaten und Verpflichtete der Menschenrechte nach klassischer Auffassung ausschließlich die Staaten oder zumindest staatenähnliche Gebilde sind.[52] Diese treffen Unterlassungs-, Schutz- und Gewährleistungspflichten.[53] Folgerichtig wird eine Menschenrechtsverletzung unter dieser Prämisse nur angenommen, *„wenn Regierungen ihren Verpflichtungen,*

---

48 Vgl. etwa die Dokumentation von „Menschenrechtsverletzungen“ durch verschiedene Nichtregierungsorganisationen in Jahresberichten: Amnesty International, Report 2012 – Zur weltweiten Lage der Menschenrechte und Human Rights Watch, World Report 2011 – Events of 2010.

49 Amnesty International, Report 2012 – Zur weltweiten Lage der Menschenrechte, S. 527.

50 Ebenda, S. 220.

51 Ebenda, S. 147.

52 Siehe hierzu Teil III.2.a.bb.

53 Vgl. *Kälin/Künzli*, Universeller Menschenrechtsschutz, S. 110 f. Dieser kennzeichnet als Unterlassungspflicht die Pflicht des Staates zur Achtung der Menschenrechte, als Schutzpflicht die Pflicht des Staates, menschenrechtlich geschützte Rechtsgüter vor

*die Menschenrechte zu schützen, zu respektieren und zu gewährleisten, nicht nachkommen"*.[54] Inwieweit darüber hinausgehend auch andere Akteure durch Menschenrechte verpflichtet sind, ist im Einzelnen hoch umstritten. Konsequenterweise kann bei anderen Akteuren auch nicht ohne weiteres auf eine Verletzung geschlossen werden.[55] Eine Beeinträchtigung hingegen lässt sich auch bei diesen unschwer feststellen, sofern Menschenrechte durch ihre Handlungen oder Unterlassungen tangiert sind.

## b. Zivilrechtliche Haftung

Als Instrument zur Begegnung von Menschenrechtsbeeinträchtigungen begutachtet diese Arbeit das deutsche zivilrechtliche Haftungsinstrumentarium.

### aa. Zivilrecht als nationale Teilrechtsordnung zur Regelung der Verhältnisse zwischen Bürgern

Der ursprünglich vom antik-römischen Begriff „ius civile" abgeleitete Begriff „Zivilrecht" weist im heutigen Gebrauch auf Rechtsnormen hin, welche die rechtlichen Positionen der Bürger in ihrem Verhältnis zueinander bestimmen.[56] Gleichbedeutend mit „Zivilrecht" ist das „Bürgerliche Recht", welches gemeinsam mit den Sonderprivatrechten das gesamte Privatrecht ausmacht.[57] Dabei sind im Zivilrecht – als „Kernmaterie des Privatrechts" – diejenigen Rechtsnormen zusammengefasst, die grundsätzlich für jede Privatperson gelten können, unabhängig davon, ob sie im Rahmen des zu beurteilenden Rechtsverhältnisses eine besondere Rolle einnimmt.[58]

In Deutschland ist das für das Zivilrecht wichtigste Gesetz das Bürgerliche Gesetzbuch, welches am 18. August 1896 verkündet wurde und am 1. Januar 1900 in Kraft getreten ist.[59] Auch wenn das Gemeinschaftsrecht der Europäischen Union in den letzten Jahrzehnten für die Entwicklung des Privatrechts stark an Bedeutung

Gefahren zu schützen und als Gewährleistungspflicht die Pflicht des Staates, Menschenrechte in möglichst umfassender Weise Realität werden zu lassen.

54 Hamm, Menschenrechte – Ein Grundlagenbuch, S. 33 f.

55 Dies wir in Teil III.1.a.bb näher beleuchtet.

56 Vgl. *Schwab/Löhnig*, Einführung in das Zivilrecht, S. 1.

57 Vgl. hierzu *Medicus*, Allgemeiner Teil des BGB, S. 8 f.

58 Vgl. *Bähr*, Grundzüge des Bürgerlichen Rechts, S. 19 f.

59 Vgl. *Brox/Walker*, Allgemeiner Teil des BGB, S. 12.

gewonnen hat[60] und Ansätze für ein vereinheitlichtes Europäisches Zivilrecht seit langem in der Diskussion sind,[61] handelt es sich beim Bürgerlichen Recht immer noch um nationales Recht.

### bb. Subjektive Rechte im Zivilrecht

Das Zivilrecht verleiht subjektive Rechte. Unter einem subjektiven Recht versteht man „*die einem Einzelnen vom Privatrecht im objektiven Sinne verliehene Macht.*“[62]

Umfasst sind sowohl die Persönlichkeitsrechte[63] als auch die Macht, „*einen Gegenstand nach eigenem Willen zu beherrschen [Beherrschungsrecht], von einem anderen ein Tun oder Unterlassen zu verlangen [Anspruch] oder einseitig auf ein Rechtsverhältnis gestaltend einzuwirken [Gestaltungsrecht].*“[64]

Die subjektiven Rechte können absoluter oder relativer Natur sein: Während entsprechend der Legaldefinition des § 194 BGB ein Anspruch das Recht kennzeichnet, von einem anderen ein Tun oder Unterlassen zu verlangen und damit stets ein bilaterales Verhältnis umschreibt,[65] sollen absolute Rechte eine gegenüber jedermann wirkende Rechtsmacht zum Inhalt haben.[66]

Absolute und relative Rechte sind ihrem Inhalt nach auf eine Vielzahl von Begehren gerichtet, die den Menschen in unterschiedlicher Intensität berühren. So fundamentale Positionen wie Schadensersatzansprüche im Falle einer Körperverletzung und Unterlassungsansprüche bei Angriffen auf das allgemeine Persönlichkeitsrecht sind genauso enthalten, wie der eher profane Anspruch auf Mängelbeseitigung bei Lieferung einer defekten Waschmaschine.

Die herausragende Stellung des subjektiven Rechts als Zentralbegriff des Zivilrechts wird mit Blick auf die Einforderung privater Pflichten deutlich: So dürfte „*das wirksamste Mittel, um Pflichten einer Person privatrechtlich durchsetzbar zu machen, [...] die Annahme eines korrespondierenden Anspruchs (also eines subjektiven Rechts) einer anderen Person*“[67] sein.

---

60 *Staudinger/Coing/Honsell,* 2004, Einleitung zum BGB, Rz. 112.

61 Zum aktuellen Stand vgl. die Zusammenfassung bei *Palandt/Sprau,* Einleitung, Rz. 33.

62 Vgl. *Brox/Walker*, Allgemeiner Teil des BGB, S. 257.

63 Vgl. zu den verschiedenen Arten der zivilrechtlich anerkannten Persönlichkeitsrechte: *Brox/Walker*, Allgemeiner Teil des BGB, S. 261 f.

64 *Haase/Keller*, Grundlagen und Grundformen des Rechts, S. 27.

65 Vgl. *Münch KommBGB/Grothe,* § 194 Rz. 2.

66 Vgl. *Staudinger/Peters*, 2009, § 194 Rz. 19.

67 *Medicus*, Allgemeiner Teil des BGB, S. 37, der als Beispiel anführt, dass die Verpflichtung des Eigentümers eines Grundstücks das Betreten durch andere zu dulden,

### cc. Haftung aus zivilrechtlichen Normen

Im eigentlichen Wortsinn bezeichnet der Ausdruck „Haftung" das Unterworfensein des Schuldnervermögens unter den Vollstreckungszugriff des Gläubigers, wobei sich die Haftung in der Regel auf das gesamte pfändbare Vermögen des Schuldners erstreckt.[68]

Vielfach wird von einer Haftung in der Rechtssprache jedoch (nichttechnisch) auch im Sinne eines Verpflichtetseins beziehungsweise Einstehenmüssens gesprochen.[69] Entsprechend dieses Verständnisses sollen im Rahmen der vorliegenden Arbeit alle Normen des deutschen Zivilrechts darauf untersucht werden, ob sie die Verpflichtung eines Unternehmens im Falle von Menschenrechtsbeeinträchtigungen durch dessen Zulieferer auslösen können – unabhängig davon, ob es sich hierbei um deliktische Anspruchsgrundlagen oder um sonstige Normen, etwa um solche des Bereicherungsrechts oder der Geschäftsführung ohne Auftrag, handelt. Eine Einschränkung erfolgt lediglich dahingehend, dass ausschließlich das repressive Instrumentarium, nicht hingegen negatorische Ansprüche untersucht werden.

## c. Zulieferer

Die vorliegende Arbeit richtet ihr Augenmerk auf Zulieferer aus Entwicklungs- und Schwellenländern als unmittelbar Handelnde. Deren Rolle als Auftragsfertiger von Waren lässt sich nur vor dem Hintergrund der zunehmenden Globalisierungstendenzen sowie den daraus resultierenden Global-Sourcing-Strukturen verstehen. Exemplarisch für die Zustände bei globalen Zulieferverhältnissen ist die Textilindustrie.

### aa. Globalisierung

Seit Beginn der 90er-Jahre sind Handelshemmnisse weltweit verstärkt abgebaut worden. Import- und Exporterleichterungen ermöglichen es nicht nur, in anderen Ländern für den dortigen Markt zu produzieren, sondern vielmehr auch, die

am besten dadurch wirksam gemacht werden kann, dass man diesen anderen Personen einen Anspruch auf das Betreten gewährt. Ohne solche Ansprüche bestehe hingegen die Gefahr dass *„die Verpflichtung privatrechtlich ebenso unergiebig bleibt wie die Formel ‚Eigentum verpflichtet' (Art.14 Abs. 2 S.1 GG)."*

68 Vgl. *Palandt/Grüneberg*, Einl. v. § 241, Rz. 10.

69 Ebenda, Rz. 11; *Jauernig/Olzen*, Einl. zum SchuldR, Rz. 235 f.

dort hergestellten Produkte weltweit abzusetzen.[70] Hierdurch können sich Unternehmen einerseits regionale Unterschiede bei Lohnkosten, Arbeitsschutz- und Umweltauflagen noch stärker zunutze machen, andererseits aber auch dort ihre Produkte absetzen, wo der höchste Preis zu erzielen ist. Unter dem Stichwort Globalisierung können insoweit *„ökonomische Gesetzlichkeiten"* im Sinne der *„Wirkung des Marktes, Güter und Leistungen an den Ort ihrer – heute weltweit – optimalen, d. h. wirtschaftlich ertragreichsten und profitabelsten Verwendung zu lenken"*[71] verstanden werden.

Zusätzlich zur ökonomischen Vernetzung, wird unter den Begriff der Globalisierung vielfach auch eine stärkere Verflechtung sozialer, kultureller, ökologischer und politischer Lebensbereiche gefasst.[72]

Neben dem Abbau nationaler Hindernisse für Wirtschaftstransaktionen sollen insbesondere die Auswirkungen neuer Technologien in den Bereichen Information und Kommunikation Auslöser für die Expansion ausländischer Direktinvestitionen und die massiven grenzüberschreitenden Finanzströme sein.[73]

Der Globalisierung wird zuerkannt, dass sie – bei richtiger Ausgestaltung – *„einen beispiellosen materiellen Fortschritt bewirken, produktivere und bessere Arbeitsplätze für alle schaffen und einen wichtigen Beitrag zur Verringerung der Armut in der Welt leisten"*[74] kann. Gleichzeitig wird der derzeitige Prozess der Globalisierung jedoch etwa für die Verletzung sozialer Mindeststandards von Arbeitsbedingungen in Entwicklungsländern sowie den Abbau sozialer Sicherungssysteme in den Industriestaaten verantwortlich gemacht.[75]

Maßgebliche Akteure der Globalisierung, ihre *„treibende Kraft"*[76], sind die Unternehmen.[77] Die Aktivitäten großer Unternehmen sind heute typischerweise

---

70 *Zimmer*, Soziale Mindeststandards und ihre Durchsetzungsmechanismen, S. 28.

71 *Magnus*, Anwendbares Recht, Schutz- und Freiheitsinteressen im Nord-Süd-Verhältnis in: *Meng/Magnus (Hrsg.)* Das internationale Recht im Nord-Süd-Verhältnis, S. 83, der beispielsweise die Transaktion von Büsumer Krabben zum Paalen nach Algerien und den anschließenden Rücktransport nach Deutschland anführt.

72 Vgl. etwa *Emmerich-Fritsche*, Vom Völkerrecht zum Weltrecht, S. 64.

73 ILO/Weltkommission für die soziale Dimension der Globalisierung, Eine faire Globalisierung, S. 27.

74 Ebenda, Einleitung, xi.

75 Vgl. statt vieler *Zimmer*, AiB 2005, S. 675, 678, die auf die Verquickung beider Problematiken verweist.

76 *Stiglitz*, Die Chancen der Globalisierung, S. 238.

77 Vor dem Hintergrund ihrer überragenden Bedeutung für die Globalisierung, wird teilweise auch die etwaige Entwicklung einer Völkerrechtssubjektivität von Unternehmen beleuchtet, vgl. beispielsweise *Hobe*, AVR 1999, S. 253, 261 ff.

nicht an einen Standort gebunden. Vielmehr wird ein wesentlicher Teil der Produktion an ausländischen Standorten, darunter häufig in Entwicklungsländern, vorgenommen.

Ausländische Direktinvestitionen erreichten im Jahr 2007 einen Rekordwert von \$ 1,83 Billionen.[78] Im Rahmen der allgemeinen Wirtschafts- und Finanzkrise nahm dieser Wert in der Folge zwar zunächst erheblich ab, 2010 machten die ausländischen Direktinvestitionen jedoch schon wieder einen Umfang von \$ 1,24 Billionen aus, und für 2013 wird erwartet, dass der Vorkrisenhöhepunkt eingeholt wird.[79] Beachtlich ist, dass Entwicklungs- und Schwellenländer im Jahr 2010 erstmals mehr als die Hälfte der gesamten ausländischen Direktinvestitionen anzogen.[80]

### bb. Konzept des Global Sourcing

Charakteristisch für die Globalisierung ist das sogenannte Global Sourcing, das heißt *„die Möglichkeit, einzelne Arbeitsschritte der Güterherstellung weltweit zu verteilen"*[81] und die damit verbundene *„systematische Ausdehnung der Lieferantenpolitik auf internationale Beschaffungsquellen."*[82]

Arbeitsintensive Bereiche der Produktion werden häufig in Entwicklungs- und Schwellenländer ausgelagert. Maßgeblich für die Standorterwägung ist der Kostenvorteil, für den Aspekte wie Arbeitszeit, Arbeitsschutz, Umwelt, Entlohnung, Organisation und Kündigungsschutz berücksichtigt werden.[83] In einigen Branchen führt dies soweit, dass teilweise die gesamte physische Produktion von den Stufen Forschung und Entwicklung, Design, Marketing und Vertrieb abgetrennt wird und vollständig in Entwicklungs- und Schwellenländern stattfindet. Dies ist regelmäßig in der Textil-, Bekleidungs- und Schuhindustrie sowie der Heimelektronikbranche der Fall.[84]

---

78 UNCTAD, World Investment Report 2008, S. 3 abrufbar unter http://unctad.org/en/docs/wir2008_en.pdf (zuletzt abgerufen am 12.01.2013).

79 UNCTAD, World Investment Report 2011, S. X. Abrufbar unter http://www.unctad-docs.org/files/UNCTAD-WIR2011-Full-en.pdf (zuletzt abgerufen am 12.01.2013).

80 Ebenda.

81 *Braun*, Konzerne als Beschützer der Menschenrechte?, in: *Brühl/Debiel (Hrsg.),* Die Privatisierung der Weltpolitik, S. 259.

82 *Melzer-Ridinger*, Materialwirtschaft und Einkauf, S. 83.

83 *Zimmer*, Soziale Mindeststandards und ihre Durchsetzungsmechanismen, S. 30.

84 *Bair/Gereffi*, Industrielle Entwicklung, Netzwerke und Beschäftigung in der Warenkette der Bekleidungsindustrie, in: *Dörrenbächer/Plehwe (Hrsg.)*, Grenzenlose

Zu beachten ist dabei, dass häufig keine unternehmenseigenen Betriebsstätten mehr an den ausländischen Standorten unterhalten werden, sondern dass stattdessen mit einer Vielzahl von Kooperationspartnern zusammengearbeitet wird, welche juristisch selbstständig und lediglich als Zulieferer tätig sind.[85] Vor allem über den Verkauf kostengünstiger Arbeitskraft können diese ihre Profite generieren.[86]

Es entstehen regelrechte Lieferketten,[87] die beispielsweise beschrieben werden als *"a set of three or more companies directly linked by one or more of the upstream and downstream flows of products, services, finances and information from a source to a customer."*[88]

Der Ausdruck „Kette" suggeriert, dass eine lineare Anordnung von Akteuren in einem sequentiellen Arbeitsteilungsprozess vorliegt. In der Realität handelt es sich jedoch um komplexe, arbeitsteilige Produktionssysteme (Netzwerke).[89]

Die Koordination der Netzwerke erfolgt im Rahmen des Supply Chain Management. Hierunter ist die integrierte Planung, Steuerung und Kontrolle der unternehmensweiten- und übergreifenden Waren-, Material-, Informations- und Finanzmittelflüsse entlang der Wertschöpfungskette zu verstehen.[90] Die offizielle Begriffsfassung des US-amerikanischen Council of Supply Chain Management Professionals betont, dass insbesondere auch die Koordination und Zusammenarbeit mit Zulieferern umfasst wird.[91]

### cc. Zulieferer als Auftragsfertiger von Waren

In der klassischen wirtschaftswissenschaftlichen Literatur umfasst der Begriff des Zulieferers die Auftragsfertigung von Produkten, die ihrem Wesen nach nicht für

Kontrolle? Organisatorischer Wandel und politische Macht multinationaler Unternehmen, S. 198.

85 Vgl. *Zimmer*, Soziale Mindeststandards und ihre Durchsetzungsmechanismen, S. 30.

86 Vgl. *Lin*, Cardozo J. Int'l & Comp. L. 2007, S. 321, 324.

87 Synonym wird im Deutschen auch der Begriff „Wertschöpfungskette" verwandt. Im Englischen sind die Begriffe "supply chain" und "commodity chain" gebräuchlich.

88 *Mentzer*, Supply Chain Management, S. 5.

89 Vgl. *Arnold/Isermann/Kuhn*, Handbuch Logistik, S. 4.

90 Vgl. *Stephan*, Die Verantwortung multinationaler Unternehmen in der Zulieferkette, in: *Germanwatch (Hrsg.)*, Tagungsdokumentation: Wie weit reicht die Verantwortung von Unternehmen, S. 36. Abrufbar unter http://germanwatch.org/tw/kwzuli04.pdf (zuletzt abgerufen am 12.01.2013).

91 Glossar des Council of Supply Chain Management Professionals. Abrufbar unter: http://cscmp.org/sites/default/files/user_uploads/resources/downloads/glossary.pdf (zuletzt abgerufen am 12.01.2013).

sich allein verwendet werden, sondern ihre Funktion nur in Verbindung mit einem Hauptaggregat erfüllen können.[92]

Demgegenüber soll der Begriff des Zulieferers nachfolgend für all solche Unternehmen verwandt werden, welche (direkt oder indirekt) im Auftrag von Handelsunternehmen Waren produzieren und diese nicht selbst, sondern (direkt oder indirekt) über Einzelhändler an den Verbraucher absetzen. Es handelt sich somit um einen im Vergleich zur klassischen Bezeichnungsverwendung erweiterten Zulieferbegriff, welcher der Verwendung durch Stakeholder im politischen Diskurs entspricht.

Entscheidend ist, dass nicht etwa eine Beziehung in der Weise besteht, dass der Produzent Waren herstellt, welche anschließend verschiedenen Abnehmern zum Kauf angeboten werden, sondern dass vielmehr eine quasi weisungsgebundene Fertigung erfolgt. Typischerweise wird eine bestimmte Stückzahl der Ware nach konkreten Anforderungen des Abnehmers unter Zurverfügungstellung von Materialien und Produktspezifizierungen zu einem bestimmten Liefertermin bereitgestellt.

## dd. Textilbranche als Prototyp der Zulieferindustrie

Als prototypische Zulieferbranche wird nachfolgend vertieft auf die Textilindustrie eingegangen. Diese fertigt *„als Vorreiter der Globalisierung"*[93] schon seit langer Zeit ihre arbeitsintensiven Produkte rund um den Erdball. Während diejenigen Arbeitsschritte, die besonderen Kapital- und Wissenseinsatz bedürfen, wie Forschung und Entwicklung, Design und automatisierter Zuschnitt, häufig in Industriestaaten erfolgen, finden die arbeitsintensiven Konfektionierungs- und Verpackungsarbeiten in Niedriglohnländern statt.[94]

Die Bekleidungsfertigung stellt einen hochgradig wettbewerbsintensiven Markt dar.[95] Der Einkaufspreis für in Entwicklungs- und Schwellenländern beschaffte Textilien ist im Allgemeinen extrem niedrig. Die Löhne haben am Endverkaufspreis eines Produktes teilweise einen Anteil von lediglich 1%, während die Gewinnmargen der Einzelhändler bis zu 25% betragen sollen.[96] Das System der Zulieferbeziehungen

---

92 Vgl. *Wellenhofer-Klein*, Zulieferverträge im Privat- und Wirtschaftsrecht, S. 52 f.

93 *Jütte-Overmeyer*, Sozialstandards in der Textilindustrie, in: *Scherer/Blickle (Hrsg.)*, Globalisierung und Sozialstandards, S. 243.

94 *Jamernegg/Reiner/Tricka*, Gestaltung von reaktionsschnellen Produktionsnetzwerken, S. 205, in: *Kaluza/Blecker (Hrsg.)*, Produktions- und Logistikmanagement in virtuellen Unternehmen und Unternehmensnetzwerken.

95 *Teng/Jaramillo*, Supply Chain Management 2006, S. 44 f.

96 Vgl. *Kampagne für Saubere Kleidung (Hrsg.)*, Wer bezahlt unsere Kleidung bei Lidl und Kik?, S. 13. Abrufbar unter: http://www.saubere-kleidung.de/downloads/publikationen/2008-01_Brosch-Lidl-KiK_de.pdf (zuletzt abgerufen am 12.01.2013).

mit Textil- und Bekleidungsunternehmen aus Entwicklungs- und Schwellenländern ist davon geprägt, dass eine erhebliche Marktmacht auf Seiten der Abnehmer einem starken Wettbewerb auf Seiten der Produzenten gegenübersteht.[97] So wurde die Bekleidungsindustrie auch schon als eine *"prototypical buyer-driven commodity chain"*[98] bezeichnet. Dies führt sowohl zu einem großen Preisdruck als auch dazu, dass durch die Abnehmer eine absolut flexible Belieferung und erhebliche Einflussnahme auf die konkreten Produktionsprozesse in Form des sogenannten "Lean Retailing" verlangt werden kann.[99] Unmittelbare Folge hiervon ist wiederum, dass im Allgemeinen nur bei niedrigsten Löhnen und der Möglichkeit, die Arbeitnehmer beliebig nach den betrieblichen Erfordernissen einzusetzen, eine konkurrenzfähige Herstellung möglich ist.[100]

Die Situation der Textilfertigung entspricht demnach genau derjenigen, die bereits für die klassische Zulieferindustrie beschrieben wurde: *„Das moderne Zulieferverhältnis ist geprägt von der Organisationsherrschaft des Abnehmers. Der Zulieferer wird nicht selten zur ‚produktionstechnischen Betriebseinheit', seine rechtliche Selbständigkeit zur ‚formalen Hülle'.“*[101] Es genüge schon *„die Bindung an kurzzyklische Lieferabrufe, um von einer fremdbestimmten Produktion sprechen zu können. Nimmt man die periodischen Kontrollen, die detaillierten Qualitätssicherungsvorschriften und die Vorgabe von Rationalisierungszielen hinzu, gerät das Bild von einem selbständigen, autonomen Unternehmen immer mehr ins Wanken.“*[102]

## d. Deutsche Unternehmen

Wenn danach gefragt wird, ob und wie deutsche Unternehmen für Menschenrechtsbeeinträchtigungen ihrer Zulieferer aus Entwicklungs- und Schwellenländern zivilrechtlich haftbar gemacht werden können, muss geklärt werden, welche

97 *Hassler*, Global Networks 2003, S. 513, 515.

98 *Gereffi*, Journal of International Economics 1999, S. 37, 40.

99 *Appelbaum*, Competition & Change 2008, S. 69 f.

100 Vgl. *Kampagne für Saubere Kleidung (Hrsg.)*, Wer bezahlt unsere Kleidung bei Lidl und Kik?, S. 13, 46 ff. Abrufbar unter: http://www.saubere-kleidung.de/downloads/publikationen/2008-01_Brosch-Lidl-KiK_de.pdf (zuletzt abgerufen am 12.01.2013).

101 *Wellenhofer-Klein*, Zulieferverträge im Privat- und Wirtschaftsrecht, S. 61.

102 Ebenda, S. 62; vgl. zu den Möglichkeiten der Einflussnahme von Unternehmen auf ihre Zulieferbetriebe auch *Fichter/Sydow*, Industrielle Beziehungen 2002, S. 357 ff.

Organisationseinheiten für die Zwecke dieser Arbeit überhaupt als „deutsche Unternehmen“ angesehen werden können.

### aa. Unternehmen

Im deutschen Recht existiert keine allgemeine Definition des Unternehmens. Unterschiede in den Begrifflichkeiten bestehen nicht nur zwischen den einzelnen Rechtsgebieten (etwa Bürgerliches, Handels- und Gesellschaftsrecht) sondern auch innerhalb von diesen. Häufig wird auch der Begriff „Betrieb“ oder „Gewerbe“ gebraucht, wobei die Abgrenzungen unklar bleiben.[103]

Als Arbeitsbegriff für das Privatrecht lässt sich das Unternehmen etwa anhand seiner wesentlichen Merkmale als organisierte Wirtschaftseinheit beschreiben, mittels derer der Unternehmer am Markt auftritt.[104] Unternehmen stehen dabei verschiedene Rechtsformen zur Verfügung, deren Grundformen Einzelunternehmen, juristische Personen und Personengesellschaften sind.[105]

Unternehmen agieren nicht notwendigerweise allein, sondern können vielmehr auch in einen Konzern oder eine sonstige Unternehmensgruppe eingebunden sein. Dabei stellt der Konzern keine besondere Gesellschaftsform dar, sondern eine bestimmte Art der Verbindung rechtlich selbstständiger Unternehmen untereinander.[106]

Von Bedeutung ist, dass das für juristische Personen geltende Trennungsprinzip zu einer strikten rechtlichen Trennung zwischen Gesellschaftern und Gesellschaft führt. Sowohl ein Zurechnungs- als auch ein Haftungsdurchgriff stellen an enge Voraussetzungen geknüpfte Ausnahmen dar.[107]

### bb. Staatszugehörigkeit von Unternehmen

Solange ein Unternehmen in demjenigen Staat inkorporiert ist, in welchem es seinen Verwaltungssitz hat, und es auch über keinerlei gesellschaftsrechtliche oder

---

103 *Klein-Blenkers*, Rechtsformen der Unternehmen, S. 4 f.

104 *Schmidt*, Handelsrecht, S. 66. Diese Beschreibung kann auch mit dem in der Betriebswirtschaftslehre gängigen Verständnis in Einklang gebracht werden. Danach ist eine Unternehmung eine planvoll organisierte Wirtschaftseinheit, die in einem marktwirtschaftlichen Wirtschaftssystem Produktionsfaktoren kombiniert, um Güter und Dienstleistungen herzustellen und abzusetzen, vgl. *Wöhe/Döring*, Einführung in die Allgemeine Betriebswirtschaftslehre, S. 35, 37.

105 *Klein-Blenkers*, Rechtsformen der Unternehmen, S. 5.

106 Vgl. *Windbichler*, Gesellschaftsrecht, § 1 Rz. 4.

107 Ebenda, § 24 Rz. 27.

tatsächliche Verflechtungen ins Ausland verfügt, dürfte es zweifellos diesem Staat zurechenbar sein.

Schwieriger wird die Zuordnung hingegen, wenn beispielsweise ein rechtlich selbstständiges Unternehmen, welches nach chinesischem Recht in China gegründet wurde, für die chinesische Tochter einer deutschen Gesellschaft nach konkreten Weisungen und unter vollständiger Kontrolle und Abhängigkeit Waren produziert. Welchem Staat sollen hier die Unternehmenssachverhalte zugeordnet werden?

*(1) Einordnung als multinationales Unternehmen*

Das Völkerrecht begegnet dieser Problematik durch eine von der gesellschaftsrechtlichen Nationalitätsbestimmung losgelöste Einordnung von Unternehmen als "multinational" beziehungsweise "transnational".[108] Bereits 1976 einigten sich die Mitgliedstaaten der "Organization for Economic Cooperation and Development" (OECD) auf eine Beschreibung des multinationalen Unternehmens: They *"usually comprise companies or other entities whose ownership is private, state or mixed, established in different countries and so linked that one or more of them may be able to exercise a significant influence over the activities of others and, in particular, to share knowledge and resources with the others."*[109]

Entsprechend dieser international anerkannten Begriffsbestimmung, an welcher sich auch die Draft UN-Norms on the responsibility of transnational corporations and other business enterprises with regard to human rights (UN-Draft-Norms)[110] orientierten, besteht das multinationale Unternehmen aus einer herrschenden Unternehmenseinheit mit Sitz im sogenannten Heimatstaat, aus welchem es die Geschicke aller übrigen verbundenen Einheiten mit Sitz in den sogenannten Gaststaaten maßgeblich bestimmt. Die Art der Einflussnahme ist dabei bewusst offengehalten, sodass hierzu sowohl die klassische gesellschaftsrechtliche Mehrheitsbeteiligung zu zählen ist als auch einfache Vertragsvereinbarungen, sofern die zugrunde liegenden Geschäfts- und Lieferbeziehungen derart von Kontrolle und

---

108 Zur Begriffsverwendung vgl. *Muchlinski*, Multinational Enterprises and the Law, S. 6.

109 Annex to the Declaration of 21st June 1976 by Governments of OECD Member Countries on International Investment and Multinational Enterprises, Preamble Nr. 8; abrufbar unter http://www.oecd.org/dataoecd/54/38/50024800.pdf (zuletzt abgerufen am 12.01.2013).

110 U.N. Doc. E/CN.4/Sub.2/2003/12/Rev.2 (2003). Aktuelle Fassung abrufbar unter http://www.unhcr.org/refworld/pdfid/403f46ec4.pdf (zuletzt abgerufen am 12.01.2013).

Dominanz geprägt sind, dass sie gesellschaftsrechtlichen Abhängigkeitsverhältnissen wesensmäßig ähneln.[111]

Folgt man dieser Einordnung, wäre unter einem deutschen multinationalen Unternehmen ein solches Unternehmen zu verstehen, bei dem die herrschende Unternehmenseinheit nach deutschem Recht gegründet wurde.

Gegen ein solches Vorgehen spricht jedoch, dass die vorgenannten Instrumente, welche das Institut des multinationalen Unternehmens konstruieren, nicht rechtlich verbindlich geworden sind und sich dementsprechend der IGH im Rahmen seiner Urteilsfindung sowie die UN-Kontrollgremien bislang nicht auf sie stützen. Weiterhin dürfte sich die Konstruktion des multinationalen Unternehmens nur schwer mit den zivilrechtlichen Systembegriffen in Einklang bringen lassen, welche für die weitere Betrachtung maßgeblich sind. Inwieweit eine Adressierung von Haftungsansprüchen gegen deutsche Unternehmen möglich ist, soll mithin vorrangig anhand der Zurechnungsvoraussetzungen des zivilen Haftungsrechts und nicht über eine zweckgerichtete Klassifizierung der Unternehmen als "multinational" untersucht werden.

*(2) Einordnung anhand des Gesellschaftsstatuts*

In der völkerrechtlichen Praxis werden sowohl das Abstellen auf den Gründungsort wie auch auf den tatsächlichen Verwaltungssitz als zulässige Anknüpfungspunkte für die Bestimmung der Staatszugehörigkeit von Gesellschaften angesehen.[112] Dies entspricht den Ansätzen, die das internationale Privatrecht zur Bestimmung des Gesellschaftsstatuts wählt: Während im anglo-amerikanischen Rechtskreis schon lange die Gründungstheorie verfolgt wird, stellten die meisten Länder Westeuropas zur Bestimmung des anwendbaren Gesellschaftsstatuts traditionell auf den Ort des Verwaltungssitzes der juristischen Person ab.[113]

Im deutschen Recht ist bislang nicht kodifiziert, welches Recht auf einen Sachverhalt mit Auslandsberührung Anwendung findet. Vielmehr haben sich die gesellschaftsrechtlichen Kollisionsregeln in Lehre und richterlicher Praxis entwickelt.[114]

---

111 *Schmalenbach*, AVR 2001, S. 57, 59 f.; für einen weiteren Überblick vgl. *Muchlinski*, Multinational Enterprises and the Law, S. 51 ff.

112 Grundlegend war hierzu das Urteil des IGH "Barcelona Traction" vom 5. Februar 1970. Zusammenfassung abrufbar unter http://www.icj-cij.org/docket/files/50/5389.pdf (zuletzt abgerufen am 12.01.2013).

113 *Kropholler*, Internationales Privatrecht, S. 568.

114 Vgl. *Koch/Magnus/Winkler von Mohrenfels*, IPR und Rechtsvergleichung, S. 202.

Aktuell wird in Deutschland noch eine gespaltene Anknüpfung vorgenommen: Auf europäischer Ebene erfolgt die Bestimmung des Gesellschaftsstatuts nach der Gründungstheorie,[115] für Drittstaatenfälle hält die deutsche Rechtsprechung am Recht des effektiven Verwaltungssitzes fest.[116] Allerdings befindet sich die Bestimmung des Gesellschaftsstatuts sowohl auf europäischer als auch auf nationaler Ebene im Umbruch.[117] Bei Annahme des Referentenentwurfs des Bundesjustizministeriums zu Art. 10 EGBGB vom 23. Januar 2008[118] würde es auch in Deutschland zu einer endgültigen Abkehr von der Sitztheorie und einer vollständigen Zuwendung zur Gründungstheorie kommen.

Nach derzeit geltender Kollisionsrechtslage wären damit für die im Rahmen dieser Bearbeitung betroffenen Fälle entsprechend der Sitztheorie ausschließlich solche Unternehmen als deutsch anzusehen, die ihren Verwaltungssitz in Deutschland haben; bei Annahme des Referentenentwurfs käme es hingegen dazu, dass nur noch solche Unternehmen als deutsch klassifiziert würden, welche nach deutschem Recht gegründet wurden.

Gegen eine direkte Zugrundelegung des Gesellschaftsstatuts für die Einordnung als deutsches Unternehmen spricht jedoch, dass das Gesellschaftsstatut nicht die Staatszugehörigkeit einer Gesellschaft regelt, sondern vielmehr *„alle Fragen, die das ‚Leben' der Gesellschaft, ihre Entstehung, ihre innere Verfassung, ihr Auftreten im Rechtsverkehr und ihre Beendigung betreffen.“*[119] Insoweit taugt das Gesellschaftsstatut

---

115 Vgl. Urteil des BGH vom 14. März 2005 – II ZR 5/03, NJW 2005, 1648 ff., welches insbesondere auf der Grundlage der Urteile des Europäischen Gerichtshofs vom 5. November 2002, Rs. C-208/00, EuGHE I 202, Slg 2002, S. 9919 ff. („Überseering“) und vom 30. September 2003, Rs. C-167/01, EuGHE I 203, Slg 2003, S. 10155 ff. (“Inspire Art”) erging. Für die neueste – in der Tendenz die Niederlassungsfreiheit wieder einschränkende Auslegung des Europäischen Gesichtshofs vgl. das Urteil vom 16. Dezember 2008 – Rs. C-210/06, Slg 2008, I-9641 („Cartesio“).

116 So jüngst eindeutig der Bundesgerichtshof in seinem Urteil vom 27. Oktober 2010 – II ZR 158/06 („Trabrennbahn“), IRprax 2009, S. 259 ff.

117 Einen umfassenden Überblick zu den gesetzlichen Änderungen sowie zu den jüngsten Entscheidungen der deutschen und europäischen Gerichte gibt *Kindler* in: IPRax 2009, S 189 ff.

118 Text abrufbar unter http://www.gesmat.bundesgerichtshof.de/gesetzesmaterialien/16_wp/int_gesr/refe.pdf (zuletzt abgerufen am 12.01.2013).

119 *Koch/Magnus/Winkler von Mohrenfels*, IPR und Rechtsvergleichung, S. 203; im Gegensatz dazu richtet sich die deliktische Haftung der Gesellschaft nach herrschender Meinung nach dem Deliktsstatut; vgl. zum Beispiel Staudinger/*Großfeld*, 1998, Internationales Gesellschaftsrecht, Rz. 314.

allenfalls eingeschränkt dafür, die Zuordnung eines Unternehmens zu einem Staat zu verifizieren.[120]

### *(3) Einordnung anhand der Wertungen des Fremdenrechts*

Diejenige Rechtsmaterie, welche sich genuin mit der Zugehörigkeit von Unternehmen zu einem Staat beschäftigt, ist das Fremdenrecht. Dieses umfasst Rechtsnormen, welche die Inländer- oder Ausländereigenschaft einer natürlichen oder juristischen Person als Tatbestandsmerkmal verwenden, um daran eine Differenzierung der Rechtsfolgen zu knüpfen.[121] Allerdings existiert keine für das gesamte Fremdenrecht allgemeingültige Bestimmung der Inländer- oder Ausländereigenschaft von Gesellschaften; vielmehr folgt die Einordnung – am jeweiligen Gesetzeszweck orientiert – jeweils unterschiedlichen Kriterien.[122]

Mit Abstand am häufigsten wird nach dem Verwaltungssitz zugeordnet, das heißt, dass inländische Gesellschaften grundsätzlich solche sind, die ihren Verwaltungssitz im Inland haben.[123] Insbesondere zur Bestimmung der inländischen Organisationen, auf die sich entsprechend Art. 19 Abs. 3 GG der Grundrechtsschutz erstreckt, wird auf den Verwaltungssitz abgestellt.[124] Weiterhin wird auch das Gründungsrecht in verschiedenen Handels- und Investitionsschutzabkommen der Bundesrepublik Deutschland für die Bestimmung der Inländereigenschaft herangezogen. Schließlich existieren Fälle, in denen sich die Ausländereigenschaft nach der Staatsangehörigkeit der die Gesellschaften beherrschenden Gesellschafter und Organe richtet. Ein Beispiel hierfür ist § 6 Abs. 2 Nr. 2 a Kriegswaffenkontrollgesetz.[125]

---

120 *Schmidt*, Grundrechte und Nationalität juristischer Personen, S. 58 f.

121 *Staudinger/Großfeld*, 1998, Internationales Gesellschaftsrecht, Rz. 961.

122 *Behrens*, Die Gesellschaft mit beschränkter Haftung im internationalen und europäischen Recht, S. 55. Eine Folge hiervon ist, dass man nicht von der einen „Staatsangehörigkeit" einer Gesellschaft sprechen kann. Die „Staatszugehörigkeit" muss vielmehr in unterschiedlichen Zusammenhängen jeweils uneinheitlich beurteilt werden; vgl. *Schmidt*, Grundrechte und Nationalität juristischer Personen, S. 45.

123 *Staudinger/Großfeld*, 1998, Internationales Gesellschaftsrecht, Rz. 966.

124 Vgl. Beschluss des BVerfG vom 18. Januar 2001 – 1 BvR 2284/95, NJW 2002, S. 1485; sowie Beschluss des BVerfG vom 27. Dezember 2007 – 1 BvR – 853/06, NVwZ 2008, S. 670 f. im Einklang mit der herrschenden Literatur; vgl. statt vieler: *Maunz/Dürig/ Remmert*, Art. 19, Rz.78.

125 Gemäß § 6 Abs. 2 Nr. 2 a) kann *„eine Genehmigung insbesondere versagt werden, wenn [...] bei juristischen Personen das vertretungsberechtigte Organ oder ein Mitglied eines solchen Organs, bei Personenhandelsgesellschaften ein vertretungsberechtigter*

Der Hauptgrund, welcher im Rahmen des Art. 19 Abs. 3 GG für eine Zugrundelegung des Verwaltungssitzes angeführt wird ist, dass dieser *„die individuelle Freiheit derjenigen, die ihre Freiheit in oder mit der Organisation ausüben, gegenüber der deutschen Staatsgewalt verstärken"* soll.[126] Die Tätigkeit eines Unternehmens werde aber vor allem dann der deutschen Staatsgewalt ausgesetzt, wenn es sich innerhalb des Staatsgebietes tatsächlich betätigt. *„Der Sitzstaat hat gegenüber der juristischen Person in weiterem Umfang Eingriffsmöglichkeiten als jeder andere Staat. Aufgrund der Gebietshoheit ist er in der Lage, auf alle Handlungen der juristischen Person einzuwirken, die im Inland vorgenommen werden."*[127]

Spiegelbildliches findet sich in den Lehrmeinungen, welche sich zugunsten der Sitztheorie im Internationalen Privatrecht äußern und betonen, dass eine Entscheidung zwischen beiden Theorien *„von komplexen, nationalen wie internationalen wirtschafts- und ordnungspolitischen Wertungen"*[128] abhänge: So trage die Sitzanknüpfung dem Schutz- und Kontrollinteresse des am meisten betroffenen Staates Rechnung,[129] da der Sitz der Mittelpunkt sei, von dem die Tätigkeit der juristischen Person ausgehe.[130] Die Gründungstheorie eröffne dagegen mit der subjektiven Wahlfreiheit der Gründer praktisch jedes Gesellschaftsrecht weltweit zur wirtschaftlichen Betätigung und lasse zu, ausländische Gesellschaften mit laxerem Personalstatut im Inland anzusiedeln und im Vergleich zu inländischen Wettbewerbern mit einem regelungsärmeren ausländischen Organisationsstatut zu operieren.[131]

Die vorstehenden Argumente können zur Identifikation der Haftungsadressaten dieser Arbeit nutzbar gemacht werden. So lässt sich aus ihnen ableiten, dass der Verwaltungssitz derjenige Ort ist, an dem sowohl die Eingriffsmöglichkeiten eines

---

*Gesellschafter [...] nicht Deutscher im Sinne des Artikels 116 des Grundgesetzes ist oder den Wohnsitz oder den gewöhnlichen Aufenthalt außerhalb des Bundesgebiets hat."* Maßgeblich ist demnach, dass die hinter der juristischen Person stehenden natürlichen Personen deutsche Staatsangehörige sind; vgl. im Einzelnen *Pottmeyer*, Kriegswaffenkontrollgesetz § 6 Rz. 53 ff.

126 *Maunz/Dürig/Remmer*, Art. 19, Rz. 82.

127 *Schmidt*, Grundrechte und Nationalität juristischer Personen, S. 84.

128 *MünchKommBGB/Kindler,* Internationales Gesellschaftsrecht, Rz. 12.

129 Ständige Rechtsprechung, vgl. zum Beispiel Beschluss des Kammergerichts vom 11. Februar 1997 – 1W 3412/96, NJW-RR 1997, S. 1127 f; welche im Schrifttum überwiegend befürwortet wird; vgl. etwa *Staudinger/Großfeld*, 1998, Internationales Gesellschaftsrecht, Rz. 21.

130 Vgl. *Kegel/Schurig*, Internationales Privatrecht, S. 572.

131 *MünchKommBGB/Kindler,* Internationales Gesellschaftsrecht, Rz. 8.

Staates gegenüber einem Unternehmen am größten sind als auch umgekehrt das Schutzinteresse des Staates gegenüber den Aktivitäten des Unternehmens. Dies bedeutet aber, dass ein Unternehmen die stärksten Verbindungen mit demjenigen Staat hat, in welchem es seinen effektiven Sitz hat. Folglich kann, wenn überhaupt mit solchen Begriffen gearbeitet werden soll, am ehesten auch eine nationale Zurechnung zu diesem Staat erfolgen.

Gleiches gilt, wenn man berücksichtigt, dass im Grunde bezweckt wird, die deutschen „Hintermänner" menschenrechtsbeeinträchtigender Handlungen heranzuziehen. So ist anzunehmen, dass im Regelfall am Verwaltungssitz *„mehr Direktoren, leitende Angestellte, Begünstigte, Anteilseigner und Gläubiger im Sitzstaat leben werden als in irgendeinem anderen Staat."*[132] Es handelt sich damit um den Ort, an dem insbesondere die übergeordneten Produktionsentscheidungen sowie die Entscheidungen über den Einkauf von Waren getroffen werden.

Ein deutsches Unternehmen soll daher im Rahmen der vorliegenden Darstellung ein Unternehmen sein, welches seinen effektiven Verwaltungssitz in Deutschland hat.

## 2. Verhältnis von Menschenrechten und zivilrechtlichen Rechtspositionen

Soweit eine zivilrechtliche Haftbarmachung von Unternehmen erwogen wird, ist teilweise die Rede davon, wie eine menschenrechtliche Norm in einen nach nationalem Recht bestehenden zivilrechtlichen Anspruch *„integriert"*[133] beziehungsweise für Zwecke des Zivilrechts *„übersetzt"*[134] werden kann.

---

132 *Großfeld*, RabelsZ 1967, S. 1, 22 f.

133 Vgl. *Hailer*, Menschenrechte vor Zivilgerichten – die Human Rights Litigation in den USA, S. 24. Sie spricht davon, dass *„die völkerrechtliche Norm [...] bei ihrer Verwendung im innerstaatlichen Zivilverfahren [...] mit dem rechtlichen Rahmen eines einklagbaren Anspruchs versehen werden"* muss.

134 Vgl. *Saage-Maaß/Müller-Hoff* in: *ECCHR u.a. (Hrsg.)*, Transnationale Unternehmen in Lateinamerika: Gefahr für die Menschenrechte? S. 38. Abrufbar unter http://www.ecchr.de/index.php/ecchrpublikationen/articles/transnationale-unternehmen-in-lateinamerika-gefahr-fuer-die-menschenrechte.html (zuletzt abgerufen am 12.01.2013). In der englischsprachigen Literatur wurde bereits 2001 gefragt: *"Can a human rights norm [...] be translated into a civil cause of action within a domestic legal system?"*, vgl. *Scott*, Torture as Tort, S. 45.

Grundlegend hierfür ist, zunächst zu fragen, wie Menschenrechte und Zivilrecht zueinander stehen – inwieweit es Überschneidungen und Gegensätze, ein Ineinandergreifen oder eine Konkurrenz gibt.

## a. Existenz von Schnittmengen

Betrachtet man den konkreten Inhalt der Menschenrechtsverträge genauer, wird schnell klar, dass diese zu einem nicht unerheblichen Teil Rechtspositionen[135] beinhalten, die ebenfalls durch andere Rechtsgebiete, insbesondere das Strafrecht, aber auch das Zivilrecht, geschützt werden. Beispielsweise garantiert Art. 6 Abs.1 des UN-Zivilpakts das Recht auf Leben und verbietet die willkürliche Tötung;[136] im deutschen Strafrecht wird nach den §§ 211 ff. StGB bestraft, wer einen anderen Menschen tötet und im deutschen Zivilrecht ist nach § 823 Abs.1 S.1 BGB zum Schadensersatz verpflichtet, *„wer vorsätzlich oder fahrlässig das Leben [...] eines anderen widerrechtlich verletzt."*

Dies führt zu der Feststellung, dass auch wenn nicht jede kriminelle Tat oder zivilrechtlich relevante Rechtsgutsbeeinträchtigung eine Menschenrechtsbeeinträchtigung darstellt, Tathandlungen und Folgen für die Opfer teilweise identisch sind.[137]

Generell treffen unterschiedliche Rechtsgebiete häufig in denselben Lebenssachverhalten aufeinander und verfolgen dabei – mit verschiedenen Mitteln – gleiche Regelungsziele.[138] Insoweit kann man davon sprechen, dass einheitliche Lebensbereiche durch das Recht erst segmentiert werden[139] und verschiedene Rechtsbereiche auch *„als sich wechselseitig stützende und ergänzende Auffangordnungen"*[140] verstehen.

---

135 Teilweise wird auch von *"interests"* gesprochen, vgl. *International Commission of Jurists*, Corporate Complicity & Legal Accountability Volume 3, S. 4.

136 Art. 6 Abs. 1 UN Zivilpakt: *„Jeder Mensch hat ein angeborenes Recht auf Leben. Dieses Recht ist gesetzlich zu schützen. Niemand darf willkürlich seines Lebens beraubt werden."*

137 Vgl. *Hamm*, Menschenrechte – Ein Grundlagenbuch, S. 34.

138 Vgl. *Schwab/Löhnig*, Einführung in das Zivilrecht, S. 38.

139 Vgl. *Schmidt*, Vielfalt des Rechts – Einheit der Rechtsordnung?, S. 12.

140 So für das Öffentliche und das Privatrecht *Schmidt-Aßmann*, in: *Hoffmann-Riem/Schmidt-Aßmann (Hrsg.),* Öffentliches Recht und Privatrecht als wechselseitige Auffangordnungen, S. 8.

Eine mit der Überlappung von Zivilrecht und Menschenrechten vergleichbare Situation besteht auf nationaler Ebene etwa bei Deliktsrecht und Strafrecht. Hier können gleiche Tathandlungen und -folgen sowohl dazu führen, dass eine Bestrafung des Täters erfolgt als auch dazu, dass das Opfer vom Täter Schadensersatz verlangen kann. Beiden Rechtsfolgen geht dabei *„ein gemeinsames Unrecht voraus.“*[141] Die dogmatische und funktionale Trennung von Strafe und Schadensersatz ist in den meisten Rechtsordnungen anerkannt[142]: Während Funktion des Schadensersatzes (vorrangig) der Schadensausgleich zwischen Privaten ist, soll das Strafrecht sozialschädliche Verhaltensweise unterbinden. In diesem Sinne dient das Deliktsrecht den Interessen Privater und ist Privatrecht; die Strafsanktion hingegen dient dem öffentlichen Interesse und ist öffentliches Recht.[143]

Zusammenfassend lässt sich feststellen, dass eine Abgrenzung der Menschenrechte zum Zivilrecht nicht in der Weise erfolgen kann, dass Menschenrechte thematisch die einen Lebenssachverhalte schützen und das Zivilrecht die anderen, da es zumindest in gewissen Teilen Überschneidungen gibt.

### b. Gegenüberstellung: Tatbestandsmerkmale und Wesen der Menschenrechte im Vergleich zu zivilrechtlichen Rechtspositionen

Stellt man die einzelnen Merkmale von Menschenrechten und zivilrechtlichen Rechtspositionen gegenüber, wird deutlich, dass teilweise ein Gleichlauf besteht, teilweise jedoch auch gewichtige Abweichungen existieren.

Menschenrechte und zivilrechtliche Rechtspositionen unterscheiden sich zunächst in ihrer Verbürgung: Während, entsprechend dem vorliegend verwendeten Arbeitsbegriff, Menschenrechte Gegenstand international weit überwiegend ratifizierter Verträge und damit weltweit einheitlich sind, finden sich die zivilrechtlichen

141 *Wilhelmi*, Menschenrechtsschutz durch universale Jurisdiktion im internationalen Privat und Strafrecht, in: *von Hoffmann (Hrsg.)*, Universalität der Menschenrechte, S. 229.

142 Vgl. *Stoll*, Schadensersatz und Strafe in: *von Caemmerer/Mentschikoff/Zweigert (Hrsg.)*, FS Rheinstein Bd. 2, S. 569.

143 Vgl. *von Hoffmann*, Sonderanknüpfung zwingender Normen im internationalen Deliktsrecht in: *Gottwald/Jayme/Schwab (Hrsg.)*, FS Henrich, S. 283, 287; Zum Adhäsionsverfahren als *„Bindeglied“* zwischen Strafverfahren und Zivilprozess, vgl. *Wilhelmi*, Das Weltrechtsprinzip im internationalen Privat- und Strafrecht, S. 355 ff.

Positionen allein im nationalen Recht verankert und unterscheiden sich damit von Staat zu Staat.[144]

Ein weiterer bedeutsamer Gegensatz ist der jeweilige Adressat[145]: Zivilrechtliche Rechtspositionen können gegenüber jedermann bestehen; demgegenüber ist direkt Verpflichteter der Menschenrechte nach klassischer Auffassung allein der Staat, oder aber mindestens ein staatenähnliches Gebilde.[146] So geht es bei den Menschenrechten nach herrschender Meinung „*um die Absicherung des Menschen gegenüber Bedrohungen in Staat und Gesellschaft, die vor allem auf das Individuum, die kleineren und schwächeren Gemeinschaften einwirken*"[147] und damit um eine Machtdivergenz,[148] wohingegen das Zivilrecht Regelungen für potentiell gleich starke Parteien aufstellt.[149]

Gemeinsamkeiten finden sich zunächst hinsichtlich der Wirkungsweise: Sowohl die Menschenrechte als auch zivilrechtliche Rechtspositionen werden vorwiegend als Ansprüche wahrgenommen. Auch bei den Menschenrechten geht es um das Recht, von einem anderen – nämlich dem Staat – ein Unterlassen (Abwehrrechte) beziehungsweise ein Tun (Schutzrechte) einzufordern. Allerdings kennt das Zivilrecht zusätzlich zu den Ansprüchen absolute Rechte im Sinne von erga omnes-Verpflichtungen sowie Gestaltungsrechte, wohingegen die Menschenrechte sich auf die bilaterale Anspruchsbeziehung zwischen Individuum und Staat (beziehungsweise staatsähnlichem Gebilde) beschränken.

Hinsichtlich der Umstände, in denen Menschenrechte und Zivilrecht Anwendung finden, sind grundsätzlich keine Abweichungen auszumachen: Im Allgemeinen gelten beide sowohl zu Friedens- als auch zu Kriegszeiten.[150]

---

144 In diesem Punkt unterscheiden sich die Menschenrechte auch von den ansonsten wesensähnlichen „Grundrechten" der nationalen Verfassungen.

145 Eine vergleichbare Abgrenzung anhand des Täters wird beispielsweise auch zwischen Strafrecht und Menschenrechten vorgenommen, vgl. *Hamm*, Menschenrechte – ein Grundlagenbuch, S. 34.

146 Vgl. *Kälin/Künzli*, Universeller Menschenrechtsschutz, S. 37.

147 *Ermacora*, Menschenrechte in der sich wandelnden Welt, Bd. 1, S. 26.

148 Soweit man zum Beispiel multinationale Unternehmen an die Menschenrechte gebunden hält, erfolgt dies dementsprechend, weil man sie als ähnlich mächtig einstuft wie Staaten, und somit auch hier aufgrund eines bestehenden Machtgefälles.

149 Dies gilt unabhängig davon, ob sich im konkreten Fall Parteien gegenüberstehen, die mit unterschiedlichem sozialen oder wirtschaftlichen Einfluss ausgestattet sind.

150 Zu den Besonderheiten der kumulativen Anwendung von Menschenrechten und Regelungen des humanitären Völkerrechts in Kriegszeiten, vgl. *Kälin/Künzli*, Universeller Menschenrechtsschutz, S. 194 ff.

Auch die Individualität des bzw. der Anspruchsinhaber ist bei Menschenrechten und zivilrechtlichen Rechtspositionen identisch. Stets geht es um Rechte einer einzelnen natürlichen oder juristischen Person beziehungsweise einer solchen Gruppe und nicht um Kollektivrechte.[151]

Der bedeutsamste Unterschied ist inhaltlicher Natur: Während Menschenrechte stets und ausschließlich solche Bedrohungen betreffen, *„die den Menschen als Individuen hic et nunc ans Leben gehen"*[152] beziehungsweise auf seine grundlegenden Bedürfnisse einwirken, ist der zivilrechtliche Schutz thematisch viel umfangreicher. Zivilrechtliche Begehren richten sich zwar teilweise auch auf so elementare Gegenstände wie die körperliche Unversehrtheit oder die menschliche Persönlichkeit, es besteht beispielsweise aber auch ein Anspruch auf Einhaltung des Grundstücksabstands oder ein Anspruch auf Mängelbeseitigung in Bezug auf eine Kaufsache. Selbstverständlich haben auch letztere den Zweck, den Anspruchsinhaber vor Beeinträchtigungen zu schützen beziehungsweise ihm Kompensationsansprüche zur Verfügung zu stellen – gleichzeitig ist jedoch festzustellen, dass solche Ansprüche nicht als schlechterdings unverzichtbar erscheinen, um die den Menschenrechten zugrundeliegende Menschenwürde zu gewährleisten.

Gerade der Rückbezug auf die Menschenwürde macht es daher möglich, *„die jeweiligen einzelnen Menschenrechtsnormen in einen sie verbindenden Sinnzusammenhang zu stellen"*[153] und die Besonderheiten aufzuzeigen, die sie von sonstigen Rechtspositionen, zum Beispiel zivilrechtlicher Natur, unterscheiden.

### c. Völkerrechtliche Exklusivität der Menschenrechte versus Parallelität zu zivilrechtlichen Rechtspositionen

Eine generelle völkerrechtliche Exklusivität, wie sie etwa in Bezug auf das humanitäre Völkerrecht und das Staatshaftungsrecht früher teilweise angenommen wurde,[154] wird hinsichtlich der Menschenrechte und des Zivilrechts nicht vertreten. Vielmehr ergibt sich aus den bestehenden Schnittmengen der rechtlich geschützten Positionen verschiedener Rechtsbereiche, dass Menschenrechte und Zivilrecht gleichzeitig Anwendung finden können.

---

151 Vgl. zur Abgrenzung von individuellen Menschenrechten zu Gruppen- und Kollektivrechten: *Hamm*, Menschenrechte – ein Grundlagenbuch, S. 28 f.

152 *Ermacora*, Menschenrechte in der sich wandelnden Welt, Bd. 1, S. 26.

153 *Bielefeldt*, Menschenwürde, S. 20.

154 Vgl. *Féaux de la Croix*, NJW 1960, S. 2268 ff.

Im Grunde besteht gleich in mehrfacher Hinsicht Komplementarität: Zum einen sind bei einer Menschenrechtsbeeinträchtigung häufig verschiedene Akteure von Staaten über Individuen bis hin zu Unternehmen involviert – zum anderen kann es bei ein und derselben Beeinträchtigungssituation zu multiplen Beeinträchtigungen nationalen und internationalen Rechts kommen.[155]

Indem die Menschenrechte nicht nur als Abwehrrechte gegen staatliche Handlungen, sondern auch als Schutzpflichten des Staates gegenüber seinen Bürgern verstanden werden (duty to protect),[156] wird den Staaten gerade auferlegt, ein nationales Rechtsschutzinstrumentarium im Falle von Menschenrechtsbeeinträchtigungen durch Private bereitzustellen.[157]

Ob die gleichzeitige Anwendung von Menschenrechten und Zivilrecht dann zu einem Nebeneinander oder einem Ineinander der Rechtsbereiche führt, hängt von der Wertung des nationalen Rechts ab. Während zum Beispiel der US-amerikanischen Supreme Court ein *„Ineinandergreifen der Sphären“*[158] annimmt, soll in Deutschland gerade *„die strikte Trennung der Ebenen [...] Voraussetzung für die Emanzipation des privatrechtlichen Anspruchs“*[159] sein.

## d. Interdependenzen zwischen Menschenrechten und zivilrechtlicher Haftung

Während das Zivilrecht im Rahmen der Beurteilung der Menschenrechte kaum eine Rolle spielt, ist die Frage der Menschenrechte bei der Prüfung zivilrechtlicher Rechtspositionen durchaus bedeutsam.

Nachfolgend soll zunächst ein konzeptioneller Überblick über die Einstrahlungsmöglichkeiten der Menschenrechte in das Zivilrecht gegeben werden, ohne bereits

155 Vgl. *Clapham*, Human Rights Obligations of Non-State Actors, S. 566.

156 Guiding Principles on Business and Human Rights: Implementing the United Nations "Protect, Respect and Remedy" Framework, UN-DOC A/HRC/17/31 vom 21. März 2011, I.A. Textziffer 1, S.6: *"States must protect against human rights abuse within their territory and/or jurisdiction by third parties, including business enterprises."* abrufbar unter http://www.ohchr.org/Documents/Issues/Business/A-HRC-17-31_AEV.pdf (zuletzt abgerufen am 12.01.2013).

157 Ebenda, III.A. Textziffer 25, S.22: *"States must take appropriate steps to ensure, through judicial, administrative, legislative or other appropriate means, that when such abuses occur within their territory and/or jurisdiction those affected have access to effective remedy."*

158 *Von Unger*, Menschenrechte als transnationales Privatrecht, S. 211.

159 Ebenda.

einen Bezug zum deutschen Recht herzustellen. Die konkrete Wirkungsweise der Menschenrechte im beziehungsweise neben dem deutschen Zivilrecht bleibt der ausführlichen und fallbezogenen Untersuchung in Teil V vorbehalten.

## aa. Vorfragen: Geltung und unmittelbare Anwendbarkeit der Menschenrechtsverträge im nationalen Recht

Menschenrechtsnormen können nur dann im nationalen Recht für den Einzelnen Wirkung (unmittelbarer oder mittelbarer Art) entfalten, wenn die betreffenden Verträge überhaupt im nationalen Recht gelten (dazu (1)) und wenn die jeweiligen Normen auch unmittelbar anwendbar sind (dazu (2)).

### *(1) Geltung völkerrechtlicher Verträge*

Die Grundsätze der Geltung und des Wirksamwerdens völkerrechtlicher Normen auf nationaler Ebene sind Gegenstand einer Vielzahl von wissenschaftlichen Untersuchungen.[160] Im Wesentlichen stehen sich dabei die dualistischen und die monistischen Auffassungen gegenüber. Die dualistischen Ansätze nehmen an, dass das Völkerrecht und die nationalen Rechtsordnungen getrennt voneinander bestehen und es daher eines Rechtsakts im innerstaatlichen Recht bedarf, um eine völkerrechtliche Norm in eine innerstaatliche zu verwandeln und damit zur Geltung zu bringen.[161] Die Vertreter des Monismus gehen dagegen von einer einheitlichen Gesamtrechtsordnung aus, deren Teile das Völkerrecht und die staatlichen Rechtsordnungen sind, sodass es bei dieser Sichtweise keines gesonderten Geltungsbefehls für das Völkerrecht auf nationaler Ebene bedarf.[162]

Letztendlich ist die praktische Relevanz der Debatten jedoch gering, da es im Allgemeinen den Staaten überlassen bleibt, auf welche Weise sie die Erfüllung ihrer völkerrechtlichen Pflichten bewerkstelligen wollen.[163] So steht es auch im

---

160 Eine Zusammenfassung der verschiedenen Auffassungen findet sich etwa bei *Kunig* in: *Vitzthum*, Völkerrecht, 2. Abschnitt, Rz. 29 ff.

161 Ebenda, Rz. 30 mit Verweis auf *Triepel*, Völkerrecht und Landesrecht.

162 Ebenda, Rz. 31.

163 *Verdross/Simma*, Universelles Völkerrecht, S. 540; Nachdem der Rechtsprechung des BVerfG lange Zeit kein eindeutiges Bekenntnis zur Einordnung zu entnehmen war, hat sich das Gericht erst in seinem „Görgülü-Beschluss“ (Beschluss vom 14. Oktober 2004 – 2 BVR 1481/04, BverfGE 111, 307, 318) eindeutig zu einer dualistischen Auffassung entschlossen: *„Dem Grundgesetz liegt deutlich die klassische Vorstellung zu Grunde, dass es sich bei dem Verhältnis des Völkerrechts zum nationalen Recht um ein Verhältnis zweier unterschiedlicher Rechtskreise handelt und dass die Natur*

Rahmen der UN-Kernpakte sowie entsprechend der ILO-Verfassung[164] den Mitgliedstaaten offen, wie sie ihren vertraglichen Pflichten genügen. In der Konsequenz werden in den einzelnen Staaten unterschiedliche Mechanismen verwandt, um Völkerrecht innerstaatlich zur Geltung zu bringen:

Eine Transformation des Völkerrechts in das innerstaatliche Recht liegt vor, wenn ein innerstaatlicher Normsetzungsakt eine völkerrechtliche Vorgabe aufnimmt und in eine innerstaatliche Rechtsquelle umwandelt.[165] Von Inkorporation wird dagegen gesprochen, wenn das staatliche Recht lediglich einen Einbeziehungsbefehl ausspricht, um völkerrechtliche Normen oder auch das gesamte Völkerrecht auf nationaler Ebene wirksam zu machen.[166] Die Lehre vom Vollzug geht ebenso wie die Inkorporationstheorie von einem staatlichen Rechtsakt aus, der die Überführung des Völkerrechts in innerstaatliches Recht bewirkt. Dieser soll jedoch keine unmittelbare Wirkung des Völkerrechts im nationalen Rechtsraum zur Folge haben, sondern nur die innerstaatlichen Rechtsanwender zur Anwendung des Völkerrechts veranlassen.[167]

*(2) Unmittelbare Anwendbarkeit völkerrechtlicher Verträge*

Steht die innerstaatliche Geltung eines Vertrages fest, schließt sich die Frage an, ob dieser unmittelbar anwendbare (self executing) Rechtsnormen zur Verfügung stellt. Die Geltung des Vertrages auf nationaler Ebene ist hierfür nur eine – wenn auch unabdingbare – Voraussetzung.[168] Maßgeblich ist darüber hinaus, dass der Vertrag auch inhaltlich zur unmittelbaren Anwendung geeignet ist und die unmittelbare Anwendbarkeit nicht explizit durch Völkerrecht oder nationales Recht ausgeschlossen wurde.[169]

---

*dieses Verhältnisses aus der Sicht des nationalen Rechts nur durch das nationale Recht selbst bestimmt werden kann."*

164 Verfassung der Internationalen Arbeitsorganisation in der Fassung von August 2003 abrufbar unter http://www.ilo.org/public/german/region/eurpro/bonn/download/iloverfassungde.03.pdf (zuletzt abgerufen am 12.01.2013). Nach Art. 19 Abs. 5 d) Verfassung der ILO trifft ein Mitgliedstaat nach Zustimmung der zuständigen Stellen *„die erforderlichen Maßnahmen."*

165 *Rudolf*, Völkerrecht und deutsches Recht, S. 205 ff.

166 *Partsch*, Die Anwendung des Völkerrechts im innerstaatlichen Recht, BerDGVR 1964, S. 13 ff.

167 Vgl. *Mangoldt/Klein/Starck/Kempen*, Art. 59, Rz. 89.

168 Vgl. *Münch/Rojahn,* Art. 59, Rz. 37 f.

169 Zu einer ausführlichen Herleitung der einzelnen Voraussetzungen vgl. *Schwartmann*, Private im Wirtschaftsvölkerrecht, S. 26 ff.

Richtigerweise sollte differenziert werden: Da völkerrechtliche Verträge oftmals Bestimmungen enthalten, die teilweise unmittelbar anwendbar und teilweise nicht unmittelbar anwendbar sind,[170] ist es grundsätzlich erforderlich, jede Norm der Menschenrechtsverträge einzeln auf ihre unmittelbare Anwendbarkeit hin zu überprüfen.

Dabei entscheidet die völkerrechtliche Norm – entsprechend ihres Inhalts – zunächst selbst, ob sie „anwendungswillig" ist; erst in einem zweiten Schritt wird im jeweiligen Nationalstaat am Maßstab des nationalen Rechts entschieden, ob diesem Willen auch Rechnung getragen wird.[171]

Wichtiges Mittel für die Auslegung der UN-Menschenrechtsverträge – und damit zur Feststellung ihrer Anwendungswilligkeit – sind schriftliche Äußerungen der Vertragsorgane. Sie werden in Form sogenannter allgemeiner Bemerkungen (general comments) oder allgemeiner Empfehlungen abgegeben und spiegeln die Vertragsanwendungspraxis. In ihnen werden zum Teil generelle Erläuterungen zu den Verträgen getätigt, zum Teil aber auch einzelne Artikel oder Teilbestimmungen der Pakte auf der Grundlage der existierenden Spruchpraxis kommentiert.[172] Diese Texte sind völkerrechtlich nicht verbindlich, sondern dienen den Vertragsstaaten bei der Erfüllung ihrer Menschenrechtsverpflichtungen eher als Wegweiser.[173] Jedoch beschreiben sie in autorisierter Form die Standards in der Praxis, *„dienen damit als Interpretationshilfe und prägen so das Verständnis der vertraglichen Rechtsbegriffe durch die Vertragsstaaten mit. "*[174]

Hinsichtlich des UN-Zivilpakts ergibt sich beispielsweise aus dem General Comment Nr. 31 („Die Rechtsnatur der Paktverpflichtungen"), dass der Menschenrechtsausschuss die unmittelbare Anwendbarkeit sämtlicher Vertragsbestimmungen befürwortet.[175]

Zum UN-Sozialpakt wird in der allgemeinen Bemerkung Nr. 3 („Die Rechtsnatur der Verpflichtungen der Vertragsstaaten" (Art. 2 Abs.1)) demgegenüber nur für einige Verpflichtungen festgestellt, dass diese mit sofortiger Wirkung gelten. So soll sich hinsichtlich der Artikel 3, 7 (a) (i), 8, 10 Abs. 3, 13 Abs. 2 (a), Abs. 3

---

170 *Stein/von Buttlar*, Völkerrecht, Rz. 188.

171 *Kunig* in: *Vitzthum*, Völkerrecht, 2. Abschnitt, Rz. 42.

172 Vgl. generell hierzu die Einleitung von *Riedel* in: *Deutsches Institut für Menschenrechte (Hrsg.),* Die "General Comments" zu den VN Menschenrechtsverträgen, S. 19 ff.

173 *Riedel*, JZ 2006, S. 270.

174 Urteil des BVerwG vom 29. April 2009 – 6 C 16.08, BVerwGE 134, 1, 22.

175 General Comment NR. 31 CCPR/C/74/CRP.4/REV.6 vom 21. April 2004; in deutscher Übersetzung in: *Deutsches Institut für Menschenrechte (Hrsg.)*, Die "General Comments" zu den VN Menschenrechtsverträgen, S. 153, 155.

und 4 sowie 15 Abs. 3 *„jegliche Annahme, dass die genannten Bestimmungen nicht unmittelbar anwendbar sind, [...] nur schwer aufrecht erhalten lassen."*[176]

Im Bereich der ILO-Kernarbeitsnormen existieren in entsprechender Weise Entscheidungen und Empfehlungen der jeweiligen Kontrollgremien, die eine völkerrechtliche Vorentscheidung zur nationalen unmittelbaren Anwendbarkeit treffen.

## bb. Begriff der Drittwirkung

Der Begriff und das Konzept der „Drittwirkung" (auch: *"third party effect of fundamental rights", „effets quant aux tiers des droits fondamentaux"*[177] oder *"horizontal effects"*[178]) stammen ursprünglich aus dem deutschen Verfassungsrecht.[179]

Bei der Frage nach der Drittwirkung der Menschenrechte geht es darum, festzustellen, inwieweit die Menschenrechte in Privatrechtsbeziehungen wirken, das heißt um *„die Geltung der [...] Menschenrechte über das klassische Zweierverhältnis zwischen dem Einzelnen und dem Staat hinaus auch in den privaten Rechtsverhältnissen zwischen zwei Einzelnen (einem vom Staat unterschiedenen Zweiten und einem Dritten)."*[180]

Vereinfachend wird der Unterschied zwischen unmittelbarer und mittelbarer Drittwirkung von Menschenrechten international etwa wie folgt dargestellt: *"Broadly speaking, the effect of human rights protections in the private sphere will be 'direct' if parties can rely explicitly on human rights protections in their litigation; it will be 'indirect' if they may not do so, but may press the courts to interpret,*

---

176 Vgl. CESCR E/1991/23 vom 14. Dezember 1990; in deutscher Übersetzung in: *Deutsches Institut für Menschenrechte (Hrsg.)*, Die "General Comments" zu den VN Menschenrechtsverträgen, S. 183, 184 f.

177 *Clapham*, Human Rights in the Private Sphere, S. 90.

178 *Nowak*, UN Covenant on Civil and Political Rights, Art. 2 Rz. 20, wobei der Terminus "Horizontal Effect" weiter gefasst ist und sich nicht allein auf das Zivilrecht beschränkt.

179 Vgl. *Drzemczewski*, NILR 1979, S. 163 ff., der rechtsvergleichend die privatrechtlichen Wirkungsweisen der EMRK in deren Geltungsbereich untersucht.

180 *Hörtreiter/Ceyssens/Feldt*, in: *Weltwirtschaft, Ökologie & Entwicklung e.V (Hrsg.).*, Zwischenstaatliche Instrumente zur Stärkung der Unternehmensverantwortlichkeit, S. 12. Abrufbar unter http://www2.weed-online.org/uploads/Zwischenstaatliche%20 Instrumente%20zur%20St%E4rkung%20der%20Unternehmensverantwortung.pdf (zuletzt abgerufen am 12.01.2013).

*apply or develop the rest of the law so as to protect the interests in question in the light of constitutional rights or values."*[181]

Von der (privatrechtlichen und in Verfahren vor den nationalen Gerichten relevanten) Drittwirkung der Menschenrechte zu unterscheiden ist die Frage, inwieweit Private durch die Menschenrechte völkerrechtlich verpflichtet werden beziehungsweise inwieweit die Menschenrechtsverträge eine völkerrechtliche Haftung von Privaten[182] oder eine Haftung von Staaten für Handlungen von Privaten[183] bereitstellen (siehe hierzu Teil III.2.b).

In welchem Maß aus dem Völkerrecht selbst eine unmittelbare oder mittelbare Drittwirkung der Menschenrechte folgt, wird nachfolgend untersucht.[184]

### cc. Unmittelbare Drittwirkung

Fraglich ist zunächst, ob es möglich ist, aus den als maßgeblich identifizierten Menschenrechtsverträgen selbst zivilrechtliche Anspruchsgrundlagen abzuleiten (beziehungsweise Tatbestandsmerkmale zivilrechtlicher Normen durch Menschenrechtsvorschriften auszufüllen). Sollte dies der Fall sein, käme den Menschenrechten eine unmittelbare Drittwirkung zu.[185]

Denkbar ist sowohl, dass die unmittelbare Drittwirkung durch das Völkerrecht selbst angeordnet wird, als auch dass das nationale Recht diese vorschreibt.

Die Allgemeine Bemerkung Nr. 31 zum UN-Zivilpakt („Die Rechtsnatur der Paktverpflichtungen") verdeutlicht, dass die sich aus Art. 2 Abs. 1 ergebenden Pflichten keine *„unmittelbare horizontale Wirkung aufgrund des Völkerrechts"* haben.

---

181 *Oliver/Fedtke*, Human Rights and the Private Sphere – the Scope of the Project in: *dies. (Hrsg.)*, Human Rights and the Private Sphere – A Comparative Study, S. 14.

182 Zu einem Gleichlauf der beiden Fragestellungen vgl. *Hennings*, Über das Verhältnis von Multinationalen Unternehmen zu Menschenrechten, S. 39.

183 Vgl. auch *Clapham*, The „Drittwirkung" of the Convention, in: *McDonald/Matscher/Petzold (Hrsg.)*, The European System for the Protection of Human Rights, S. 165, der in Bezug auf Staatenverfahren vor dem EGRM die Unpassendheit des Begriffs der Drittwirkung herausarbeitet.

184 Ob darüber hinaus nach deutschem Recht eine unmittelbare oder mittelbare Drittwirkung zu befürworten ist, bleibt der Untersuchung in Teil V.1 vorbehalten.

185 Das völkerrechtliche Verträge grundsätzlich geeignet sind, horizontale Pflichten zwischen Privaten begründen, sieht man etwa am UN-Kaufrechtsübereinkommen von 1980, vgl. *Grabosch*, Rechtsschutz vor deutschen Zivilgerichten gegen negative Beeinträchtigungen von Menschenrechten durch transnationale Unternehmen, in: *Nikol/Schniederjahn/Bernhard (Hrsg.)*, Transnationale Unternehmen und Nichtregierungsorganisationen im Völkerrecht, S. 8 des Beitrags (im Erscheinen).

Der Pakt könne nicht *„als Ersatz für innerstaatliches Straf- oder Zivilrecht gesehen werden.“*[186] Für den UN-Sozialpakt fehlt zwar eine entsprechende Klarstellung in Form eines General Comment, aus Art. 2 Abs. 1 des Paktes ist jedoch zu entnehmen, dass die mit den Rechten korrespondierenden Pflichten die Vertragsstaaten treffen.

Die ganz herrschende Ansicht verneint daher sowohl für den UN-Sozialpakt als auch für den UN-Zivilpakt eine völkerrechtlich indizierte Anspruchsgewährung zwischen Privaten auf nationaler Ebene.[187] Nur vereinzelt wurde versucht, aus dem letzten Abschnitt der Präambeln des UN-Zivilpakts und des UN-Sozialpakts – *„im Hinblick darauf, dass der einzelne gegenüber seinen Mitmenschen und der Gemeinschaft, der er angehört, Pflichten hat und gehalten ist, für die Förderung und Achtung der in diesem Pakt anerkannten Rechte einzutreten“*[188] – eine unmittelbare Drittwirkung abzuleiten.[189] Gegen eine solche Deutung ist schon einzuwenden, dass – mit Ausnahme der Präambel – an keiner Stelle der Pakte der Gedanke einer Verpflichtung von Privatpersonen aufgegriffen wird,[190] sondern stets davon die Rede ist, dass sich die Vertragsstaaten verpflichten. Auch Art. 5 Abs. 1 beider Pakte, in welchem es heißt: *„Keine Bestimmung diese Paktes darf dahingehend ausgelegt werden, dass sie für einen Staat eine Gruppe oder eine Person das Recht begründet, eine Tätigkeit auszuüben oder eine Handlung zu begehen, die auf die Abschaffung der in diesem Pakt anerkannten Rechte und Freiheiten [...] hinzielt“* ändert nichts an dieser Einschätzung. Ohne eine unmittelbare Bindung zwischen Privaten herstellen zu wollen, soll Art. 5 Abs. 1 den Staaten lediglich den Eingriff gegenüber Gruppen und Einzelpersonen ermöglichen, die sich ihrerseits menschenrechtsfeindlich verhalten.[191]

---

186 CCPR/C/74/CRP.4/REV.6 vom 21. April 2004; in deutscher Übersetzung in: *Deutsches Institut für Menschenrechte (Hrsg.)*, Die “General Comments” zu den VN Menschenrechtsverträgen, S. 153, 155.

187 Vgl. unter anderem *Zuleeg*, RdA 1974, S. 321, 326; sowie *Delbrück*, Drittwirkung der Grundrechte durch völkerrechtliche Verpflichtung?, in: *Schneider/Götz (Hrsg.)*, FS Weber, S. 223, 226 f.

188 International Covenant on Civil and Political Rights (ICCPR) vom 16. Dezember 1966 (deutsche Fassung BGBl. 1973 II, S. 1533) sowie International Covenant on Economic, Social and Cultural Rights (ICESCR) vom 16. Dezember 1966 (deutsche Fassung BGBl. 1973 II, S. 1570).

189 So zum UN-Sozialpakt *Khol*, Der Menschenrechtskatalog der Völkergemeinschaft, S. 35 f.

190 *Scherf*, Die Umsetzung des Internationalen Paktes über wirtschaftliche, soziale und kulturelle Rechte vom 19. Dezember 1966 in die Rechtsordnung der Bundesrepublik Deutschland, S. 65.

191 *Zuleeg*, RdA 1974, S. 321, 326.

Zu dem gleichen Ergebnis einer fehlenden unmittelbaren Drittwirkung kraft Völkerrecht kommt man in Bezug auf die UN-Rassendiskriminierungskonvention und die sonstigen relevanten UN-Kernpakte, welche in sämtlichen Bestimmungen ausdrücklich und ausschließlich die Staaten adressieren.[192]

Die Frage einer unmittelbaren Wirkung der ILO-Kernarbeitsnormen zwischen Privaten wurde bislang nicht erörtert. Hiergegen spricht jedoch bereits, dass die Tripartite Declaration der ILO, welche Handlungspflichten für Unternehmen statuiert, unnötig gewesen wäre, wenn diese aus Sicht des Völkerrechts bereits durch die allgemeinen Übereinkommen gebunden wären.[193]

Die UN-Kernverträge sowie die ILO-Normen stellen damit kraft Völkerrecht selbst keine zivilrechtlichen Ansprüche auf nationaler Ebene bereit.[194]

Eine unmittelbare Drittwirkung der Menschenrechtsverträge kann mithin nur bestehen, wenn das nationale Recht anordnet, dass sich Private in ihren Beziehungen gegenüber Privaten vor nationalen Gerichten unmittelbar auf diese berufen und Ansprüche geltend machen können. Gründe dafür, dass das Völkerrecht eine solche nationale Anordnung ausschließen will, bestehen nicht.[195] Hierzu gibt es

---

192 So auch *Nickel*, Gleichheit und Differenz in der vielfältigen Republik, S. 108; und *Fries*, Die Bedeutung von Art. 5 (f) der Rassendiskriminierungskonvention im deutschen Recht, S. 193 ff.

193 Die Kernarbeitsnormen entfalten allenfalls mittelbare Wirkung. *„Le texte s'adresse certes en premier lieu aux Etats Membres, pressés de prendre des mesures d'application. Il peut cependant servir directement de référence, en raison même de la généralité de sa formulation, à des entreprises qui rédigent leur code de conduit sociale ou à des sociétés spécialisés qui définissent les critères à observer pour leur rapports ou leur audits sociaux"*; vgl. *Servais*, Normes internationales du travail et responsabilité sociale des entreprises, in: *Javillier/Gernigon (Hrsg.)*, Les normes internationales du travail: un patrimoine pour l'avenir, S. 265.

194 Dieses Ergebnis steht im Einklang mit der vorherrschenden völkerrechtlichen Ansicht zur Ableitung von Ansprüchen gegen Private aus völkerrechtlichen Verträgen, vgl. zur EMRK *Frowein/Peukert*, EMRK-Kommentar Art. 1, Rz. 16. Vgl. aber auch *Emmerich-Fritsche*, Vom Völkerrecht zum Weltrecht, S. 501, die *„jedenfalls in ihrem Menschenwürdegehalt"* eine unmittelbare Drittwirkung der Menschenrechte zwischen Privaten anerkennt, wenn *„allgemeine staatliche Gesetze keine oder evident unzureichende Regelungen zum Schutz der Menschenrechte treffen, es also insoweit an einer verfassten Ordnung fehlt."*

195 Aus der Stellung der Menschenrechte im Völkerrecht insgesamt folgt vielmehr, dass das Völkerrecht offen für eine menschenrechtliche Bindung Privater ist: Während das Völkerrecht traditionell im Verhältnis Staat-Staat gilt, stellen Menschenrechte insoweit eine Ausnahme dar, als dass sie den Bürgern gegenüber dem eigenen Staat zuerkannt

national höchst unterschiedliche Lösungen,[196] von denen allein die deutsche in der Folge näher untersucht wird (vgl. Teil V.1.b).

## dd. Mittelbare Drittwirkung

Als „weniger“ im Vergleich zu einer unmittelbaren Drittwirkung und „mehr“ im Vergleich zu einer gänzlich versagten Interdependenz ist zu untersuchen wie die Menschenrechte zivilrechtliche Normen bei der Auslegung beeinflussen.

Dass den Menschenrechten schon kraft Völkerrecht zumindest eine mittelbare Drittwirkung zukommt, wird im Allgemeinen anerkannt.[197]

Begründet wird dies etwa damit, dass mittels des Konstrukts der mittelbaren Drittwirkung letztlich der Staat dafür in Verantwortung genommen wird, dass er seine aus der Ratifizierung der Menschenrechtsverträge herrührenden Verpflichtungen (duty to respect, protect and ensure) durch eigenes Fehlverhalten verletzt hat.[198]

So hat ein Staat nicht nur eigene Menschenrechtsverletzungen zu unterlassen, sondern er muss vielmehr auch positiv tätig werden, um den Bürger vor den Eingriffen anderer Privater zu bewahren. Dies hat der Menschenrechtsausschuss in seinen General Comments unter anderem für den UN-Zivilpakt klargestellt[199] und es wurde jüngst durch die Guiding Principles on Business and Human Rights (UN Guiding

werden. Wenn aber das Völkerrecht bereit ist, Staaten vorzuschreiben, wie diese ihre Bürger zu behandeln haben, sollte dies auch gerade im Verhältnis Bürger-Bürger gelten.

196 Vgl. die rechtsvergleichende Analyse von *Oliver/Fedtke (Hrsg.)*, Human Rights and the Private Sphere – A Comparative Study sowie *Hager*, Rechtsmethoden in Europa, S. 236 ff.

197 Vgl. etwa *Nowak*, UN Covenant on Civil and Political Rights, Art. 2 Rz. 20. Soweit teilweise auch mit einer „mittelbaren Drittwirkung“ von Menschenrechten gehadert wird, beziehen sich die Vorbehalte nicht auf das dieser Arbeit zugrunde liegende Verständnis der Beeinflussung von Privatrechtsbeziehungen vor nationalen Gerichten, sondern vielmehr auf eine Verwendung der Begrifflichkeit in Bezug auf Verfahren vor internationalen Gerichten.

198 *Hennings*, Über das Verhältnis von multinationalen Unternehmen zu Menschenrechten, S. 42.

199 General Comment NR. 31. CCPR/C/74/CRP.4/REV.6 vom 21. April 2004; in deutscher Übersetzung in: *Deutsches Institut für Menschenrechte (Hrsg.)*, Die “General Comments” zu den VN Menschenrechtsverträgen, S. 153, 155: Es *„werden die positiven Verpflichtungen der Vertragsstaaten zur Gewährleistung der Paktrechte nur dann erfüllt, wenn Einzelpersonen geschützt werden und zwar nicht nur vor Verletzungen der Paktrechte durch den Staat und seine Vertreter, sondern auch vor Handlungen von Privatpersonen oder privaten Organisationen.“*

Principles) für sämtliche relevanten Menschenrechtsverträge bestätigt: *"States must protect against human rights abuse within their territory and/or jurisdiction by third parties [...]. This requires taking appropriate steps to prevent, investigate, punish and redress such abuse through effective policies, legislation, regulations and adjudication."*[200]

Die Theorie der mittelbaren Drittwirkung der Menschenrechte bewirkt mithin nichts anderes als die Verwirklichung staatlicher Schutzpflichten im zivilrechtlichen Bereich.[201]

Zu beachten ist gleichwohl, dass der Staat zur Erfüllung seiner Schutzpflichten nicht auf das Zivilrecht beschränkt ist: *"Remedy may include apologies, restitution, rehabilitation, financial or non-financial compensation and punitive sanctions."*[202] Insoweit könnte man auch von einer mittelbaren Drittwirkung der Menschenrechte in sämtlichen nationalen Rechtsbereichen sprechen.

Da die Menschenrechte also schon kraft Völkerrecht mittelbar zwischen Privatrechtssubjekten wirken, entscheidet das nationale Recht lediglich noch darüber, wie und in welchem Umfang dies geschehen soll. Auch dies wird in den verschiedenen Staaten höchst unterschiedlich gehandhabt.[203] Die deutsche Position wird eingehend in Teil V.1.c beleuchtet.

---

200 Guiding Principles on Business and Human Rights: Implementing the United Nations "Protect, Respect and Remedy" Framework, UN-DOC A/HRC/17/31 vom 21. März 2011, I.A. Textziffer 1, S.6. Abrufbar unter http://www.ohchr.org/Documents/Issues/Business/A-HRC-17-31_AEV.pdf (zuletzt abgerufen am 12.01.2013).

201 Vgl. *Köster*, Die völkerrechtliche Verantwortlichkeit privater (multinationaler) Unternehmen für Menschenrechtsverletzungen, S. 78.

202 Guiding Principles on Business and Human Rights: Implementing the United Nations "Protect, Respect and Remedy" Framework, UN-DOC A/HRC/17/31 vom 21. März 2011, III.A. Textziffer 25, S.22. Abrufbar unter http://www.ohchr.org/Documents/Issues/Business/A-HRC-17-31_AEV.pdf (zuletzt abgerufen am 12.01.2013).

203 Vgl. die rechtsvergleichende Analyse von *Oliver/Fedtke (Hrsg.)*, Human Rights and the Private Sphere – A Comparative Study; sowie *Hager*, Rechtsmethoden in Europa, S. 236 ff.

# III. Zivilrechtliche Haftung als Instrument zur Begegnung von Menschenrechtsbeeinträchtigungen durch Unternehmen

Die vorliegende Arbeit hat die zivilrechtliche Haftbarmachung von Unternehmen für Menschenrechtsbeeinträchtigungen zum Gegenstand. Ein Fokus soll dabei auf den Zulieferbeziehungen mit deutschen Unternehmen und deren Würdigung nach deutschem Recht durch deutsche Gerichte liegen. Ungeachtet der dafür gesondert zu betrachtenden Einzelaspekte stellen sich eine Vielzahl allgemeiner Fragestellungen. Diese betreffen – losgelöst von Nationalität der betroffenen Unternehmen und maßgeblicher Rechtsordnung – generell die Erforderlichkeit, Eignung und Angemessenheit der zivilrechtlichen Haftung im Falle von unternehmensverursachten Menschenrechtsbeeinträchtigungen.

## 1. Unternehmen und Menschenrechte

Unternehmen nehmen in der heutigen Weltordnung einen überaus wichtigen Platz ein. Die Wirtschaftskraft einiger Unternehmen überwiegt diejenige einer Vielzahl von Staaten.[204] Nach einer Erhebung aus dem Jahr 2000 stellen 51 der weltweit 100 größten Wirtschaftsmächte Unternehmen dar.[205] Sie werden daher zunehmend als die entscheidende Organisationseinheit internationaler Politik angesehen und degradieren schwächere Staaten als nachgeordnete Akteure.[206]

---

204 *Ipsen*, Völkerrecht, 2. Kapitel § 8, Rz. 16.

205 *Anderson/Cavanagh,* Top 200: The Rise of Global Corporate Power, Studie des Institute for Policy Studies. Abrufbar unter http://s3.amazonaws.com/corpwatch.org/downloads/top200.pdf (zuletzt abgerufen am 12.01.2013). Die Erhebung erfolgte durch einen Vergleich der Bruttoinlandsprodukte von Staaten laut dem "World Development Report 2000" der Weltbank mit den Umsatzzahlen von Unternehmen entsprechend der Angaben im Fortune Magazine.

206 *Braun*, Konzerne als Beschützer der Menschenrechte?, in: *Brühl/Debiel (Hrsg.)*, Die Privatisierung der Weltpolitik, S. 262.

## a. Positive Beiträge von Unternehmen zur Verwirklichung von Menschenrechten

Selbstverständlich können Unternehmen positive Effekte auf die Verwirklichung der Menschenrechte weltweit haben. So tragen Unternehmen zur ökonomischen Entwicklung bei, welche eine Vielzahl von Menschenrechten potentiell begünstigt.[207] Dies gilt insbesondere dort, wo es um einen kostenintensiven Schutzstandard, wie etwa beim Gesundheitswesen, geht.[208] Die Einbringung von Technologie, Kapital und Knowhow sowie der Anschluss an ein weltweites Vertriebs- und Servicenetz können Zugang zu einem höheren Lebensstandard und zusätzlichen Arbeitsplätzen eröffnen.[209] Private Investitionen fördern darüber hinaus den Wettbewerb und stellen das erforderliche Kapital für Infrastrukturmaßnahmen zur Verfügung.[210] Besonders für Frauen in Entwicklungsländern ergeben sich durch eine Beschäftigung im formalen Sektor Perspektiven für eine eigenständige Lebensführung.[211]

## b. Beeinträchtigung von Menschenrechten durch Unternehmen

Trotz dieser wünschenswerten Auswirkungen besteht kein Zweifel, dass Unternehmen fortgesetzt Handlungen begehen, welche Menschen in erheblichem Maße beeinträchtigen, und damit zumindest als „menschenrechtsfeindlich" eingestuft werden können.[212]

---

207 Vgl. die quantifizierende Analyse von *Meyer*, Human Rights Quarterly, 1996, S. 391 ff., welche Zusammenhänge zwischen der Verwirklichung von Menschenrechten und der Direktinvestitionstätigkeit von multinationalen Unternehmen empirisch auswertet.

208 Vgl. *Meng*, Völkerrecht als wirtschaftlicher Ordnungsfaktor und entwicklungspolitisches Steuerungselement, in: *Magnus/Meng (Hrsg.)*, Das internationale Recht im Nord-Süd-Verhältnis, S. 13.

209 Vgl. zu einer Gegenüberstellung der Vor- und Nachteile ausländischer Direktinvestitionen in Entwicklungsländern insbesondere *Lippmann*, Multinational Corporations and Human Rights, in: *Shepherd/Nanda (Hrsg.)*, Human Rights and Third World Development, S. 251 ff.

210 Zu den diversen Auswirkungen ausländischer Investitionen in die Infrastruktur von Entwicklungsländern vgl. *UNCTAD (Hrsg.)*, World Investment Report 2008, S. 125 ff.

211 Vgl. *Braun*, Konzerne als Beschützer der Menschenrechte?, in: *Brühl/Debiel (Hrsg.)*, Die Privatisierung der Weltpolitik, S. 266.

212 *Hennings*, Über das Verhältnis von multinationalen Unternehmen zu Menschenrechten, S. 77.

### aa. Beispiele menschenrechtsbeeinträchtigender Handlungen von Unternehmen

In der Vergangenheit ist es wiederholt zur Bedrohung der im Umkreis der Produktionsstandorte lebenden Menschen durch Umweltverschmutzungen, zu Misshandlungen und zur Ausbeutung von Arbeitskräften, zur Beeinträchtigung kollektiver Arbeitsrechte sowie zur Unterstützung von Repressionsmaßnahmen der örtlichen Regierungen gekommen.[213]

Zu den bekanntesten Unglücken, bei denen die Nichteinhaltung elementarer Sicherheitsvorschriften durch ein Unternehmen zu einer Umweltkatastrophe führte, gehört der Störfall des US-Chemiekonzerns Union Carbonide Corporation in Bhopal im Jahr 1984. Circa 2000 Tote und bis zu 200000 Verletzte waren die Folge als aufgrund technischer Pannen mehrere Tonnen Methylisocyanat, einer schon in geringen Konzentrationen toxisch wirkenden Substanz, in die Atmosphäre eintraten.[214] Stellvertretend für die Vielzahl der Fälle, in denen Arbeitnehmer unter grober Verletzung von Gesundheitsschutzmaßnahmen tätig wurden und hierdurch erhebliche körperliche Schäden erlitten, ist das Vorgehen der Thor Chemicals Inc. zu nennen. Im Rahmen des an einen Standort in Südafrika verlagerten Prozesses wurden die dort beschäftigen Arbeiter stetig hohen Dosen Quecksilber ausgesetzt, was zu stärksten Gesundheitsschäden und sogar zu Todesfällen führte.[215]

Aber auch wo nicht primär gesundheitsschädliche Stoffe im Produktionsprozess eingesetzt werden, sind allein die Arbeitsbedingungen vieler Betriebe geeignet, zu starken gesundheitlichen und psychischen Beeinträchtigungen oder

---

213 Für einen Überblick über die Verwirklichung der Menschenrechte im Zusammenhang mit den Aktivitäten transnationaler Unternehmen vgl. Sub-Commission on Prevention of Discrimination and Protection of Minorities, The Realization of Economic, Social and Cultural Rights: The Impact of the Activities and Working Methods of Transnational Corporations on the Full Enjoyment of All Human Rights and the Right to Development, Bearing in Mind Existing International Guidelines, Rules and Standards Relation to the Subject Matter, UN ESCOR, 52nd sess., Provisional Agenda Item 4, UN Doc E/CN.4/Sub.2/1996/12. Abrufbar unter http://www.unhchr.ch/Huridocda/Huridoca.nsf/(Symbol)/E.CN.4.Sub.2.1996.12.En?Opendocument (zuletzt abgerufen am 12.01.2013).

214 *Steen*, Das Bhopalunglück 1984, Kurzanalyse, Bewertungen, Schlussfolgerungen für die BRD, Umweltbundesamt Texte 8/1987, S. 1.

215 Vgl. hierzu die Entscheidung des High Court of Justice im Fall Englebert Ngcobo and Others v. Thor Chemicals Holdings Ltd and Others vom 11. April 1995. Abrufbar unter http://www.gov.mu/scourt/unep/Compendium_Judicial_Decisions_Nat_v1.pdf (zuletzt abgerufen am 12.01.2013), S. 237 f.

zu Todesfällen zu führen. Gerade im Textilverarbeitungssektor wird häufig über exzessive und erzwungene Überstunden, physische und verbale Übergriffe sowie die Verhinderung gewerkschaftlicher Organisation berichtet.[216] In jüngster Vergangenheit führten unzureichende Sicherheitsvorkehrungen in asiatischen Bekleidungsfabriken zudem dazu, dass mehrere hundert Arbeiter bei Bränden ums Leben kamen, darunter auch 259 Näherinnen in einem Zulieferbetrieb von Kik.[217]

Bekannt geworden sind darüber hinaus verschiedene Fälle der Nutzung von Zwangsarbeit zur Produktion. Beispielsweise fertigten Strafgefangene und politische Gefangene in der ehemaligen DDR Zubehörteile für IKEA.[218]

Verschiedenen Großbanken wiederum, darunter der Commerzbank und der Deutschen Bank, wird vorgeworfen, durch ihre Handlungen das Apartheidregime in Südafrika unterstützt zu haben, indem sie großzügig Kredite bereitstellten, um unter anderem Maßnahmen der inneren Sicherheit, aber auch Investitionsmaßnahmen der Unrechtsregierung zu finanzieren.[219]

### bb. Einordnung menschenrechtsbeeinträchtigender Unternehmenshandlungen als Menschenrechtsverletzung?

Das Spektrum der ethisch vorwerfbaren Handlungen ist also breit. Inwiefern derartige Vorfälle Menschenrechts*verletzungen* durch Unternehmen darstellen,

---

216 Für einen Überblick über die Verbreitung der Problematik vgl. etwa http://www.cleanclothes.org (zuletzt abgerufen am 12.01.2013).

217 Vgl. Mülherr, Gaugele, Schmiechen, Welt am Sonntag vom 9. Dezember 2012, S.1, die auf mangelnden Brandschutz, verstellte oder verriegelte Notausgänge und Behinderungen der Arbeiter beim Verlassen der brennenden Gebäude hinweisen.

218 IKEA, Zusammenfassung der Ergebnisse der Sonderuntersuchung „IKEA DDR Aufarbeitung" durchgeführt von Ernst&Young,

219 Vgl. zum Beispiel die vor dem Eastern District Court New York geltend gemachte Sammelklage südafrikanischer Apartheidopfer gegen mehr als 50 Unternehmen aus den USA und Europa wegen der Unterstützung des früheren Apartheidregimes, Khulumani vs. Barclay National Bank, Ltd., Ntsebaza vs. Daimler-Chrysler Corp. et al. Abrufbar unter http://www.khulumani.net/attachments/259_Khulumani%20 Complaint.pdf (zuletzt abgerufen am 12.01.2013); für eine Aufstellung von Prozessen, die gegen europäische Unternehmen im Zusammenhang mit Menschenrechtsverletzungen geführt werden oder wurden, vgl. die im Aufbau befindliche Datenbank des European Center for Constitutional Rights (ECCHR). Abrufbar unter http://www.ecchr.eu/index.php/publikationen_wirtschaft_und_mr/articles/europaeische-fallsammlung-des-ecchr.html (zuletzt abgerufen am 12.01.2013).

hängt – unabhängig von der Möglichkeit der Haftbarmachung[220] – sowohl davon ab, ob im konkreten Fall Menschenrechte beeinträchtigt wurden, als auch davon, ob eine Menschenrechtsverletzung durch Unternehmen überhaupt möglich ist.[221] Letzteres ist im Völkerrecht sehr umstritten.[222] Im Ergebnis kommt es für die Zwecke dieser Arbeit jedoch nicht darauf an, ob aus völkerrechtlicher Sicht Menschenrechtsverletzungen durch Unternehmen erfolgen können. Entscheidend soll allein sein, ob Menschen in ihren durch die maßgeblichen UN-Kernpakte sowie die ILO-Kernarbeitsnormen gewährten Rechten durch Handlungen von Unternehmen betroffen werden.[223] Da die Menschenrechtsnormen sich an Staaten als Verpflichtungsadressaten richten und nicht im Hinblick auf Unternehmen als Verpflichtete konzipiert wurden, bedarf es insoweit jedoch *„einer Transformation der menschenrechtlichen Belange auf MNU [Multinationale Unternehmen] als primäre Verpflichtungsadressaten.“*[224] Alternativ kommt eine abstrakte, vom Adressaten der Schutzverpflichtung gelöste Betrachtung des Schutzbereichs der jeweiligen völkerrechtlichen Regelung in Betracht.

### cc. Systematisierung und Quantifizierung unternehmerischer Menschenrechtsbeeinträchtigungen

Es existieren unterschiedliche Datenbanken zur Registrierung von Vorfällen, bei denen Unternehmen die Beeinträchtigung von Menschenrechten vorgeworfen wird.[225] Meist sind jedoch die als beeinträchtigbar bestimmten Rechte sehr weit gefasst, das heißt, dass hier auch rechtlich unverbindliche Dokumente des Menschenrechtsschutzes zugrunde gelegt werden, und großenteils fehlt eine konkrete Festlegung, welches Recht im Einzelnen beeinträchtigt sein soll. Die Art,

---

220 Die völkerrechtliche Verantwortlichkeit von Unternehmen im Sinne einer Haftung wird unter Teil III.2.a angesprochen.

221 Siehe hierzu bereits Teil II.1.a.ff.

222 Vgl. zu einer Darstellung des Diskussionsstands *Hillemanns*, Transnationale Unternehmen und Menschenrechte, S. 37 f. Abrufbar unter http://www.dissertationen.unizh.ch/ (zuletzt abgerufen am 12.01.2013).

223 Zu einer auf einem breiteren Konventionskatalog basierenden Übersicht über durch Unternehmen potentiell verletzbare Menschenrechte vgl. *Hennings*, Über das Verhältnis von Multinationalen Unternehmen zu Menschenrechten, S. 80 ff.

224 Ebenda, S. 80.

225 Vgl. beispielsweise http://www.escr-net.org/caselaw (zuletzt abgerufen am 12.01.2013), oder http://www.business-humanrights.org/Aboutus/WeeklyUpdatesarchive (zuletzt abgerufen am 12.01.2013).

Häufigkeit und sektorale sowie geographische Verteilung der Vorfälle ist somit nur sehr schwer zu quantifizieren.

Ein hilfreicher Ansatz zur Systematisierung findet sich allerdings in einem jüngeren Bericht des UN-Sonderberichterstatters für Wirtschaft und Menschenrechte.[226] Dieser kategorisiert zunächst in arbeitsbezogene Rechte (wie zum Beispiel das Recht zur Gewerkschaftsbildung oder das Recht auf gleichen Lohn für gleiche Arbeit) und nicht arbeitsbezogene Rechte (unter anderem das Recht auf Leben sowie die Freiheit von Folter, grausamer, unmenschlicher und herabwürdigender Behandlung). Weiterhin werden die Betroffenen in unterschiedliche Gruppen, namentlich Arbeiter, Gemeinden und Verbraucher, eingeteilt sowie in Bezug auf den Beitrag von Unternehmen Fälle direkten und indirekten Handelns unterschieden. Anhand dieser Gruppierungen erfolgt dann eine Untersuchung, welche Branchen und Regionen vorrangig betroffen sind.

Im Hinblick auf beeinträchtigte arbeitsbezogene Rechte wird Unternehmen demnach primär vorgeworfen, das Recht auf Arbeit, das Recht auf eine angemessene Bezahlung, das Recht auf einen sicheren Arbeitsplatz und das Recht auf Erholung und Freizeit zu beeinträchtigen.[227] Von den sonstigen durch Unternehmen betroffenen Menschenrechten wurden besonders häufig das Recht auf physische und psychische Gesundheit, das Recht auf Leben sowie das Recht auf Freiheit und Sicherheit genannt. Verletzungen traten hier unter anderem durch Aussetzung von Giftstoffen auf.[228] Betroffene waren dementsprechend in den meisten Fällen Arbeiter im Rahmen des Produktionsprozesses oder die Gemeinden an den

---

226 *Ruggie*, Corporations and human rights: a survey of the scope and patterns of alleged corporate-related human rights abuse, vom 23. Mai 2008, A/HRC/8/5/Add.2. Abrufbar unter: http://www.ohchr.org/EN/Issues/TransnationalCorporations/Pages/Reports.aspx (zuletzt abgerufen am 12.01.2013); Grundlage des Berichts ist eine Auswertung von 320 durch das Business & Human Rights Resource Centre dokumentierten Fällen im Zeitraum Februar 2005 bis Dezember 2007 mit dem Ziel, Ausmaß und Strukturen von menschenrechtsrelevanten Vorwürfen gegen Unternehmen zu erfassen.

227 Ebenda, Textziffer 19, S.12. Verschiedene Gründe sprechen dagegen, über die Systematisierung hinaus auch die durch den Ruggie-Report ermittelten Verteilungswerte der Menschenrechtsverletzungen zugrunde zu legen. So handelt es sich bei den dokumentierten Fällen beispielsweise lediglich um erhobene Vorwürfe, die darüber hinaus all diejenigen Vorkommnisse ausklammern, die bereits Gegenstand von Gerichtsverfahren sind. Dies dürfte zu einer Unterrepräsentation der Verletzung von arbeitsbezogenen Rechten führen, da solche eher nach nationalen Vorschriften gerichtlich geltend gemacht werden können. Dennoch lassen sich gewisse Tendenzen ablesen, die zur Begrenzung dieser Untersuchung in der Folge maßgeblich sein sollen.

228 Ebenda, Textziffer 24, S. 13 f.

Standorten der Unternehmen durch Umweltschädigungen, während Endverbraucher nur einen geringen Teil der Geschädigten ausmachten.[229]

Als hauptverursachende Branchen wurden die Rohstoffindustrie sowie die Einzelhandels- und Konsumgüterhersteller identifiziert.[230] Der Großteil der indirekten Verursachungsbeiträge (maßgeblich durch Bezug von Zulieferern) erfolgte durch europäische und nordamerikanische Unternehmen, die demgegenüber nur einen geringen Anteil der direkten Vorfälle ausmachten.[231]

### dd. Typischerweise durch Unternehmenshandlungen betroffene Normen der UN-Kernverträge sowie der ILO-Kernarbeitsnormen

Im Rahmen des thematisch breit gefächerten UN-Zivilpakts sowie in Hinblick auf den UN-Sozialpakt kommen insbesondere folgende Rechte für eine Beeinträchtigung durch Unternehmen in Betracht[232]:

In Bezug auf den UN-Zivilpakt sind insbesondere das Recht auf Leben (Art. 6), das Verbot von Sklaverei und Zwangsarbeit (Art. 8), das Recht auf Vereinigungs- beziehungsweise Gewerkschaftsbildungsfreiheit (Art. 22), der Schutz der Familie (Art. 23) und der Kinderschutz (Art. 24) als potentiell beeinträchtigbare Rechte zu nennen.

Für den UN-Sozialpakt sind für Unternehmen vor allem relevant: das Recht auf gerechte und günstige Arbeitsbedingungen (Art. 7), das Recht auf angemessenen Lohn (Art. 7 (a)), das Recht auf Lohngerechtigkeit (Art. 7 (a)) das Recht auf angemessenen Lebensunterhalt (durch Arbeit, Art. 7 (a)), das Recht auf sichere und gesunde Arbeitsbedingungen (Art. 7 (b)), das Recht zur Bildung von Gewerkschaften (Art.8 (a)) das Recht zur Bildung von Gewerkschaftsverbänden (Art. 8 (b)), das Recht auf Streik (Art. 8 (d)), das Recht auf soziale Sicherheit und Sozialversicherung (Art. 9), das Recht auf Mutterschutz (Art. 10.2), das Recht auf Gleichbehandlung und Diskriminierungsfreiheit (Art. 10.3), das Recht auf Schutz vor wirtschaftlicher und sozialer Ausbeutung für Kinder und Jugendliche (Art. 10.3), das Recht auf ein Mindestarbeitsalter für Kinder (Art. 10.3), das Recht auf einen angemessenen Lebensstandard (Art. 11 Abs. 1), das Recht, vor Hunger geschützt zu sein, und das Recht auf angemessene Ernährung (Art. 11 Abs. 1 und 2) sowie das Recht auf Bildung (Art. 13 Abs. 1).

---

229 Ebenda, Textziffer 32, S. 15.

230 Ebenda, Textziffer 8, S. 4.

231 Ebenda, Textziffer 40 f., S. 17.

232 Liste übernommen aus *Emmerich-Fritsche*, AVR 2007, S. 541, 543, Fn. 15.

Die Kernarbeitsnormen der ILO konzentrieren sich auf vier Bereiche, welche durch jeweils zwei Übereinkommen abgesichert werden. Es handelt sich hierbei um die Vereinigungsfreiheit (Übereinkommen Nr. 87 und 98), das Verbot der Zwangsarbeit (Übereinkommen Nr. 29 und 105), das Verbot der Diskriminierung (Übereinkommen Nr. 100 und 111) sowie die Abschaffung der Kinderarbeit (Übereinkommen Nr. 138 und 182).

## 2. Erforderlichkeit des Rückgriffs auf das Zivilrecht bei Menschenrechtsbeeinträchtigungen durch Unternehmen

Das Völkerrecht ist die klassische Regelungsmaterie bei Menschenrechtsverletzungen. Dementsprechend beruhen bisherige Ansätze für eine Haftbarmachung von Unternehmen beziehungsweise von Staaten für unternehmensverursachte Menschenrechtsbeeinträchtigungen auch maßgeblich auf einer Auswertung des Völkerrechts sowie in Vorschlägen zur Reform der völkerrechtlichen Bestimmungen.

Sollte das Völkerrecht jedoch (jedenfalls nach gegenwärtigem Stand) keine geeignete Grundlage für eine Inanspruchnahme, bereithalten, erscheint die Ausschau nach Alternativen, etwa in Form der zivilrechtlichen Haftbarmachung, angezeigt.[233]

Nachfolgend soll – im Sinne einer „Bedarfsanalyse" – daher kurz auch auf die Möglichkeiten des Völkerrechts bei der Haftbarmachung von Unternehmen sowie von Staaten für Unternehmenshandlungen eingegangen werden.

### a. Fehlende völkerrechtliche Haftung von Unternehmen

#### aa. Berechtigung von Unternehmen durch das Völkerrecht

Private sind in der zweiten Hälfte des 20. Jahrhunderts – in Abkehr vom klassischem völkerrechtlichen Konzept, wonach aufgrund der Trennung von staatlicher und privater (Rechts-)Sphäre allein Staaten sowie internationale Organisationen

233 Das Zivilrecht könnte insoweit auch als Zwischenlösung fungieren, welche die weitere Verfolgung von Reformen hin zur Einführung einer völkerrechtlichen Verantwortlichkeit von Unternehmen flankiert.

Akteure und Normadressaten im internationalen Recht sein können[234] – vom Objekt zum Subjekt des Völkerrechts geworden.[235]

Die Völkerrechtssubjektivität von natürlichen Personen wurde dabei im Hinblick auf die Schutzdimension der völkerrechtlichen Primärregeln schon für die Geschehnisse des Zweiten Weltkrieges anerkannt.[236] Sie ist seither in zahlreichen Konventionen, vor allem den UN-Menschenrechtsverträgen, festgeschrieben worden.[237]

Hinsichtlich von Unternehmen wird eine direkte Berechtigung im Rahmen der UN-Menschenrechtsverträge dagegen – schon unter Verweis auf die Verwendung des Terminus "individuals" im Gegensatz zur Bezeichnung als "persons" – ganz überwiegend abgelehnt[238]. Dennoch bestehen – zumindest mittelbar – auch für Unternehmen Möglichkeiten, gegen sie gerichtete Menschenrechtsbeeinträchtigungen völkerrechtlich zu verfolgen. So hat etwa der UN-Menschenrechtsausschuss festgestellt, dass hinter den von staatlichen Maßnahmen betroffenen juristischen Personen natürliche Personen stehen und diese daher die betroffenen Rechte geltend machen können, auch wenn sich die Beeinträchtigung selbst gegen die juristische Person richtet.[239] Darüber hinaus existieren weitere völkerrechtliche Absicherungen für Unternehmen, etwa im Bereich der Direktinvestitionen.[240]

---

234 Vgl. zum Beispiel *Heilborn*, Subjekte des Völkerrechts, in: *Strupp (Hrsg.)*, Wörterbuch des Völkerrechts und der Diplomatie, Bd. 2, S. 685, der 1925 zur Objekttheorie feststellt: *„Die Normen des Völkerrechts wenden sich nicht an die Menschen, sondern an die Staaten, gebieten und verbieten den Menschen nichts, räumen ihnen keine Rechte ein."*

235 *Dörr*, JZ 2005, S. 905.

236 *Fischer-Lescano*, AVR 2007, S. 299, 301.

237 So zum Beispiel in der EMRK; BGBl. 1952 II, S. 585, i. d. F. BGBl. 1968 II, S.1111 und 1120.

238 Vgl. etwa zum UN-Zivilpakt, *Nowak*, UN Covenant on Civil and Political Rights, Art. 2 Rn. 22 ff., der unter anderem auf die Entstehungsgeschichte des Dokuments verweist, in welcher eine Bezeichnung der Berechtigten als "persons" durchaus im Raum stand, aber wieder gestrichen wurde.

239 Vgl. *Addo*, The Corporation as a Victim of Human Rights Violations, in: *ders. (Hrsg.)*, Human Rights Standards and the Responsibility of Transnational Corporations, S. 188 f.

240 *Emmerich-Fritsche*, AVR 2007, S. 542; Im Geltungsbereich der EMRK können sich Unternehmen im Übrigen sogar auf spezielle Menschenrechte wie die Verfahrensgarantie und den Eigentumsschutz berufen, vgl. *Schmalenbach*, AVR 2001, S. 57, 63.

### bb. Verpflichtung von Unternehmen durch das Völkerrecht

#### *(1) Explizite völkervertragliche Pflichtenbegründung*

Das moderne Völkerrecht kennt bislang nur wenige – wenn auch in der Tendenz zunehmend mehr[241] – Beispiele der expliziten Pflichtenbegründung für Private.[242]

Hierbei handelt es sich vorrangig um Regelungen des Völkerstrafrechts, das heißt um durch völkerrechtlichen Vertrag fixierte Straftatbestände sowie um vereinzelte individualbezogene Pflichten, die in Normen des humanitären Völkerrechts enthalten sind.[243] Dazu zählen das römische Statut über den internationalen Strafgerichtshof[244] sowie die Statuten der beiden UN-Tribunale für Jugoslawien und Ruanda.[245] Zu beachten ist jedoch, dass das Völkerstrafrecht sowie das humanitäre Völkerrecht allein natürliche Personen betreffen,[246] sodass juristische Personen für Menschenrechtsverstöße derzeit nicht direkt völkerstrafrechtlich verantwortlich gemacht werden können.[247]

Unternehmen werden bislang ausschließlich im Umweltvölkerrecht[248] und im Atomhaftungsrecht[249] ausdrücklich Pflichten auferlegt.

---

241 *Fischer-Lescano*, AVR 2007, S. 299, 305.

242 Als Grund für dieses Überwiegen privater Rechte gegenüber privater Pflichten wird insbesondere angeführt, dass die exklusive Adressatenstellung des Staates schon deswegen gerechtfertigt sei, weil er gleichzeitig die größte Gefahr als auch der Inhaber der weitestgehenden Schutzmöglichkeiten für Individuen sei, vgl. *Tomuschat*, AVR 1983, S. 289, 306.

243 *Ipsen*, Völkerrecht, 2. Kapitel, § 7 Rz. 14.

244 BGBl 2000 II, S. 1394.

245 Texte abrufbar unter http://www.icty.org/x/file/Legal%20Library/Statute/statute_sept09_en.pdf (zuletzt abgerufen am 12.01.2013) beziehungsweise http://www.unictr.org/Legal/StatuteoftheTribunal/tabid/94/Default.aspx (zuletzt abgerufen am 12.01.2013).

246 Vgl. zum Beispiel Art. 25 Abs. 1 des Statuts des Internationalen Strafgerichtshofs, der bestimmt, dass allein natürliche Personen vor dem Internationalen Gerichtshof verklagt werden können.

247 Vgl. *Weber*, Die rechtliche und politische Dimension von exterritorialen Staatenpflichten bei Menschenrechtsverstößen durch transnationale Konzerne, S. 12. Abrufbar unter http://www.humanrights-business.org/files/literaturbericht.pdf (zuletzt abgerufen am 12.01.2013).

248 So beispielsweise durch das Internationales Übereinkommen über die zivilrechtliche Haftung für Ölverschmutzungsschäden von 1992 (BGBl. 1996 II, S. 670, BGBl. 2002 II, S. 943).

249 Vgl. zu einer Übersicht zu den Rechtsgrundlagen sowie zur Zuständigkeit und zum anwendbaren Recht *Magnus*, Probleme des internationalen Atomhaftungsrechts, in: *Baetge/von Hein/von Hinden (Hrsg.)*, Die richtige Ordnung – FS Kropholler, S. 598 ff.

*(2) Annahme einer Verpflichtung aufgrund der Machtstellung von Unternehmen*

Umstritten ist, wie es sich hinsichtlich einer etwaigen Verpflichtung von Unternehmen aus den UN-Menschenrechtsverträgen auswirkt, dass großen Wirtschaftsunternehmen (ebenso wie beispielsweise Aufständischen oder terroristischen Gruppierungen) eine erhebliche faktische Macht zukommt und sie *„wie Völkerrechtssubjekte agieren bzw. sich gerieren."*[250]

Vertreten werden verschiedenste Abstufungen des Verpflichtungsgrads von Unternehmen von einer umfassenden Bindung aufgrund der Akzentuierung des Opferinteresses über eine Differenzierung anhand der einzelnen Rechte bis hin zu einer vollständigen Ablehnung einer Bindung.

Die Befürworter einer Verpflichtung von Unternehmen[251] führen unter anderem an, dass sich bereits aus der Offenheit der Formulierungen der Menschenrechtsbestimmungen [zum Beispiel *"every human has the inherent right to life"* (Art. 6 Abs. 1 UN-Zivilpakt)] ergebe, dass der Fokus auf dem zu schützenden Individuum liege und es mithin irrelevant sei, woher die Menschenrechtsbeeinträchtigung komme.[252]

Die heute noch überwiegende Auffassung, welche zum Beispiel von der deutschen Bundesregierung geteilt wird,[253] lehnt demgegenüber – mit Verweis auf die Konzeption von Menschenrechten als Abwehrrechten gegenüber dem Staat – den Nachweis einer Verpflichtung von Unternehmen ab.[254]

Festzuhalten bleibt: Selbst wenn man eine Verpflichtung von Unternehmen aus den Menschenrechtsverträgen annehmen würde, lässt sich jedenfalls eine völkerrechtliche Verantwortung von Unternehmen für Menschenrechtsverletzungen im

---

250 *Ipsen*, Völkerrecht, 2. Kapitel, § 8, Rz. 19.

251 Darunter zum Beispiel *Addo*, Human Rights and Transnational Corporations – an Introduction, in: *ders. (Hrsg.)*, Human Rights Standards and the Responsibility of Transnational Corporations, S. 27 ff.

252 Vgl. beispielsweise *Paust*, Vand. J. Transn'l L. 2002, S. 801, 810. Dieser folgert die Verpflichtung Privater direkt aus der fehlenden Benennung der Verpflichteten in Menschenrechtsnormen.

253 Vgl. BT-Drucksache 16/2896 vom 10. Dezember 2006, Antwort auf Frage 20.

254 Vgl. unter anderem *Wiesbrock*, Internationaler Schutz der Menschenrechte vor Verletzungen durch Private, S. 44, sowie *Geldermann*, Völkerrechtliche Pflichten multinationaler Unternehmen, S. 100, der anlässlich des Vergleichs völkerrechtlicher Pflichten anderer nichtstaatlicher Einheiten jedoch Spielraum für eine künftige Pflichtenbegründung sieht, S. 294 ff.

Sinne einer Haftung auf der Sekundärebene nach herrschender Auffassung aus den Normen des geltenden Völkerrechts nicht ableiten.[255]

Obwohl seit mehreren Jahrzehnten in den Gremien der Vereinten Nationen, der Internationalen Arbeitsorganisation (ILO) und der OECD über die Einführung einer völkerrechtlich verbindlichen Konvention zur Verantwortung von Unternehmen diskutiert wird, steht eine solche weiterhin aus. Die verschiedenen existierenden Dokumente erschöpfen sich in bloßen Absichtserklärungen. *"The provisions have a binding character that does not transcend mere moral constraint."*[256] Die Tripartite Declaration, welche von der ILO 1977 verabschiedet wurde,[257] sowie die OECD Guidelines for multinational enterprises aus dem Jahr 1976 enthalten als die wichtigsten internationalen Dokumente in diesem Kontext lediglich rechtlich unverbindliche Richtlinien und Leitsätze. Eine Erstarkung zu verbindlichem Völkergewohnheitsrecht kann zurzeit noch nicht angenommen werden.[258] Entsprechendes gilt für die übrigen regional und sektoral differenzierten Texte.

Darüber hinausgehende Regelwerke sind bislang gescheitert. Die Draft UN-Norms on the responsibilities of transnational corporations and other business enterprises with regard to human rights (UN-Draft-Norms)[259] stellen zwar die erste explizit an Unternehmen gerichtete Aufstellung rechtsverbindlicher Regeln in Bezug auf Menschen- und Arbeitsrechte dar und sehen im Fall von Verstößen auch Entschädigungsansprüche vor,[260] diese blieben aber trotz ihrer erfolgten Weiterleitung an die UN-Menschenrechtskommission mit der Empfehlung, sie zu verabschieden,[261] in einem unverbindlichen Entwurfsstadium. Grund hierfür ist nicht zuletzt, dass die Staatenmehrheit – angeführt von den Industrienationen – eine freiwillige Selbstkontrolle der Unternehmen für ausreichend hält.[262] Im

255 Vgl. *Schmalenbach*, AVR 2001, S. 57, 63.

256 *Pardinas*, Suffolk Transnational Law Journal 1991, S. 405, 435.

257 Dreigliedrige Grundsatzerklärung der ILO über Multinationale Unternehmen und Sozialpolitik. Aktuelle Fassung (März 2006) abrufbar unter http://www.ilo.org/wcmsp5/groups/public/---ed_emp/---emp_ent/documents/publication/wcms_179118.pdf (zuletzt abgerufen am 12.01.2013).

258 *Schmalenbach*, AVR 2001, S. 57, 70.

259 U.N. Doc. E/CN.4/Sub.2/2003/12/Rev.2 (2003). Aktuelle Fassung abrufbar unter http://www.unhcr.org/refworld/pdfid/403f46ec4.pdf (zuletzt abgerufen am 12.01.2013).

260 *Hillemanns*, German Law Journal, 2003, S. 1065.

261 Sub-Commission resolution 2003/16 U.N. Doc. E/CN.4/Sub.2/2003/L.11 vom 13. August 2003, Textziffer 2. Abrufbar unter: http://www1.umn.edu/humanrts/links/res2003-16.html (zuletzt abgerufen am 12.01.2013).

262 *Schmalenbach*, AVR 2001, S. 57, 66.

Rahmen einer Antwort der Bundesregierung auf eine kleine Anfrage zu ihrer Position bezüglich der UN-Draft-Norms teilte die Bundesregierung zum Beispiel mit: *„Auf deutsche Initiative hin wurde im EU-Kreis eine gemeinsame Position abgestimmt, welche die soziale, auch menschenrechtliche Verantwortung von Unternehmen unterstreicht, ebenso aber das Prinzip bekräftigt, wonach Menschenrechte für nichtstaatliche Akteure keine direkten Pflichten begründen."*[263]

Anstatt weiter eine rechtliche Verpflichtung von Unternehmen zu verfolgen, wurde im Jahr 2005 durch die Menschenrechtskommission mit John Ruggie ein Sonderbeauftragter *"on the issue of human rights and transnational corporations and other business enterprises"* mandatiert.[264] Dieser betreibt den 3-Säulen-Ansatz *"Protect, Respect and Remedy"*,[265] wobei "Protect" die Aufgabe der Staaten bedeutet, ihre Bürgerinnen und Bürger vor Menschenrechtsbeeinträchtigungen durch Dritte zu schützen, "Respect" Unternehmen dazu bewegen soll, die Menschenrechte einzuhalten und "Remedy" für einen besseren Zugang der Opfer von Menschenrechtsbeeinträchtigungen zu Beschwerde- und Ahndungsmechanismen steht. Operationalisiert wurde der 3-Säulen-Ansatz durch die jüngst durch den Menschenrechtsrat gebilligten[266] UN Guiding Principles,[267] in denen bestehende Normen und Mechanismen zu einem einheitlichen und kohärenten "Template" zusammengeführt, jedoch ebenfalls keine direkten Pflichten für Unternehmen begründet werden.[268]

---

263 BT-Drucksache 16/2896 vom 10. Dezember 2006, Antwort auf Frage 24.

264 Die ursprüngliche Mandatierung erfolgte auf Grundlage der Human Rights Resolution 2005/69, abrufbar unter http://www.ohchr.org/EN/Issues/Business/Pages/ResolutionsDecisions.aspx (zuletzt abgerufen am 12.01.2013).

265 U.N. Doc. A/HRC/8/5 Protect, Respect and Remedy: a Framework for Business and Human Rights vom 7. April 2008. http://daccess-dds-ny.un.org/doc/UNDOC/GEN/G08/128/61/PDF/G0812861.pdf?OpenElement.

266 U.N. Doc. A/HRC/RES/17/4, abrufbar unter http://daccess-dds-ny.un.org/doc/RESOLUTION/GEN/G11/144/71/PDF/G1114471.pdf?OpenElement (zuletzt abgerufen am 13.01.2013).

267 Guiding Principles on Business and Human Rights: Implementing the United Nations "Protect, Respect and Remedy" Framework, UN-DOC A/HRC/17/31 vom 21. März 2011. Abrufbar unter http://www.ohchr.org/Documents/Issues/Business/A-HRC-17-31_AEV.pdf (zuletzt abgerufen am 12.01.2013).

268 Ebenda, Einleitung Textziffer 14. In diesem Zusammenhang sei darauf hingewiesen, dass die bislang fehlende völkerrechtliche Verantwortlichkeit keinesfalls unabänderlich ist: Nach vorherrschender Ansicht bestehen keinerlei Hindernisse, sollte eine künftige Haftung von Unternehmen erwünscht sein, vgl. *Hessbruegge*, Buff. HR L. Rev. 2005, S. 21, 28 f. der klarstellt, dass die zum Teil eingewandte fehlende

### cc. Verpflichtung von Unternehmen aus freiwilligen Verhaltenskodizes

Als Folge fehlender verbindlicher Regelungen für Unternehmen sind im Bereich des Wirtschaftsverkehrs eine Reihe von freiwilligen Regelungen und Verhaltenskodizes entwickelt worden, aus denen sich Selbstverpflichtungen von Unternehmen ergeben.[269] Diese beinhalten – unter anderem in Abhängigkeit vom betroffenen Sektor – sehr unterschiedliche Themen und Vorschriften: Neben Vorgaben zu Arbeitsbeziehungen finden sich Bestimmungen zum Schutz der Umwelt ebenso wie Regularien zu Arbeitssicherheit und Gesundheitsschutz.[270] Bedeutsame Beispiele sind etwa die Standards SA 8000 von Social Accountability International (SAI), der Workplace Code of Conduct der Fair Labor Association (FLA) sowie das Apparel Certification Program von Worldwide Responsible Apparel Production (WRAP)[271]. In diesem Zusammenhang ist auch der sogenannte Global Compact[272] zu nennen, welcher, im Gegensatz zu den rein auf privaten Zusammenschlüssen beruhenden Initiativen, auf das Engagement der UN zurückgeht und sich als pragmatisch ausgerichtetes und entwicklungsoffenes Dialog- und Lernforum für die kooperative Einbindung von transnationalen Unternehmen in die Arbeit der Vereinten Nationen versteht.[273] Angesichts des kurzen Zeitraums der Existenz dieser Codes of Conduct sowie des Global Compact wäre es verfrüht, ein endgültiges Urteil über ihre Effizienz zu fällen. Doch schon der Umstand, dass sie lediglich solche Unternehmen binden, die sich ihnen unterworfen haben, und dass nur unzureichende externe Kontrollmechanismen existieren, lässt daran zweifeln, dass sie tatsächlich zu einer zufriedenstellenden Überwachung führen.[274] Im Ergebnis

---

Völkerrechtssubjektivität nicht Ursache, sondern Konsequenz bislang fehlender völkerrechtlicher Pflichten von Unternehmen sei.

269 Vgl. hierzu *Buntenbroich*, Menschenrechte und Unternehmen, Transnationale Rechtswirkungen „freiwilliger“ Verhaltenskodizes, S. 17 ff.

270 Vgl. *Zimmer*, Soziale Mindeststandards und ihre Durchsetzungsmechanismen, S. 145.

271 Vgl. *Lin*, Cardozo J. Int'l & Comp. L. 2007, S. 321.

272 Der “Global Compact” ist eine 1999 von der UN initiierte Plattform und umfasst im wesentlichen 10 Prinzipien, die sich aus der Allgemeinen Erklärung der Menschenrechte, der Erklärung über die grundlegenden Prinzipien und Rechte bei der Arbeit der Internationalen Arbeitsorganisationen (ILO) und den Grundsätzen der Erklärung von Rio zu Umwelt und Entwicklung ableiten und zu denen sich die Teilnehmer verpflichten. Vgl. hierzu http://www.unglobalcompact.org/ (zuletzt abgerufen am 12.01.2013).

273 Vgl. etwa *von Schorlemer*, Praxishandbuch UNO, S. 507, 520 ff.

274 *Joseph*, Corporations and Transnational Human Rights Litigation, S. 8.

dürften die Codes of Conduct daher keinen angemessenen Ersatz für rechtlich verbindliche Regelwerke darstellen. So befand auch der International Council on Human Rights Policy: *"Voluntary codes rely entirely on business expediency or a company's sense of charity for their effectiveness. By contrast, legal regimes emphasize principles of accountability and redress, through compensation, restitution, and rehabilitation for damage caused. They provide a better basis for consistent and fair judgements."*[275]

Die weitgehende Nichtbindung von Unternehmen an internationales Recht mag in einem Wertungswiderspruch zu dem großen Einfluss, den transnationale Unternehmen auf die wirtschaftlichen, sozialen und ökologischen Lebensbedingungen weltweit ausüben, stehen. Sie ist jedoch bislang rechtliche Realität.

## b. Fehlende völkerrechtliche Haftung von Staaten für Unternehmenshandlungen

Die Möglichkeit, Staaten für Völkerrechtsbeeinträchtigungen durch Unternehmen zur Verantwortung zu ziehen, wird grundsätzlich anerkannt. Entscheidend hierfür ist jedoch, dass das Unternehmenshandeln dem betreffenden Staat zurechenbar ist, wovon im Allgemeinen nicht ausgegangen werden kann.[276]

Eine Haftung des Staates für Handlungen Privater kommt allenfalls in Betracht, wenn diese faktisch unter seiner Leitung geschehen und damit einen *"act of state"*[277] darstellen oder wenn der Staat sie sorgfaltspflichtwidrig nicht unterbunden hat.[278]

Für die Qualifikation einer Unternehmenshandlung als staatliche Handlung wird ein strenger Maßstab angelegt, sodass dieser Weg zur Haftbarmachung für

---

275 *ICHRP (Hrsg.)*, Beyond Voluntarism – Human rights and the developing international legal obligations of companies. Summary, 2002, S. 5. Abrufbar unter http://www.ichrp.org/files/summaries/7/107_summary_en.pdf (zuletzt abgerufen am 12.01.2013). Im Gegensatz hierzu gibt es allerdings auch Stimmen, die gerade im kooperativen Charakter des "Global Compact", welcher zu einer erhöhten Einbindung nichtstaatlicher Akteure führen soll, Chancen für die Verwirklichung von Menschenrechten sehen; vgl. *Nowrot*, Die UN-Norms on the Responsibility of Transnational Corporations and Other Business Enterprises with regard to Human Rights, S. 23 f.

276 *Epiney*, Die Völkerrechtliche Verantwortlichkeit von Staaten für rechtswidriges Verhalten im Zusammenhang mit Aktionen Privater, S. 98 ff.

277 *Ipsen*, Völkerrecht, 9. Kapitel, § 40, Rz. 29 ff.

278 *Chirwa*, Melbourne Journal of International Law 2004, S. 1, 14 ff.

die klassischen Fälle der Menschenrechtsbeeinträchtigungen durch Unternehmen wohl ausscheiden dürfte. So lehnte zum Beispiel das Iran-United States Claims Tribunal eine Zurechnung von Handlungen des Workers Council im Fall Schering Corp vs. Iran mangels Beweisen dafür ab, *"that the Workers' Council in fact acted on behalf of the Government of Iran or any of its agencies or entities, that there was any governmental influence over the election of the members of the Council, that any governmental orders, directives or recommendations were issued to the Council or that it acted under instructions of any governmental body."*[279]

Einfacher erscheint zunächst die Zurechnung menschenrechtswidrigen Verhaltens von Unternehmen über eine Verletzung von staatlichen Sorgfaltspflichten. So ist allgemein anerkannt, dass Menschenrechte nicht nur Abwehrrechte darstellen, sondern ihnen auch ein staatlicher Schutzauftrag entnommen werden kann.[280] Dieser soll nicht nur die Pflicht, den Einzelnen gegen Eingriffe in seine Rechtsposition zu schützen, umfassen, also eine Pflicht zur Prävention, sondern ebenfalls die Pflicht, begangene Menschenrechtsbeeinträchtigungen zu ahnden, und damit eine Pflicht zur Eröffnung von Rechtsschutz.[281] Zu beachten ist jedoch, dass ein Staat nur dann die Verantwortung für die Beeinträchtigung von Menschenrechten durch private Dritte übernehmen muss, wenn er die erforderliche Sorgfalt zur Erfüllung seiner Staatenpflichten zum Menschenrechtsschutz außer Acht gelassen hat. Für ein solches, unter dem Stichwort der "Due Diligence" geführtes, Verhalten kann nicht jede Nichtverhinderung beziehungsweise Nichtahndung menschenrechtswidrigen Verhaltens Privater ausreichen. Insbesondere besteht nach allgemeiner Ansicht bislang keine Pflicht des Home State, also des Staates, dem das betreffende Unternehmen rechtlich zuzuordnen ist, die Menschenrechtsbeeinträchtigungen dieses Unternehmens im Ausland zu unterbinden oder zu verfolgen.[282]

Maßgeblich wird vielmehr sein, dass der Staat keine *"reasonable and serious measures"*[283] unternommen hat, um die Menschenrechtsbeeinträchtigungen zu

279 Vgl. Iran-US Claims Tribunal Reports 5 (1984) S. 361, 370.

280 Vgl. beispielsweise Guiding Principles on Business and Human Rights: Implementing the United Nations "Protect, Respect and Remedy" Framework, U.N. Doc. A/HRC/17/31,Textziffer 1, S.6: *"States must protect against human rights abuse within their territory and/or jurisdiction by third parties, including business enterprises."* Abrufbar unter http://www.ohchr.org/Documents/Issues/Business/A-HRC-17-31_AEV.pdf (zuletzt abgerufen am 12.01.2013).

281 *Schneider*, Die Justiziabilität wirtschaftlicher, sozialer und kultureller Menschenrechte, S. 33.

282 *Joseph*, Corporations and Transnational Human Rights Litigation, S. 12.

283 *Chirwa*, Melbourne Journal of International Law 2004, S. 1, 18.

verhindern. Dies aber dürfte nur im Einzelfall nachweisbar sein, wie die geringe Anzahl der entsprechenden Verurteilungen[284] – darunter keine in Bezug auf Unternehmenshandlungen – verdeutlicht.

Erschwerend wirkt sich aus, dass das Völkerrecht – selbst wenn es den hohen Zurechnungsmaßstab als erfüllt betrachten sollte – nur begrenzt Entschädigungsansprüche vorsieht. Während der Einzelne auf der Primärebene teilweise noch ein hohes Schutzniveau genießt, verliert sich diese geschützte Stellung auf der Sekundärebene bei der Frage, welche unmittelbaren Rechte dem Einzelnen im Falle der primären Rechtsverletzung zustehen.[285] Völkerrechtliche Entschädigungsansprüche Privater als Gegenstück zu völkerrechtlichen Verhaltenspflichten sind nur unzureichend ausgebildet. So existiert kein allgemeiner Entschädigungsanspruch Privater im Falle der Verletzung von Völkerrecht. Zwar hat die UN-Menschenrechtskommission Grundprinzipien ausgearbeitet, die als Ausfluss des bereits geltenden Völkerrechts ein Recht des Opfers auf eine angemessene, effektive Wiedergutmachung feststellen.[286] Dieser allgemeine individuelle Wiedergutmachungsanspruch hat sich allerdings in der völkerrechtlichen Praxis noch nicht durchgesetzt, sodass der Einzelne für einen eigenen Sekundäranspruch vorläufig darauf angewiesen ist, dass ein solcher durch einen speziellen Vertrag gewährt wird.[287] Dies aber ist insbesondere für die UN-Menschenrechtspakte sowie die Übereinkommen der ILO nicht der Fall.

Insgesamt ist festzustellen, dass Individuen vom Völkerecht derzeit nicht mit *"winning trump cards"*[288] ausgestattet werden, um gegen Unternehmenskonglomerate vorzugehen beziehungsweise den Staat für Völkerrechtsverletzungen von Unternehmen in die Pflicht zu nehmen. Dies wird dem erheblichen Einfluss, den

---

284 Vgl. insbesondere den Fall Velásquez Rodríguez vs. Honduras, Inter-American Court of Human Rights, 1988, Series C, No 4. Abrufbar unter http://www1.umn.edu/humanrts/iachr/C/4-ing.html (zuletzt abgerufen am 12.01.2013).

285 *Von Unger*, Menschenrechte als transnationales Privatrecht, S. 99.

286 Basic Principles and Guidelines on the Right to a Remedy and Reparation for Victims of Gross Violations of International Human Rights Law and Serious Violations of International Humanitarian Law vom 16. Mai 2005, U.N. Doc. A/RES/60/147. Abrufbar unter http://www2.ohchr.org/english/law/remedy.htm (zuletzt abgerufen am 12.01.2013).

287 *Dörr*, JZ 2005, S. 905, 910; a. A. Fischer-Lescano, der annimmt, dass der Individualanspruch auf Schadensersatz sowie das Recht auf effektiven Rechtsschutz bereits zu Völkergewohnheitsrecht erwachsen sind, vgl. *Fischer-Lescano*, AVR 2007, S. 299, 337.

288 *Johns*, Melb. Univ. L. Rev. 1994, S. 893, 911.

Unternehmen auf die weltweite Gestaltung der sozialen, wirtschaftlichen und politischen Lebensrealitäten der Menschen haben,[289] nicht gerecht, sodass es zweckdienlich erscheint, im Rahmen anderer Rechtsmaterien nach Lösungen zu suchen.

## 3. Geeignetheit des Zivilrechts als Reaktion auf Menschenrechtsbeeinträchtigungen durch Unternehmen

### a. Vorprüfung: Zulässigkeit nationaler zivilrechtlicher Regelungen im Bereich der Menschenrechte

Bevor die Tauglichkeit des Zivilrechts für die Begegnung von Menschenrechtsbeeinträchtigungen untersucht wird, ist zunächst festzustellen, ob das Völkerrecht einen Rückgriff auf das Zivilrecht für exterritoriale Sachverhalte nicht ausschließt.

#### aa. Allgemeine Regelungsbefugnis der Staaten im Bereich der Menschenrechte

Zunächst ist festzustellen, dass Schadensersatzansprüche nach nationalem Recht nicht schon unter dem Gesichtspunkt einer allgemeinen völkerrechtlichen Exklusivität ausgeschlossen sind. Es entspricht mittlerweile gefestigter Rechtsprechung, dass es einem Staat, der das Völkerrecht verletzt, unbenommen bleibt, der verletzten Person Ansprüche aufgrund des eigenen nationalen Rechts zu gewähren.[290] Darüber hinaus existieren vorliegend auch keinerlei spezielle völkerrechtliche Individualansprüche wegen Menschenrechtsbeeinträchtigungen durch Unternehmen, welche einer zivilrechtlichen Haftung vorgehen könnten.[291]

In den verschiedenen Staaten existieren daher in unterschiedlichem Ausmaß auf Unternehmen bezogene menschenrechtsrelevante Regelungen, insbesondere

---

289 *Weilert*, ZaöRV, 2009, S. 883 f.

290 Vgl. Beschluss des BVerfG vom 13. Mai 1996 – 2 BvL 33/93, BVerfGE 94, 315, 330 ff.; zu einer früher abweichend vertretenen Meinung in Bezug auf Amtshaftungsansprüche und humanitäres Völkerrecht vgl. *Féaux de la Croix*, NJW 1960, S. 2268 ff.; vgl. hierzu auch die Ausführungen unter Teil II.2.c.

291 Vgl. zur Möglichkeit eines derartigen Ausschlusses nationalrechtlicher Ansprüche Einzelner für die Entschädigung von Zwangsarbeitern im Falle des Eingreifens des Londoner Schuldabkommens den Beschluss des BVerfG vom 13. Mai 1996 – 2 BvL 33/93, BVerfGE 94, 315, 333 f.

im Bereich des Arbeitnehmer- und des Umweltschutzes, genauso wie allgemeine Regelungen mit Auswirkungen auf Unternehmen.

### bb. Zulässigkeit exterritorial wirkender Regelungen

Angesichts der grenzüberschreitenden Aktivitäten von Unternehmen greifen nationale menschenrechtliche Regelungen, die sich auf den Geltungsbereich des Heimatstaates eines Unternehmens beschränken, dann zu kurz, wenn Handlungen gesteuert beziehungsweise geahndet werden sollen, die unmittelbar oder mittelbar durch ein diesem Staat zuzurechnendes Unternehmen im Ausland begangen werden. Inwieweit ein Staat Sachverhalte, die über die eigenen Staatsgrenzen hinausgehen, zu regeln befugt ist, wird kontrovers diskutiert.[292] Zu unterscheiden ist insoweit maßgeblich zwischen der Rechtsetzungsgewalt (legislative jurisdiction) und der Rechtsprechungsgewalt (judicial jurisdiction). Während Erstere die Kompetenz des Staates betrifft, Sachverhalte mit Auslandsbezug dem nationalen Recht zu unterwerfen, geht es bei Letzterer um die Frage, ob ein nationales Gericht auch dann tätig werden darf, wenn der Fall Auslandsbezüge aufweist.[293]

Nach wohl herrschender Ansicht ist eine exterritoriale Verpflichtung eigener Staatsangehöriger beziehungsweise einem Staat zuzurechnender Unternehmen jedenfalls insoweit möglich, als hierdurch kein internationales Recht verletzt wird.[294] Mangels Ausübung von Hoheitsgewalt auf fremdem Staatsgebiet käme es danach bei der Bindung eigener Unternehmen an einen nationalen Kanon menschenrechtsrelevanter Vorschriften auch für deren Tätigkeiten im Ausland wohl zu keiner Kollision mit dem Souveränitätsprinzip. Dies gilt umso mehr, als die

---

292 Für einen Überblick vgl. *Schachter*, International Law in Theory and Practice 1991, S. 252 ff. sowie *Muchlinski*, Multinational Enterprises and the Law, S. 125 ff.

293 *Akehurst*, Jurisdiction in International Law, 46 Brit. YB International Law 1972/73, S. 145.

294 Vgl. hierzu das Urteil des Ständigen Internationalen Gerichtshofs im sogenannten Lotusfall, Turkey vs. France, PCIJ Ser. A, No. 10, 1927: *"Far from laying down a general prohibition to the effect that States may not extend the application of their laws and the jurisdiction of their courts to persons, property and acts outside their territory, it leaves them in this respect a wide measure of discretion which is only limited in certain cases by prohibitive rules; as regards other cases, every State remains free to adopt the principles which it regards best and most suitable."* Abrufbar unter: http://www.worldcourts.com/pcij/eng/decisions/1927.09.07_lotus.htm (zuletzt abgerufen am 12.01.2013).

Staatszugehörigkeit eines Unternehmens gemeinhin als ausreichendes Anknüpfungsmoment angesehen wird.[295]

Dennoch existiert bislang in keinem der Industriestaaten ein derartiges Gesetz zur Regulierung der Aktivitäten eigener Unternehmen im Ausland im Hinblick auf die Verwirklichung von Menschenrechten.[296] Grund hierfür dürfte die Besorgnis sein, dass ein solches die eigenen Unternehmen im Vergleich zu Unternehmen anderer Staaten in eine nachteilige Wettbewerbsposition bringen würde.[297] Zwar gab es entsprechende Bemühungen auf europäischer Ebene. Zu nennen sind hier insbesondere die in einer Entschließung vom 13. März 2007 formulierten Bestrebungen des Europäischen Parlaments, die Einhaltung der Kernarbeitsnormen der Internationalen Arbeitsorganisation und sonstiger Sozial- und Umweltvereinbarungen durch sämtliche in der Europäischen Union ansässige Unternehmen sicherzustellen und eine Klagemöglichkeit für Opfer einzurichten.[298] Diese Ansätze wurden aber im Ergebnis nicht weiter verfolgt.

Auch die Begründung einer Gerichtsgewalt für die Ahndung von Menschenrechtsbeeinträchtigungen vor nationalen Gerichten unterliegt allenfalls weichen Grenzen. Der Haager Konventionsentwurf zur internationalen Zuständigkeit und Anerkennung, welcher stets eine “substantial connection” zwischen Fall und

---

295 *Weilert*, ZaöRV, 2009, S. 883, 892.

296 Andere Gesetze zur exterritorialen Regulierung von Unternehmensaktivitäten existieren durchaus, unter anderem um protektionistische Interessen zu verfolgen oder um den Handel mit feindlichen Regimen zu unterbinden. Ein bekanntes Beispiel hierzu sind die US-amerikanischen Gesetze zur Umsetzung der Kubapolitik, die zum Beispiel die Möglichkeit von Schadensersatzklagen gegen Investoren vorsehen, die ehemals im Eigentum von US-Amerikanern stehende und durch Enteignung an die kubanische Regierung gefallene Güter erwerben; vgl. hierzu *Muchlinski*, Multinational Enterprises and the Law, S. 129 f.

297 *Joseph*, An Overview of the Human Rights Accountability of MNEs, in: *Kamminga/Zia-Zarifi (Hrsg.)*, Liability of Multinational Corporations under International Law, S. 80.

298 *Schäfer,* Gesellschaftsrechtliche Implikationen bei der Durchsetzung einer menschenrechtskonformen Geschäftspolitik im Konzern, in: *Amnesty Internationa /u. a. (Hrsg.)*, Dokumentation des Fachgesprächs Wirtschaft und Menschenrechte in einer globalisierten Welt, S. 7 (abrufbar unter: http://www.cora-netz.de/wp-content/uploads/fachgesprach-dokumentation.pdf (zuletzt abgerufen am 12.01.2013)) unter Verweis auf Ziff. 49 und 33 der Entschließung des Europäischen Parlaments vom 13. März 2007 zu der sozialen Verantwortung von Unternehmen: eine neue Partnerschaft (2006/2133(INI)). Abrufbar unter http://www.europarl.europa.eu/sides/getDoc.do?type=TA&reference=P6-TA-2007-0062&language=DE&ring=A6-2006-0471 (zuletzt abgerufen am 12.01.2013).

Forumsstaat verlangt[299] dürfte zwar ein Indiz dafür sein, dass für Zivilverfahren ein hinreichender Bezug zum Forumsstaat für erforderlich gehalten wird. Zu beachten ist jedoch, dass die nationalen Vorstellungen, wie ausgeprägt die Verbindung zum betreffenden Staat sein muss, stark divergieren. So akzeptieren die Common-Law-Länder zum Teil minimale Berührungspunkte. Nach der sogenannten "tag jurisdiction" kann etwa eine gerichtsstandsbegründende Präsenz des Beklagten in Extremfällen bereits beim Überflug über das Staatsgebiet angenommen werden.[300] Die innereuropäisch überwiegend geltende Verordnung (EG) Nr. 44/2001 des Rates vom 22. Dezember 2000 über die gerichtliche Zuständigkeit und die Anerkennung und Vollstreckung von Entscheidungen in Zivil- und Handelssachen (EuGVVO) schließt durch ihren Art. 3 Abs. 2 in Verbindung mit Anhang 1 hingegen derartig exorbitante Gerichtsstände aus. Mangels internationalen Konsenses wird durch Rechtsprechung und Literatur daher verbreitet angenommen, dass jeder Staat selbst die Grenzen seiner Jurisdiktion bestimmen kann.[301] Jedenfalls die Staatszugehörigkeit eines Unternehmens sollte aber stets als ausreichende Verbindung für die Begründung eines Gerichtsstands angesehen werden können.

### b. Das Zivilrecht – ein taugliches Mittel zur Begegnung von Menschenrechtsverletzungen?

Unabhängig davon, ob die nationalen Rechtsordnungen im Ergebnis tatsächlich Haftungsansprüche bereitstellen,[302] erscheint das Zivilrecht zumindest auf den ersten Blick als aussichtsreiches Mittel, um Menschenrechtsbeeinträchtigungen zu begegnen. So stellen eine Vielzahl der Menschenrechte auch zivilrechtlich geschützte Rechtspositionen dar.[303]

---

299 Preliminary Draft Convention on Jurisdiction and Foreign Judgements in Civil and Commercial Matters vom 30. Oktober 1999. Abrufbar unter www.hcch.net/upload/wop/jdgmpd11.pdf (zuletzt abgerufen am 12.01.2013).

300 *Schack*, Internationales Zivilverfahrensrecht, 3. Teil, Rz. 468.

301 Vgl. unter anderem *v. Bar/Mankowski*, Internationales Privatrecht, Band 1, S. 113.

302 Dies ist für inländische Sachverhalte überwiegend der Fall, vgl. *Terry*, Taking Filártiga on the Road, in: *Scott (Hrsg.)*, Torture as Tort, S. 111.

303 In einigen Staaten, wie Frankreich, Italien oder Spanien, in denen Schadensersatz nicht nur für einen abschließenden Katalog von Rechtsgutsbeeinträchtigungen gewährt wird, sondern eine fallbezogene gerichtliche Prüfung erfolgt, dürfte dies noch umso stärker gelten, vgl. *International Commission of Jurists (Hrsg.)*, Corporate Complicity & Legal Accountability Volume 3, S. 11. Abrufbar unter: http://www.unhcr.org/refworld/docid/4a7842a32.html (zuletzt abgerufen am 12.01.2013).

Durch die Zuerkennung eines Anspruchs erhält das Opfer eine unmittelbare Kompensation, während gleichzeitig das verursachende Unternehmen einen finanziellen Nachteil erleidet.[304]

Damit leistet die zivilrechtliche Haftung einerseits eine (wenigstens pekuniäre) Entschädigung des Opfers und andererseits dürfte die Zuerkennung eines zivilrechtlichen Anspruchs sanktionierend und verhaltenssteuernd für Unternehmen wirken.

## aa. Wiedergutmachung des Nachteils

Die Erduldung von Menschenrechtsbeeinträchtigungen kann sehr unterschiedliche Folgen für das Opfer nach sich ziehen. Durch die Zuerkennung eines finanziellen Vorteils im Rahmen einer zivilrechtlichen Haftung können zumindest Teilaspekte dieser Folgen gemindert werden:

Durch Schadensersatz wird ein Ausgleich für erlittene Nachteile bereitgestellt; der Geschädigte soll so gestellt werden, wie er stünde, wenn sich der Schädiger ordnungsgemäß verhalten hätte.[305]

Darüber hinaus kann dem Geschädigten durch das Zivilrecht in bestimmten Fällen auch eine Genugtuung dafür verschafft werden, dass ein Dritter besonders geschützte Rechtsgüter verletzt hat, welche untrennbar mit seiner Person verknüpft sind.[306]

Das Bereicherungsrecht wiederum kann dafür sorgen, dass herauszugeben ist, was ohne rechtlichen Grund aus dem Vermögen eines anderen erlangt wurde.[307]

Die Option, zivilrechtliche Urteile in mehreren Staaten für vollstreckbar zu erklären, führt zudem dazu, dass aus Menschenrechtsbeeinträchtigungen erzieltes Vermögen an verschiedenen Standorten einem wirksamen Zugriff ausgesetzt sein kann.[308]

## bb. Pönalisierungs- und Präventivcharakter

Die Verurteilung zu hohen Schadensersatzsummen kann Unternehmen erheblich treffen und das Geschäftsergebnis verschlechtern. Nicht zu unterschätzen sind auch

---

304 Zu einer Gegenüberstellung der theoretischen Vorteile einer zivilrechtlichen Haftbarmachung und deren tatsächlicher Realisation in Prozessen vor US-amerikanischen Gerichten, vgl. *Hailer*, Menschenrechte vor Zivilgerichten, S. 291 ff.

305 Vgl. zum Beispiel *MünchKommBGB/Oetker*, § 249, Rz. 8, 127.

306 Ebenda, § 253, Rz. 11 ff.

307 Vgl. *Staudinger/Lorenz*, 2007, Vorbemerkung § 812, Rz. 1.

308 Vgl. hierzu *Mankowski*, Gerichtsbarkeit und internationale Zuständigkeit deutscher Zivilgerichte bei Menschenrechtsverletzungen, in: *von Hoffmann (Hrsg.)*, Universalität der Menschenrechte – Kulturelle Pluralität, S. 139 ff.

die Auswirkungen, welche die bloße Durchführung eines Prozesses auf den Ruf eines Unternehmens hat. Die Reputation als fragiles Gut, welche teilweise sogar den materiellen Wert eines Unternehmens übersteigt,[309] kann nachhaltig geschädigt werden. Dies verdeutlichen die bereits in der Vergangenheit durchgeführten Konsumentenboykotte, Streiks und Shaming-Kampagnen.[310] Dem Zivilrecht beziehungsweise dem Zivilprozess könnte mithin eine Bestrafungsfunktion innewohnen.

Zu erwarten ist überdies, dass ein wirtschaftlich handelndes Unternehmen, welches erhebliche Schadensersatzansprüche befürchten muss, geneigt ist, die Einhaltung der Menschenrechte stärker in seinen unternehmerischen Entscheidungen zu berücksichtigen. Teilweise wird die Möglichkeit der zivilrechtlichen Haftbarmachung für Menschenrechtsbeeinträchtigungen sogar als *„die beste Prävention“* angesehen.[311]

In einem Urteil vom 4. Juni 1992 hat der BGH entschieden, dass ein US-amerikanisches Urteil auf punitive damages (Strafschadensersatz) in Deutschland nicht nach § 328 Abs. 1 Nr.4 ZPO vollstreckbar sei, da der Strafgedanke im Zivilrecht nicht mit den wesentlichen Grundsätzen des deutschen Rechts vereinbar ist.[312] Insgesamt besteht in Deutschland schon lange weitgehend Einigkeit darüber, dass der Schadensersatz in erster Linie Ausgleich für erlittene Einbußen schaffen soll und sonstigen Funktionen – etwa Prävention, Sanktion und Genugtuung – nur gelegentlich und in besonderen Zusammenhängen ein eigenes Gewicht zukommt.[313]

Gleichwohl sind dem Schadensausgleich diese zusätzlichen Eigenschaften keinesfalls fremd[314]: auch wenn sie nicht dominierend sind, liegen Vergeltung und Prävention dem Haftungsrecht regelmäßig neben der vorrangigen Ausgleichsfunktion als Normzweck zugrunde.[315]

Fraglich ist überdies, ob bei der zivilrechtlichen Haftbarmachung von Unternehmen für Menschenrechtsbeeinträchtigungen überhaupt von einem Strafcharakter gesprochen werden kann. Ein solcher dürfte nämlich nur dann anzunehmen

---

309 Vgl. *Avery*, Business and Human Rights in a Time of Change, in: *Kamminga/Zia-Zarifi (Hrsg.)*, Liability of Multinational Corporations under International Law, S. 25.

310 Vgl. *Bretschger*, Unternehmen und Menschenrechte, S. 56 f.

311 Vgl. *Schwander*, SZIER 2005, S. 523, 527, der vor dem Hintergrund eines Prozesses gegen IBM wegen der Verstrickung in die Verbrechen des Naziregimes davon ausgeht, dass sofern einzelne Private und Unternehmen persönlich und auch privatrechtlich zur Rechenschaft gezogen werden könnten, sie künftig weniger mit Staatsterror kooperieren würden.

312 Vgl. Urteil des BGH vom 4. Juni 1992 – ZR 149/91, BGHZ 118, 312.

313 Vgl. *Magnus*, Schaden und Ersatz, S. 28, m.w.N.

314 Ebenda, S. 28, S. 233.

315 *Bentert*, Das pönale Element, S. 5.

sein, „*wenn die Rechtsfolge einer Norm nicht nur der Schadenskompensation beim Geschädigten dient, sondern darüber hinausgeht.*“[316] Hier aber steht eine Haftbarmachung nach den allgemeinen zivilrechtlichen Vorschriften im Raum – inwiefern darüber hinaus eine zusätzliche Motivlage für die Haftbarmachung gegeben ist, sollte dagegen unbeachtlich sein.

Sofern das betroffene Unternehmen durch die zivilrechtliche Haftung einen Nachteil erleidet und andere Unternehmen sich künftig verstärkt um eine Nichtbeeinträchtigung von Menschenrechten bemühen, kann dies damit eine unschädliche, ja sogar erwünschte Nebenfolge der zivilrechtlichen Haftung sein.

## 4. Angemessenheit des Zivilrechts für die Begegnung von Menschenrechtsbeeinträchtigungen

Trotz seiner generellen Eignung ist zu hinterfragen, ob das Zivilrecht unter Umständen als unangemessen anzusehen ist, um damit Beeinträchtigungen von Menschenrechten zu begegnen. So könnte eingewandt werden, dass ein bloßer zivilrechtlicher Anspruch unverhältnismäßig zum erlittenen Unrecht einer Menschenrechtsbeeinträchtigung ist. In Bezug auf die Holocaust Claims wird beispielsweise angeführt, dass das erlittene Leid nicht mit einem Preis versehen werden könne,[317] und hinsichtlich der Human Rights Litigation in den USA wurde bemängelt, diese verkenne die Einzigartigkeit des verletzten Rechtsguts und setze den Status der Menschenrechte herab.[318]

Darüber hinaus führe die zivilrechtliche Befassung mit Menschenrechtsverletzungen zu einer „*Entpolitisierung der betreffenden Sachverhalte.*“[319]

---

316 Vgl. *Horter*, Der Strafgedanke im Bürgerlichen Recht, S. 5. Ein wichtiges Indiz hierfür wird darin gesehen, wenn bei der Bemessung der Rechtsfolge auf den Täter und nicht das Opfer geschaut wird, vgl. *Bentert*, Das pönale Element, S. 6.

317 *Foxman*, Dangers of Holocaust Restitution, in: The Wall Street Journal vom 4. Dezember 1998. Abrufbar unter: http://www.adl.org/opinion/holocaust_restitution.asp (zuletzt abgerufen am 12.01.2013).

318 Vgl. explizit für die Anwendung von tort claims auf Folter, Sunga, Individual Responsibility in International Law for Serious Human Rights Violations, S. 113.

319 *Halfmeier*, RabelsZ 2004, S. 653, 684 mit Verweis auf *Dolzer*, Berkeley J. Int. L. 2002, S. 296, 340, der (allerdings bezogen auf kriegerische Konflikte) vertritt: *“The attempt to privatize peacemaking at the end of a lengthy historical process of government to government negotiations in order to provide the appropriate satisfaction for specially affected groups is only a second or third best alternative to comprehensive peacemaking by governments at a time near the end of military hostilities.”*

Dem ist jedoch entgegenzuhalten, dass die zivilrechtliche Haftung keine Begehrlichkeiten weckt, alleiniges Mittel zur Ahndung menschenrechtlich relevanter Handlungen zu werden und einen gegebenenfalls vorzugswürdigen Rechtsschutz zu verdrängen. In Abwesenheit eines völkerrechtlichen Haftungsregimes und der fehlenden Strafbarkeit von Unternehmen nach einer Vielzahl von Rechtsordnungen würde das Zivilrecht vielmehr eine Lücke schließen.

Für die Opfer ist es essentiell, überhaupt einen Rechtsweg beschreiten zu können. Aus der fehlenden Möglichkeit einer vollumfänglichen Kompensation des Opfers über das Zivilrecht sollte nicht der Schluss gezogen werden, dass ein zivilrechtliches Verfahren generell unangebracht ist. Vielmehr erscheint es gerade als zwingend, den Opfern zumindest soweit irgend möglich Recht zu verschaffen.[320] Dem entspricht auch die jüngst in den UN Guiding Principles wiedergegebene Aufzählung möglicher Reaktionsmöglichkeiten auf Menschenrechtsverletzungen, die ausdrücklich auch die zivilrechtliche Kompensation umfasst.[321] Gesellschaftlicher Diskurs und die Ausübung individueller Zivilrechte sind nicht als Gegensätze, sondern vielmehr als voneinander abhängig zu betrachten.[322]

Darüber hinaus wird auch dem Zivilrecht zuerkannt, den Opfern von Menschenrechtsverletzungen *“a measure of self-respect, vindication and recognition”*[323] zur Verfügung zu stellen.

Teilweise wird sogar gerade das Zivilverfahren als Gewinn für das Opfer wahrgenommen, da dieses *„mit dem [im Vergleich zu den Verfahren vor dem Internationalen Strafgerichtshof] entmündigenden Status der Opfer [bricht und] ihnen als Klägern ein Aktionsfeld [eröffnet], in dem sie sich wenigstens jetzt – im gerichtlichen Verfahren – als wehrhaft behaupten und für die Täter wie für die Öffentlichkeit Präsenz und individuelle Kontur gewinnen“*[324] können. So bietet das Zivilverfahren den Opfern einen Rahmen, ihre Geschichte zu teilen

320 Vgl. *Hailer*, Menschenrechte vor Zivilgerichten, S. 321.

321 Vgl. Guiding Principles on Business and Human Rights: Implementing the United Nations “Protect, Respect and Remedy” Framework, UN-DOC A/HRC/17/31 vom 21. März 2011, III.A. Textziffer 25. Abrufbar unter http://www.ohchr.org/Documents/Issues/Business/A-HRC-17-31_AEV.pdf (zuletzt abgerufen am 12.01.2013).

322 Vgl. *Halfmeier*, RabelsZ, 2004, S. 653, 685.

323 *Terry*, Taking Filártiga on the Road in: *Scott (Hrsg.)*, Torture as Tort, S.112.

324 *Von Unger*, Menschenrechte als transnationales Privatrecht, S. 23, der demgegenüber die Verfahrensvorschriften des Römischen Statuts des Internationalen Strafgerichtshofs kritisiert: *„Jedes einzelne Opfer wird derart kraftlos gestellt, paternalisiert und pathologisiert, dass aktive Verfahrensrechte – Antragsrechte, Nebenklägerschaft, Dispositionsrechte [...] zwingend außen vor bleiben.“*

und aktiv zu werden, was die psychische Aufarbeitung der Beeinträchtigung begünstigen kann.[325]

Einige beanstanden darüber hinaus, dass die Haftbarmachung Einzelner ohnehin keine umfassende Lösung einer Problematik bieten kann, der Verantwortlichkeiten einer Vielzahl von Akteuren, darunter insbesondere der lokalen Produktionsbetriebe, sowie die vorherrschenden internationalen Strukturen zugrunde liegen.[326] Dem ist auf den ersten Blick zuzustimmen. Jedoch berücksichtigt ein solcher Ansatz nicht, dass dem Einzelnen sehr wohl damit gedient wäre, Kompensation für erlittenes Unrecht zu erlangen. Es ist gerade das Wesen des Zivilrechts, Individuen Ansprüche zu gewähren, sodass die gesamtgesellschaftliche Ineffizienz des Vorgehens kein Argument gegen eine Haftbarmachung sein sollte.

Insgesamt ist festzuhalten, dass es letztlich um Klagen Privater gegen Private geht, die auf finanziellen Ausgleich gerichtet sind – und damit (unter Ausblendung des Hintergrundes) um eine originär zivilrechtliche Materie.

---

325 *Stephens*, Alb. L. Rev. 1997, S. 579, 605.

326 Vgl. *Young*, The Journal of Political Philosophy 2004, S. 365, 374 f., die für eine „politische Verantwortlichkeit" in Abgrenzung zu einer rechtlichen Haftung eintritt.

# IV. Gründe für die Haftbarmachung deutscher Unternehmen für menschenrechtsbeeinträchtigende Handlungen ihrer Zulieferer vor deutschen Gerichten

Hält man eine zivilrechtliche Haftung von Unternehmen für menschenrechtsbeeinträchtigende Handlungen für erforderlich, geeignet und angemessen, ist weiter zu entscheiden, gegen welche Unternehmen sich diese Ansprüche richten sollen sowie in welchem Forum sie geltend gemacht werden sollen.

Diese Arbeit widmet sich der Haftbarmachung deutscher Unternehmen vor deutschen Gerichten (Teile IV.3. und IV.4).

Als Einstieg soll nachfolgend ein kurzer Überblick über das Ausmaß der Problematik unternehmerischer Menschenrechtsbeeinträchtigungen aus deutscher Sicht gegeben werden.

Zunächst wird hierfür auf die erhebliche wirtschaftliche Verknüpfung der deutschen Wirtschaft mit Entwicklungs- und Schwellenländern eingegangen (dazu Teil IV.1), um anschließend anhand eines exemplarischen Falls aufzuzeigen, wie in der Praxis eine Verstrickung deutscher Unternehmen in menschenrechtsrelevante Handlungen aussehen kann (dazu Teil IV.2).

## 1. Wirtschaftsbeziehungen deutscher Unternehmen mit Entwicklungs- und Schwellenländern

Wie bereits ausgeführt, kommt theoretisch eine Vielzahl der international rechtlich verbindlichen Menschenrechtsnormen für eine Beeinträchtigung durch Unternehmen in Betracht. Eine vollständige Darstellung jeglicher denkbarer Konflikte würde den Rahmen dieser Arbeit jedoch sprengen.[327] Die nachfolgende Betrachtung einer Beeinträchtigungssituation beschränkt sich daher darauf, eine detaillierte

327 Im Übrigen existieren hierzu bereits umfassende Untersuchungen, vgl. zum Beispiel *Hennings*, Über das Verhältnis von Multinationalen Unternehmen zu Menschenrechten, S. 77 ff.

Darstellung der Zustände in einem Bereich zu geben, der gerade vor allem für deutsche Unternehmen problembehaftet ist.

Deutsche Unternehmen stehen in erheblichem Umfang in weltweiten Wirtschaftsbeziehungen – sowohl in Form von Direktinvestitionen als auch durch Importe und Exporte von Waren und Dienstleistungen. Die anschließende Zusammenstellung volkswirtschaftlicher Daten zeigt anschaulich, wie stark hiervon auch Entwicklungs- und Schwellenländer betroffen sind. Diese bedienen dabei insbesondere die arbeitsintensiven Bereiche der Konsumgüterindustrie.[328]

## a. Direktinvestitionen deutscher Unternehmen

Die deutschen Direktinvestitionen im Ausland betrugen im Jahr 2010 EUR 1.075.049 Mio. und stiegen damit im Vergleich zum Vorjahr um rund 10%.[329] Insoweit war der Zuwachs deutscher Direktinvestitionen knapp doppelt so hoch wie bei den internationalen Direktinvestitionen insgesamt.[330] Zusammengenommen unterhielten deutsche Unternehmen bereits 2007 mehr als 22.000 Auslandsstandorte, an denen mehr als 4,5 Mio. Arbeitnehmer beschäftigt waren.[331]

---

328 Zur Rolle der Entwicklungs- und Schwellenländer in globalen Produktionssystemen vgl. beispielsweise *ILO (Hrsg.)*, Eine faire Globalisierung, Chancen für alle Schaffen, S. 37. Abrufbar unter: http://www.ilo.org/public/english/wcsdg/docs/reportg.pdf (zuletzt abgerufen am 12.01.2013).

329 Deutsche Bundesbank, Bestandserhebung über Direktinvestitionen, April 2012, S. 6; erfasst werden (in konsolidierter Form) sowohl die unmittelbaren Direktinvestitionen, das heißt die unmittelbaren Kapitalbeziehungen aus Beteiligungen von Inländern an Unternehmen im Ausland, als auch die mittelbaren Direktinvestitionen, das heißt die mittelbaren Kapitalbeziehungen aus Beteiligungen von Inländern an ausländischen Unternehmen über abhängige Holdinggesellschaften mit Sitz im Ausland; vgl. ebenda, S. 66 f.

330 Diese blieben im Zeitraum von 2009 auf 2010 wiederum deutlich unter den Zuwachsraten im Vorkrisenzeitraum vor 2007; vgl. *UNCTAD (Hrsg.)*, World Investment Report 2011, xii. Abrufbar unter: www.unctad-docs.org/UNCTAD-WIR2011-Full-en.pdf (zuletzt abgerufen am 12.01.2013).

331 BT-Drucksache 16/5844 vom 27.06.2007, Vorbemerkung der Bundesregierung, S. 3.

In Bezug auf Schwellen- und Entwicklungsländer[332] machten die deutschen Direktinvestitionen im Jahr 2010 EUR 157.727 Mio.[333], das heißt 11% der Gesamtdirektinvestitionen, aus und waren damit im Vergleich zur weltweiten Investitionstätigkeit in Entwicklungs- und Schwellenländern (mittlerweile mehr als die Hälfte aller Direktinvestitionen[334]) unterdurchschnittlich. Immerhin wurden jedoch bereits 2005 rund 640.000 Arbeitnehmer in Entwicklungs- und Schwellenländern durch deutsche Unternehmen beschäftigt.[335]

Der Hauptteil der deutschen Direktinvestitionen in Entwicklungs- und Schwellenländer floss 2010 mit insgesamt EUR 74.339 Mio. nach Asien. In nur drei Jahren erhöhte sich das Volumen hier um mehr als ein Drittel.[336] Zielländer waren im Jahr 2010 maßgeblich China mit EUR 33.361 Mio.[337] sowie Indien und Singapur.[338] Den stärksten Zuwachs an deutschen Direktinvestitionen in Entwicklungs- und Schwellenländer verzeichnete die Region Südamerika. Dort erfolgte ein 45%iger Anstieg von EUR 17.223 Mio. im Jahr 2007 auf EUR 31.335 Mio. im Jahr 2010. Hiervon wurde der überwiegende Teil in Brasilien (EUR 23.565 Mio.) investiert.[339] In Afrika erfolgten die nominal einzig nennenswerten Investitionsmaßnahmen in Südafrika mit einem Volumen von EUR 6.529 Mio. Insgesamt legte die Investitionstätigkeit auf dem Kontinent von EUR 6.313 Mio. im Jahr 2007 auf EUR 9.727 Mio. im Jahr 2010 zu.[340]

---

332 Gemäß Länderverzeichnis der Bestandserhebung über Direktinvestitionen der Bundesbank, April 2012, S. 71 fallen hierunter alle Länder in Afrika, Amerika, Asien, Ozeanien und den Polarregionen mit Ausnahme von Australien, Grönland, Japan, Kanada, Neuseeland, Vereinigte Staaten, zuzüglich Albanien, Belarus, Bosnien und Herzegowina, Bulgarien, Kroatien, Mazedonien, ehemalige jugoslawische Republik Moldau, Republik Montenegro, Rumänien, Russische Föderation, Serbien (einschl. Kosovo) und Ukraine.

333 *Deutsche Bundesbank (Hrsg.)*, Bestandserhebung über Direktinvestitionen, April 2012, S. 24.

334 *UNCTAD (Hrsg.)*, World Investment Report 2011, xii.

335 BT-Drucksache 16/5844 vom 27.06.2007, Vorbemerkung der Bundesregierung, S. 3.

336 *Deutsche Bundesbank (Hrsg.)*, Bestandserhebung über Direktinvestitionen, April 2012, S. 22 f. (Gesamtwerte für Asien abzüglich Japan).

337 Ebenda, S. 22 (VR China gemeinsam mit Hongkong).

338 Ebenda, S. 23.

339 Ebenda, S. 20.

340 Ebenda, S. 17 f.

## b. Einfuhren deutscher Unternehmen

Im Bereich des deutschen internationalen Warenhandels zeichnet sich ein ähnliches Bild wie bei den Direktinvestitionen: Auch hier hat der Anteil der aus dem Ausland eingeführten Waren in den letzten Jahren signifikant zugenommen. Allein von 2005 auf 2008 stieg das Volumen von EUR 634.657 Mio. auf EUR 834.776 Mio., was einen Anstieg von fast 32% bedeutet.[341] Im Zeitraum zwischen 1995 und 2010 haben sich diese Einfuhren gar vervierfacht und machen mittlerweile rund EUR 166 Mrd. aus. Damit beträgt ihr Anteil an den Gesamteinfuhren 20%.[342]

Rund zwei Drittel der Importe aus Entwicklungsländern stammt aus Asien. Hauptbezugsland ist wiederum China, woher 2010 Waren im Gesamtwert von EUR 77 Mrd. stammten. Aus zentral- und südamerikanischen Ländern kamen 2010 dagegen lediglich 13,1% und aus Afrika 10,2% der aus Entwicklungsländern eingeführten Waren.[343]

Ein Blick auf die eingeführten Warengruppen zeigt, dass der Schwerpunkt der Einfuhren aus Entwicklungsländern im Vergleich zu den Einfuhren aus anderen Industrieregionen im Bereich Bekleidungserzeugnisse (74% aller Einfuhren), Erze (70% aller Einfuhren) sowie Leder und Lederwaren (61% aller Einfuhren) liegt. Beachtlich ist darüber hinaus der Import landwirtschaftlicher Erzeugnisse (35% aller Einfuhren) sowie von Datenverarbeitungsgeräten, elektronischen und optischen Erzeugnissen (37% aller Einfuhren) und Textilien (36% aller Einfuhren).[344]

## c. Ergebnis

Im Ergebnis lässt sich feststellen, dass sich die Wirtschaftsbeziehungen deutscher Unternehmen mit Entwicklungs- und Schwellenländern maßgeblich auf Asien konzentrieren und besonders häufig die Einfuhr von Kleidung betreffen.

---

341 *Presse- und Informationsamt der Bundesregierung (Hrsg.)*, Fortschrittsbericht 2008 zur nationalen Nachhaltigkeitsstrategie, S. 79 (Angaben bezogen auf Entwicklungsländer ohne fortgeschrittene Entwicklungsländer).

342 *Presse- und Informationsamt der Bundesregierung (Hrsg.)*, Fortschrittsbericht 2012 zur nationalen Nachhaltigkeitsstrategie, S. 108 (Angaben bezogen auf Entwicklungsländer ohne fortgeschrittene Entwicklungsländer).

343 Ebenda.

344 Ebenda.

## 2. Fallbeispiel: Einfuhr von Textilien aus China

Im Einklang mit den am häufigsten im Arbeitsprozess beeinträchtigten Rechtsgütern und den danach typischen Verletzungssituationen soll nachfolgend ein exemplarischer Fall menschenrechtsrelevanter Handlungen bei der Produktion von Textilien in Asien aufgezeigt werden. Es handelt sich hierbei um Handlungen von chinesischen Zulieferern eines deutschen Unternehmens, deren Arbeitsbedingungen durch unabhängige Zeugen dokumentiert werden konnten.[345]

Die Auswahl des konkreten Falles erfolgte nicht aufgrund der besonderen Schwere der Vorwürfe im Vergleich zu den Zulieferern anderer deutscher Abnehmer. Der Fall hat vielmehr Beispielcharakter für eine Vielzahl von Akteuren der Branche. Maßgeblich war die Existenz detaillierter Informationen zu den zugrundeliegenden Sachverhalten.[346]

### a. Textilproduktion in China

Obwohl mittlerweile fast 80% der chinesischen Textil- und Bekleidungsproduktion im Inland abgesetzt werden,[347] ist China mit fast 30% Marktanteil weltweit auch das aktuell bedeutendste Exportland von Textilien und Bekleidung.[348] Insbesondere nach Außerkrafttreten des Welttextilabkommens der Welthandelsorganisation (WTO) zum 31. Dezember 2004[349] konnte das Land

345 Für einen Überblick über die Verbreitung der Problematik vgl. etwa http://www.cleanclothes.org (zuletzt abgerufen am 12.01.2013).

346 Die Sachverhaltsangaben wurden ungeprüft aus veröffentlichten Quellen übernommen. Eine eigene Recherche zur inhaltlichen Richtigkeit und Vollständigkeit der Vorwürfe hat nicht stattgefunden. Die nachstehenden Bewertungen erfolgen daher unter der Prämisse, dass die Informationen zu Produktionsbedingungen und Lieferbeziehungen korrekt sind.

347 Vgl. *Germany Trade & Invest (Hrsg.)*, Länder und Märkte – VR Chinas Textil- und Bekleidungsindustrie setzt auf Binnennachfrage, S. 1. Abrufbar unter: http://www.gtai.de/GTAI/Navigation/DE/Trade/maerkte,did=69930.html (zuletzt abgerufen am 12.01.2013).

348 *WTO (Hrsg.)*, International Trade Statistics 2010, Merchandise Trade by Product, Tabelle II.62. Abrufbar unter: http://www.wto.org/english/res_e/statis_e/its2010_e/its10_merch_trade_product_e.htm (zuletzt abgerufen am 12.01.2013).

349 Das Multifaserabkommen von 1974 sah jährlich festzulegende Quoten für Textilien- und Bekleidungsexport vor, wodurch insbesondere die Industrienationen vor übermäßigen Importen billiger, ausländischer Konkurrenzprodukte aus

seine – bereits zuvor schon erheblichen[350] – Exportmengen stark steigern. Nach Angaben des China National Textile and Apparel Council wurden allein in den Monaten Januar bis September 2010 Textilien und Bekleidung mit einem Gesamtwert von knapp $ 150 Mrd. aus China ausgeführt, was einer Steigerung um 23% im Vergleich zum Vorjahreszeitraum entspricht.[351] Zu beachten ist jedoch, dass die Branche durch einen zunehmenden Kostendruck belastet ist. Die Gewinnmarge vieler Hersteller wird auf nur noch 3 bis 5% geschätzt.[352]

Insgesamt zählt die chinesische Textilproduktion, die ihren Schwerpunkt in den Provinzen Zheijiang, Guangdong, Jiangsu, Shanghai, Shandong und Fujian hat und stark durch Wanderarbeiter, das heißt interne Migranten aus den ländlichen Provinzen, geprägt ist, mehr als 20 Mio. Beschäftigte.[353] In großer Mehrheit handelt es sich hierbei um Frauen.[354]

---

Entwicklungsländern geschützt werden sollten, vgl. *Nordås*, The Global Textile and Clothing Industry post the Agreement on Textiles and Clothing, S. 13 f. Abrufbar unter: http://www.wto.org/english/res_e/booksp_e/discussion_papers5_e.pdf (zuletzt abgerufen am 12.01. 2013).

350 Vgl. *Liu/Sun*, Beyond Phase-out of Quota in Textile and Clothing Trading, S. 7. Abrufbar unter: http://www.cefims.ac.uk/documents/research-27.pdf (zuletzt abgerufen am 12.01.2013).

351 Angaben entsprechend *China National Textile and Apparel Council (Hrsg.)*, Status Quo in the Three Quarters of 2010. Abrufbar unter: http://english.ctei.gov.cn/cntextile/201101/t20110105_2308.html (zuletzt abgerufen am 12.01.2013).

352 Vgl. *Germany Trade & Invest (Hrsg.)*, Länder und Märkte – Spitzenjahr für VR Chinas Textilbranche. Abrufbar unter: http://www.gtai.de/GTAI/Navigation/DE/Trade/maerkte,did=74124.html (zuletzt abgerufen am 12.01.2013).

353 Die Zahl der indirekt von der Branche abhängigen Menschen soll sogar 100 Mio. betragen, vgl. *Xu*, Die Textilindustrie Chinas, Vortrag des stellvertretenden Generalsekretärs des China Textile and Apparel Council vom 19. Januar 2009 im Rahmen der Heimtextilmesse, Frankfurt am Main. Abrufbar unter http://heimtextil.messe frankfurt.com/content/heimtextil/frankfurt/en/medien/frankfurt/aktuelles/digital-pressemappe-wipk/_jcr_content/mainParsys/downloadbox/downloadboxParsys/download_2/file.res/03-Praesentation-MrXu-RednerWiPK-gekuerzt-deutsch.pdf (zuletzt abgerufen am 12.01. 2013).

354 *Wick*, Soziale Folgen des liberalisierten Weltmarkts für Textil und Bekleidung, S. 16. Abrufbar unter: http://www.otto-brenner-shop.de/uploads/tx_mplightshop/AH62_de_01.pdf (zuletzt abgerufen am 12.01.2013).

## b. Arbeitsbedingungen in der chinesischen Textilproduktion

China hat – mit Ausnahme des UN-Zivilpakts – sämtliche UN-Kernverträge ratifiziert. Allerdings bestehen zahlreiche Vorbehalte, insbesondere in Bezug auf Vereinigungs- und Gewerkschaftsrechte.[355] Hinsichtlich der ILO-Kernarbeitsnormen zeigt sich ein ähnliches Bild: Während China die Kernarbeitsnormen zur Abschaffung der Kinderarbeit und des Verbotes der Diskriminierung in Beschäftigung und Beruf ratifiziert hat, steht die Ratifikation derjenigen Verträge aus, welche die Vereinigungsfreiheit und ein Recht auf Kollektivverhandlungen sowie die Beseitigung der Zwangsarbeit betreffen.[356] Zu beachten ist insoweit jedoch, dass China sich 1998 – wie sämtliche andere Mitgliedstaaten der ILO – zu den Kernarbeitsnormen bekannt hat, sodass diese in gewissem Maß auch ohne Ratifikation Wirkung entfalten sollten.[357]

Das Arbeitsgesetz der Volksrepublik China gilt seit dem 1. Januar 1995. Hierin finden sich unter anderem Regelungen zu Arbeitszeiten, Lohn, sozialer Sicherung und Arbeitsschutz. Beispielsweise schreibt Kapitel 4 des Gesetzes vor, dass die regelmäßige Arbeitszeit 40 Stunden pro Woche betragen soll und Mehrarbeit nur bis zu einer Höhe von 36 Stunden im Monat zulässig ist.[358] Das chinesische Arbeitsrecht wurde im Jahr 2007 durch gleich drei umfangreiche Gesetzeswerke novelliert, welche alle Anfang 2008 in Kraft getreten

355 Vgl. Angaben auf der Internet- Datenbank http://www.whatconvention.org/en/index.html (zuletzt abgerufen am 12.01.2013).

356 Vgl. Übersicht der ILO zum Ratifikationsstand der Kernarbeitsnormen. Abrufbar unter: http://webfusion.ilo.org/public/db/standards/normes/appl/appl-ratif8conv.cfm?Lang=EN (zuletzt abgerufen am 12.01.2013).

357 Vgl. Abs. 2 der ILO-Erklärung über grundlegende Prinzipien und Rechte bei der Arbeit, angenommen auf der 86. Tagung am 18. Juni 1998, darin heißt es: Die Internationale Arbeitskonferenz *„erklärt, daß alle Mitglieder, auch wenn sie die betreffenden Übereinkommen nicht ratifiziert haben, allein aufgrund ihrer Mitgliedschaft in der Organisation verpflichtet sind, die Grundsätze betreffend die grundlegenden Rechte, die Gegenstand dieser Übereinkommen sind, in gutem Glauben und gemäß der Verfassung einzuhalten, zu fördern und zu verwirklichen."* Abrufbar unter: http://www.ilo.org/public/german/region/eurpro/bonn/download/ilo-erklaerung.pdf (zuletzt abgerufen am 12.01.2013).

358 Vgl. Kapitel 4 des Arbeitsgesetzes der Volksrepublik China vom 5. Juli 1994, in deutscher Übersetzung verfügbar über die Homepage der Universität Göttingen. Abrufbar unter: http://lehrstuhl.jura.uni-goettingen.de/chinarecht/940705b.htm (zuletzt abgerufen am 12.01.2013).

sind: das Arbeitsvertragsgesetz, das Arbeitskonfliktgesetz und das Arbeitsförderungsgesetz. Die Neuerungen werden – zumindest in Bezug auf die Gewährung von Individualarbeitsrechten – grundsätzlich positiv bewertet[359]. So soll insgesamt eine zu Gunsten des Arbeitnehmerschutzes stärkere Regulierung vorliegen, welche sich *„immer mehr dem kontinentaleuropäischen Standard annähert.“*[360]

Dieser rechtlichen Reform steht allerdings vielerorts eine unveränderte Praxis gegenüber. Viele Arbeiter, insbesondere Wanderarbeiter, beklagen, dass sie ihre Rechte aus Angst vor dem Verlust des Arbeitsplatzes sowie wegen unzureichender finanzieller Mittel nicht gerichtlich geltend machen.[361] Erschwerend wirkt sich aus, dass Arbeitsstreitigkeiten erst nach einer innerbetrieblichen Schlichtung und einem obligatorischen Schiedsverfahren durch eine Schiedskommission vor die ordentlichen Gerichte gebracht werden können. In diesen Verfahren sind die Beschäftigten unterrepräsentiert und teilweise bestehen erhebliche Einflussmöglichkeiten der Arbeitsverwaltungsbehörden.[362]

Insgesamt lassen Untersuchungen von Nichtregierungsorganisationen erkennen, dass viele Beschäftigte weiter unter extrem harten Bedingungen arbeiten. Dabei kann häufig ein unmittelbarer Zusammenhang zwischen der Größe des Produktionsbetriebs sowie dessen Technisierung und der Arbeitsplatzqualität festgestellt werden.[363]

Die nachfolgende Beschreibung der konkreten Arbeitsumstände stellt keine repräsentative Darstellung der Beschäftigungssituation von Textilarbeitern in China dar; es soll vielmehr auf Grundlage der Ergebnisse mehrerer Befragungen

---

359 So teilweise auch durch Nichtregierungsorganisationen, die mit dem Schutz von Arbeitnehmerrechten betraut sind, vgl. zum Beispiel *Deutsches Institut für Entwicklungspolitik (Hrsg.)*, Soziale Unternehmensverantwortung und Arbeitnehmerrechte in der VR China. Abrufbar unter http://www.die-gdi.de/CMS-Homepage/openwebcms3.nsf/(ynDK_contentByKey)/ANES-7FPK3Q/$FILE/A+S%203.2008.pdf (zuletzt abgerufen am 12.01.2013).

360 *Binding/Thum*, RdA 2008, S. 347, 352.

361 Vgl. *Gerstetter/Kamieth*, in: *Germanwatch (Hrsg.)*, Unternehmensverantwortung – Vorschläge für EU-Reformen, S. 33. Abrufbar unter: http://www.germanwatch.org/corp/euref.pdf (zuletzt abgerufen am 12.01.2013).

362 Vgl. hierzu sowie zu Schlichtung und Schiedsverfahren bei Arbeitsstreitigkeiten in China allgemein *Allmendinger*, ZChinR 2008, S. 103 ff.

363 *Wick*, in: *Südwind (Hrsg.)*, Arbeits- und Frauenrechte im Discountgeschäft, S. 25. Abrufbar unter: http://www.suedwind-institut.de/fileadmin/fuerSuedwind/Publikationen/2009/2009-4_Arbeits-_und_Frauenrechte_im_Discountgeschaeft.pdf (zuletzt abgerufen am 12.01.2013).

von Arbeitern und Arbeiterinnen verschiedener Fabriken vermittelt werden, welche Umstände bei zumindest einem Teil der Textil- und Bekleidungshersteller in China vorherrschen.[364] Es handelt sich hierbei um Erhebungen des SÜDWIND-Instituts aus den Jahren 2006, 2008 und 2009 in den Provinzen Jiangsu und Guangdong.[365]

- Entgegen den gesetzlichen Bestimmungen in China existieren für einen erheblichen Teil der Beschäftigten in den untersuchten Fabriken keine Arbeitsverträge. In einigen Werken werden darüber hinaus auch keine Lohnzettel ausgestellt, sodass die Zusammensetzung und zeitliche Zuordnung des Lohnes nicht nachvollziehbar ist.
- Der gesetzliche Mindestlohn – der nach Aussage vieler Beschäftigter ohnehin unzureichend ist, um eine Mindestversorgung zu garantieren – wird in vielen Fällen unterschritten. Die Bezahlung erfolgt häufig im Akkord, sodass keine gesonderte Überstundenvergütung ausgezahlt wird.
- Die Arbeitszeiten in einigen Fabriken betragen regelmäßig bis zu zwölf Stunden am Tag an sechs Tagen die Woche. Zu beachten ist dabei, dass die erheblichen Schwankungen der Produktionsaufträge dazu führen, dass zu auftragsschwachen

---

364 Für eine statistisch valide Auswertung ist kein ausreichendes Datenmaterial vorhanden; für die Zwecke dieser Arbeit ist dies aber entbehrlich, da durch die Anzahl der befragten Beschäftigten, die Auswahl verschiedener Produktionsstätten und der zeitliche Abstand zwischen den Studien gewährleistet werden kann, dass nicht lediglich Einzelfälle betroffen sind.

365 Vgl. *Südwind (Hrsg.)*, All die Textilschnäppchen – Nur recht und billig?, Arbeitsbedingungen bei Aldi-Zulieferern in China und Indonesien (2007). Abrufbar unter: http://www.suedwind-institut.de/fileadmin/fuerSuedwind/Publikationen/2007/2007-2_All_die_Textilschnaeppchen.pdf (zuletzt abgerufen am 12.01.2013); *Südwind (Hrsg.)*, Arbeits- und Frauenrechte im Discountgeschäft – Aldi-Aktionswaren aus China (2009). Abrufbar unter: http://www.suedwind-institut.de/fileadmin/fuerSuedwind/Publikationen/2009/2009-4_Arbeits-_und_Frauenrechte_im_Discountgeschaeft.pdf (zuletzt abgerufen am 12.01.2013); *Südwind (Hrsg.)*, Schutz der Arbeit in Partnerschaftsabkommen mit China – Fallbeispiele Adidas, Metro und Aldi (2010). Abrufbar unter: http://www.suedwind-institut.de/fileadmin/fuerSuedwind/Publikationen/2010/2010-9_China-Partnerschaftsabkommen.pdf (zuletzt abgerufen am 12.01.2013). Zu beachten ist, dass die Studien im zeitlichen Verlauf weniger massive Arbeitsrechtsverletzungen in den untersuchten Betrieben dokumentieren. Als Hauptgrund hierfür wird durch die Autoren allerdings vermutet, dass die in den späteren Studien geprüften Fabriken mehrheitlich höher technisiert waren und es sich nicht allein um Hersteller von Textilien handelt, sondern höherwertigere Güter, wie zum Beispiel Elektronikprodukte, hergestellt wurden.

Zeiten, die Fertigung entsprechend reduziert wird, womit das Lohnniveau saisonal erheblich sinkt.

- Bei einer Verweigerung von Überstunden wird in den meisten Fällen eine Geldbuße in Form eines Abzugs von den geleisteten Arbeitsstunden fällig. Bei Versäumnis einzelner Arbeitstage werden teilweise 10% des gesamten Monatslohns einbehalten.
- In keinem der Fälle wird bezahlter Urlaub gewährt.
- Beiträge zur Sozialversicherung werden nicht geleistet.
- Für Männer bestehen erhebliche Schwierigkeiten in den Textilfabriken eine Anstellung zu finden. Begründet wird die Ablehnung von Männern häufig mit der Befürchtung, dass bei ihnen eher die Bereitschaft bestehe, gegen die Arbeitsbedingungen zu protestieren.
- Schwangere können keine erleichterten Arbeitsbedingungen in Anspruch nehmen, bezahlter Mutterschaftsurlaub wird nicht gewährt.
- Um der hohen Fluktuation entgegenzuwirken, wird von einigen Fabriken gefordert, eine Kaution bei Beschäftigungsantritt zu hinterlegen, welche erst nach Ablauf einer bestimmten Zeit nach der Einstellung zurückerstattet wird. Alternativ wird in anderen Fabriken der erste Monatslohn einbehalten.
- In auftragsstarken Zeiten wird in einigen Fabriken die für eine Kündigung erforderliche Zustimmung nicht erteilt. Bei Verlassen des Betriebes ohne Zustimmung wird teilweise eine als „Ausbildungsgebühr" bezeichnete Summe vom Gehalt einbehalten. In anderen Fällen wird der Lohn der vergangenen zwei Monate nicht ausgezahlt.
- Gewerkschaftliche Aktivitäten existieren de facto nicht. In keiner der untersuchten Fabriken sind ein funktionierendes System organisierter Arbeitsbeziehungen oder Organe der Interessenvertretung der Beschäftigten vorhanden.
- In seltenen Fällen werden Beschäftigte registriert, die nicht das gesetzliche Mindestalter von 16 Jahren erreicht haben.

### c. Einfuhr chinesischer Bekleidung durch deutsche Unternehmen

Deutschland deckt einen erheblichen Teil seiner Bekleidungseinfuhren durch den Import chinesischer Produkte ab. Im ersten Quartal 2012 waren dies nach den Daten des Bundesamtes für Wirtschaft und Ausfuhrkontrolle knapp 30% der

Gesamteinfuhren aus der betreffenden Warengruppe.[366] Weniger als 5% der in Deutschland verkauften Bekleidung wird im Inland hergestellt.[367]

In Deutschland werden Textilien und Bekleidung in großem Ausmaß durch Einzelhandelsdiscounter angeboten.[368] Verlässliche Aussagen zu den Herstellern sowie den zugrundeliegenden Lieferbeziehungen lassen sich trotz umfangreicher Literaturrecherchen, der Durchführung von Interviews sowie von Testkäufen durch Nichtregierungsorganisationen zumeist nicht treffen.[369]

Allerdings konnte in verschiedenen Fällen in chinesischen Fabriken Bekleidung identifiziert werden, welche sich dem Angebot einzelner deutscher Discounter konkret zuordnen lässt. Die als Grundlage für die dargestellten Arbeitsbedingungen herangezogenen Studien des SÜDWIND-Instituts gehen etwa davon aus, dass die betreffenden Fabriken Bekleidung herstellten, welche durch den Discounter ALDI[370] angeboten wurde.[371]

---

366 Berechnung anhand der Daten des *BAFA (Hrsg.)*, Statistiken über den Außenhandel Deutschlands mit Textilien und Bekleidung – Zeitraum Januar bis März 2011/2012, S. 3. Abrufbar unter: http://www.bafa.de/bafa/de/weitere_aufgaben/einfuhr/statistiken/textil_tab_deutschland_ah_0703.pdf (zuletzt abgerufen am 12.01.2013).

367 *Heymann*, in: *Deutsche Bank Research (Hrsg.)*, Aktuelle Themen 519 – Textil- und Bekleidungsindustrie, S. 3. Abrufbar unter: http://www.dbresearch.de/PROD/DBR_INTERNET_DE-PROD/PROD0000000000275049/Textil-_Bekleidungsindustrie:+Innovationen+und+Internationalisierung+als+Erfolgsfaktoren.pdf (zuletzt abgerufen am 12.01.2013).

368 Vgl. Übersicht der Lebensmittelzeitung für das Jahr 2011. Abrufbar unter: http://www.lebensmittelzeitung.net/business/handel/rankings/pages/Top-10-Textilhaendler-Deutschland-2011_233.html (zuletzt abgerufen am 12.01.2013).

369 Für einen Versuch, die Beschaffungskette von Textilien durch ALDI nachzuvollziehen vgl. *Südwind (Hrsg.)*, All die Textilschnäppchen – Nur recht und billig?, Arbeitsbedingungen bei Aldi-Zulieferern in China und Indonesien, S. 13 ff.

370 Bei ALDI SÜD und ALDI NORD handelt es sich um rechtlich selbstständige Unternehmen, die auch über eigene Einkaufsgesellschaften verfügen. Diese sprechen sich jedoch bei Einkauf ihrer Waren ab, vgl. *Freitag/Hirn/Rickens*, Die Inventur, Manager Magazin 02/2006 S. 28 ff. Das Bundeskartellamt betrachtet ALDI NORD und ALDI SÜD als faktischen Gleichordnungskonzern im Sinne von § 18 Abs. 2 AktG, vgl. zum Beispiel den Beschluss des Bundeskartellamts vom 30. Juni 2008, Az: B2 – 333/07, S. 37. Abrufbar unter http://www.bundeskartellamt.de/wDeutsch/download/pdf/Fusion/Fusion08/B2-333-07_Internet.pdf (zuletzt abgerufen am 12.01.2013). Durch die Aufteilung in rechtlich selbstständige Untergesellschaften kann sich ALDI weitgehend der Veröffentlichung von zentralen Geschäftsdaten entziehen.

371 Vgl. *Südwind (Hrsg.)*, All die Textilschnäppchen – Nur recht und billig?, Arbeitsbedingungen bei Aldi-Zulieferern in China und Indonesien, S. 8; Die Studienautoren geben an, dass vor dem Hintergrund befürchteter Übergriffe staatlicher Stellen aus

Mit einem geschätzten Umsatz von rund EUR 24,1 Mrd. ist ALDI der mit Abstand umsatzstärkste Discounter in Deutschland.[372] Trotz des Schwerpunkts auf den Lebensmitteleinzelhandel stellt ALDI dabei auch den derzeit neuntgrößten Anbieter von Textilien in Deutschland dar.[373]

Seit 2008 ist ALDI Mitglied der Business Social Compliance Initiative (BSCI), einer europäischen, branchenübergreifenden Initiative von Einzelhandelsunternehmen, die angibt, sich für die Verbesserung der Arbeitsbedingungen in globalen Lieferketten einzusetzen.[374] In einer Eigendarstellung beschreibt ALDI SÜD seine dortige Einbindung wie folgt: *„ALDI SÜD beteiligt sich innerhalb der FTA/BSCI aktiv an der Weiterentwicklung des Systems, um die Verbesserung von Sozialstandards entlang der Lieferkette konsequent voranzutreiben. Klar definierte quantitative und qualitative Anforderungen haben bereits zur Durchführung einer Vielzahl von Überprüfungen der Sozialstandards in den Produktionsstätten unserer Lieferanten geführt. Gemeinsam mit unseren Lieferanten haben wir uns der freiwilligen, internationalen Business Social Compliance Initiative (BSCI) angeschlossen und engagieren uns für:*

- *Verbot von Kinderarbeit*
- *Verbot von Zwangsarbeit und Disziplinarmaßnahmen*
- *Verbot der Diskriminierung jeder Art*
- *Menschenwürdige Arbeitszeit- und Überstundenregelung*
- *Vorsorge für Gesundheit und Sicherheit am Arbeitsplatz*
- *Löhne, die dem gesetzlichen Mindestlohn bzw. der geltenden Industriestandards entsprechen*
- *Versammlungsfreiheit und das Recht auf Kollektivverhandlungen*
- *Berücksichtigung von Umwelt- und Sicherheitsfragen"*[375]

Sicherheitsgründen in der Studie eine anonymisierte Darstellung der Fabriken sowie der einzelnen Beschäftigten erfolgt.

372 Vgl. Metro Handelslexikon 2011/2012, S. 40. Abrufbar unter: http://www.metrogroup.de/internet/site/metrogroup/get/documents/metrogroup_international/corpsite/09_service/publications/retail-comp-2012-de.pdf (zuletzt abgerufen am 12.01.2013).

373 Ranking der Lebensmittelzeitung für 2011. Abrufbar unter http://www.lebensmittelzeitung.net/business/handel/rankings/pages/Top-10-Textilhaendler-Deutschland-2011_233.html (zuletzt abgerufen am 12.01.2013).

374 Vgl. zu dieser Initiative *Zimmer*, Soziale Mindeststandards und ihre Durchsetzungsmechanismen, S. 228 ff. sowie die Selbstbeschreibung der Initiative unter: http://www.bsci-intl.org/ (zuletzt abgerufen am 12.01.2013).

375 Angaben von ALDI SÜD unter der Rubrik „Soziale Verantwortung". Abrufbar unter: http://verantwortung.aldi-sued.de/verantwortung/html/soziale_verantwortung.htm (zuletzt abgerufen am 12.01.2013).

Anfragen von Nichtregierungsorganisationen zu den tatsächlich festgestellten Arbeitsbedingungen in Fabriken, die Bekleidung für ALDI produzieren, wurden durch das Unternehmen ausweichend beantwortet. Zwar wird grundsätzlich zugegeben, dass die *„angesprochenen Missstände bedauerlicherweise in zahlreichen Fertigungsstätten Realität"*[376] sind. Gleichzeitig wird jedoch hervorgehoben, dass die konkreten Fabriken aufgrund der anonymisierten Angaben in den Studien nicht identifiziert werden könnten sowie dass gemeinsam mit den Lieferanten bereits *„an der Behebung unzureichender Sozial- und Arbeitsstandards"*[377] gearbeitet werde.

Eine eigene Verantwortlichkeit wird weitgehend abgelehnt; kennzeichnend dürften insoweit insbesondere folgende Aussagen sein: *„Wir möchten jedoch auch darauf hinweisen, dass die Gesamtthematik eine gesellschaftspolitische Dimension aufweist, auf die wir als Unternehmen nur sehr geringen Einfluss nehmen können. Hier sind politische Akteure gleichermaßen in die Pflicht zu nehmen und realistische Forderungen gegenüber Unternehmen zu stellen. [...] Insofern möchten wir zum Ausdruck bringen, dass wir unsere Lieferanten über die nach unserer Auffassung einzuhaltenden Regeln und Werte informiert halten, jedoch nicht für die vollumfängliche Einhaltung aller Akteure entlang der Lieferkette verantwortlich gemacht werden können."*[378]

Dem Argument des fehlenden Überblicks über die Lieferketten dürfte zunächst entgegenzuhalten sein, dass durchaus Möglichkeiten für Einzelhändler bestehen, sämtliche Wertschöpfungsprozesse ihrer Waren nachzuvollziehen[379] und schon unter Qualitätssicherungsaspekten davon auszugehen ist, dass eine Kontrolle tatsächlich auch erfolgt. Darüber hinaus wird hinsichtlich ALDI angenommen, dass die Anzahl direkter Lieferanten im Textilbereich überschaubar ist. Im Jahr 2004 etwa wurde diese auf nicht mehr als zehn geschätzt.[380]

---

376 Vgl. Schreiben der ALDI Einkauf GmbH & Co.oHG vom 11. Juni 2010, in: *Südwind (Hrsg.)*, Schutz der Arbeit in Partnerschaftsabkommen mit China? Fallbeispiele Adidas, Metro und Aldi, S. 51. Abrufbar unter: http://www.suedwind-institut.de/fileadmin/fuerSuedwind/Publikationen/2010_Inhalt/2010-9_Inhalt_China-Partnerschaftsabkommen.pdf (zuletzt abgerufen am 12.01.2013).

377 Ebenda, S. 51.

378 Ebenda, S. 52.

379 Vgl. statt vieler das Angebot unter https://www.stringtogether.com (zuletzt abgerufen am 12.01.2013), welches eine Nachverfolgung vom Rohmaterial bis zum letzten Produktionsschritt ermöglichen soll.

380 Vgl. Artikel der Zeitschrift TextilWirtschaft „Der Textil-Riese" vom 1. April 2004, S. 20. Abrufbar unter: https://www.genios.de:443/document/TW__040401088%7CTWA__040401088 (zuletzt abgerufen am 13.01.2013).

Auch die Spielräume, um auf das Gebaren der Lieferanten Einfluss zu nehmen, sind größer einzuordnen, als ALDI dies in seiner Erklärung darstellt. Allgemein wird die Verhandlungsposition eines Abnehmers dann als stark eingeschätzt, wenn ein Großteil der Fertigung von nur einem oder wenigen Kunden abgenommen wird und Überkapazitäten bestehen.[381] Beides trifft zu: ALDI ist ein Großabnehmer der in der Studie beschriebenen Fabriken, und die Textilbranche zeichnet sich durch ein Überangebot an Produzenten aus.

Die Bindung zwischen ALDI und den Zulieferbetrieben dürfte dergestalt sein, dass – unter Einschaltung verschiedener Sourcing Partner – eine Auftragsfertigung erfolgt[382]. Bei einer solchen besteht durchaus die Möglichkeit, Einfluss auf die Arbeitsbedingungen zu nehmen. Als Beispiel sei die Vereinbarung von Mindeststandards als allgemeine Auftragsbedingungen genannt, welche – im Falle der Verletzung dieser Mindeststandards – ein Rücktrittsrecht auslösen könnten.

Schließlich ist festzuhalten, dass sowohl die gezahlten Niedrigstpreise für die hergestellten Textilien als auch das Verlangen nach einer absolut flexiblen Belieferung durch das Unternehmen den Rahmen für die gezahlten Löhne sowie die konkreten Arbeitsbedingungen vorgeben.[383]

## 3. Deutsche Unternehmen als Adressaten der Haftungsansprüche

### a. Einheimische Zulieferer als „Haupttäter"

Auch wenn durch Unternehmen begangene Menschenrechtsbeeinträchtigungen weltweit auftreten können, liegt der Schwerpunkt eindeutig in Entwicklungs- und Schwellenländern.[384] Deren im Vergleich zu den Industriestaaten kostengünstigere Produktionsbedingungen resultieren nicht zuletzt daraus, dass in diesen Ländern

---

381 Vgl. hierzu sowie zur Produktion in Netzwerkstrukturen allgemein, *Zimmer*, Soziale Mindeststandards und ihre Durchsetzungsmechanismen, S. 37 ff.

382 Vgl. zu den erheblichen Einflussmöglichkeiten im Zulieferverhältnis allgemein Teil II.1.c sowie Teil IV.3.b.

383 Vgl. allgemein zum Einfluss der Preis- und Beschaffungspolitik der Einzelhändler *Ascloy/Dent/De Haan*, Critical issues for the garment industry, S. 11 ff. Abrufbar unter http://somo.nl/publications-en/Publication_2134 (zuletzt abgerufen am 12.01.2013).

384 *Ruggie*, Corporations and human rights: a survey of the scope and patterns of alleged corporate-related human rights abuse, vom 23. Mai 2008, A/HRC/8/5/Add.2,

im Allgemeinen niedrige Umwelt- und Arbeitsstandards herrschen.[385] Der Umstand, dass Unternehmen oft eine größere Wirtschaftskraft besitzen als die Staaten, in denen sie agieren, erhöht die Gefahr der Begehung von Menschenrechtsbeeinträchtigungen zusätzlich.[386]

Zumeist sind es nicht direkt die großen Unternehmen mit Sitz in Industriestaaten, die menschenrechtsbeeinträchtigend in Entwicklungs- und Schwellenländern agieren. Vielmehr werden unmittelbar menschenrechtsrelevante Handlungen typischerweise von lokalen Zulieferern begangen. Diese sind weniger empfänglich und angreifbar für öffentlichen Druck, zumal sie sich oft in Privatbesitz befinden und daher Shareholdern gegenüber keine Rechenschaft geben müssen.[387] Solche lokalen Unternehmen verfügen in der Regel nicht über ausreichendes Haftungskapital, und es existieren – angefangen mit der andernorts wohl nur selten begründbaren Gerichtszuständigkeit – erhebliche Barrieren, wenn man Entschädigungsansprüche außerhalb des Staates, in dem die Menschenrechtsbeeinträchtigungen stattfinden, rechtlich geltend zu machen sucht.

Es besteht somit ein Bedürfnis – soweit vorhanden[388] – die dahinterstehenden Akteure, das heißt die Handelskonzerne aus Industrieländern als Abnehmer, in die Verantwortung zu nehmen.

---

Einleitung Textziffer 8, S.10. Abrufbar unter: http://www.ohchr.org/EN/Issues/TransnationalCorporations/Pages/Reports.aspx (zuletzt abgerufen am 12.01.2013).

385 *Anderes*, Fremde im eigenen Land: Die Haftbarkeit transnationaler Unternehmen für Menschenrechtsverletzungen an indigenen Völkern, S. 2.

386 Vgl. zur Problematik dieser Machtdivergenz *Joseph*, Corporations and Transnational Human Rights Litigation, S. 4.

387 *Kaleck/Saage-Maaß*, in: *Böll-Stiftung (Hrsg.)*, Transnationale Unternehmen vor Gericht – Über die Gefährdung der Menschenrechte durch europäische Firmen in Lateinamerika, S. 15 f. Abrufbar unter http://www.boell.de/downloads/TransnationaleUvG-i.pdf (zuletzt abgerufen am 12.01.2013).

388 Zu beachten ist, dass selbstverständlich ein erheblicher Teil der in Entwicklungs- und Schwellenländern hergestellten Waren auch dort abgesetzt wird. Auf diese „Inlandssachverhalte", welche in der Intensität der Menschenrechtsbeeinträchtigung die Exportfälle häufig überwiegen (vgl. zum Beispiel *Jütte-Overmeyer*, Sozialstandards in der Textilindustrie, in: *Scherer/Blickle (Hrsg.)*, Globalisierung und Sozialstandards, S. 246 f., der auf das Fortbestehenden der Kinderarbeit in Indien außerhalb des Exportsektors verweist), dürfte ein Einfluss über ausländisches Zivil- und Zivilverfahrensrecht von vornherein ausgeschlossen sein.

### b. Deutsche Abnehmer als „mittelbare Täter"?

Die Handelskonzerne der Industrieländer profitieren stark von den wirtschaftlichen Möglichkeiten im Zuge der Globalisierung, etwa von den niedrigen Produktionskosten und der flexiblen Belieferung und damit auch von der Art und Weise der Produktionsbedingungen[389]. Teilweise wird sogar davon gesprochen, dass Unternehmen mittels ihrer Macht und der Drohung einer Standortverlagerung, wirtschaftlich und politisch unterlegene Entwicklungsländer „nötigen", ihre niedrigen Menschenrechtsstandards aufrecht zu erhalten, wobei die Beeinträchtigung von Menschenrechten zur Optimierung der Gewinne billigend in Kauf genommen wird.[390] Ein Blick in die betriebswirtschaftliche Ratgeberliteratur verdeutlicht, dass zur Verbesserung der Verhandlungsposition gegenüber Lieferanten der Verweis auf eine mögliche Standortverlagerung durchaus üblich ist: *„Das Wissen um internationale Konkurrenz, die vergleichbare Qualität zu attraktiveren Preisen anbietet, schafft nahezu automatisch die Bereitschaft zu Zugeständnissen. Bei Gesprächen bewirkt oft allein schon der Hinweis auf das Vorliegen eines Angebotes aus dem Ausland eine hohe Bereitschaft zur preislichen Anpassung an internationale Märkte."*[391]

#### aa. Exkulpation durch Verweis auf noch schwerwiegendere Vergehen bei Produktion für den lokalen Markt?

Trotz der beobachteten negativen Einflussnahme wird durch Literatur, Nichtregierungsorganisationen und Interessengruppen wiederholt darauf hingewiesen, dass diejenigen Zulieferer, die Exportware erzeugen, oftmals bessere Arbeitsbedingungen bieten als Unternehmen, die allein für den heimischen Markt fertigen, und dass ihre überlegenen Geschäftspraktiken im Umwelt- und Personalbereich sogar Signalwirkung für lokale Unternehmen haben können.[392] Beispielsweise hat eine im Jahr 2004 durchgeführte Untersuchung ergeben, dass in vielen Ländern der durchschnittliche Verdienst der für multinationale Unternehmen fertigenden Textilarbeiter über dem nationalen Durchschnitt lag.[393]

---

389 Vgl. hierzu auch Teil II.1.c.

390 *Emmerich-Fritsche*, Vom Völkerrecht zum Weltrecht, S. 869.

391 *Kerkhoff*, Zukunftschance Global Sourcing, S. 39.

392 So etwa *Braun*, Konzerne als Beschützer der Menschenrechte?, in: *Brühl/Debiel (Hrsg.)*, Die Privatisierung der Weltpolitik, S. 266.

393 Vgl. *Powell/Skarbek*, Sweatshops and Third World Living Standards: Are the Jobs Worth the Sweat?, S. 8. Abrufbar unter http://www.independent.org/pdf/working_papers/53_sweatshop.pdf (zuletzt abgerufen am 12.01.2013).

Dies führt zu der Frage, ob es angebracht ist, vergleichsweise besseres Verhalten über die Verfolgung einer zivilrechtlichen Haftung zu sanktionieren.

Hierzu ist jedoch festzustellen, dass allein der Umstand, dass die schwerwiegendsten Fälle in der Praxis juristisch nicht verfolgbar sind, nicht dazu führen darf, dass überhaupt keine Ansprüche geltend gemacht werden können. So kann sich beispielsweise ein Falschparker zur Abwendung eines Bußgeldes auch nicht darauf berufen, dass für einen Botschaftsangehörigen aufgrund seiner Immunität sogar eine Unfallflucht folgenlos bleibt.[394] Vielmehr sollte dem Recht soweit möglich Geltung verschafft werden.

Im Übrigen existiert mit der Grundvoraussetzung der Menschenrechtsbeeinträchtigung – unterhalb dieser soll Fehlverhalten im Rahmen dieser Arbeit nicht zum Prüfgegenstand gemacht werden – eine hohe Schwelle.

Bei den Menschenrechten handelt es sich um einen objektiven Maßstab, und dies bedeutet, dass sie nicht in Relation zu setzen sind. Wenn eine Beeinträchtigung vorliegt, sollte mithin unerheblich sein, ob unter Umständen andernorts noch schwerwiegender in Menschenrechte eingegriffen wird.

### bb. Näheverhältnis und Machtstellung als Gradmesser der Verantwortung

Entscheidend dafür, ob (unabhängig von der rechtlichen Bewertung) eine ethische Verantwortung von Unternehmen für ihre Zulieferer anzunehmen ist, wird regelmäßig sein, inwieweit ein Nähe- oder Abhängigkeitsverhältnis zwischen diesen besteht.

Hinsichtlich der meist als "proximity" bezeichneten Verbindung wird folgender Zusammenhang beschrieben: *"the closer the supplier is to the company or the more key the supplier is to the company's business, the more knowledge the company will have or be expected to have, and the more impact its conduct will have on the situation, increasing the likelihood that it could be enabling, exacerbating or facilitating gross human rights abuses."*[395]

---

394 Vgl. zu dieser Problematik beispielsweise die Internet-Berichterstattung des Tagesspiegel vom 8. Oktober 2011, „Straffrei: Auf die diplomatische Tour“. Abrufbar unter http://www.tagesspiegel.de/berlin/polizei-justiz/auf-die-diplomatische-tour/4733768.html (zuletzt abgerufen am 12.01.2013).

395 *International Commission of Jurists (Hrsg.)*, Corporate Complicity & Legal Accountability Volume 1, S. 30; Die Arbeitsgruppe des OECD "Committee on International Investment and Multinational Enterprises" verwendet hierzu die Begriffe des "invesment nexus" und des "investment like relationship", vgl. *OECD (Hrsg.)*, OECD

Sofern wirtschaftliche Abhängigkeiten in der Lieferkette vorliegen, ist anzunehmen, dass auch zwischen rechtlich unabhängigen Unternehmen durch das Unternehmen in der beherrschenden Stellung Einfluss auf die abhängigen Wertschöpfungspartner genommen werden kann. Die rechtliche Selbstständigkeit wird demgegenüber als wenig aussagekräftiges Kriterium für die Möglichkeit eines Unternehmens Verantwortung beim Zulieferer durchzusetzen betrachtet.[396]

In bestimmten Konstellationen besonders starker Einflussnahme, in denen niedrigste Preise diktiert und kürzeste Lieferzeiten vorgegeben werden und der Zulieferer diese nur unter Beeinträchtigung von Menschenrechten erfüllen kann, dürfte in jedem Falle eine Mitverantwortung bestehen. Beispielsweise könnte man annehmen, dass es den Unternehmen obliegt, die Preise nicht so gering anzusetzen, dass der Zulieferer seinen Arbeitnehmern keine angemessenen Löhne mehr zahlen kann.[397] Aber auch das Agieren in bestimmten Branchen und an bestimmten Orten sollte – vor allem bei bereits zuvor bekannt gewordenen Unregelmäßigkeiten beim konkreten Zulieferer – die abnehmenden Handelsunternehmen zu erhöhter Wachsamkeit und vorbeugenden Maßnahmen veranlassen.[398]

Zu erwägen ist auch eine Beziehung in der Weise, dass je stärker die Menschenrechtsbeeinträchtigung des Produzenten ausfällt, desto geringer das Näheverhältnis ausgestaltet sein muss, um noch eine Verantwortung des Handelsunternehmens abzuleiten.

Insgesamt bleibt festzuhalten, dass den erheblichen Vorteilen, die deutsche Unternehmen aus den internationalen Lieferbeziehungen ziehen, auch eine Verantwortung gegenüberstehen sollte.[399] Es steht den Handelskonzernen frei, wie sie ihre Lieferbeziehungen gestalten. Konzepte wie "supply chain sustainability", "corporate greening" und "corporate social responsibility" sind nicht neu und können jederzeit

---

Guidelines for Multinational Enterprises: 2003 Annual Meeting of the National Contact Points, Report by the Chair, S. 9, 12. Abrufbar unter http://www.oecd.org/dataoecd/3/47/15941397.pdf (zuletzt abgerufen am 12.01.2013).

396 Vgl. *Stephan*, Die Verantwortung multinationaler Unternehmen in der Zulieferkette, in: *Germanwatch (Hrsg.)*, Tagungsdokumentation: Wie weit reicht die Verantwortung von Unternehmen, S. 35. Abrufbar unter http://germanwatch.org/tw/kwzuli04.pdf (zuletzt abgerufen am 12.01.2013).

397 *Lukas/Hutter*, Menschenrechte und Wirtschaft, S. 156.

398 *International Commission of Jurists (Hrsg.)*, Corporate Complicity & Legal Accountability Volume 3, S. 34 f.

399 Teilweise wird auch von einem Axiom in der Weise gesprochen, dass dort, wo Macht sei, auch Verantwortung gegeben sein müsse, vgl. *Kinley/Tadaki*, Virg. J Intl' L, 2004, S. 931, 1021.

implementiert werden.[400] Die Möglichkeiten der Einflussnahme werden dabei unter den Stichpunkten *“monitoring, providing incentives and enforcing agreements”*[401] beschrieben. Von der Auswahl der Partner über die konkrete Kooperation bis hin zu Anreiz- und Kontrollmechanismen[402] gibt es eine Vielzahl von Parametern, über welche sichergestellt werden kann, dass das vertriebene Produkt nicht unter Verwendung menschenrechtsbeeinträchtigender Praktiken hergestellt wurde. Angesichts des nur geringen Anteils der Lohnkosten am Endpreis der Produkte, wäre auch eine an die Zusage von Lohnsteigerungen gekoppelte Erhöhung der Einkaufspreise durchaus möglich, ohne erhebliche Wettbewerbsnachteile zu erleiden.

Nicht zu vernachlässigen ist in Bezug auf die Haftbarmachung deutscher Unternehmen als „Hintermänner“ auch, dass, sollte ein Handelsunternehmen erfolgreich für einen Missstand haftbar gemacht worden sein, es künftig motiviert sein dürfte, vergleichbaren Problemen nicht nur an diesem sondern auch an anderen Standorten entgegenzutreten.

## 4. Deutsche Gerichte als Forum der Haftungsansprüche

Die Anstrengung von zivilrechtlichen Verfahren kommt durchaus auch in den Entwicklungs- und Schwellenländern selbst in Betracht, und es gibt Beispiele für vor Ort geführte Prozesse, welche die Begehung von Menschenrechtsbeeinträchtigungen durch Unternehmen zum Gegenstand hatten und haben. So werden aktuell etwa Schadensersatzansprüche wegen unzulässiger Enteignungen gegen die Kaweri Coffee Plantation Ltd., eine Tochter der deutschen Neumann Kaffee Gruppe, vor ugandischen Gerichten geltend gemacht.[403]

400 Ein Überblick über die Verwendung der Begrifflichkeiten findet sich bei *Andersen/Skjoett-Larsen*, Supply Chain Management: An International Journal 2009, S. 75. Abrufbar unter: http://www.emeraldinsight.com/journals.htm?issn=1359-8546&volume=14&issue=2 (zuletzt abgerufen am 12.01.2013).

401 Vgl. *Mentzer/Myers/Stank*. Handbook of Global Supply Chain Management, S. 456.

402 Vgl. zu den verschiedenen Erfolgsfaktoren *Knolle* in: *Centre for Sustainability Management (Hrsg.)*, Implementierung von Sozialstandards in die Wertschöpfungskette von Bekleidungsunternehmen durch die Bildung von Kooperationen, S. 74. Abrufbar unter http://www2.leuphana.de/umanagement/csm/content/nama/downloads/download_publikationen/56-6downloadversion.pdf (zuletzt abgerufen am 12.01.2013).

403 Zu den Einzelheiten des Falles vgl. *Falk/Sterk*, The Case Mubende, S. 14 ff. Abrufbar unter: http://www.fian.org/resources/documents/others/the-case-mubende/pdf (zuletzt abgerufen am 12.01.2013).

Vorteil einer lokalen Geltendmachung ist vor allem der bessere Zugang zu Beweismitteln, aber auch die Möglichkeit, über die Durchführung von gerichtlichen Verfahren den sozialen und politischen Diskurs vor Ort anzuregen, sollte nicht unterschätzt werden.[404]

Zudem sind ausländische Gerichte, die Zivilrechtsprozesse in menschenrechtlichen Fragen führen, teilweise dem Vorwurf ausgesetzt, anmaßend zu sein und sich als „Weltrichter" aufzuspielen.[405] Ein Beispiel hierfür ist die Aussage des südafrikanischen Präsidenten Mbeki, der hinsichtlich einer Schadensersatzklage von Apartheidsopfern in den USA gegen in Südafrika tätige Unternehmen vertrat, dass es unannehmbar sei, *„daß Angelegenheiten, die für die Zukunft Südafrikas von entscheidender Bedeutung seien, von ausländischen Gerichten entschieden würden."*[406]

Dennoch sprechen gewichtige Gründe dafür, zusätzlich Wege für eine Haftbarmachung außerhalb des Landes des Schadenseintritts zu beschreiten.

## a. Hinderungsgründe für die Geltendmachung zivilrechtlicher Ansprüche am Schadensort

### aa. Unzulänglichkeiten im normativen Bereich

Viele Entwicklungsländer halten die Anwerbung und Aufrechterhaltung von Investitionen ausländischer Unternehmen für erforderlich, um ihre Wirtschaft zu entwickeln. Dieses Interesse an ausländischen Direktinvestitionen führt teilweise dazu, dass – trotz Ratifikation der maßgeblichen menschen- und arbeitsrechtlichen Abkommen – Umwelt- und Arbeitsschutzstandards in der nationalen Gesetzgebung nur unzureichend verankert sind.[407]

Insbesondere instabilen und/oder korrupten Regierungen fehlt es häufig am politischen Willen, gesetzliche Grundlagen für die Haftbarmachung von Unternehmen

404 *Kaleck/Saage-Maaß*, Journal of International Criminal Justice 2010, S. 699, 714 f.

405 Vgl. zu einer Aufstellung der Argumente der Gegner einer Verfolgung vor ausländischen Gerichten, *Halfmeier*, RabelsZ 2004, S. 653, 655.

406 Ebenda, S. 655, mit Verweis auf *Bittorf*, Beim Geld hört die Versöhnung auf: Süddeutsche Zeitung vom 23. April 2003, S. 9.

407 *Kaleck/Saage-Maaß*, in: *Böll-Stiftung (Hrsg.)*, Transnationale Unternehmen vor Gericht – Über die Gefährdung der Menschenrechte durch europäische Firmen in Lateinamerika, S. 16. Abrufbar unter http://www.boell.de/downloads/TransnationaleUvG-i.pdf (zuletzt abgerufen am 12.01.2013).

aufzustellen. Es wird befürchtet, dass eine höhere Regelungsdichte transnationale Unternehmen dazu veranlassen könnte, ihre Investitionen zurückzuziehen.[408]

Teilweise liegt die fehlende rechtliche Verankerung von menschenrechtlichen Mindeststandards auch im politischen System begründet. Ein Beispiel hierfür ist China: Der Schutz kollektiver Arbeitsrechte wird hier durch die politische Führung abgelehnt. Dies zeigt sich bereits an der fehlenden Ratifizierung der diesen Themenbereich betreffenden Menschenrechtsverträge. Es wird insbesondere aber auch an den jüngsten Reformen im Arbeitsrecht – welche die Kollektivrechte fast vollständig aussparen – deutlich.[409]

### bb. Unzulänglichkeiten in Bezug auf die Durchsetzung von Schutz- und Haftungsnormen

Selbst wenn die erforderlichen rechtlichen Vorgaben existieren, werden den investierenden Unternehmen als Gegenleistung für den Kapital-, Technologie- und Knowhow-Transfer nicht selten rechtliche Freiräume eröffnet – bis hin zur Freistellung von menschenrechtsrelevanten Teilen der nationalen Gesetzgebung.[410]

Es fehlt sowohl an einer effektiven und zeitnahen Kontrolle der Unternehmen als auch an umfassenden Untersuchungen angezeigter Delikte.[411] Teilweise wirken die Staaten sogar kollusiv mit den Unternehmen zusammen und sind selbst in die repressiven Praktiken involviert.[412]

Darüber entbehren Entwicklungsländer aber auch vielfach die nötigen Ressourcen, um gleichberechtigte Verhandlungen mit den Unternehmen zu führen, diese zu überwachen und menschenrechtsrelevante Vorfälle zu untersuchen.[413] So existiert mitunter kein funktionierendes Rechtsschutzsystem, das ausreichende Kapazitäten sowie die technische und rechtliche Expertise bereithält, um umfangreiche

---

408 *Joseph*, Corporations and Transnational Human Rights Litigation, S. 4 f.

409 Vgl. im Einzelnen hierzu Teil IV.2.b.

410 *Schmalenbach*, AVR 2001, S. 57, 60.

411 *Saage-Maaß/Müller-Hoff* in: *ECCHR u. a. (Hrsg.)*, Transnationale Unternehmen in Lateinamerika: Gefahr für die Menschenrechte? S. 22. Abrufbar unter http://www.ecchr.de/index.php/ecchr-publikationen/articles/transnationale-unternehmen-in-lateinamerika-gefahr-fuer-die-menschenrechte.html (zuletzt abgerufen am 12.01.2013).

412 Vgl. zu dieser Problematik ausführlich *Tófalo*, Global Law Working Paper 01/05. Abrufbar unter http://www.law.nyu.edu/global/workingpapers/2005/ECM_DLV_015787 (zuletzt abgerufen am 12.01.2013).

413 *Johns*, Melbourne University Law Review 1994, S. 893, 910.

Aufklärungsmaßnahmen durchzuführen,[414] unter Umständen eine Vielzahl von Dokumenten zu sichten und die häufig komplexen Gesellschaftsstrukturen zu entschlüsseln.

### cc. Fehlendes Menschenrechtsbewusstsein und Hemmnisse beim Zugang zu den Gerichten

In der Praxis hemmend wirkt, dass an Orten, an denen durch den Staat selbst kein funktionierendes Schutz- und Entschädigungssystem bereitgehalten wird, zum Teil auch das Bewusstsein der Betroffenen für eine individuelle Interessenwahrnehmung nur unzureichend ausgeprägt ist. Gemeint ist hiermit nicht nur die Unkenntnis über die im Einzelnen existierenden Rechte und Rechtsschutzmöglichkeiten, sondern bereits die fehlende Erkenntnis, überhaupt gegen erlittenes Unrecht machtüberlegener Strukturen vorgehen zu können.

Die generelle Angst, (einem unter Umständen oppressiven Staat zuzurechnende) juristische Institutionen in Anspruch zu nehmen, gepaart mit der Überzeugung, dass Gerechtigkeit dort ohnehin nicht erzielt werden kann, hält viele Menschen davon ab, Kompensation für erlittenes Unrecht zu suchen.[415]

Das Menschenrechtsbewusstsein als *"genuine component of human rights"* ist aber eine unabdingbare Voraussetzung dafür, dass Menschenrechte eingehalten werden: *"What good does it do to have human rights if we don't know them, and what good does it do in turn to know them if we don't understand them!? And finally, what good is it to understand human rights education if no one is prepared to respect them and step up to support them?"*[416]

Unter dem Stichwort "Empowerment" wird allgemein der Prozess einer Verbesserung der Fähigkeit benachteiligter oder machtloser Individuen, sich gegen bestehende Machtverhältnisse zu wehren und diese zu ändern, beschrieben.[417] Grundvoraussetzung hierfür ist die Bewusstwerdung der eigenen Wertigkeit sowie der eigenen Stärke.[418]

414 *Ward*, Hastings International and Comparative Law Review 2001, S. 451, 463.

415 Vgl. *Rukare*, The Access to Justice Challenge in Uganda, in: *Banik (Hrsg.)*, Rights and Legal Empowerment in Eradicating Poverty, S. 119 f.

416 *Fritsche*, What Human Rights Education is all about – 15 Theses in: *Georgi/Seberich (Hrsg.)*, International Perspectives in Human Rights Education, S. 162.

417 Vgl. beispielsweise die Definition bei *Agarwal*, A Field of One's Own, S. 39.

418 Vgl. *Banik*, Rights, Legal Empowerment and Poverty: An Overview of the Issues in: *ders*, Rights and Legal Empowerment in Eradicating Poverty, S. 12.

Gerade Gerichtsverfahren werden als eine Chance des Empowerments angesehen, da sie *„Impulse für politische und soziale Auseinandersetzungen geben und Aufarbeitungsprozesse in Gang setzen“*[419] können. Um diese Funktion ausfüllen zu können, ist jedoch wichtig, dass die Gerichtsverfahren auch aktiv von lokalen zivilgesellschaftlichen Gruppen und Akteuren begleitet werden.[420]

Ein weiteres Hindernis auf tatsächlicher Ebene ist, dass die Betroffenen ihre konkreten Rechte sowie die Möglichkeiten und Bedingungen des Zugangs zu Rechtsmitteln nicht kennen.[421]

Vielfach können Opfer unternehmensverursachter Menschenrechtsbeeinträchtigungen auch die Kosten der Prozessführung, etwa für Rechtsbeistand, Transport, Beweissicherung und -erhebung nicht aufbringen.[422] In vielen Entwicklungsländern besteht ein *“adversarial system of justice”*, welches der ärmeren Bevölkerung einen Zugang zu qualifiziertem juristischen Beistand verschließt.[423]

---

419 *Saage-Maaß*, ZfMR 2/2009 S. 102, 118. Generell wird Menschenrechtsbildung dann als erfolgreich angesehen, *„wenn (1.) kognitiv ein Wissen über die Genese, Normen und Standards der Menschenrechte, ihre rechtlichen Grundlagen sowie Instrumentarien erworben werden kann, wenn (2.) aufgrund von persönlicher oder passiver Unrechtserfahrung ein Gefühl der Empörung über Menschenrechtsverletzungen und Unrecht ausgelöst wird und wenn (3.) dies zu einem aktiven Handeln führt, das den Einsatz für die Menschenrechte nach sich zieht.“*, vgl. *Mihr*, Der Bürger im Staat 2005, S. 51, 55. Abrufbar unter http://www.buergerimstaat.de/1_2_05/Menschenrechte.pdf (zuletzt abgerufen am 12.01.2013).

420 *Saage-Maaß*, Deutsches Zivilrecht – Mittel gegen Menschenrechtsverletzungen im Ausland?, in: *Amnesty Internationa /u. a. (Hrsg.)*, Dokumentation des Fachgesprächs Wirtschaft und Menschenrechte in einer globalisierten Welt, S. 28. Abrufbar unter: http://www.cora-netz.de/wp-content/uploads/fachgesprach-dokumentation.pdf (zuletzt abgerufen am 12.01.2013).

421 *Ruggie*, Corporations and human rights: a survey of the scope and patterns of alleged corporate-related human rights abuse, vom 23. Mai 2008, A/HRC/8/5/Add.2, S. 24. Abrufbar unter: http://www.ohchr.org/EN/Issues/TransnationalCorporations/Pages/Reports.aspx (zuletzt abgerufen am 12.01.2013).

422 *Saage-Maaß/Müller-Hoff* in: *ECCHR u. a. (Hrsg.)*, Transnationale Unternehmen in Lateinamerika: Gefahr für die Menschenrechte? S. 22. Abrufbar unter: http://www.ecchr.de/index.php/ecchr-publikationen/articles/transnationale-unternehmen-in-lateinamerika-gefahr-fuer-die-menschenrechte.html (zuletzt abgerufen am 12.01.2013).

423 Vgl. *Banik*, Rights, Legal Empowerment and Poverty: An Overview of the Issues in: *ders*, Rights and Legal Empowerment in Eradicating Poverty, S. 22.

## b. Vorteile einer gerichtlichen Auseinandersetzung am „Heimatort“ des Unternehmens

In vielen Fällen wird sich in dem betroffenen Entwicklungs- und Schwellenland schon keine gerichtliche Zuständigkeit für ein Handelsunternehmen, das lediglich in Zulieferbeziehungen zu demjenigen Unternehmen steht, welches unmittelbar menschenrechtsbeeinträchtigend agiert, begründen lassen. Dagegen ist die Zuständigkeit am Beklagtenwohnsitz stets unproblematisch gegeben.[424]

Aber auch bei Konstruktion einer Zuständigkeit am Schadensort sind die zu erwartenden Probleme bei der Vollstreckung der in Entwicklungs- und Schwellenländern ergangenen Urteile[425] ein wichtiger Grund dafür, Unternehmen vor dem Gericht ihres Heimatstaates haftbar zu machen. Die Annerkennungs- und Vollstreckungsbehörden von Industrieländern gelten bei der Vollstreckung von Entscheidungen aus Entwicklungs- und Schwellenländern allgemein eher als restriktiv.[426] In Deutschland bedarf die Vollstreckung gemäß §§ 722, 723 ZPO in Verbindung mit § 328 ZPO in der Regel eines Vollstreckungsurteils, das nicht erlassen wird, wenn ein Anerkennungshindernis besteht. Hierzu zählen insbesondere die nicht verwirklichte internationale Zuständigkeit des Gerichts, die Versagung rechtlichen Gehörs sowie ein ordre-public-Verstoß. Abgelehnt wurde die Vollstreckung durch deutsche Gerichte in menschenrechtsrelevanten Fällen beispielsweise bei Urteilen US-amerikanischer Gerichte, die auf dem Alien Tort Claims Act beruhten, da den Gerichten die internationale Zuständigkeit abgesprochen wurde.[427]

Überdies kann in vielen Industrieländern – darunter Deutschland – auch durch ausländische Kläger mit Wohnsitz im Ausland bei Vorliegen der Voraussetzungen

---

424 Vgl. Hierzu ausführlich Teil VI.1.

425 Vgl. zu diesen Schwierigkeiten *Joseph*, Corporations and Transnational Human Rights Litigation, S. 4 f.

426 Vgl. *Glinski*, Haftung multinationaler Unternehmen beim Transfer von Produktionsrisiken, TranState Working Papers No. 4, S. 12. Abrufbar unter: http://www.econstor.eu/bitstream/10419/28254/1/497809389.PDF (zuletzt abgerufen am 12.01.2013). So wurde beispielsweise ein gegen Shell vor einem nicaraguanischen Gericht ergangenes Urteil durch ein kalifornisches Gericht als nicht durchsetzbar erklärt, vgl. New York Times vom 25. Oktober 2003: “Nicaragua: Pesticide Claims Dismissed”. Abrufbar unter: http://www.nytimes.com/2003/10/25/business/world-business-briefing-americas-nicaragua-pesticide-claims-dismissed.html (zuletzt abgerufen am 13.01.2013).

427 Vgl. *Rödl/Massoud*, Business, HR & Environment Study ENTR/09/45, Country Report Germany, S. 30. Abrufbar unter http://www.law.ed.ac.uk/euenterpriseslf/documents/eumemberstatequestionnaire.aspx (zuletzt abgerufen am 12.01.2013).

Prozesskostenhilfe in Anspruch genommen werden,[428] was für die meist mittellosen Geschädigten ein entscheidender Vorteil ist. Möglich ist in Deutschland seit dem Jahr 2008 zudem die Vereinbarung von Erfolgshonoraren, *„wenn der Auftraggeber aufgrund seiner wirtschaftlichen Verhältnisse bei verständiger Betrachtung ohne die Vereinbarung eines Erfolgshonorars von der Rechtsverfolgung abgehalten würde."*[429] Hierdurch kann das Risiko einer finanziellen Belastung im Falle des Unterliegens zusätzlich minimiert werden.

Schließlich hat die gerichtliche Geltendmachung am Heimatort den Vorteil, dass sich die Unternehmen *„im eigenen sozialen und politischen Umfeld"*[430] verantworten müssen. So sind die außerrechtlichen Auswirkungen, welche die bloße Durchführung eines Zivilrechtsprozesses haben kann, nicht zu verkennen.[431] Wie bereits angesprochen, kann der Ruf eines Unternehmens nachhaltig darunter leiden, wenn dieses mit Menschenrechtsbeeinträchtigungen in Verbindung gebracht wird. Gerade ein Prozess am Absatzort der Waren des Unternehmens dürfte – zum Beispiel über die erfolgende Presseberichterstattung – geeignet sein, "consumer awareness" hervorzurufen. Ein Beispiel aus Deutschland ist das von der Verbraucherzentrale Hamburg im April 2010 gegen den deutschen Discounter Lidl wegen Verstoßes gegen das Gesetz über den unlauteren Wettbewerb (UWG) geführte Klageverfahren, dessen Gegenstand unmenschliche Arbeitsbedingungen

---

428 In Deutschland wurde durch das am 1. Januar 1981 in Kraft getretene Gesetz über die PKH klargestellt, dass Ausländer und Staatenlose ebenfalls PKH beantragen können, wobei es nicht darauf ankommt, ob die Partei einen inländischen Wohnsitz hat, vgl. *MünchKommZPO/Motzer*, § 114 Rz. 54 f.

429 § 4a Abs. 1 S. 1 Rechtsanwaltsvergütungsgesetz. Zu beachten ist jedoch, dass eine solche Vereinbarung selbstverständlich keine Auswirkungen auf die gegebenenfalls anfallenden Gerichtskosten, Verwaltungskosten und die zu erstattenden Kosten anderer Beteiligter hat, vgl. § 49b Abs. 2 S. 2 Bundesrechtsanwaltsordnung, wonach Vereinbarungen durch die der Rechtsanwalt sich verpflichtet, diese Kosten zu tragen, unzulässig sind.

430 *Saage-Maaß/Müller-Hoff* in: *ECCHR u. a. (Hrsg.)*, Transnationale Unternehmen in Lateinamerika: Gefahr für die Menschenrechte? S. 34. Abrufbar unter http://www.ecchr.de/index.php/ecchr-publikationen/articles/transnationale-unternehmen-in-lateinamerika-gefahr-fuer-die-menschenrechte.html (zuletzt abgerufen am 12.01.2013).

431 Entscheidend bleibt insoweit jedoch, dass tatsächlich ein fundiertes Klagebegehren verfolgt wird, um sich nicht in Hinblick auf eine etwaige missbräuchliche Prozessführung angreifbar zu machen. Vgl. zu diesem Themenkreis *Bellinghausen/Paheentharajah*, ZIP 2008, S. 492, 493 ff., welche die Möglichkeiten von Schadensersatzklagen gegen US-Klägeranwälte bei missbräuchlichen US-Sammelklagen gegen deutsche Unternehmen prüfen.

bei Zulieferern in Bangladesh waren.[432] Hier war das Presseecho beachtlich[433] und führte unmittelbar dazu, dass Lidl eine Unterlassungserklärung abgab.

Durch eine Klage wird dem Verbraucher vor Ort deutlich gemacht, *„dass es sich bei den eingeklagten Sachverhalten nicht allein um politische und soziale Skandale handelt, die moralische Kritik hervorrufen sollten, sondern um Verstöße gegen konkrete Rechtsnormen [bei denen ein Unternehmen] die Grenze zwischen verhandelbarem sozialen Engagement und rechtlicher Verpflichtung überschritten hat.“*[434] Unter Umständen könnte die Erhebung der Klage sogar soweit führen, dass sich die politischen Akteure ob des öffentlichen Drucks zu einem Einschreiten berufen fühlen.

Richtet sich die Klage gegen ein einheimisches Unternehmen, wegen seiner Handlungen an oder seiner Beziehungen zu einem ausländischen Standort, und lässt sich die Zuständigkeit schon nach allgemeinen Regeln des Zivilverfahrensrechts begründen, ist indes auch die Problematik der Anmaßung oder „imperialistischer Tendenzen“ nur als gering einzustufen. Denn hier geht es keinesfalls darum, einen fremden Sachverhalt zu usurpieren, sondern es wird vielmehr ein eigener Sachverhalt mit Auswirkungen im Ausland behandelt. Darüber hinaus entfalten ein im Inland stattfindender Zivilprozess und ein daraus resultierendes Urteil ohnehin keine unmittelbaren Wirkungen und können schon deshalb nicht als Einmischung in fremde Angelegenheiten angesehen werden.[435]

---

432 Vgl. hierzu im Einzelnen Teil V.4.c.

433 Vgl. zum Beispiel den Artikel bei Spiegel Online „Juristen reichen Hungerlohn-Klage gegen Lidl ein“ vom 8. April 2010. Abrufbar unter: http://www.spiegel.de/wirtschaft/unternehmen/0,1518,687643,00.html (zuletzt abgerufen am 12.01.2013), sowie den am gleichen Datum bei Stern Online erschienen Beitrag „Discounter täuscht Verbraucher: Menschenrechtler verklagen Lidl“ abrufbar unter http://www.stern.de/wirtschaft/news/discounter-taeuscht-verbraucher-menschenrechtler-verklagen-lidl-1556980.html (zuletzt abgerufen am 12.01.2013).

434 *Saage-Maaß*, Deutsches Zivilrecht – Mittel gegen Menschenrechtsverletzungen im Ausland?, in: *Amnesty Internationl/u. a. (Hrsg.)*, Dokumentation des Fachgesprächs Wirtschaft und Menschenrechte in einer globalisierten Welt, S. 28. Abrufbar unter: http://www.cora-netz.de/wp-content/uploads/fachgesprach-dokumentation.pdf (zuletzt abgerufen am 12.01.2013).

435 Vgl. *Halfmeier*, RabelsZ 2004, S. 653, 659.

# V. Zivilrechtliche Haftung für Menschenrechtsbeeinträchtigungen durch Zulieferer nach deutschem Recht

Dem deutschen Zivilrecht ist der Begriff der „Menschenrechte“ zwar fremd, dies heißt jedoch selbstverständlich nicht, dass das deutsche Zivilrecht keine Anspruchsgrundlagen im Falle von Menschenrechtsbeeinträchtigungen bereithält. Beispielsweise wurden im Rahmen der NS-Zwangsarbeiterprozesse regelmäßig zivilrechtliche Haftungsansprüche gegen Unternehmen geprüft,[436] obwohl es hier unzweifelhaft inhaltlich um Menschenrechtsbeeinträchtigungen ging.

Es bestehen unterschiedliche Ansatzpunkte, um die Möglichkeiten der zivilrechtlichen Haftbarmachung deutscher Unternehmen für Menschenrechtsbeeinträchtigungen ihrer Zulieferer zu untersuchen.

Grundlegend für die Prüfung ist, wie Menschenrechte generell durch das deutsche Zivilrecht rezipiert werden, insbesondere, ob ihnen eine mittelbare oder sogar eine unmittelbare Drittwirkung zukommt (dazu Teil V.1).

Weiterhin ist der Maßstab festzulegen, ab dem überhaupt eine zivilrechtliche Prüfung einsetzen soll, es ist also festzustellen, wann nach den einschlägigen völkerrechtlichen Verträgen jeweils eine Menschenrechtsbeeinträchtigung vorliegt (dazu Teil V.2).

Erst nach Klärung dieser Fragen wird eine konkrete Auseinandersetzung anhand der materiellen Normen des deutschen Zivilrechts erfolgen (dazu Teil V.3).

---

436 So etwa im Urteil des LG Frankfurt im Fall Wollheim gegen I.G. Farben vom 10. Juni 1953 – 2/3/0406/51, vgl. *Ferencz*, Lohn des Grauens, S. 63, sowie im Urteil des LG Braunschweig im Fall Diamant gegen Büssing vom 20. Juni 1965 – 13 C 566/64, vgl. *Ferencz*, Lohn des Grauens, S. 215 f. Von dieser Praxis wurde auch in späteren Verfahren nicht abgewichen, vgl. etwa Urteil des OLG Stuttgart vom 20. Juni 2000 – 12 U 37/00, NJW 2000, S. 2680 ff. Dies ist bei den NS-Zwangsarbeiterfällen umso beachtlicher als das Bürgerliche Recht *„nicht für die Abwicklung der Folgen eines Unrechtsstaates konzipiert [ist]. Bürgerliches Recht regelt [vielmehr] die Beziehungen zwischen Menschen, die sich in ihren Handlungen* innerhalb *der bürgerlichen Gesellschaft bewegen; und zwar auch dann wenn sie diese Normen brechen.“* Vgl. *Schröder*, JURA 1994 S. 118, 128.

# 1. Wirkungsweise der Menschenrechte im deutschen Zivilrecht

Wie bereits im Rahmen der konzeptionellen Darstellung zum Zusammenwirken von Menschenrechten und Zivilrecht skizziert (siehe Teil II.2.d), können Menschenrechte sowohl unmittelbar als auch mittelbar in Privatrechtsbeziehungen wirken.

Es kommt also einerseits in Betracht, aus den als maßgeblich identifizierten Menschenrechtsverträgen zivilrechtliche Anspruchsgrundlagen nach deutschem Recht abzuleiten, das heißt zu untersuchen, inwieweit ihnen eine unmittelbare Drittwirkung zukommt (dazu Teil V.1.b).

Die andere Option ist, deutsche zivilrechtliche Normen im Lichte der Menschenrechtsverträge auszulegen und zu prüfen, ob danach Ansprüche gegen deutsche Unternehmen bestehen können (mittelbare Drittwirkung", dazu Teil V.1.c).

## a. Vorfragen

### aa. Geltung und unmittelbare Anwendbarkeit der Menschenrechtsverträge in Deutschland

Vorab muss festgestellt werden, ob die relevanten Menschenrechtsnormen überhaupt in der deutschen Rechtsordnung gelten und ob sie unmittelbar anwendbar sind.

#### *(1) Die Geltung der UN-Kernpakte sowie der Kernarbeitsnormen der ILO in der Bundesrepublik Deutschland*

In Deutschland wird „allgemeines Völkerrecht" über Art. 25 Grundgesetz (GG) in staatliches Recht inkorporiert. Nach dieser Vorschrift sind *„die allgemeinen Regeln des Völkerrechtes [...] Bestandteil des Bundesrechtes. Sie gehen den Gesetzen vor und erzeugen Rechte und Pflichten unmittelbar für die Bewohner des Bundesgebietes."* Es bedarf damit keines Umsetzungsaktes, um dem allgemeinen Völkerrecht in Deutschland Geltung zu verschaffen. Eine Qualifikation der Normen der UN-Kernpakte sowie der ILO-Kernarbeitsnormen als „allgemeines Völkerrecht" im Sinne von Art. 25 GG würde (unabhängig davon, dass sie an strenge Voraussetzungen gebunden ist,[437] welche im Ergebnis nicht erfüllt sein dürften) im Rahmen dieser Arbeit allerdings ohnehin nicht weiterführen, da das allgemeine

437 Vgl. hierzu zum Beispiel *Maunz/Dürig/Herdegen*, Art. 25 Rz. 19 ff.

Völkerrecht für Ausländer im Ausland keine unmittelbaren Rechte und Pflichten erzeugen kann.[438]

Zum Wirksamwerden *„völkerrechtlicher Verträge"* besteht in Deutschland keine explizite Regelung. Seinem Wortlaut nach regelt Art. 59 Abs. 2 S. 1 GG nur die Mitwirkung des Gesetzgebers bei Verträgen.[439] In dem Zustimmungsgesetz nach Art. 59 Abs. 2 S. 1 GG ist jedoch zugleich der Akt zu sehen, der notwendig ist, um einen völkerrechtlichen Vertrag innerstaatlich in Geltung zu setzen.[440] Da die Vertragsgesetze den Rang von einfachen Bundesgesetzen einnehmen, müssen auch die Verträge auf dieser Rangstufe angewendet werden.[441]

Deutschland hat den UN-Zivilpakt am 15. November 1973 mit dem „Gesetz zu dem Internationalen Pakt vom 19. Dezember 1966 über bürgerliche Rechte"[442] sowie am 23. November 1973 den UN-Sozialpakt mit dem „Gesetz zu dem Internationalen Pakt vom 19. Dezember 1966 über wirtschaftliche, soziale und kulturelle Rechte"[443] angenommen. Sie gelten damit mit Wirkung eines einfachen

---

438 Vgl. Urteil des BVerfG vom 2. November 2006 – III ZR 190/05, RIW 2007, S. 137, 139.

439 Art. 59 Abs. 2 S. 1 GG: *„Verträge, welche die politischen Beziehungen des Bundes regeln oder sich auf Gegenstände der Bundesgesetzgebung beziehen, bedürfen der Zustimmung oder der Mitwirkung der jeweils für die Bundesgesetzgebung zuständigen Körperschaften in der Form eines Bundesgesetzes."*

440 Inwieweit dieser Akt als transformatorisch oder als Vollzugsakt einzustufen ist, ist nicht abschließend geklärt. Seit den 70er-Jahren scheint das BVerfG mehr zur Vollzugstheorie zu tendieren. So wird beispielsweise im Beschluss des BVerfG vom 13.12.1977, 2 BvM 1/76, BVerfGE 46, 346 vom *„generellen Rechtsanwendungsbefehl"* gesprochen. Gleichwohl kann keine vollständige Abkehr von der Transformationstheorie konstatiert werden; vgl. zum Beispiel den „Görgülü-Beschluss" vom 14. Oktober 2004 – 2 BvR 1481/04, BVerfGE 111, 307, 316 f.), in dem das Gericht davon spricht, dass der Bundesgesetzgeber die Konvention *„in das deutsche Recht transformiert und einen entsprechenden Rechtsanwendungsbefehl erteilt"* hat.

441 Wohl herrschende Ansicht, vgl. etwa BVerwGE 47, 365, 378; *Schmidt-Bleibtreu/Hofmann/Hopfauf/Butzer/Haas*, Art. 59 Rz. 116; im Ergebnis übereinstimmend, jedoch mit abweichender Begründung *Maunz/Dürig/Nettesheim,* Art. 59 Rz. 184.

442 Zustimmungsgesetz in: BGBl. 1973 II S. 1533, allerdings konnte der Pakt erst mit seinem völkerrechtlichen Inkrafttreten auch für die Bundesrepublik Deutschland in Kraft treten (vgl. Urteil vom 10. Mai 1957 – 1 BvR 550/52, BVerfGE 6, 389, 440); dies ist am 23. März 1976 geschehen (vgl. „Bekanntmachung über das Inkrafttreten des Pakts über bürgerliche und politische Rechte" vom 14. Juni 1976 in: BGBl. 1976 II, S. 1068).

443 Zustimmungsgesetz in: BGBl. 1973 II, S. 1569, Inkrafttreten am 3. März 1976 (vgl. die „Bekanntmachung über das Inkrafttreten des Internationalen Pakts über

Bundesgesetzes.[444] Entsprechendes gilt für die sonstigen für die Zwecke dieser Arbeit relevanten UN-Kernpakte, die UN-Rassendiskriminierungskonvention,[445] die UN-Kinderrechtekonvention,[446] die UN-Anti-Folter-Konvention[447] sowie die UN-Frauenrechtekonvention.[448] Auch sämtliche Kernarbeitsnormen der ILO haben durch entsprechende Zustimmungsgesetze[449] in der Bundesrepublik Deutschland

wirtschaftliche, soziale und kulturelle Menschenrechte“ vom 9. März 1976, in: BGBl. 1976 II, S. 428).

444 Herrschende Ansicht, vgl. bereits im Jahr 1975 *Bleckmann*, GG und Völkerrecht, S. 390.

445 Zustimmungsgesetz in BGBl. 1969 II S. 961, Inkrafttreten am 15. Juni 1969 (vgl. die „Bekanntmachung über das Inkrafttreten“ vom 16. Oktober 1969, in BGBl. 1969 II S. 2211).

446 Zustimmungsgesetz in BGBl. 1992 II, S. 121, Inkrafttreten am 5. April 1992 (vgl. die „Bekanntmachung über das Inkrafttreten vom 10. Juli 1992, in: BGBl. 1992 II, S. 990).

447 Zustimmungsgesetz sowie „Bekanntmachung über das Inkrafttreten“ am 31. Oktober 1990, in: BGBl 1990 II, S. 246.

448 Zustimmungsgesetz, in: BGBl. 1985 II, S. 647, Inkrafttreten am 9. August 1985 (vgl. die „Bekanntmachung über das Inkrafttreten vom 13. November 1985, in: BGBl. 1985 II, S. 1234).

449 Vgl. Zustimmungsgesetz zu Übereinkommen Nr. 87 über die Vereinigungsfreiheit und den Schutz des Vereinigungsrechts vom 20. Dezember 1956 (BGBl. 1956 II, S. 2072), in Kraft getreten am 20. März 1958 (BGBl. 1958 II, S. 113); Zustimmungsgesetz zu Übereinkommen Nr. 98 über die Anwendung der Grundsätze des Vereinigungsrechtes und des Rechtes zu Kollektivverhandlungen vom 23. Dezember 1955 (BGBl. 1955 II, S. 1122), in Kraft getreten am 8. Juni 1957 (BGBl. 1957 II, S. 1231); Zustimmungsgesetz zu Übereinkommen Nr. 29 über Zwangs- oder Pflichtarbeit vom 1. Juni 1956 (BGBl. 1956 II, S. 640), in Kraft getreten am 13. Juni 1957 (BGBl. 1957 II, S. 1694); Zustimmungsgesetz zu Übereinkommen Nr. 105 über die Abschaffung der Zwangsarbeit vom 20. April 1959 (BGBl. 1959 II, S. 441), in Kraft getreten am 22. Juni 1960 (BGBl. 1960 II, S. 2297); Zustimmungsgesetz zu Übereinkommen Nr. 100 über die Gleichheit des Entgelts männlicher und weiblicher Arbeitskräfte für gleichwertige Arbeit vom 6. Februar 1956 (BGBl. 1956 II, S. 23), in Kraft getreten am 8. Juni 1957 (BGBl. 1957 II, S. 1232); Zustimmungsgesetz zu Übereinkommen Nr. 111 über die Diskriminierung in Beschäftigung und Beruf vom 8. März 1961 (BGBl. 1961 II, S. 97), in Kraft getreten am 15. Juni 1962 (BGBl. 1962, S. 819); Zustimmungsgesetz zu Übereinkommen Nr. 138 über das Mindestalter für die Zulassung zur Beschäftigung vom 28. Januar 1976 (BGBl. 1976 II, S. 201), in Kraft getreten am 8. April 1977 (BGBl. 1976 II, S. 1739); Zustimmungsgesetz zu Übereinkommen Nr. 182 über das Verbot und unverzügliche Maßnahmen zur Beseitigung der schlimmsten Formen der Kinderarbeit vom 11. Dezember 2001 (BGBl. 2001 II, S. 1290), in Kraft getreten am 18. April 2003 (BGBl. 2002 II, S. 2352).

Geltung erlangt, sodass diese gleichsam im Rang eines Bundesgesetzes in Deutschland wirksam sind.[450]

### *(2) Die unmittelbare Anwendbarkeit der UN-Kernpakte und der ILO-Kernarbeitsnormen in der Bundesrepublik Deutschland*

Ein völkerrechtlicher Vertrag ist in Deutschland innerstaatlich unmittelbar zur Anwendbarkeit geeignet, wenn er die *„nach dem Grundgesetz für ein Gesetz je nach Normadressat und Regelungsbereich erforderliche inhaltliche Bestimmtheit besitzt."*[451] *„Die Transformation eines völkerrechtlichen Vertrages durch ein Zustimmungsgesetz* [führt daher] *zur unmittelbaren Anwendung einer Vertragsnorm, wenn diese nach Wortlaut, Zweck und Inhalt geeignet und hinreichend bestimmt ist, wie eine innerstaatliche Vorschrift rechtliche Wirkung zu entfalten, also dafür keiner weiteren normativen Ausfüllung bedarf."*[452] Die Norm muss damit – etwa durch Verwaltungsbehörden und Gerichte – zur Ableitung von konkreten Rechtsfolgen für den Einzelfall geeignet sein.[453]

Eine unmittelbar anwendbare Vertragsnorm kann dabei sowohl objektives Recht enthalten (zum Beispiel in Form einer Schranke für hoheitliches Handeln) als auch subjektive Rechte und Pflichten des Einzelnen begründen, ändern oder aufheben. Inwieweit Letzteres verwirklicht ist, muss durch Auslegung ermittelt werden.[454] Dabei kann grundsätzlich auch dann ein subjektives Recht in Betracht kommen, wenn der Vertragstext selbst nur von einer reinen Staatenverpflichtung spricht. Dies soll etwa der Fall sein, wenn sich der Vertragszweck nur erreichen lässt, wenn die Betroffenen den Schutz unmittelbar geltend machen können.[455] Zu beachten ist jedoch, dass der Grundsatz pacta sunt servanda allein dem Einzelnen

---

450 Vgl. zum Beispiel Urteil des BAG vom 13. Oktober 1988, 6 AZR 144/85, NZA 1989, S. 716, 719 zu Übereinkommen Nr. 111.

451 Ständige Rechtsprechung, hier beispielsweise *Urteil* des BVerwG vom 16.10.1990 – 1 C 15/88, NVwZ 1991, S. 787 ff. Dass die Vertragspartner die unmittelbare Anwendbarkeit auch gewollt haben (subjektives Element), wird durch die deutsche Rechtsprechung überwiegend nicht verlangt; vgl. v. *Münch/Rojahn*, Art. 59, Rz. 40; anders noch *Simma/Khan/Zöckler/Geiger*, The Role of German Courts in the Enforcement of International Human Rights, in: *Conforti/Francioni (Hrsg.)*, Enforcing International Human Rights in Domestic Courts, S. 85.

452 Urteil des BVerwG vom 28. Mai 1991 – 1 C 20/89, NVwZ 1992, S. 177, 179.

453 *Zuleeg*, JA 1983, S. 1, 6.

454 Vgl. Münch/*Rojahn*, Art. 59 Rz. 41.

455 Vgl. hierzu das Urteil des BVerwG vom 14. März 1985 – 5 C 145/83, BVerwGE 71, S. 139, 142.

nicht das Recht gewährt, von der Bundesrepublik Deutschland die Einhaltung ihrer völkerrechtlichen Verpflichtungen zu fordern.[456]

Die Feststellung der unmittelbaren Anwendbarkeit der einzelnen Menschenrechte gestaltet sich aufgrund ihrer nur geringen Berücksichtigung in der Rechtsprechungspraxis zum Teil schwierig. So werden Menschenrechtsverträge selten in den Urteilsgründen erwähnt und dann meist nur durch ein einfaches Zitat beziehungsweise einen Verweis darauf, dass das entsprechende Ergebnis auch durch Anwendung der internationalen Normen herbeigeführt würde.[457]

(a) Die innerstaatliche Anwendbarkeit der UN-Kernpakte

Die innerstaatliche Anwendbarkeit der maßgeblichen Bestimmungen des UN-Zivilpakts ist in Deutschland allgemein anerkannt. Da dieser subjektive Rechte verleiht, können sich Einzelpersonen in Deutschland auf die Menschenrechte des UN-Zivilpakts berufen.[458]

Dagegen zweifelte die deutsche Rechtsprechung die unmittelbare Anwendbarkeit des UN-Sozialpakts lange Zeit an.[459] Erst im Jahr 1999 stützte sich erstmals ein Instanzgericht direkt auf den UN-Sozialpakt,[460] und jüngst hielt auch das BVerwG eine unmittelbare Anwendbarkeit für den UN-Sozialpakt nicht mehr für ausgeschlossen.[461]

---

456 *Sachs/Streinz,* Art. 25 Rz. 83, mit Verweis auf das Urteil des FG Hamburg vom 29. Oktober 1969 – IVa 353/66 H (IV), EFG 1970, S. 145, 146.

457 *Simma/Khan/Zöckler/Geiger*, The Role of German Courts in the Enforcement of International Human Rights, in: *Conforti/Francioni (Hrsg.)*, Enforcing International Human Rights in Domestic Courts, S. 73. Als möglichen Grund führen die Autoren den "far-reaching prime facie parallelism of some international rights and domestic constitutional and statutory rights" an. *"Why bother interpreting a seemingly more complicated international human rights norm when a similar constitutional right exists which grants at least the same – and most likely a higher- level and degree of protection?"*, vgl. S. 108.

458 Vgl. *Kirchhof*, EuGRZ 1994, S. 16, 28.

459 Vgl. zum Beispiel BVerwG NJW 1984, S. 2775, 2780. DieseAuffassung wurde von wichtigen Stimmen im Schrifttum geteilt, vgl. zum Beispiel *Bleckmann*, GG und Völkerrecht, S. 390.

460 Urteil des VG Frankfurt a. M. vom 9. November 1998 – 9 E 1570/98 (V), NVwZ-RR 1999, S. 325, 330: *„Folglich spricht viel dafür, daß die hier maßgebenden Vorschriften des IPwskR [Art. 6 und 7] auch subjektive Rechte einzelner, d. h. hier des Klägers begründen, die somit kraft eigener Rechtsmacht die Wahrung dieser Rechte – letztlich im Interesse der allgemeinen Vertragserfüllung – verlangen könnten."*

461 BVerwG, Urteil vom 29. April 2009 – 6 C 16/08, NVwZ 2009, S. 1562, 1567: *„ist es nicht ausgeschlossen, dass Bestimmungen des Paktes unmittelbare Anwendbarkeit*

Wie bereits unter Teil II.2.d.aa. dargelegt, gehen die General Comments selbst davon aus, dass zumindest die Art. 3, 7 (a) (i), 8, 10 Abs. 3, 13 Abs. 2 (a), Abs. 3 und 4 sowie 15 Abs. 3 unmittelbar „anwendungswillig“ sind. Darauf aufbauend und unter Berücksichtigung ihrer konkreten Ausgestaltung,[462] sollte den vorstehenden Normen des UN-Sozialpakts – mit Ausnahme des Art. 7 (a) (i), dessen Begriffsfassung „fair“ bislang nicht durch Auslegung kompetenter Organe die erforderliche Bestimmtheit erlangt hat[463] – in Deutschland innerstaatliche Anwendbarkeit zu attestieren sein.[464] Da sie darüber hinaus subjektive Rechte gewähren, kann sich damit der Einzelne in Prozessen in der Bundesrepublik Deutschland unmittelbar auf sie stützen.

Im Gegensatz hierzu ist die unmittelbare Anwendbarkeit der UN-Anti-Folterkonvention sowie des UN-Kinderrechteübereinkommens in Deutschland nach vorherrschender Ansicht schon deswegen ausgeschlossen, weil die Bundesregierung dies bei der Hinterlegung der Ratifikationsurkunde beziehungsweise in einer ergänzenden Erklärung zur Ratifikationsurkunde ausdrücklich erklärt hat.[465]

---

*zukommt, sofern sie nach Wortlaut, Zweck und Inhalt geeignet und hinreichend bestimmt sind, wie innerstaatliche Vorschriften rechtliche Wirkung zu entfalten, also dafür keiner weiteren normativen Ausführung bedürfen.“*

462 Vgl. *Schneider*, Die Justiziabilität wirtschaftlicher, sozialer und kultureller Menschenrechte, S. 42. Abrufbar unter: http://www.institut-fuer-menschenrechte.de/uploads/tx_commerce/studie_die_justiziabilitaet_wirtschaftlicher_sozialer_u_kultureller_menschenrechte.pdf (zuletzt abgerufen am 12.01.2013); sowie *Scherf*, Die Umsetzung des Internationalen Paktes über wirtschaftliche, soziale und kulturelle Rechte vom 19. Dezember 1966 in die Rechtsordnung der Bundesrepublik Deutschland, S. 32.

463 Vgl. *Craven*, The International Covenant on Economic, Social and Cultural Rights, S. 233.

464 Vgl. auch *Wimalasena*, KJ 2008, S. 2, 14. Insoweit in Ziff. 10 des Comment CESCR E/1991/23 vom 14. Dezember 1990 (abrufbar unter: http://www.unhcr.org/refworld/docid/4538838e10.html (zuletzt abgerufen am 12.01.2013)) darauf abgestellt wird, dass jede Vertragsbestimmung für jeden Staat unabhängig von seinem Entwicklungsstand sog. Kernverpflichtungen (minimum core obligations) beinhaltet, spricht gegen die unmittelbare Anwendbarkeit dieses Mindestgehalts, dass dessen Inhalt zu unbestimmt ist.

465 Vgl.So etwa *Geiger*, Grundgesetz und Völkerrecht, S. 159, zum Kinderübereinkommen. Kritisch zu dieser Auslegung äußert sich *Tomuschat* in: Ruland/von Maydell/Papier (Hrsg.), FS Zacher, S. 1143, 1160, der darlegt, dass es sich bei der Äußerung der Regierung zur unmittelbaren Anwendbarkeit lediglich um eine *„Prognose in Hinblick auf die Rechtsprechung der insoweit zuständigen Gerichte“* handele. Für die unmittelbare Anwendbarkeit der Konvention ebenfalls *Dorsch*, Die Konvention der Vereinten Nationen über die Rechte des Kindes, S. 311 ff.

So hat die Bundesrepublik für das UN-Kinderrechteübereinkommen bestimmt, *„daß das Übereinkommen innerstaatlich keine unmittelbare Anwendung findet. Es begründet völkerrechtliche Staatenverpflichtungen, die die Bundesrepublik Deutschland nach näherer Bestimmung ihres mit dem Übereinkommen übereinstimmenden innerstaatlichen Rechts erfüllt."*[466] Eine im Ergebnis inhaltsgleiche Formulierung findet sich zur UN-Anti-Folterkonvention.[467]

Auch wenn ein derartiger Vorbehalt für die UN-Frauenrechtekonvention sowie für die UN-Rassendiskriminierungskonvention nicht abgegeben wurde, besteht in Rechtsprechung und Literatur weitgehend Einigkeit, dass auch diese Übereinkommen in der Bundesrepublik Deutschland nicht unmittelbar anwendbar sind.[468] Beispielsweise schreibt das OVG Münster in seinem Beschluss vom 15. Juni 1989 zur Einordnung der UN-Frauenrechtekonvention: *„Diese Regelung umschreibt den Handlungsspielraum, der den Vertragsstaaten im Rahmen der mit dem Übereinkommen übernommenen Verpflichtung zustehen soll. Sie bezieht sich in diesem Sinne allein auf das Verhältnis zwischen den Vertragspartner; innerstaatliche Wirkungen entfaltet sie nicht."*[469]

Hinsichtlich der Rassendiskriminierungskonvention ist dieser ablehnenden Sichtweise zur unmittelbaren Anwendbarkeit zwar entgegenzusetzen, dass bei Zugrundelegung der Kriterien zur Bestimmung der unmittelbaren Anwendbarkeit

466 Vgl. die Bekanntmachung zum UN-Kinderübereinkommen vom 10. Juli 1992, BGBl. 1992 II, S. 990.

467 BGBl. 1993 II, S. 715: *„Nach Auffassung der Bundesrepublik Deutschland begründet Artikel 3 ebenso wie die anderen Bestimmungen des Übereinkommens ausschließlich Staatenverpflichtungen, die die Bundesrepublik Deutschland nach näheren Bestimmungen ihres mit dem Übereinkommen übereinstimmenden innerstaatlichen Rechts erfüllt."*

468 Vgl. zur Ablehnung der unmittelbaren Anwendbarkeit der UN-Frauenrechtekonvention insbesondere den Beschluss des OVG Münster vom 15. Juni 1989 – 6 B 1318/89, NJW 1989, S. 2560 f. und den Beschluss des OVG Hamburg vom 21. Dezember 2004 – 1 Bs 535/04, NVwZ-RR 2005, S. 258. Zur Rassendiskriminierungskonvention vgl. *Maunz/Dürig,* GG Kommentar, Art. 3, Abs. 3, Rz. 67 und – mit ausführlicherer Begründung – *Fries*, Die Bedeutung von Art. 5 (f) der Rassendiskriminierungskonvention im deutschen Recht, S. 193 ff; sowie *Kühner*, NJW 1986, S. 1397, 1399.

469 OVG Münster, Beschluss vom 15. Juni 1989 – 6 B 1318/89, NJW 1989, S. 2560 f. Entsprechende Wertungen traf etwa auch das OVG Hamburg in seinem Beschluss vom 21. Dezember 2004 – 1 Bs 535/04, NVwZ-RR 2005, S. 258. Vgl. dagegen das Urteil des VG Bremen vom 26. November 1987 – 3 A 392/86, NJW 1988, S. 3224, 3227, welches in dem UN-Frauenrechteübereinkommen eine ausreichende gesetzliche Grundlage für den Erlass einer Frauenförderungsrichtlinie sah.

von Normen zumindest einige Vertragsbestimmungen zur unmittelbaren Anwendbarkeit geeignet sein dürften. Im Ergebnis bleibt es aufgrund der eindeutigen Praxis sowie den Schlüssen, die sich aus der Entstehungsgeschichte der Konvention ziehen lassen, jedoch bei einer fehlenden unmittelbaren Anwendbarkeit.[470]

(b) Die innerstaatliche Anwendbarkeit der ILO-Kernarbeitsnormen

Die Übereinkommen der ILO werden in der Bundesrepublik Deutschland als nicht generell self-executing angesehen.[471] Regelmäßig soll der einzelne Arbeitnehmer aus ihnen keine unmittelbaren Rechte ableiten können.[472] Es ist damit für jede konkrete Norm zu prüfen, ob der Einzelne aus ihr ausnahmsweise subjektive Rechte ableiten kann, oder ob er darauf zu verweisen ist, dass Gesetzgebung, Verwaltung, Rechtsprechung oder sonstige zuständige Stellen die Übereinkommen zuvor in das nationale Recht umsetzen. Als Auslegungshilfe könnten insbesondere die Entscheidungen und Empfehlungen der Kontrollgremien der ILO in Betracht zu ziehen sein, obwohl diesen – ähnlich den general comments für die UN-Pakte – keine unmittelbar bindende Wirkung zukommt.[473] Sie sind jedoch – auch soweit sie die Bundesrepublik Deutschland betreffen – nur in Ausnahmefällen in Entscheidungen der Gerichte erwähnt.[474]

Explizit festgestellt hat die Rechtsprechung, dass das Übereinkommen Nr. 19 über die Gleichbehandlung einheimischer und ausländischer Arbeitnehmer in der Entschädigung bei Betriebsunfällen vom 5. Juni 1925,[475] das Übereinkommen Nr. 118 über die Gleichbehandlung von Inländern und Ausländern in der sozialen

---

470 So übereinstimmend *Fries*, Die Bedeutung von Art. 5 (f) der Rassendiskriminierungskonvention im deutschen Recht, S. 195, und *Jürgens*, Barriere- und diskriminierungsfreier Zugang zu öffentlichen Gaststätten, S. 51. Beachte allerdings auch den Beschluss des VG Frankfurt vom 22. Februar 1993 – 9 G 300/93 – NJW 1993, S. 2067, in welchem die unmittelbare Anwendbarkeit der UN-Rassendiskriminierungskonvention ohne weitere Begründung angenommen wird.

471 Vgl. zum Beispiel *Leinemann/Schütz*, BB 1993, S. 2519, welcher den absoluten Ausnahmecharakter der unmittelbaren Anwendbarkeit hervorhebt, und *Böhmert*, Das Recht der ILO und sein Einfluss auf das deutsche Arbeitsrecht im Zeichen der europäischen Integration, S. 162 f.

472 *Erfurter Komm ArbR/Preis*, § 611 BGB Rz. 201.

473 Urteil des BAG vom 13. Oktober 1988 – 6 AZR 144/85, NZA 1989, S. 716, 719.

474 *Leinemann/Schütz*, BB 1993, S. 2519, 2522.

475 RGBl. 1928, S. 509.

Sicherheit vom 28. Juni 1962[476] sowie Art. 8 des Übereinkommens Nr. 97 über Wanderarbeiter vom 1. Juli 1949[477] Individualansprüche gewähren.[478] Ausdrücklich abgelehnt wurde dagegen die unmittelbare Anwendbarkeit für Art. 69 des Übereinkommens Nr. 102 über die Mindestnormen der sozialen Sicherheit vom 28. Juni 1952[479] durch das Bundessozialgericht[480] sowie der Bestimmungen des Übereinkommens Nr. 132 über den bezahlten Jahresurlaub vom 24. Juni 1974[481] und des Übereinkommens Nr. 135 über Schutz und Erleichterungen für Arbeitnehmervertreter im Betrieb vom 23. Juni 1971[482] durch das Bundesarbeitsgericht.[483]

In den meisten Fällen hat die Rechtsprechung die Frage der unmittelbaren innerstaatlichen Anwendbarkeit bei ILO-Übereinkommen offen gelassen. So wurde auch für keine der ILO-Kernarbeitsnormen durch die deutsche Rechtsprechung abschließend geklärt, ob und inwieweit sie unmittelbar anwendbar sind.[484] Dies wird damit begründet, dass das aus der Anwendung des nationalen Rechts gefundene Ergebnis Bestimmungen des internationalen Arbeitsrechts auch dann nicht widerspricht, wenn deren unmittelbare Anwendbarkeit unterstellt wird.[485]

Im Ergebnis kann daher nicht abschließend festgestellt werden, inwieweit der Einzelne in Deutschland direkt aus den verschiedenen ILO-Kernarbeitsnormen subjektive Rechte ableiten und sich damit vor nationalen Gerichten auf diese berufen kann.[486]

---

476 BGBl. 1970 II, S. 802.

477 BGBl. 1959 II, S. 87.

478 *Haase*, ZfSH/SGB 1990, S. 238, 247 ff.

479 BGBl. 1957 II, S. 1321.

480 Urteil des BSG vom 9. September 1975 – 7 RAr 5/73, BSGE 40, 190, 206.

481 BGBl. 1975 II, S. 745.

482 BGBl. 1973 II, S. 953.

483 Urteil des BAG vom 7. Dezember 1993 – 9 AZR 683/92, NZA 1994, S. 802, 803; Urteil des BAG vom 19. Januar 1982 – 1 AZR 279/81, BB 1982, S. 674 f.

484 Dies hat das BVerfG in einer jüngeren Entscheidung jedoch nicht daran gehindert, das Übereinkommen Nr. 111 für die Definition von Diskriminierung im Rahmen von Art. 3 Grundgesetz heranzuziehen, vgl. Beschluss des BVerfG vom 18. November 2003 – 1 BvR 302/96, BB 2004, S. 47, 50.

485 Vgl. zum Beispiel den Beschluss des BVerfG vom 20. Oktober 1981 – 1 BvR 404/78, NJW 1982, S. 815, 817, zu Übereinkommen Nr. 87, sowie Urteil des BVerwG vom 6. Juli 1984 – 1 D 7/83, NJW 1985, S. 503, 504 zu Übereinkommen Nr. 111. Kritisch zu diesem Vorgehen *Muhr* in: ArbRGegw 1992, S. 87, 111 ff.

486 Insoweit kann auch nicht ohne Weiteres auf eine eventuell existierende Rechtsprechung ausländischer Gerichte zurückgegriffen werden: *"in respect of international labour conventions, the self-executing or non-self-executing character of a provision*

## bb. Drittwirkung der Grundrechte im deutschen Recht

Als „Menschenrechte auf nationaler Ebene“ könnten Wertungen, die für die Wirkung der Grundrechte im deutschen Zivilrecht getroffen wurden, unter Umständen auf die Frage der Menschenrechte übertragbar sein. Nachfolgend soll daher kurz auf den Meinungsstand zur Drittwirkung der Grundrechte im deutschen Recht eingegangen werden.

Im deutschen Recht wird unter dem Stichwort „Drittwirkung“ die Frage erörtert, *„ob und wie die Grundrechte auf die Rechtsbeziehungen zwischen Privatrechtssubjekten einwirken.“*[487]

Es war lange höchst umstritten, inwieweit Grundrechte unmittelbar zwischen Privaten gelten, das heißt, ob *„die Grundrechte unmittelbar Anspruchsgrundlagen sind und den Bürgern bestimmte Handlungs- oder Unterlassungspflichten [aus ihnen] erwachsen.“*[488]

Gefordert wurde eine unmittelbare Drittwirkung vor allem vom Bundesarbeitsgericht in seinen frühen Entscheidungen aus teleologischen Erwägungen.[489] So sollen die Grundrechte die Freiheit des Einzelnen im Falle eines Machtungleichgewichtes schützen, welches typischerweise zwar zwischen dem Staat mit seinen Zwangsmitteln und den Bürgern bestehe, jedoch aufgrund der ungleich verteilten wirtschaftlichen Macht auch zwischen Arbeitnehmer und Arbeitgeber möglich sei. Dies folge bereits aus der Sozialstaatlichkeit des Grundgesetzes (Art. 20 Abs. 1, Art. 28).[490] Sofern *„zwar nicht der Staat, wohl aber wirtschaftliche und soziale Mächte und Einzelne im privaten Rechtsverkehr in der Lage wären, [Rechte]*

---

*does not only depend on its wording, but also on the legal and institutional situation prevailing in a given country. A particular provision may therefore be considered self-executing in one country, and not in another.”* Vgl. *Thomas/Oelz/Beaudonnet*, The use of international labour law in domestic courts, in: *Javillier/Gernigon (Hrsg.)*, Les normes internationales du travail: un patrimoine pour l’avenir, S. 265.

487 Vgl. *Mangoldt/Klein/Starck/Starck*, Art. 1 Rz. 303. Wie bereits in Teil II.2.d.bb angesprochen, diskutiert auch die englischsprachige völkerrechtliche Literatur die Frage der Bindung von Privaten an das Völkerrecht häufig unter Verwendung dieses deutschen Begriffs; vgl. etwa *Clapham*, Human Rights in the Private Sphere, S. 180.

488 *Isensee/Kirchhof/Rüfner*, Handbuch des Staatsrechts Band V, § 117 Rz. 64.

489 Vgl. insbesondere Urteil des BAG vom 3. Dezember 1954 – 1 AZR 150/54, BAGE 1, 185 ff. Heute ist das Bundesarbeitsgericht dazu übergegangen, ebenfalls in den Grundrechten den Ausdruck einer allgemeinen Wertordnung zu sehen, die auch für das Privatrecht gelte und dieses über Generalklauseln beeinflusse; vgl. Beschluss des BAG vom 27. Februar 1985 – GS 1/84, BAGE 48, 122, 138 f.

490 *Nipperdey* in: *Neumann/Nipperdey/Scheuner (Hrsg.)*, Die Grundrechte, Band 2, S. 20.

*nach ihrem Gutdünken kraft ihrer Machtstellung einzuschränken [würden die Grundrechte] auf weiten Gebieten des menschlichen Lebens wirkungslos gemacht werden.*“[491] Daher sei die unmittelbare Anwendbarkeit zu bejahen, wenn „*der eine dem anderen gegenüber eine wirtschaftliche oder sonstige Machtposition besitzt [,die] faktisch der Unterworfenheit des einzelnen gegenüber hoheitlicher Macht entspricht.*“[492]

Sowohl der Wortlaut des Grundgesetzes in Art. 1 Abs. 3, wonach die Gesetzgebung, die vollziehende Gewalt und die Rechtsprechung an die Grundrechte gebunden sind, Private jedoch keine Erwähnung finden, als auch eine systematische Auslegung, insbesondere der Umkehrschluss aus Art. 9 Abs. 3 S. 2, Art. 20 Abs. 4 GG und Art. 48 Abs. 1, 2 GG,[493] welche für ihren Regelungsbereich ausdrücklich eine unmittelbare Drittwirkung anordnen, legen nach herrschender Auffassung jedoch nahe, dass mit Ausnahme dieser Vorschriften eine unmittelbare Wirkung der Grundrechte gerade nicht eintreten soll.[494] Überdies lasse sich auch aus der Entstehungsgeschichte ersehen, dass die Grundrechte „*als Abwehrrechte des Einzelnen gegen den Staat entstanden und erfochten worden sind.*“[495] Bei Annahme der unmittelbaren Grundrechtsgeltung würde zudem die Privatautonomie, auf der das Privatrecht in wesentlichen Teilen beruhe, über die Maßen eingeschränkt[496] und dem Zivilrichter – „dispensiert“ vom privaten Gesetzesrecht – würde „*die Abgrenzung der Grundrechtssphären der beteiligten Privatrechtssubjekte*“[497] überantwortet. Hierfür gebe es keinen ausreichenden Grund. Es sei eine „*simple Tatsache, daß zwischen Privatrechtssubjekten grundsätzlich nicht dasselbe Machtgefälle besteht wie zwischen dem Staat und seinen Bürgern.*“[498] Selbst wenn

491 Urteil des BAG vom 3. Dezember 1954 – 1 AZR 150/54, BAGE 1, 185, 194.

492 *Nipperdey*, in: *Bettermann/Nipperdey (Hrsg.)*, Die Grundrechte, Band 4, 2, S. 753.

493 Diese betreffen den Schutz der Koalitionsfreiheit vor Abreden und Maßnahmen, das Widerstandsrecht gegenüber Angriffen auf die freiheitlich demokratische Grundordnung sowie den Kündigungsschutz im Falle der Bewerbung oder Betätigung für ein Bundestagsmandat.

494 *Epping*, Grundrechte, Rz. 346.

495 *Pieroth/Schlink*, Grundrechte – Staatsrecht II, Rz. 191.

496 Vgl. *Stern*, Das Staatsrecht der Bundesrepublik Deutschland Bd. III/1, S. 1554; a. A. etwa *von Münch*, Staatsrecht Band 2, Rz. 187, der betont, dass auch die Privatautonomie und insbesondere die Vertragsfreiheit über Art. 2 Abs. 1 GG grundrechtlich geschützt sei.

497 *Stern*, Das Staatsrecht der Bundesrepublik Deutschland Bd. III/1, S. 1555.

498 *Canaris*, AcP 1984, S. 201, 205 f. Entgegen dieser Einschätzung finden sich durchaus Rechtsordnungen, in denen eine Berücksichtigung von nichtstaatlichen Machtpositionen stattfindet. So können etwa in Belgien bestimmte konstitutionelle

aber solch ein Machtgefälle gegeben sei, führe dieses allein *„noch nicht zu einer Störung der faktischen Freiheit des Aushandelns von Verträgen [...], sofern ein einigermaßen funktionierender Wettbewerb“*[499] bestehe. Insbesondere aus diesen Gründen entspricht es heute vorherrschender Meinung in Deutschland,[500] dass mit Ausnahme der Fälle ihrer ausdrücklichen Anordnung keine unmittelbare Drittwirkung der Grundrechte für Private anzunehmen ist.

Demgegenüber ist eine mittelbare Drittwirkung der Grundrechte im Privatrecht in der Weise, dass die Grundrechte Einfluss auf die Auslegung von Generalklauseln des Privatrechts (§§ 242, 138, 157, 307, 826 BGB)[501] nehmen, also vermittelt über auslegungsbedürftige Rechtsbegriffe des Privatrechts (zum Beispiel „gute Sitten“, „Treu und Glauben“) zur Geltung kommen, allgemein anerkannt.[502] Das BVerfG stellte in seinem wegweisenden Lüth-Urteil fest, dass das Grundgesetz *„in seinem Grundrechtsabschnitt auch eine objektive Wertordnung aufgerichtet hat und daß gerade hierin eine prinzipielle Verstärkung der Geltungskraft der Grundrechte zum Ausdruck kommt [...]. Dieses Wertsystem, das seinen Mittelpunkt in der innerhalb der sozialen Gemeinschaft sich frei entfaltenden menschlichen Persönlichkeit und ihrer Würde findet, muß als verfassungsrechtliche Grundentscheidung für alle Bereiche des Rechts gelten; Gesetzgebung, Verwaltung und Rechtsprechung empfangen von ihm Richtlinien und Impulse. So beeinflusst es selbstverständlich auch das bürgerliche Recht; keine bürgerlich-rechtliche Vorschrift darf in Widerspruch zu ihm stehen, jede muß in seinem Geiste ausgelegt werden.“*[503]

Dementsprechend wirken die Grundrechte über die Generalklauseln in das Privatrecht ein.

---

Menschenrechtsbestimmungen auch gegenüber besonderen Gruppen und Organisationen geltend gemacht werden, vgl. *Drzemczewski*, NILR 1979 S. 163, 164 f. Einige moderne Verfassungen, wie etwa die der Republik Südafrika von 1996 kennen sogar allgemein eine unmittelbare Wirkung der Bestimmungen der “Bill of Rights” zwischen natürlichen und juristischen Personen, soweit diese ihrer Natur nach hierfür geeignet sind (vgl. Sec 8 (2) V96 Constitution of the Republic of South Africa; in: *Seedorf*, Die Drittwirkung der Grundrechte im Privatrecht in Südafrika, S. 13, der die verfassungsmäßige Anordnung der Drittwirkung umfassend analysiert.).

499 Ebenda, S. 7.

500 Vgl. zum Beispiel *Ipsen*, Staatsrecht II Grundrechte, Rz. 70.

501 *Palandt/Grüneberg*, § 242 Rz. 7.

502 Ständige Rechtsprechung seit Urteil des BVerfG vom 15. Januar 1958 – 1 BvR 400/51 BVerfGE 7, 198.

503 BVerfGE 7, 198, 205.

## b. Unmittelbare Drittwirkung der Menschenrechte im deutschen Recht

Da die Menschenrechtsnormen nicht selbst auf zivilrechtlich relevante Kompensationsansprüche gerichtet sind, kann eine unmittelbare Drittwirkung der Menschenrechte nur durch Implementierung von Menschenrechten in Tatbestandsmerkmale deutscher zivilrechtlicher Vorschriften bestehen.

Dieses Vorgehen wurde bereits wiederholt von Nichtregierungsorganisationen als denkbarer Weg für die Haftbarmachung von Unternehmen für Menschenrechtsbeeinträchtigungen erörtert.[504] Darüber hinaus handelt es sich um einen Ansatz für die Haftbarmachung von Unternehmen, der mehrfach im Schrifttum angedeutet wurde, bislang allerdings nicht Gegenstand einer tiefergehenden Untersuchung war.[505]

Die Rechtsprechung hat das Ausfüllen von Tatbestandsmerkmalen von BGB-Normen durch Menschenrechte im Kontext von Haftungsansprüchen gegen Unternehmen bislang nicht einmal erwogen.[506] Das BVerfG hat zwar ausdrücklich festgestellt, dass Gesetze – und damit auch zivilrechtliche Anspruchsgrundlagen – *„im Einklang mit den völkerrechtlichen Verpflichtungen der Bundesrepublik Deutschland auszulegen und anzuwenden"*[507] sind, eine unmittelbare Anwendung zwischen Privaten wurde für Menschenrechte hingegen bislang nicht geprüft, geschweige denn angenommen.

---

504 So zum Beispiel durch die Autoren *Gerstetter* und *Kamieth* in: *Germanwatch (Hrsg.)*, Unternehmensverantwortung – Vorschläge für EU-Reformen, Fn. 96, S. 25. Abrufbar unter: http://www.germanwatch.org/corp/euref.pdf (zuletzt abgerufen am 12.01.2013).

505 Vgl. hierzu *Seibert-Fohr*, ZaöRV 2003, S. 195, 204, sowie *Hennings*, Über das Verhältnis von Multinationalen Unternehmen zu Menschenrechten, S. 127 ff., und *Heß*, BerDGVR, 2003, S. 107, 179.

506 Im Rahmen der NS-Zwangsarbeiterprozesse gegen deutsche Firmen wurde für die Schutzgesetze in § 823 Abs. 2 BGB vielmehr grundsätzlich auf die Tatbestände des deutschen Strafgesetzbuches, nicht hingegen auf völkerrechtliche Verbotsnormen abgestellt.

507 Beschluss des BVerfG vom 26. März 1987 – 2 BvR 589/79, 740/81, 284/85, BVerfGE 74, 358, 370, welches erstmalig davon ausgeht, dass dieses Berücksichtigungsgebot auch für das Grundgesetz und seine Auslegung gilt und feststellt, dass hiervon auch Gesetze betroffen sind, die zeitlich nach dem völkerrechtlichen Vertrag in Kraft getreten sind.

### aa. Identifikation von potentiell durch Menschenrechtsverträge ausfüllbaren Tatbestandsmerkmalen deutscher zivilrechtlicher Normen

Für die vorliegende Untersuchung kommt als Tatbestandsmerkmal, das durch Menschenrechte ausgefüllt werden kann, insbesondere die Verletzung eines Schutzgesetzes nach § 823 Abs. 2 BGB in Betracht. Zudem könnte ein Menschenrechtsvertrag unter Umständen ein Verbotsgesetz im Sinne von § 134 BGB sein und damit – zum Beispiel im Rahmen von Arbeitsbeziehungen – über die Vorschriften zur Abwicklung nichtiger Verträge, das heißt die Geschäftsführung ohne Auftrag oder das Bereicherungsrecht, Ansprüche eröffnen. Weiterhin ist eine Substitution stets dort denkbar, wo die Rechtswidrigkeit einer Handlung Tatbestandsmerkmal ist und in einem Menschenrechtsverstoß ein rechtswidriges Handeln gesehen werden kann, so beispielweise in § 823 Abs. 1 BGB („widerrechtlich"). Insoweit ist die Relevanz jedoch nur gering, da die Rechtswidrigkeit im Falle von Rechtsgutsverletzungen regelmäßig indiziert ist und es daher keines Rückgriffs auf das Völkerrecht bedarf, um die Rechtswidrigkeit zu begründen.[508]

Die im Grundsatz als durch Menschenrechte ausfüllungsfähig in Betracht kommende Amtspflichtverletzung im Rahmen von § 839 BGB in Verbindung mit Art. 34 GG scheidet für die Zwecke dieser Arbeit hingegen von vornherein aus, da die handelnden Unternehmen jedenfalls nicht als deutsche haftungsrechtliche Beamte im Sinne der Vorschrift angesehen werden.[509]

### bb. Auswertung von Rechtsprechung und Literatur zur Substitution von Tatbestandsmerkmalen zivilrechtlicher Normen durch Völkerrecht

Bis heute haben sich die Gerichte nicht direkt mit der Frage auseinandergesetzt, ob durch das Ausfüllen deutscher zivilrechtlicher Normen durch Menschenrechtsverträge Haftungsansprüche gegen Unternehmen begründet werden können.

---

508 Umgekehrt kommen im Falle von bewaffneten Konflikten völkerrechtliche Regelungen als Rechtfertigungsgrund in Betracht. Sofern das Verhalten zwar einer zivilrechtlichen Anspruchsnorm entspricht, zugleich aber im Einklang mit den Regeln des humanitären Völkerrechts ist, könnte der Anspruch wegen Rechtfertigung ausgeschlossen sein; vgl. *Schwager*, Ius bello durante et bello confecto, S. 223, die sich dabei auf das Urteil des Bundesgerichtshofs vom 12. Juli 1951 – III ZR 168/50, BGHZ 3, 94, 106 bezieht.

509 Vgl. zur Ausfüllung des Begriffs des haftungsrechtlichen Beamten durch Zivilpersonen: *MünchKommBGB/Papier*, § 839 Rz. 132 ff.

Gleichwohl existiert durchaus Rechtsprechung, die in anderen Anwendungsbereichen eine Substitution von Tatbestandsmerkmalen durch Völkerrecht zum Gegenstand hatte. Im Hinblick auf eine etwaige Übertragbarkeit der hierzu angestrengten Erwägungen wird nachfolgend eine kurze Darstellung verschiedener Fälle gegeben. Darüber hinaus wird betrachtet, wie die Literatur sich der Frage des Ausfüllens von Tatbestandsmerkmalen durch Völkerrecht im Rahmen potentiell als verletzbar identifizierter zivilrechtlicher Normen nähert.

*(1) § 823 Abs. 2 BGB – Völkerrecht als Schutzgesetz*

Die einzige der Verfasserin bekannte Entscheidung, in der ein Gericht den Ersatz des Tatbestandsmerkmals „Schutzgesetz" im Rahmen von § 823 Abs. 2 BGB durch klassisches Völkerrecht in Betracht gezogen hat, datiert aus dem Jahr 1933. Sie betrifft die Schadensersatzklage einer Transportfirma gegen die Deutsche Reichsbahngesellschaft. Der Anspruch wurde von der klagenden Firma unter anderem damit begründet, dass die Beklagte es entgegen Art. 437 und 439 des deutsch-polnischen Oberschlesien-Abkommens[510] unterlassen habe, für Sendungen aus Polnisch-Oberschlesien nach Deutschland einen Tarif mit den gleichen Sätzen wie für Sendungen aus Deutsch-Oberschlesien aufzustellen, woraus ihr erhöhte Frachtkosten entstanden seien. Das Reichsgericht wies die Klage ab, indem es zu den maßgeblichen Bestimmungen des Abkommens ausführte, sie könnten *„nicht als ein Schutzgesetz im Sinn des § 823 Abs. 2 angesprochen werden. Denn es erhellt daraus nicht, daß ihre Bedeutung weiter gehen soll als eben die eines völkerrechtlichen Vertrags, bei dem, wie es sich von selbst versteht, sich jeder der beiden Staaten von dem Bestreben hat leiten lassen, einen Rechtszustand herbeizuführen zum Schutze der Gesamtheit seiner Angehörigen. Es ist nicht ersichtlich, daß daneben auch der einzelne Staatsbürger oder bestimmte Kreise der Bevölkerung dadurch unmittelbar geschützt werden sollen."*[511]

Beachtlich an dieser Begründung ist, dass nicht etwa generell die Ausfüllbarkeit des § 823 Abs. 2 BGB durch völkerrechtliche Normen in Frage gestellt wird. Die Ablehnung bezieht sich vielmehr darauf, dass der Einzelne aus dem konkreten Abkommen keine unmittelbaren Rechte herleiten kann. Damit scheinen die Anforderungen, welche das Reichsgericht an die Schutzgesetzeigenschaft für

510 Deutsch-polnisches Abkommen über Oberschlesien vom 15. Mai 1922, RGBl. 1922 II, S. 238 ff.

511 Entscheidung des Reichsgericht vom 23. Dezember 1933 – I 150/33, RGZ 143, 57, 68 f.

Völkerrecht stellte, mit der Definition zur unmittelbaren Anwendbarkeit (sowie dem Erfordernis der Gewährung subjektiver Rechte) übereinzustimmen.[512]

Bestätigt wird diese Lesart durch den Verweis des Reichsgerichts auf die fehlende Vergleichbarkeit mit einem früheren Urteil[513] zu einer anderen Bestimmung des deutsch-polnischen Oberschlesien-Abkommens, welche *„wesentlich anders gefasst ist und nicht nur eine Vertragsabrede über noch zu treffende Maßnahmen enthält, sondern unmittelbar anordnet, dass der Güterverkehr auf bestimmten Bahnstrecken für Kohlen und gewisse andere Güter grundsätzlich frei sei von allen Eisenbahngebühren für Zollabfertigung und von ähnlichen Abgaben."*[514]

Allerdings haben die Wertungen dieses Urteils keinen Niederschlag in weiteren Entscheidungen gefunden. Einzig im speziellen Bereich des Europäischen Wettbewerbsrechts existiert noch Rechtsprechung zu § 823 Abs. 2 BGB. Hier stellte der BGH zur Schutzgesetzeigenschaft von Art. 108 Abs. 3 S. 3 AEUV im Rahmen von § 823 Abs. 2 BGB fest: *„Die Beihilferegeln der Union richten sich nach ihrem Wortlaut zwar nur an die Mitgliedstaaten. Das Durchführungsverbot hat nach der Rechtsprechung des Gerichtshofs der Europäischen Union aber gerade die Funktion, die Interessen derjenigen zu schützen, die von der Wettbewerbsverzerrung betroffen sind* [...] *Die Gerichte der Mitgliedstaaten haben die Rechte der Einzelnen gegen eine Verletzung des Durchführungsverbots zu schützen."*[515] Zu beachten ist jedoch folgendes: Zum AEUV wird allgemein vertreten, dass diesem ein Doppelstatus zukommt. Einerseits sind die Gründungsverträge, auf die sich die Union stützt, völkerrechtlicher Natur, gleichzeitig bilden sie aber auch *„die höchstrangigen Bestandteile der eigenständigen Rechtsordnung des Unionsrechts"*.[516] Verwiesen wird dabei auf ein frühes Urteil des EuGH[517], in dem dieser feststellte, der

512 Problematisiert wird allerdings nicht, inwieweit der Anspruchsgegner aus dem völkerrechtlichen Abkommen verpflichtet sein muss.

513 Entscheidung des Reichsgerichts vom 18. Juni 1927 – I 13/27, RGZ 117, 280; in diesem Urteil wurde allerdings nicht die Ausfüllbarkeit des § 823 Abs. 2 BGB durch die betreffende Bestimmung erörtert, sondern vielmehr zuerkannt, dass die Vorschrift direkt als Anspruchsgrundlage zur Verfügung steht: *„Da es sich bei ihr, wie ihr Inhalt ergibt, nicht um eine allgemeine völkerrechtliche Bestimmung, sondern um eine die Rechtsbeziehungen der Betroffenen regelnde Gesetzesmaßnahme handelt, kann auch der einzelne aus ihr Rechte herleiten."* Vgl. RGZ 117, 280, 284.

514 RGZ, 143, 57, 69.

515 Vgl. etwa das Urteil des BGH vom 10. Februar 2011 – I ZR 136/09, BGHZ 188, S. 326 ff.

516 Grabitz,Hilf/Nettesheim, Das Recht der Europäischen Union Art, 1 AEUV, Rz, 43.

517 Ebenda.

EWG-Vertrag habe – „*zum Unterschied von gewöhnlichen internationalen Verträgen […] eine eigene Rechtsordnung geschaffen, die bei seinem Inkrafttreten in die Rechtsordnungen der Mitgliedstaaten aufgenommen worden und von ihren Gerichten anzuwenden ist.*"[518] Aus diesem Grund dürfte die Beispielwirkung dieser Rechtsprechung zum europäischen Wettbewerbsrecht für eine Analyse völkerrechtlicher Regelungen eher gering sein.

Der spärlichen Berücksichtigung von Völkerrecht im Rahmen von § 823 Abs. 2 BGB durch die Rechtsprechung entspricht auch die Behandlung in der allgemeinen deutschen zivilrechtlichen Literatur. Hier wird – mit Ausnahme des Europarechts -ebenfalls nicht näher auf die Möglichkeit einer Substitution des Schutzgesetzes in § 823 Abs. 2 BGB durch völkerrechtliche Verträge eingegangen. Keiner der großen Kommentare zum Bürgerlichen Gesetzbuch äußert sich zu den konkreten Voraussetzungen.[519] Soweit in den Untersuchungen zur völkerrechtlichen Haftung von Unternehmen als Randaspekt die Möglichkeit der Substitution von § 823 Abs. 2 BGB durch Völkerrecht behandelt wird, besteht hierzu eine eher skeptische Einschätzung. Als Argumente gegen die Schutzgesetzeigenschaft werden sowohl die fehlende Bestimmbarkeit des Inhalts der Menschenrechtsverträge angeführt[520] als auch, dass diese nicht unmittelbar zwischen Privaten gelten.[521]

*(2) § 134 BGB – Völkerrecht als Verbotsgesetz*

Etliche Jahre nach dem Urteil des Reichsgerichts zu § 823 Abs. 2 BGB hat die Rechtsprechung – diesmal im Rahmen von § 134 BGB – mit den „Fluchthelferfällen" erneut geprüft, inwieweit eine Anwendung von Völkerrecht im Rahmen zivilrechtlicher Ansprüche zwischen Privaten in Betracht kommt. So hat der Bundesgerichtshof untersucht, ob ein Abkommen zwischen der

---

518 Urteil des EuGH vom 15. Juli 1964, Rs. 6/64, Slg. 1964, S. 1251(„Costa/ENEL2).

519 Während beispielsweise *RGRK/Steffen*, § 823 Rz. 538, sowie *Soergel/Spickhof*, § 823 Rz. 186, ohne weitere Begründung davon ausgehen, dass auch Staatsverträge Schutzgesetze sein können, sofern sie transformiert sind, werden diese von anderen Kommentaren bei der Auflistung möglicher Schutzgesetze überhaupt nicht erwähnt; vgl. zum Beispiel *Palandt/Sprau*, § 823 Rz. 56.

520 Vgl. *Hennings*, Über das Verhältnis von Multinationalen Unternehmen zu Menschenrechten, S. 128.

521 Vgl. *Gerstetter/Kamieth* in: *Germanwatch (Hrsg.)*, Unternehmensverantwortung – Vorschläge für EU-Reformen, S. 25, welche eine Parallele zu den in Deutschland nicht unmittelbar anwendbaren EU-Normen ziehen; vgl. allerdings auch *Seibert-Fohr*, ZaöRV 2003, S. 195, 204, die den universellen Menschenrechten zumindest potentiell den Status einer Schutznorm einzuräumen scheint.

Deutschen Demokratischen Republik (DDR) und der Bundesrepublik Deutschland als Verbotsgesetz im Sinne von § 134 BGB eingestuft werden kann und damit Ansprüche aus Verträgen zwischen einem Fluchthelfer und einem Flüchtling über das Verlassen der DDR zum Erlöschen bringt.[522]

Konkret ging es um die Fragestellung, ob das Abkommen zwischen der DDR und der Bundesrepublik über den Transitverkehr von zivilen Personen und Gütern vom 17. Dezember 1971, das die Regierung der Bundesrepublik unter anderem dazu verpflichtet, einen Missbrauch der Transitwege zu verhindern, ein Verbotsgesetz enthält. Hierzu stellte der BGH fest, dass es *„als Abkommen der beiden Regierungen [...] ausschließlich Beziehungen zwischen der Bundesrepublik Deutschland und der DDR [regelt], ohne Rechte und insbesondere Pflichten privater Personen zu begründen.“*[523] Folglich komme das Abkommen nicht als Verbotsgesetz in Betracht und führe nicht zum Erlöschen des Fluchthelfervertrags.

Zu beachten ist hinsichtlich dieser Würdigung allerdings, dass das Urteil insgesamt, das heißt auch hinsichtlich anderer möglicher Hinderungsgründe für den Vergütungsanspruch des Fluchthelfers, von dem Bestreben geleitet war, künftige Fluchthilfe nicht zu behindern. Dieses Bestreben spiegelt sich auch in den Ausführungen des Gerichts am Ende des Urteils zur Klagbarkeit des Anspruchs: *„Überdies wäre es nicht angebracht, der Vereinbarung solcher Vergütungen dadurch entgegenzuwirken, dass entgeltliche Fluchthilfe künftig regelmäßig von der Vorauszahlung der Vergütung abhängig gemacht würde, also Menschen ohne entsprechende Geldmittel verschlossen bliebe. Damit würden die Schwierigkeiten, die einer Übersiedlung aus der DDR in die Bundesrepublik Deutschland oder nach Berlin (West) ohnehin entgegenstehen, weiter verschärft, ein Ergebnis, das mit dem Grundrecht auf Freizügigkeit nicht zu vereinbaren wäre.“*

Entsprechend der Wirkung, die der BGH dem Durchführungsverbot nach Art. 108 Abs. 3 S. 3 AEUV im Rahmen von § 823 Abs. 2 zubilligt,[524] hat der BGH schon zu einem früheren Zeitpunkt für 134 BGB festgestellt, dass das Durchführungsverbot des Art. 88 Abs. 3 S. 3 EGV als Verbotsgesetz zu behandeln ist, *„weil der mit ihm befolgte Zweck nicht anders zu erreichen ist als durch Annullierung der durch das Rechtsgeschäft getroffenen Regelung.“*[525] Auch dieser Entscheidung ist jedoch wegen der Besonderheit des Europarechts nur eingeschränkte

522 Vgl. hierzu grundlegend das Urteil des BGH vom 29. September 1977 – III ZR 164/75, NJW 1977, S. 2356 ff.

523 Ebenda, S. 2356.

524 Vgl. hierzu bereits Teil V.1.b bb (1).

525 Urteil des BGH vom 5. Juli 2007 – IX ZR 256/06, BGHZ 137, S. 129, 137.

Bedeutung für die generelle Bewertung von völkerrechtlichen Verträgen als Tatbestandsmerkmalen deutscher zivilrechtlicher Normen zuzumessen.

Im Schrifttum wird im Allgemeinen ohne weiteres angenommen, dass auch völkerrechtliche Normen als Verbotsgesetze im Sinne von § 134 BGB in Betracht kommen.[526] Allerdings erfolgt dabei keinerlei Auseinandersetzung mit der Fragestellung, welche Anforderungen an die Substitution jeweils zu stellen sind und in welcher Weise der konkrete Völkerrechtsverstoß zu prüfen ist. Insbesondere fehlen Ausführungen dazu, ob ein Staatsvertrag als Schutzgesetz im Sinne von § 134 BGB auch zwischen Privaten das Erlöschen eines Vertrages herbeiführen kann.

*(3) § 839 BGB – Völkerrecht als drittbezogene Amtspflicht*

Der Bundesgerichtshof hat bereits in einem Urteil aus dem Jahr 1966 festgestellt, dass sich aus der EMRK generell Amtspflichten im Sinne von § 839 BGB ergeben können.[527] Mit der Würdigung militärischer Aktivitäten im Ausland steht aktuell in der Diskussion, ob dies auch für Vorschriften des humanitären Völkerrechts der Fall ist.

Im „Dístomo-Fall"[528] hat der Bundesgerichtshof im Jahr 2003 diese Frage ausdrücklich positiv beantwortet. Gegenstand der Entscheidung war die Anerkennung des Urteils eines griechischen Gerichts, durch das die Bundesrepublik wegen Kriegsverbrechen der deutschen Wehrmacht im Zweiten Weltkrieg zur Zahlung von Schadensersatz an verletzte griechische Staatsangehörige verurteilt wurde.[529] Der im Jahr 1944 verwirklichte Sachverhalt betraf die Erschießung von mehr als 300 Zivilisten – überwiegend Frauen und Kinder – sowie das Niederbrennen des Dorfes Dístomo durch Angehörige einer in die deutsche Wehrmacht eingegliederten SS-Einheit als „Sühnemaßnahme" nach vorausgegangenen Partisanenkämpfen. Der BGH führte aus, dass es *„auch in der damaligen Zeit und im Krieg – zu den Amtspflichten eines deutschen Soldaten gehörte, sich nicht in völkerrechtswidriger, kriegsverbrecherischer Art und Weise an fremdem Leben und Eigentum zu vergreifen"*,[530] und stellte klar, dass diese Amtspflichten *„bezogen*

526 Vgl. zum Beispiel *MünchKommBGB/Armbrüster*, § 134 Rz. 39; sowie *Soergel/Hefermehl*, § 134 Rz. 9.

527 Urteil des BGH vom 10. Januar 1966 – III ZR 70/64, NJW 1966, S. 726.

528 Urteil des BGH vom 26. Juni 2003 – III ZR 245/98, NJW 2003, S. 3488 ff.

529 Zu einer Darstellung der verschiedenen in diesem Zusammenhang durchgeführten nationalen und internationalen Verfahren vgl. *Thorn*, BerDGVR 2012, S. 305 ff.

530 Urteil des BGH vom 26. Juni 2003 – III ZR 245/98, NJW 2003, 3488, 3492. Im Ergebnis verneinte der BGH allerdings trotz Annahme der Erfüllung der Tatbestandsvoraussetzungen des § 839 BGB einen Anspruch, da nach der zum damaligen Zeitpunkt

*auf die betroffenen Personen (Opfer) zwangsläufig im amtshaftungsrechtlichen Sinne ‚drittgerichtet'"*[531] waren.

Im „Varvarin-Fall"[532] ließ der Bundesgerichtshof im Jahr 2006 die Frage, ob in dem Verstoß gegen das humanitäre Völkerrecht die Verletzung einer drittgerichteten Amtspflicht gesehen werden kann, hingegen wieder offen. Dem Urteil lag ein Angriff von Kampfflugzeugen der NATO auf eine Brücke am Ortsausgang der serbischen Stadt Varvarin im Mai 1999 zugrunde, bei dem zehn Menschen getötet und 17 verletzt wurden. Streitig war unter anderem, ob ein etwaiger Verstoß gegen die Haager Landkriegsordnung eine Amtspflichtverletzung im Sinne von § 839 BGB in Verbindung mit Art. 34 GG darstellt. Die Zulässigkeit der Substitution der Amtspflichtverletzung durch den völkerrechtlichen Vertrag wurde im Urteil mit dem Hinweis darauf, dass das Gericht bereits einen (schuldhaften) Verstoß gegen Regeln des humanitären Völkerrechts abgelehnt hatte, nicht entschieden.[533] Der Bundesgerichtshof hat damit die Öffnung des Systems der zivilrechtlichen Normen für das humanitäre Völkerrecht, welche er im Dístomo-Fall in Aussicht gestellt hatte, wieder in Frage gestellt.

---

geltenden Rechtslage das Amtshaftungsrecht in Zeiten bewaffneter Konflikte suspendiert gewesen sei. Ein weiteres Beispiel für die Annahme einer völkerrechtlichen drittbezogenen Amtspflicht durch die Rechtsprechung ist das Urteil des OLG Köln vom 3. Dezember 1998 – 7 U 222/97, NJW 1999, S. 1555, 1556, zu Schadensersatzansprüchen wegen Zwangsarbeit während der NS-Zeit. Das Gericht nahm hier an, dass die Haager Landkriegsordnung drittschützende Amtspflichten bereitstellt und damit der § 839 BGB tatbestandlich erfüllt sei.

531 Ebenda. Im Ergebnis verneinte der BGH allerdings trotz Annahme der Erfüllung der Tatbestandsvoraussetzungen des § 839 BGB einen Anspruch, da nach der zum damaligen Zeitpunkt geltenden Rechtslage das Amtshaftungsrecht in Zeiten bewaffneter Konflikte suspendiert gewesen sei. Ein weiteres Beispiel für die Annahme einer völkerrechtlichen drittbezogenen Amtspflicht durch die Rechtsprechung ist das Urteil des OLG Köln vom 3. Dezember 1998 – 7 U 222/97, NJW 1999, S. 1555, 1556, zu Schadensersatzansprüchen wegen Zwangsarbeit während der NS-Zeit. Das Gericht nahm hier an, dass die Haager Landkriegsordnung drittschützende Amtspflichten bereitstellt und damit der § 839 BGB tatbestandlich erfüllt sei.

532 Vgl. Urteil des BGH vom 2. November 2006 – III ZR 190/05, RIW 2007, S. 137 ff.

533 Eine ausführliche Analyse des Falls sowie eine intensive Auseinandersetzung mit den einzelnen tatbestandlichen Voraussetzungen des § 839 BGB in Verbindung mit Art. 34 im Kontext eines Völkerrechtsverstoßes findet sich bei *von Woedtke*, Die Verantwortlichkeit Deutschlands für seine Streitkräfte im Auslandseinsatz und die sich daraus ergebenden Schadensersatzansprüche von Einzelpersonen als Opfer deutscher Militärhandlungen, S. 327 ff.

Die ursprüngliche Wertung des Bundesgerichtshofs im Dístomo-Fall, dass es sich auch beim humanitären Völkerrecht um drittbezogene Amtspflichten handelt, stimmt mit einer verbreiteten Ansicht in der Literatur überein, welche darauf abstellt, dass es ja gerade Zweck des humanitären Völkerrechts sei, die betroffenen Menschen im Kriegsgeschehen zu schützen, und der Schutz der Zivilbevölkerung daher nicht nur als „Reflex" angesehen werden könne.[534] Dies entspreche auch dem Grundsatz, dass deutsche Gerichte allgemein gehalten sind, deutsches Recht „völkerrechtsfreundlich" auszulegen, das heißt auf eine möglichst weitgehende Durchsetzung völkerrechtlicher Rechte und Pflichten hinzuwirken.[535]

*(4) Ergebnis*

Zusammenfassend lässt sich feststellen, dass die Substitution von Tatbestandsmerkmalen zivilrechtlicher Normen durch Völkerrecht weder der Rechtsprechung noch der herrschenden Literatur fremd ist und daher jedenfalls aus dem generellen Ineinandergreifen von Völkerrecht und Zivilrecht keine Bedenken an der Haftbarmachung von Unternehmen für Menschenrechtsbeeinträchtigungen bestehen.

Allerdings existieren nur sehr wenige konkrete Anwendungsfälle, und diese ergeben kein einheitliches Bild hinsichtlich der Voraussetzungen, welche an die völkerrechtlichen Normen sowie an deren Adressaten gestellt werden. Es kann daher nur anhand der allgemeinen Voraussetzungen, welche an die Ausfüllung von Tatbestandsmerkmalen gestellt werden, geprüft werden, inwieweit das Ausfüllen von Tatbestandsmerkmalen deutscher zivilrechtlicher Normen durch Menschenrechte tatsächlich einen tauglichen Ansatz zur Anspruchsbegründung gegenüber Unternehmen darstellen kann.

### cc. Fehlende unmittelbare Drittwirkung der Grundrechte – Präjudiz für eine fehlende unmittelbare Drittwirkung der Menschenrechte?

Fraglich ist, ob sich die Wertung, dass Grundrechten in Deutschland im Allgemeinen keine unmittelbare Drittwirkung zukommt, auf die Menschenrechte übertragen lässt.

---

534 Vgl. etwa *Heß*, BerDGVR, 2003, S. 107, 179, der sich scharf gegen die Erwägungen des OLG Köln wendet, dass Art. 53 HLKrO nur zwischenstaatliche Rechtsbeziehungen im Kriege betreffe; sowie *Schmahl*, ZaöRV 2006, S. 699, 713 f. Demgegenüber lehnen andere Stimmen – zum Beispiel *von Woedtke* – die drittschützende Wirkung von Vorschriften des humanitären Völkerrechts generell ab, vgl. *von Woedtke*, Die Verantwortlichkeit Deutschlands für seine Streitkräfte im Auslandseinsatz und die sich daraus ergebenden Schadensersatzansprüche von Einzelpersonen als Opfer deutscher Militärhandlungen, S. 339 ff.

535 *Stammler*, Der Anspruch von Kriegsopfern auf Schadensersatz, S. 97.

Hierfür wird im Einzelnen auf diejenigen Aspekte eingegangen, die gegen eine unmittelbare Drittwirkung der Grundrechte angeführt werden.

*(1) Wortlaut des Grundgesetzes, Systematik und Historie*

Dies ist zuvorderst der Wortlaut des Grundgesetzes in Art. 1 Abs. 3, wonach die Gesetzgebung, die vollziehende Gewalt und die Rechtsprechung an die Grundrechte gebunden sind, Private jedoch keine Erwähnung finden. Art. 1 Abs. 3 GG trifft keine Aussage über die Bindung an Menschenrechte. Für die Menschenrechte ist vielmehr der Abs. 2 des Artikels einschlägig, wonach sich das „*Deutsche Volk [...] zu unverletzlichen und unveräußerlichen Menschenrechten als Grundlage jeder menschlichen Gemeinschaft, des Friedens und der Gerechtigkeit in der Welt*" bekennt. Wohl überwiegend wird in der deutschen Grundrechtsliteratur vertreten, dass sich aus dieser Vorschrift keine Aussage über eine Drittwirkung von Menschenrechten ableiten lasse[536] – also dass diese durch den Wortlaut des Grundgesetzes weder bestätigt noch verworfen wird. Nur vereinzelt sieht die Literatur vor dem Hintergrund des Art. 1 Abs. 2 GG „*vorsichtig eine gewisse Drittwirkung von menschenrechtlich fundierten Grundrechten*" begründet.[537] Diese sei jedoch keinesfalls für jegliche menschliche Gemeinschaft anzunehmen: „*Nur wenn der Einzelne einer anderen menschlichen Gemeinschaft in ähnlicher Absolutheit unterworfen ist wie dem Staat, ohne aus dieser Gemeinschaft einfach austreten zu können, müssen die Menschenrechte zum Schutz des Einzelnen gelten.*"[538]

Systematisches Argument gegen eine allgemeine unmittelbare Drittwirkung der Grundrechte ist, dass diese für einzelne Grundrechte (Art. 9 Abs. 3 S. 2, Art. 20 Abs. 4 und Art. 48 Abs. 1, 2 GG) gesondert angeordnet wird. In Bezug auf die Menschenrechte fehlt es an einer solchen Sonderbehandlung einzelner Gewährleistungen, sodass kein Anlass für einen entsprechenden Umkehrschluss besteht.

Weiter wird gegen eine unmittelbare Drittwirkung die Historie der Grundrechte als Abwehrrechte des Einzelnen gegen den Staat angeführt. Hier könnte eine Parallelität zu den Menschenrechten zu sehen sein, da auch diese als Reaktion auf die staatlichen Verbrechen des Zweiten Weltkriegs ihre internationale Verankerung fanden. Allerdings wird die geschichtliche Begründung der Staatsbeschränktheit der Grundrechtswirkung ohnehin oft als eine Schwache angesehen – „*Die Grundrechte sollen Freiheit bewahren, nicht Historie konservieren*"[539] – und das

536 Vgl. *v. Münch/Kunig*, Art. 1, Rz. 47, sowie AK GG/*Podlech*, Art. 1 Abs. 2, 3, Rz. 5.

537 Vgl. *Mangoldt/Klein/Starck/Starck*, Art. 1, Rz. 138.

538 Ebenda.

539 *Von Münch*, Staatsrecht Band II Rz. 187.

Völkerrecht selbst zeigt sich offen für eine Entwicklung in Anpassung an neue Gefährdungslagen.[540]

*(2) Gefährdung der Privatautonomie*

Es wird vielfach vorgebracht, dass eine unmittelbare Drittwirkung der Grundrechte einen zu starken Eingriff in die Privatautonomie bedeute.

Auf den ersten Blick scheint hier eine vergleichbare Situation bei den Menschenrechten zu bestehen, sollten diese unmittelbar in Vertragsbeziehungen zwischen Privaten zur Geltung kommen.

Bei näherer Betrachtung fällt jedoch für eine andersartige Bewertung ins Gewicht, dass die Betrachter der Grundrechtsfälle in Deutschland nur aufgrund der vorherrschenden sozialen Bedingungen und der existierenden einfachgesetzlichen Absicherungen überhaupt von einer Privatautonomie im Verhältnis zwischen den Parteien ausgehen konnten. Bei den Menschenrechten, die weltweite Geltung beanspruchen, könnten dagegen Privatrechtsverhältnisse vorliegen, in denen die extreme Macht einer Partei die Privatautonomie der anderen weitgehend ausschließt.[541] Wo es aber ohnehin an der Autonomie einer Partei fehlt, kann diese auch nicht durch eine unmittelbare Geltung von Menschenrechten im Privatrechtsverhältnis unzulässig eingeschränkt werden.

Das BVerfG hat anlässlich der Überprüfung der damaligen Fassung der Vorschrift des § 90a Abs. 2 S.2 HGB festgestellt, dass *„Privatautonomie auf dem Prinzip der Selbstbestimmung beruht, also voraussetzt, dass auch die Bedingungen freier Selbstbestimmung tatsächlich gegeben sind. Hat einer der Vertragsteile ein so starkes Übergewicht, dass er vertragliche Regelungen faktisch einseitig setzen kann, bewirkt dies für den anderen Vertragsteil Fremdbestimmung.“*[542]

Viel eher als in der Bundesrepublik kann man in einigen Entwicklungs- und Schwellenländern Beschäftigungsverhältnisse vorfinden, bei denen zwischen Unternehmen und Arbeitnehmern ein staatsähnliches Machtgefälle vorliegt. Die Vergleichbarkeit zu einer staatlichen Unterworfenheit liegt dabei vor allem *„in dem*

540 Dies spiegelt sich zum Beispiel in dem durch den Sonderbeauftragen der UN Ruggie verfolgten Reformprozess, welcher unter anderem auf eine stärkere innerstaatliche Verfolgung von Menschenrechtsverletzungen durch Unternehmen abzielt (vgl. auch Teil III.2.a.bb (2)).

541 Genau mit diesem Argument der erheblichen sozialen und wirtschaftlichen Ungleichheiten wird auch eine unmittelbare Drittwirkung der Grundrechte in Brasilien begründet, vgl. *Sarlet*, Die Einwirkung der Grundrechte auf das brasilianische Privatrecht in: *Neuner (Hrsg.)*, Grundrechte und Privatrecht aus rechtsvergleichender Sicht S. 104.

542 Beschluss des BVerfG vom 7. Februar 1990 – 1 BvR 26/84, BVerfGE 81, 243, 254 f.

*Ausgeliefertsein, in dem Zwang sich zu fügen"*,[543] welcher aus der Alternativlosigkeit aufgrund materieller Not resultiert. Zusätzlich zu den lokal nur unzureichend verankerten und durchgesetzten Schutzmechanismen profitieren große Unternehmen von einem transnationalen „Rechtsanwendungsvakuum" und stellen hierdurch einen kaum kontrollierten, überaus durchsetzungsstarken wirtschaftlichen aber auch sozialen Machtfaktor dar.[544]

Diese Macht besteht einerseits gegenüber den Staaten, viel stärker jedoch noch über den einzelnen Arbeitnehmer, dem vielfach sämtliche Arbeitsbedingungen (wie etwa überlange Arbeitszeiten und Löhne, welche nicht die Lebensgrundlagen decken) diktiert werden können. Eine Privatautonomie im Sinne einer freien Einflussnahme auf vertragliche Abreden wird man in solchen Fällen kaum noch annehmen können. Hier ist gerade nicht mehr von einem funktionierenden Wettbewerb auszugehen, der das bestehende Machtverhältnis relativiert.

*(3) Verlagerung der Abwägung auf den Richter*

Schließlich besteht an der unmittelbaren Drittwirkung Kritik, sie übertrage den – generell der Gesetzgebung zugedachten –Ausgleich der Gemengelagen zwischen Grundrechten auf den Richter. Dem ist in Bezug auf die Menschenrechte entgegenzuhalten, dass diese Extremfälle des Eingriffs darstellen, und ihre Berücksichtigung daher ein seltener Sonderfall und nicht der Standard in zivilrechtlichen Verfahren sein sollten. Schon in Bezug auf die Grundrechte wurde auch durch Verfechter der unmittelbaren Drittwirkung zugestattet, dass man es nicht „übertreiben" solle: *„Es hieße, ‚Heiligtümer' in Vorhöfe ziehen, wollte man etwa die Menschenwürde oder den sozialen Rechtsstaat für die Frage bemühen, ob der Arbeitgeber einen Abstellplatz für Motorräder errichten"*[545] muss. Die Prüfung, ob überhaupt Menschenrechte betroffen sind, dürfte eine wirksame Schranke gegen überbordende Menschenrechtsjuristik im Rahmen von Zivilverfahren sein. Die Interessenabwägung in Einzelfällen, in denen tatsächlich Menschenrechte betroffen sind, ist dann aber gerade die Zuständigkeit der Richter und daher nicht zu beanstanden.

---

543 Vgl. für den nationalen Bereich *Gamillscheg*, AcP 1964, S. 385, 408, der davor auf S. 407 als Beispiel das Großunternehmen in einer Kleinstadt anführt, welchem mehr oder weniger eine Monopolstellung für die Vergabe von Arbeitsplätzen zukommt, und das deswegen bei der Einstellung von Mitarbeitern keine konfessionellen Gesichtspunkte berücksichtigen darf.

544 Vgl. *Kinley/Tadaki,* Virg. J Intl' L, 2004, S. 931, 933; vgl. zudem allgemein Teil III.1.

545 *Gamillscheg*, AcP 1964, S. 385, 387.

*(4) Ergebnis*

Zusammenfassend kann nicht davon ausgegangen werden, dass die fehlende Anerkennung der unmittelbaren Drittwirkung für die Grundrechte eine solche auch für die Menschenrechte verhindert. Vielmehr fallen die Gründe, die in Deutschland gegen eine unmittelbare Drittwirkung der Grundrechte sprechen, für die Beurteilung der Menschenrechte entweder gar nicht oder nur geringfügig ins Gewicht, und diejenigen, die für eine unmittelbare Drittwirkung streiten, sind international umso stärker verwirklicht.

## dd. Exemplarische Prüfung: Menschenrechte als Schutzgesetz in § 823 Abs. 2 BGB im Rahmen von Haftungsansprüchen gegen Unternehmen

Ob Menschenrechte Tatbestandsmerkmale deutscher zivilrechtlicher Normen im Anspruchsverhältnis mit Unternehmen sein können, soll nachfolgend beispielhaft anhand der Vorschrift des § 823 Abs. 2 BGB geprüft werden.

*(1) Allgemeine Anspruchsvoraussetzungen und Normzweck des § 823 Abs. 2 BGB*

Zur Begründung eines Anspruchs aus § 823 Abs. 2 BGB ist erforderlich, dass der Anspruchsgegner *„gegen ein den Schutz eines anderen bezweckendes Gesetz verstößt"*[546] und dieser Verstoß rechtswidrig und schuldhaft erfolgt.

Entsprechend Art. 2 EGBGB ist jede Rechtsnorm Gesetz im Sinne des BGB und damit auch im Rahmen von § 823 Abs. 2 jede Rechtsnorm. Demnach sind nicht nur Parlamentsgesetze, sondern auch untergesetzliche Normakte wie Rechtsverordnungen oder Satzungen der Kammern sowie Normen europarechtlichen Ursprungs als Anknüpfungspunkte für die Haftung nach § 823 Abs. 2 BGB in Betracht zu ziehen.[547] Unerheblich ist, ob die Norm strafrechtlicher Natur ist und ob diese ein Gebot oder ein Verbot statuiert.[548]

Durch den Verweis des § 823 Abs. 2 BGB auf andere Gesetze können somit verschiedene Verhaltensanforderungen aus unterschiedlichen Rechtsgebieten auch im Zivilrecht durchgesetzt werden.[549] Als unmittelbare Folge ermöglicht es die Vorschrift insbesondere, Verhaltensstandards des öffentlichen Rechts in das

546 *HK-BGB/Staudinger*, § 823 Rz. 142.
547 Vgl. *Soergel/Spickhoff*, § 823 Rz. 186 ff.
548 *Palandt/Sprau*, § 823 Rz. 56a.
549 *Staudinger/Hager*, 2009, § 823 Rz. G3.

Zivilrecht hinein zu verlängern und ihre Beeinträchtigung mit privatrechtlichen Schadensersatzansprüchen zu sanktionieren.[550]

Schutzgesetz im Sinne von § 823 Abs. 2 BGB ist nach ständiger Rechtsprechung *„eine Norm, die nach Zweck und Inhalt wenigstens auch auf den Schutz von Individualinteressen vor einer näher bestimmten Art ihrer Verletzung ausgerichtet ist.“*[551] Nicht erforderlich ist, dass der Individualschutz das einzige gesetzgeberische Anliegen ist; er darf nur nicht lediglich einen Reflex darstellen und muss im Aufgabenbereich der Norm liegen.[552]

Die Verletzungshandlung in § 823 Abs. 2 BGB liegt in der Erfüllung des in einem Schutzgesetz normierten Tatbestands. Hierfür ist nach allgemeiner Ansicht erforderlich, dass der Verletzte auch zum tatbestandlich geschützten Personenkreis gehört (persönlicher Schutzbereich), und dass das von der verletzten Person geltend gemachte Interesse von der Norm geschützt wird (sachlicher Schutzbereich).[553] Letzteres wurde beispielsweise im Hinblick auf den Ersatz von Vermögensschäden für Körperverletzungen nach § 223 ff. StGB in Abrede gestellt, da §§ 223 ff. *„vor Beeinträchtigungen der körperlichen Integrität schützen und nicht vor wirtschaftlicher Ausbeutung.“*[554]

Die herrschende Meinung fordert darüber hinaus, dass der aus § 823 Abs. 2 BGB in Anspruch Genommene auch Adressat des Schutzgesetzes ist.[555] So sei es zwar notwendige, aber nicht hinreichende Bedingung, dass ein Schutzgesetz zumindest auch den Schutz von Individualinteressen bezweckt. § 823 Abs. 2 BGB könne im Verhältnis zwischen Privaten seine *„deliktsrechtliche Scharnierfunktion nur dann ausüben, wenn das Schutzgesetz für Privatpersonen eine konkrete Handlungspflicht enthält.“*[556]

Die Frage des Normadressaten stellte sich bislang vor allem in Bezug auf die Normen des Grundgesetzes und hinsichtlich nicht unmittelbar anwendbarer europarechtlicher Richtlinien.

Nach vorherrschender Ansicht können die Normen des Grundgesetzes grundsätzlich keine Schutzgesetze im Sinne von § 823 Abs. 2 BGB sein. Als

---

550 *MünchKommBGB/Wagner*, § 823 Rz. 327.

551 Vgl. Urteil des BGH vom 26. Februar 1993 – V ZR 74/92, NJW 1993, S. 1580.

552 So der BGH in seinem Urteil vom 3. Februar 1987 – VI ZR 32/86, NJW 1987, S. 1818.

553 *Staudinger/Hager*, 2009, § 823 Rz. G24 und G26.

554 Vgl. hierzu *Hennies*, Entschädigung für NS-Zwangsarbeit vor und unter der Geltung des Stiftungsgesetzes vom 2.8.2000, S. 113.

555 *Palandt/Sprau*, § 823 Rz. 78.

556 Vgl. *Rädler*, NJW 1998, S. 1621, 1622.

Begründung hierfür wird auf die Lehre von der lediglich mittelbaren Drittwirkung der Grundrechte[557] zurückgegriffen.[558] Einzige praktisch relevante Ausnahme ist Art. 9 Abs. 3 GG: Da diesem allgemein eine unmittelbare Drittwirkung zugestanden wird, ist er konsequenterweise ebenfalls als Schutznorm anerkannt.[559]

Überwiegend wird auch nicht umgesetzten europäischen Richtlinien die Schutzgesetzeigenschaft im Sinne von § 823 Abs. 2 BGB abgesprochen.[560] Dabei wird allgemein auf ein Urteil des EUGH verwiesen, der klargestellt hat, dass sich aus der Verletzung einer EG-Richtlinie, die von dem jeweiligen Mitgliedstaat pflichtwidrig nicht umgesetzt worden war, keine Schadensersatzansprüche im Verhältnis zwischen Privatleuten herleiten lassen.[561]

Eine weitere Konstellation, in welcher der Normadressat für die Qualifikation als Schutzgesetz relevant wird, ist der Straf- und Ordnungswidrigkeitenbereich: Aufgrund der Zurechnungsvorschriften des § 14 StGB und des § 9 OWiG, die bewirken, dass eine Sanktion sich auch an einen anderen als denjenigen richten kann, der Adressat der unmittelbaren Verhaltensvorschrift ist, bleibt fraglich, ob nur die Verhaltensvorschrift, nur die Sanktionsnorm oder beide Regelungen Schutzgesetze im Sinne von § 823 Abs. 2 darstellen.[562]

---

557 Vgl. hierzu Teil V.1.a.bb.

558 *Soergel/Spickhoff*, § 823 Rz. 202; *Palandt/Grüneberg*, § 242 Rz. 7; *Staudinger/Hager*, 2009, § 823 Rz. G21. Einen anderen, jedoch zu dem gleichen Ergebnis führenden, Ansatz vertritt *MünchKommBGB/Wagner*, § 823 Rz. 337, welcher schreibt, dass Normen des Grundgesetzes als Schutzgesetze zwar in Betracht kämen, dies jedoch aufgrund der lediglich generalklauselartigen Garantien folgenlos bleibe.

559 Urteil des BAG vom 14. Februar 1967 – 1 AZR 494/65, BAGE 19, 217, 228. Demgegenüber wird die Schutzgesetzeigenschaft von Art. 3 Abs. 3 S. 2 GG mittlerweile ganz überwiegend abgelehnt; vgl. ausführlich *Rädler*, NJW 1998, S. 1621 ff. A. A. Antwort der Bundesregierung auf eine große Anfrage zu einem Schutzgesetz im Sinne von § 823 Abs. 2 BGB zugunsten von Behinderten vom 25.09.1996, BT-Drucks. 13/5595, Antwort auf Frage 3.a.

560 Vgl. zum Beispiel *MünchKommBGB/Wagner*, § 823 Rz. 336, sowie *Soergel/Spickhoff*, § 823 Rz. 203.

561 Urteil des EUGH vom 7. Juni 2007, Rs. C-80/06, EuZW 2007, S. 545 f. (Carp Snc die Moleri e V. Corsi/Ecorad Srl).

562 Vgl. dazu sowie zu den daraus resultierenden Erfordernissen an das Verschulden insbesondere *Maier-Reimer*, NJW 2007, S. 3157 ff.

*(2) Erfülltsein der tatbestandlichen Voraussetzungen bei Beeinträchtigung von Menschenrechten durch Unternehmen*

Problematisch in Hinblick auf die Frage, ob die Voraussetzungen des § 823 Abs. 2 bei unternehmerischen Menschenrechtsbeeinträchtigungen erfüllt sind, ist zum einen, ob Menschenrechte überhaupt als Schutzgesetze im Sinne der Vorschrift angesehen werden können und zum anderen, ob Unternehmen Adressaten dieser Schutzgesetze sein müssen.

(a) Menschenrechte als Schutzgesetze im Sinne von § 823 Abs. 2 BGB

Die Vertragsgesetze zu den UN-Kernverträgen sowie den ILO-Kernarbeitsnormen gelten in Deutschland im Rang eines einfachen Gesetzes (vgl. hierzu V.1.a). Zweifelhaft ist jedoch, ob diesen Menschenrechtsverträgen auch der Charakter einer Schutznorm im Sinne von § 823 Abs. 2 BGB zuerkannt werden kann.

Vieles spricht dafür, dass den betreffenden Menschenrechtsverträgen ein über einen bloßen Reflex hinausgehender Individualschutz zuzuerkennen ist.[563] So ist es der Zweck der UN-Kernverträge sowie der ILO-Kernarbeitsnormen, das Individuum zu schützen.[564]

Historisch fügen sich die UN-Kernverträge in die Zeit nach dem Zweiten Weltkrieg ein. Diese war durch das allgemeine Bestreben, der menschlichen Person individuellen völkerrechtlichen Schutz zu gewähren, gekennzeichnet. Demgegenüber wurde ein spezifischer völkerrechtlicher Minderheitenschutz angesichts der Ausnutzung der minderheitenschützenden Bestimmungen in der Völkerbundära für expansionistische Zwecke durch das Hitler-Regime skeptisch eingeschätzt. Die Konzeption der UN-Kernverträge führte daher eher dazu, dass der Minderheitenschutz ein Reflex der völkerrechtlich abgesicherten individuellen Menschenrechte ist, die jedem unabhängig von seiner ethnischen, nationalen, religiösen und kulturellen Zugehörigkeit zustehen,[565] als dass umgekehrt dem Individualschutz lediglich Reflexwirkung zukommt.

Diese Einschätzung zum Individualschutz der Menschenrechtsverträge teilt auch die Rechtsprechung. Sie hat sowohl allgemein festgestellt, dass aufgrund eines nach 1945 erweiterten Schutzes der Menschenrechte das Völkerrecht dem Einzelnen ein eigenes Recht gewährt,[566] als auch speziell für die EMRK und

563 So für den UN-Zivilpakt auch *Schwager*, Ius bello durante et bello confecto, S. 232.

564 Vgl. statt vieler *Ipsen*, Völkerrecht, § 48 Rz. 1.

565 Vgl. zu dieser Thematik *Wenzel*, Das Spannungsverhältnis zwischen Gruppenschutz und Individualschutz im Völkerrecht.

566 Beschluss des BVerfG vom 13. Mai 1996 – 2 BvL 33/93, NJW 1996, S. 2717, 2719.

hinsichtlich einiger Vorschriften des humanitären Völkerrechts angenommen, dass diese gerade dazu bestimmt sind, den Einzelnen zu schützen.[567]

Auch wenn die Überlegungen zur EMRK sowie zum humanitären Völkerrecht durch die Gerichte im Rahmen von § 839 BGB zu völkerrechtlichen Vorschriften als drittgerichteten Amtspflichten angestellt wurden, dürfte das Ergebnis ohne weiteres auf die Schutzgesetzeigenschaft des § 823 Abs. 2 BGB übertragbar sein. So entspricht es der herrschenden Meinung, dass die Ermittlung eines Schutzgesetzes im Sinne des § 823 Abs. 2 BGB und des Drittschutzes gemäß § 839 BGB im Wesentlichen parallel verläuft.[568] Dem liegt folgende Überlegung zugrunde:

Allgemein ist ein Amtswalter verpflichtet, gemäß den gesetzlichen Vorgaben zu handeln. Diese Amtspflicht zu rechtmäßigem Handeln – beziehungsweise dazu, unerlaubte Handlungen zu unterlassen – ergibt sich aus Art. 20 Abs. 3 GG, wonach die vollziehende Gewalt an Recht und Gesetz gebunden ist.[569] Für die Begründung eines Anspruchs aus § 839 BGB in Verbindung mit Art. 34 GG ist jedoch darüber hinausgehend erforderlich, dass dem Amtswalter die verletzte Amtspflicht gegenüber einem Dritten obliegt.[570] Die Frage, ob eine dem Amtswalter obliegende Amtspflicht Drittschutz entfaltet, bestimmt sich nach ständiger Rechtsprechung wiederum nach dem Schutzzweck, den die Amtspflicht verfolgt.[571] Dadurch, dass anerkannt ist, dass Menschenrechtsverträge drittbezogene Amtspflichten im Sinne von § 839 BGB enthalten, liegt mithin ein starkes Indiz dafür vor, dass sie ebenfalls Schutzgesetze des § 823 Abs. 2 BGB darstellen.

Zu beachten ist darüber hinaus, dass für den UN-Zivilpakt anerkannt und zumindest für einige Normen des UN-Sozialpakts sowie der ILO-Kernarbeitsnormen mit guten Argumenten vertretbar ist, dass sie unmittelbar anwendbar sind und subjektive Rechte begründen (vgl. V.1.a). Insoweit könnte ein Gleichklang mit dem Begriff des Schutzgesetzes in § 823 Abs. 2 BGB bestehen – mit der Folge, dass denjenigen Normen, denen die unmittelbare Anwendbarkeit sowie die Gewährung

567 Urteil des BGH vom 10. Januar 1966 – III ZR 70/64, NJW 1966, S. 726 ff.; sowie Urteil des BGH vom 26. Juni 2003 – III ZR 245/98, NJW 2003, S. 3488, 3492.

568 Vgl. *Palandt/Sprau*, § 839 Rz. 44; Jauernig/*Teichmann*, § 839 Rz.1. Der BGH hatte 1966 sogar noch umfassender eine Parallelität zwischen den Ersatzberechtigten in §§ 823 – 826 und dem Dritten in § 839 BGB hergestellt, vgl. Urteil des BGH vom 18. Juni 1971 – III ZR 111/68, NJW 1971, S. 1699.

569 Vgl. zum Beispiel *Ossenbühl*, Staatshaftungsrecht, S. 43.

570 Vgl. *Staudinger/Wurm*, 2007, § 839 Rz. 169.

571 Vgl. hierzu erstmalig Urteil des Reichsgerichts vom 21. Juni 1933 – V 392/32, RGZ 140, S. 424, 427.

eines subjektiven Rechts auf nationaler Ebene zuerkannt werden, auch Schutzgesetzqualität zukäme.[572]

Hierfür spricht zunächst, dass nur solche Vertragsnormen unmittelbar anwendbar sind, die ausreichend bestimmt sind. Soweit gegen die Schutzgesetzeigenschaft eingewandt wird, dass es den Menschenrechtsverträgen an der notwendigen Bestimmtheit fehle,[573] kann dem entgegengehalten werden, dass über die Verengung des Anwendungsbereichs der Schutznormen zumindest auf diejenigen Vertragvorschriften, die unmittelbar anwendbar sind, die Bestimmtheit gegeben ist.[574]

Weiterhin lässt sich für eine Identität von subjektiven Rechten und Schutzgesetzen anführen, dass subjektive Rechte nur dort abgeleitet werden können, wo die Norm selbst den Individualschutz zum Ziel hat. In diesem Sinne lassen sich die betreffenden UN-Kernverträge und ILO-Kernarbeitsnormen auch als *„völkerrechtliche Verträge zur Berechtigung privater Dritter“*[575] einordnen, welche in Abgrenzung zu solchen Verträgen, die bloß als Nebeneffekt eine Begünstigung Privater zur Folge haben, gerade den Schutz von Privaten intendieren.[576]

Erkennt man folglich zumindest dem UN-Zivilpakt sowie einigen Bestimmungen des UN-Sozialpakts und der ILO-Kernarbeitsnormen einen individualschützenden Charakter zu, sollte für diese unproblematisch auch der „persönliche Schutzbereich“ eröffnet sein. So schützen die betreffenden Verträge grundsätzlich

---

572 Eine derartige Einschätzung lässt sich auch bei *von Woedtke* herauslesen, vgl. *von Woedtke*, Die Verantwortlichkeit Deutschlands für seine Streitkräfte im Auslandseinsatz und die sich daraus ergebenden Schadensersatzansprüche von Einzelpersonen als Opfer deutscher Militärhandlungen, S. 342. Sie wurde auch durch das Reichsgericht in seinem Urteil vom 23. Dezember 1933 – I 150/33, RGZ, Bd. 143, 57, 68 f. zugrundegelegt.

573 Dies wurde etwa durch *Hennings* problematisiert; vgl. *Hennings*, Über das Verhältnis von Multinationalen Unternehmen zu Menschenrechten, S. 128.

574 Anderenfalls würden die Vertragsnormen bereits die Voraussetzungen der unmittelbaren Anwendbarkeit nicht erfüllen; vgl. zum Beispiel *Urteil* des BVerwG vom 16.10.1990 – 1 C 15/88, NVwZ 1991, S. 787.

575 Vgl. zu diesem Begriff *Schwartmann*, Private im Wirtschaftsvölkerrecht, S. 19 ff., der hierunter sowohl solche Verträge fasst, die nach dem Willen der Vertragstaaten ein in einem völkerrechtlich garantierten Verfahren einklagbares Recht auf Einhaltung beinhalten („echte“ oder „direkte“ Verträge zugunsten privater Dritter) als auch solche, welche eine Durchsetzungsmöglichkeit auf innerstaatlicher Ebene voraussetzen („unechte“ oder „indirekte“ Verträge zugunsten privater Dritter).

576 *Verdross/Simma*, Universelles Völkerrecht, S. 255.

unterschiedslos alle Menschen.[577] Anhand des jeweils verletzten Interesses ist dann im Einzelfall zu entscheiden, bei welcher Regelung der „sachliche Schutzbereich“ einschlägig ist.

(b) Unternehmen als Adressaten der Schutznorm

Auch wenn damit zumindest ein Teil der betreffenden Menschenrechtsverträge „materiell“ als Schutzgesetze im Sinne von § 823 Abs. 2 BGB in Betracht kommen, bleibt problematisch, ob dies auch in der Rechtsbeziehung zwischen einem Unternehmen und einer natürlichen Person, das heißt zwischen Privaten, der Fall ist. Es stellt sich hierbei die Frage, inwieweit es relevant ist, ob der Täter zum Adressatenkreis der Verhaltenspflicht der Norm gehört.

Auf den ersten Blick drängt sich der Vergleich zu den Grundrechten sowie zu den nicht umgesetzten europäischen Richtlinien auf,[578] denen – mit Verweis auf die nicht gegebene unmittelbare Drittwirkung beziehungsweise horizontale Wirkung – die Schutzgesetzeigenschaft abgesprochen wird.[579]

Das aus der fehlenden unmittelbaren Drittwirkung der Grundrechte in Deutschland nicht zwingend eine Versagung der unmittelbaren Drittwirkung der Menschenrechte folgt, wurde bereits erörtert.[580]

Aber auch aus der nicht bestehenden horizontalen Wirkung Europäischer Richtlinien lassen sich wohl keine Rückschlüsse für die Wirkung der Menschenrechte ziehen. So ist das Konzept der Europäischen Richtlinie gerade darauf ausgerichtet, keine unmittelbaren Wirkungen zwischen Privatpersonen zu erzeugen, solange sie nicht umgesetzt ist.[581] Eine Auslegung, die sich dem entgegenstellen würde, indem sie die Schutzgesetzeigenschaft dennoch annähme, wäre dementsprechend nicht „europarechtsfreundlich.“ Dagegen folgen aus den Menschenrechten

---

577 Dies gilt mit Ausnahme derjenigen Übereinkommen, die sich dem besonderen Schutz von Kindern und Frauen verschrieben haben: Übereinkommen über die Gleichheit des Entgelts männlicher und weiblicher Arbeitskräfte für gleichwertige Arbeit, 1951 (Nr. 100); Übereinkommen über die Diskriminierung in Beschäftigung und Beruf, 1958 (Nr. 111); Übereinkommen über das Mindestalter für die Zulassung zur Beschäftigung, 1973 (Nr. 138); Übereinkommen über das Verbot und unverzügliche Maßnahmen zur Beseitigung der schlimmsten Formen der Kinderarbeit, 1999 (Nr. 182).

578 Vgl. *Gerstetter/Kamieth* in: *Germanwatch (Hrsg.)*, Unternehmensverantwortung – Vorschläge für EU-Reformen, S. 25.

579 Vgl. etwa Soergel/*Spickhoff*, § 823 Rz. 202 f.

580 Vgl. hierzu Teil V.1.b.cc.

581 Herrschende Ansicht, vgl. zum Beispiel *Geiger/Khan/Kotzur*, EUV/AEUV, Art. 288 AEUV, Rz. 17.

Schutzpflichten der Staaten, die sich über eine unmittelbare Drittwirkung besonders gut realisieren ließen und damit der Zielvorstellung der Konventionen entsprechen.

Dafür, lediglich die materielle Verletzung eines Schutzgesetzes zu verlangen, ohne hingegen zu fordern, dass ein Unternehmen als Anspruchsgegner auch Adressat der konkreten Schutznorm ist, spricht auch das Gebot *„einer menschenrechtsfreundlichen Auslegung nationalen Rechts."*[582] Dieses werde bei einer starren Prüfung des Bestehens von Individualansprüchen aus völkerrechtlichen Verhaltensvorschriften im Rahmen des § 823 Abs. 2 BGB nicht hinreichend effektuiert.[583] Der *„Gedanke der völkerrechtsfreundlichen Auslegung des Privatrechts*[584] müsse bei der Auslegung von § 823 Abs. 2 als *„Rezeptionsklausel"*,[585] welche die völkerrechtliche Norm aufnimmt, helfen.

Argumentieren könnte man zudem mit einer Parallelwertung zur Anerkennung des Anspruchs aus § 839 BGB in Verbindung mit Art. 34 GG im Falle der Amtspflichtverletzung durch einen Völkerrechtsverstoß: Im Rahmen von § 839 BGB in Verbindung mit Art. 34 GG wird durch die Rechtsprechung und Literatur nicht beanstandet, dass der nach deutschem Amtshaftungsrecht Anspruchsberechtigte selbst keinen Schadensersatzanspruch aus dem völkerrechtlichen Vertrag hat, ein solcher Anspruch auf Entschädigung vielmehr nur dem Staat zusteht und dieser überdies nicht unbedingt unmittelbar aus dem Vertrag folgen muss.[586] Insoweit stellte das BVerfG in einer Entscheidung aus dem Jahr 2004 Folgendes fest: *„Art. 3 des Haager Abkommens von 1907 begründet grundsätzlich keinen individuellen Entschädigungsanspruch, sondern positiviert nur den allgemeinen völkerrechtlichen Grundsatz [...] einer Haftungsverpflichtung zwischen den Vertragsparteien. Dieser sekundärrechtliche Schadensersatzanspruch besteht jedoch nur in dem Völkerrechtsverhältnis zwischen den betroffenen Staaten. Der Schadensersatzanspruch unterscheidet sich insoweit von dem primärrechtlichen Anspruch der betroffenen Personen auf Einhaltung der Verbote des humanitären Völkerrechts."*[587]

Umgekehrt könnte es damit auch unschädlich sein, dass ein Unternehmen als Anspruchsgegner des zivilrechtlichen Schadensersatzanspruchs aus § 823 Abs. 2 GBG und der Staat als der aus dem völkerrechtlichen Übereinkommen

582 *Heß*, BerDGVR 2003, S. 107, 178.

583 Ebenda, S. 107, 178 f.

584 Ebenda, S. 253.

585 Ebenda, S. 253.

586 Ebenda.

587 Vgl. Beschluss des BVerfG vom 28. Juni 2004 – 2 BvR 1379/01, NJW 2004, S. 3258.

unmittelbar Verpflichtete auseinanderfallen, solange sich das Unternehmen nur materiell in Widerspruch zu den Bestimmungen des völkerrechtlichen Vertrages setzt. Während im ersten Fall eine Diskrepanz der Anspruchsberechtigten aus Völker- und Zivilrecht bestünde, wäre im zweiten Fall ein Auseinanderfallen von völkerrechtlich unmittelbar Verpflichtetem und zivilrechtlich Haftendem gegeben.

Die Anerkennung der Schutzgesetzeigenschaft der betreffenden Menschenrechtsverträge stünde auch nicht im Widerspruch zur Ablehnung einer direkten Bindung von Unternehmen an die Menschenrechtsverträge. So geht es bei der Anspruchsbegründung im Rahmen von § 823 Abs. 2 BGB ja gerade nicht um eine unmittelbare Haftung aus einer völkerrechtlichen Norm, welche eine vollständige Kongruenz der Tatbestandsvoraussetzungen (einschließlich des Täters) erfordern würde, sondern vielmehr um eine Haftung aus Zivilrecht, welche für Schutzgesetzverletzungen (gleich welchen Rechtsgebiets) erfolgen soll. Eine solche „materielle" Verletzung der Menschenrechtsverträge als Schutznormen kann aber zweifellos auch ein Unternehmen begehen.[588]

Schließlich wird vorgebracht, dass im Strafrecht bereits seit langem ein Rückgriff auf das Völkerrecht anerkannt sei, ohne dass die unmittelbare Anwendbarkeit gegenüber dem Täter problematisiert werde.[589] Hieraus sei erst recht auf die Zulässigkeit im Zivilrecht zu schließen: Wenn schon im Strafrecht, in dem wegen des Grundsatzes nulla poene sine lege[590] ein extrem strenger Maßstab an die anwendbaren Normen zu legen ist, eine solche Möglichkeit besteht, sollte dies erst recht im Zivilrecht gelten.[591]

Nicht zuletzt sei noch einmal an die besondere Machtstellung von Unternehmen in Teilen der Welt erinnert. Diese dürfte dem Gewaltverhältnis von Staaten

---

588 Vgl. zu einer vergleichbaren Argumentation zu § 839 BGB *Heß*, BerDGVR, 2003, S. 107, 179.

589 So *Heß*, BerDGVR, 2003, S. 107, 179 mit Verweis auf das Urteil des BGH vom 30. September 1960 – 4StR 242/60, BGHSt 15, 214, sowie das Urteil des BGH vom 15. August 1969 – 5StR 689/68, BGHSt 23, 103.

590 Vgl. Art. 103 Abs. 2 GG: *„Eine Tat kann nur bestraft werden, wenn die Strafbarkeit gesetzlich bestimmt war, bevor die Tat begangen wurde."*

591 Vgl. *Schwager*, Ius bello durante et bello confecto, S. 224. Hierzu ist allerdings zu bemerken, dass die zitierten Urteile das Völkerrecht nicht als strafbarkeitsbegründend herangezogen, sondern vielmehr lediglich geprüft haben, ob eine Rechtfertigung aufgrund der Vornahme einer rechtmäßigen Kriegshandlung im Sinne des „tu quoque"-Grundsatzes beziehungsweise der Haager Landkriegsordnung vorlag.

über ihre Bürger zumindest nahe kommen, sodass ein erhebliches Interesse daran besteht, national zu einer unmittelbaren Haftung zu kommen.

Es lassen sich damit durchaus Gründe finden, welche für eine Schutzgesetzeigenschaft der betreffenden Menschenrechtsverträge zwischen Privaten sprechen.

Zu beachten ist jedoch, dass die Rechtsprechung die fehlende unmittelbare Drittwirkung zwischen Privaten bereits im Rahmen von § 134 BGB als Ausschlussgrund dafür angesehen hat, einen Staatsvertrag als Verbotsgesetz zu werten, das vertragliche Ansprüche zwischen Privaten zum Erlöschen bringen kann.[592] Zwar gliedern sich die betreffenden Entscheidungen in den besonderen Kontext der Fluchthilfe, welche die Gerichte nicht behindern wollten. Doch lässt sich in der Gesamtschau mit der auch sonst zurückhaltenden Behandlung des Völkerrechts im Rahmen von zivilrechtlichen Normen wohl eher nicht davon ausgehen, dass die Gerichte eine völkerrechtsfreundliche Auslegung, die auf eine rein materielle Schutzgesetzverletzung abstellt, akzeptieren würden.

Maßgeblich dürfte aus Sicht der Praxis damit für die Erfüllung des § 823 Abs. 2 BGB nicht nur sein, ob ein Unternehmen materiell den Schutzbereich der betreffenden Menschenrechtsnorm erfüllt hat, sondern auch, ob es deren Adressat ist. Letzteres wird zumindest nach heute herrschender Auffassung zu verneinen sein, sodass eine Anspruchsbegründung durch Substitution ausscheidet.

### ee. Ergebnis

Das Ergebnis, das im Hinblick auf § 823 Abs. 2 BGB gefunden wurde – das heißt das Ausscheiden einer Substitution der Schutzgesetzverletzung durch die relevanten Menschenrechtsverträge – wird sich entsprechend auf die sonstigen Normen des Zivilrechts, die potentiell einer Ersetzung durch Völkerrecht offenstehen, übertragen lassen. Solange Unternehmen nicht als Adressaten der völkerrechtlichen Normen wahrgenommen werden, wird dieses völkerrechtliche Manko auch auf die zivilrechtlichen Normen durchgreifen. Die Folge ist, dass dieser Weg für die Haftbarmachung von Unternehmen für Menschenrechtsverletzungen wohl ausscheidet.

Die UN-Kernverträge sowie die ILO-Kernarbeitsnormen stellen damit nach deutschem Zivilrecht selbst keine Anspruchsgrundlagen für Haftungsansprüche bereit, die sich gegen Unternehmen richten. Zwar sind sie vollständig geltendes Recht in Deutschland geworden und zum Teil auch unmittelbar anwendbar, die vermittelten subjektiven Rechte helfen jedoch nicht darüber hinweg, dass eine

592 Urteil des BGH vom 29. September 1977 – III ZR 164/75, NJW 1977, S. 2356.

unmittelbare Drittwirkung, das heißt eine Anspruchsgewährung zwischen Privaten, (noch) keine überwiegende Zustimmung finden wird.

### c. Mittelbare Drittwirkung der Menschenrechte im deutschen Recht

Analog der mittelbaren Drittwirkung der Grundrechte kann man auch von einer mittelbaren Drittwirkung völkerrechtlicher Normen sprechen. Diese wird für die Menschenrechte aufgrund der bestehenden Schutzpflichten der Staaten bereits völkerrechtlich angeordnet.[593]

In Deutschland äußert sich die mittelbare Drittwirkung von Völkerrecht durch eine Auslegung innerstaatlicher Normen sowie durch Ausnutzung von Ermessensspielräumen dahingehend, dass dem Inhalt der völkerrechtlichen Vorschrift so weit wie möglich Geltung verschafft wird.[594] Einzug finden Menschenrechte darüber hinaus in Einzelfällen als normative Stütze der faktischen Argumentation.[595]

Beachtlich ist hierbei, dass – auch wenn die Menschenrechtsverträge in Deutschland lediglich im Rang eines einfachen Bundesgesetzes gelten[596] – diese nicht nur bereits bestehendes gleichrangiges nationales Recht im Rahmen der zulässigen Gesetzesauslegung beeinflussen, sondern sogar zeitlich nach der fraglichen Konventionsvorschrift erlassene formelle Bundesgesetze, *„denn es ist nicht anzunehmen, daß der Gesetzgeber, sofern er dies nicht klar bekundet hat, von den völkerrechtlichen Verpflichtungen der Bundesrepublik Deutschland abweichen oder die Verletzung solcher Verpflichtungen ermöglichen will.“*[597] Die Bedeutung geht soweit, dass die Menschenrechte, trotz ihres fehlenden Verfassungsrangs, *„als Auslegungshilfen für die Bestimmung von*

593 Vgl. Teil II.2.d.dd.

594 Vgl. *Münch/Kunig*, Art. 24 Rz. 3.

595 So hat etwa das BVerfG (Beschluss vom 18. November 2003 – 1 BvR 302/96, BVerfGE 109, 64) das – von der Bundesrepublik nicht ratifizierte – ILO-Übereinkommen Nr. 183 über den Mutterschutz herangezogen, um zu untermauern, dass eine faktische Diskriminierung im Sinne des Art. 3 Abs. 2 GG vorliege, vgl. *Hänlein*, in: *Becker/Boekken/Nußberger/Steinmeyer (Hrsg.)*, Reformen des deutschen Sozial- und Arbeitsrechts im Lichte supra- und internationaler Vorgaben, S. 77 f.

596 Vgl. zum Beispiel Beschluss des BVerfG vom 26. März 1987 – 2 BvR 589/79, 740/81 und 284/85 – BVerfGE 74, 358, 370.

597 Ebenda.

*Inhalt und Reichweite von Grundrechten und rechtsstaatlichen Grundsätzen des Grundgesetzes"*[598] heranzuziehen sind.

Der Grund für dieses Vorgehen kann maßgeblich in der „Völkerrechtsfreundlichkeit" des Grundgesetzes gesehen werden. Mit der Präambel, Art. 1 Abs. 2 und Art. 24 bis 26 enthält das Grundgesetz verschiedene Normen, welche sich mit dem Verhältnis der Bundesrepublik zum Völkerrecht befassen und aus denen sich die Grundentscheidung der Verfassungsgeber für eine Integration der Bundesrepublik Deutschland in die internationale Staatengemeinschaft erkennen lässt.[599] Die völkerrechtsfreundliche Auslegung bedeutet dementsprechend, dass bei mehreren möglichen Deutungen derjenigen der Vorzug zu geben sein wird, die gleichzeitig den Anforderungen des Völkerrechts gerecht wird.[600]

Die §§ 138, 242, 157, 307 und 826 BGB stellen sich damit auch als Einfallstore für die in Deutschland unmittelbar anwendbaren Menschenrechte in das Privatrecht dar, mit der Konsequenz, dass zivilrechtliche Ansprüche zwischen Privaten im Lichte der Menschenrechte zu würdigen sind.[601]

Anders als in den NS-Zwangsarbeiterprozessen, die Zeiträume vor Inkrafttreten der relevanten Menschenrechtsverträge betreffen, und für welche auf die Menschenrechte lediglich als *„naturrechtliche Prinzipien"*[602] verwiesen wurde, bestehen nunmehr verbindliche völkerrechtliche Verpflichtungen. Zu einer verfassungskonformen und einer europarechtskonformen Auslegung des Zivilrechts gesellt sich mithin auch eine *„menschenrechtskonventionskonform e"*[603] Auslegung. Diese dürfte verhindern, dass die Gerichte, das Festhalten an zivilrechtlichen Grundsätzen – ungeachtet der menschenrechtlichen Implikationen – so lapidar begründen, wie es das OLG Stuttgart noch in seinem Urteil aus dem Jahr 2000 getan hat: *„Dem eingetretenen Verjährungsablauf kann nicht*

598 „Görgülü-Beschluss" des BVerfG, 2 BvR 1481/04 vom 14.10.2004, BVerfGE 111, 307, 317.

599 *Kirchhof*, EuGRZ 1994, S. 16, 32.

600 *Isensee/Kirchhof/Tomuschat,* Handbuch des Staatsrechts Band VII, § 172 Rz. 27.

601 A.A. *von Unger*, Menschenrechte als transnationales Privatrecht, S. 215, der von einer schlichten Rechtsparallelität ausgeht: *„Wo Völkerrecht und nationales Recht nicht miteinander kommunizieren und das Völkerrecht jedes Mal einer nationalstaatlichen Übersetzung bedarf, um rechtsetzende (oder rechtsverdrängende) Bedeutung in der nationalen Sphäre zu erlangen, kann das Völkerrecht eo ipso den Anwendungsbereich des Privatrechts nicht stören, einschränken oder aufheben. Das Privatrecht bleibt, was es ist, ungeachtet jeder völkerrechtlichen Implikation."*

602 Urteil des OLG Stuttgart vom 20. Juni 2000 – 12 U 37/00, NJW 2000, S. 2680, 2683.

603 *Roller*, DRiZ 2004, S. 337.

*entgegengehalten werden, dass vorliegend besonders schwerwiegende Verbrechen gegen die Menschlichkeit in Frage stehen. Der Gesetzgeber hat sich im Interesse des Rechtsfriedens dafür entschieden, dass zivilrechtlich auch Ansprüche aus den denkbar schlimmsten und scheußlichsten Delikten nach § 852 BGB nach drei Jahren verjähren sollen.*"[604] Der Grundgedanke einer solchen Einschätzung ist, dass es sich weiter um privatrechtliche Ansprüche zwischen Privaten handelt, ohne dass der politische Hintergrund und die staatliche Organisation der Menschenrechtsverletzung daran etwas ändern.[605]

Wie weit das Berücksichtigungsgebot demgegenüber heute geht, hat das BVerfG im Jahr 2004 anlässlich der Sache „Görgülü"[606] deutlich gemacht. Dem maßgeblichen Fall lag ein familienrechtlicher Streit um das Sorge- und Umgangsrecht eines Vaters mit seinem unehelichen Sohn zugrunde, für welchen der EGMR die Konventionswidrigkeit der bisherigen staatlichen Maßnahmen feststellte und anordnete, dass zumindest ein Umgangsrecht einzuräumen sei.[607] Das BVerfG stellte unter anderem fest, dass die Missachtung der Berücksichtigungspflicht der EMRK zu einem *„Verstoß gegen das in seinem Schutzbereich berührte Grundrecht in Verbindung mit dem Rechtsstaatsprinzip"*[608] führt. Diese Wertung dürfte sich auch auf die UN-Kernverträge sowie die ILO-Kernarbeitsnormen übertragen lassen, soweit sie innerstaatlich unmittelbar anwendbar sind.[609] Damit besteht eine

---

604 Urteil des OLG Stuttgart vom 20. Juni 2000 – 12 U 37/00, NJW 2000, S. 2680, 2683.

605 Vgl. zu einem entsprechenden Vorgehen der schweizerischen Zivilgerichtsbarkeit *Schwander,* Besprechung neuerer Gerichtsentscheidungen zum internationalen Zivilprozessrecht, in: *Spühler (Hrsg.)*, Internationales Zivilprozess- und Verfahrensrecht V, S. 119.

606 „Görgülü-Beschluss" des BVerfG, 2 BvR 1481/04 vom 14. Oktober.2004, BVerfGE 111, 307.

607 Urteil des EGMR vom 26. Februar 2004 „Görgülü"– 74969/01, EuGRZ 2004, 700. Nachdem zunächst das befasste Amtsgericht diesen Vorgaben des EGMR nachgekommen war, wurde es durch das OLG Naumburg mit der Begründung aufgehoben, dass die EMRK sowie die EGMR-Urteile keine entsprechende innerstaatliche Rechtswirkung entfalten würden, Urteil des OLG Naumburg vom 30. Juni 2004 – 14 WF 64/04, EuGRZ 2004, 749.

608 „Görgülü-Beschluss" des BVerfG, 2 BvR 1481/04 vom 14.Oktober 2004, BVerfGE 111, 307, 316.

609 Insofern allerdings das BVerfG das Berücksichtigungsgebot auch auf die Urteile des EGMR als Rechtsprechungsorgan der EMRK erstreckt, dürfte eine solche Annahme für die "general comments" zu den UN-Kernverträgen beziehungsweise für die Entscheidungen und Empfehlungen der ILO-Kontrollgremien wohl zu

verfassungsrechtliche Absicherung der mittelbaren Wirkung der Menschenrechte im Zivilrecht, die im Falle einer Verletzung vor dem BVerfG gerügt werden kann.

## d. Ergebnis

Während ein Teil der relevanten Menschenrechte in Deutschland für unmittelbar anwendbar gehalten wird, wird dies für andere abgelehnt beziehungsweise offen gelassen.

Auch wenn eine unmittelbare Drittwirkung der Menschenrechte durchaus begründbar scheint, findet sich für diese – jedenfalls zum gegenwärtigen Zeitpunkt – wohl noch keine breite Unterstützung.

Im Gegensatz dazu ist eine mittelbare Drittwirkung der unmittelbar anwendbaren Menschenrechte höchstrichterlich anerkannt, sodass diese bei der Auslegung unbestimmter Rechtsbegriffe des Zivilrechts zu berücksichtigen sind.

Das, was zum Teil unter die Begriffe der „Übersetzung" bzw. „Integration" der Menschenrechte in das Zivilrecht gefasst wird, bedeutet für die vorliegende Arbeit Folgendes: Zur Prüfung ausgewählt werden entsprechend des konkret verwirklichten Sachverhaltes denkbare zivilrechtliche Anspruchsgrundlagen, die dann unter Zugrundelegung der relevanten Menschenrechte ausgelegt werden. Man könnte für dieses Vorgehen auch von einer Parallelwertung der Menschenrechte im Zivilrecht sprechen.

In der englischsprachigen Literatur wurde bereits in vergleichbarer Weise verfahren: In Abwesenheit eines speziellen „tort of torture", welcher vor einem Zivilgericht geltend gemacht werden könnte, wurde erwogen, welcher der existierenden torts ("tort of battery", "tort of assault", "tort of harassment") geeignet sein könnte, eine Haftbarkeit für die relevante Handlung zu begründen.[610]

weit gehen. Beispielsweise wurde durch den VGH Baden-Württemberg in seinem Urteil vom 17. Dezember 1991 – 9 S 2163/90 – (mit Verweis auf die Entscheidung der Vorinstanz) abgelehnt, Entscheidungen des Menschenrechtsausschusses zu berücksichtigen, vgl. *Zimmermann*, ZaöRV 1993, S. 360, 419.

610 Vgl. *Virgo*, Characterisation, Choice of Law and Human Rights in: *Scott (Hrsg.)*, Torture as Tort, S. 331.

## 2. Prüfungsumfang: Eingriffe durch Zulieferer, die in ihrer Intensität menschenrechtsbeeinträchtigend sind

Ziel dieser Arbeit ist es nicht, deutsche Standards im Arbeits- und Sozialbereich auf Auslandsachverhalte zu oktroyieren,[611] sondern vielmehr, die Möglichkeiten der Haftbarmachung von Unternehmen für schwerwiegendste Eingriffe ihrer Zulieferer zu untersuchen.[612] Es geht darum, festzustellen, inwieweit das deutsche Zivilrecht Ansprüche für Fälle, in denen deutsche Unternehmen Waren abnehmen, die unter arbeitsbezogener Beeinträchtigung von Menschenrechten produziert worden sind, gewährt.

Eine Einschränkung des Prüfungsumfangs ist mithin dahingehend vorzunehmen, dass nur solche Handlungen erfasst werden, welche in Ihrer Intensität menschenrechtsbeeinträchtigend sind, also. den Schutzbereich der relevanten Menschenrechtsnormen berühren.

Methodisch soll hierfür im ersten Schritt für die in dem Fallbeispiel konkret identifizierten Arbeitsbedingungen festgestellt werden, inwieweit diese Menschenrechte beeinträchtigen.

### a. Durchführung der Überprüfung

#### aa. Abstrakter Vergleich von Menschenrechten und nationalen Bestimmungen?

Es ist zu erwägen, vorab einen abstrakten Abgleich sämtlicher potentiell verletzbarer Normen der UN-Kernpakte sowie der ILO-Kernarbeitsnormen mit nationalen

---

611 In seinem Urteil vom 9. Mai 1980 – I ZR 76/78, GRUR 1980, S. 858, 860, stellte der Bundesgerichtshof zu dieser Fragestellung fest, *„daß es aus humanitären Gründen geboten erscheint, Arbeitnehmer im Ausland in gleicher Weise vor Gesundheitsbeeinträchtigungen zu schützen, wie es in der deutschen Asbestindustrie der Fall ist."* Zu beachten sei aber andererseits, *„daß sich die an den Schutz der Arbeitnehmer zu stellenden Anforderungen an der jeweiligen historischen, kulturellen, sozialen, wirtschaftlichen und rechtlichen Entwicklung eines Gemeinwesens orientieren und deshalb in den einzelnen staatlichen Ordnungen eine vom inländischen Rechtszustand abweichende Regelung erfahren dürfen."*

612 Der BGH bezieht sich insoweit auf ein *„naturrechtlich vorgegebenes Gemeingut."* Ebenda, S. 862.

zivilrechtlichen Vorschriften vorzunehmen, um parallel geschützte Rechtsgüter und korrespondierende Anspruchsgrundlagen zu identifizieren.

Eine derartige Überprüfung würde jedoch den Rahmen dieser Arbeit deutlich übersteigen.[613] Außerdem ist letztlich unerheblich, ob die Schutzbereiche der völkerrechtlichen und der deutschen Zivilrechtsnormen unterschiedlich gestaltet sind. Maßgeblich ist allein, ob in den konkreten Fällen Menschenrechte beeinträchtigt werden sowie ob für diese dann nationale Anspruchsgrundlagen bereitstehen.

Daher sei nur kurz das Folgende zusammenfassend zu einem allgemeinen Abgleich angeführt: Der Schutzbereich der Art. 1 bis 19 sowie 101 bis 103 des Grundgesetzes hat starke Parallelen zu den im UN-Zivilpakt geschützten Rechten. Dagegen ist die grundgesetzliche Verankerung wirtschaftlicher und sozialer Rechte nur schwach ausgeprägt.[614] Ansätze finden sich in Art. 20 Abs.1 GG, welcher die programmatische Ankündigung enthält, die Bundesrepublik sei ein „sozialer“ Staat beziehungsweise in Art. 28 Abs. 1, in dem von einem„sozialen Rechtsstaat“ die Rede ist. Darüber hinaus enthalten nur einzelne Grundrechte eine soziale Komponente, wie etwa in Art. 6 Abs. 4 (Mutterschutz), Art. 6 Abs. 5 (Gleichstellungsauftrag für nichteheliche Kinder) und Art. 14 Abs. 2 (Sozialbindung des Eigentums).[615] Dennoch wird allgemein auch für wirtschaftliche und soziale Menschenrechte von einem ausreichenden Schutzniveau ausgegangen, da die Menschenrechte des UN-Sozialpakts in Deutschland zumindest einfachgesetzlich (meist im Sozial- und Arbeitsrecht) abgesichert seien.[616] Dasselbe kann für die Kernarbeitsnormen der ILO wohl daraus gefolgert werden, dass die Überwachungsverfahren der ILO im Verhältnis zur Bundesrepublik nie eindeutige Verstöße festgestellt haben, die in der Folge nicht bereinigt wurden.[617]

---

613 Eigenständige Untersuchungen zu einzelnen Verträgen beziehungsweise einzelnen Vertragsnormen existieren zum Beispiel zum UN-Sozialpakt (*Scherf*, Die Umsetzung des Internationalen Paktes über wirtschaftliche, soziale und kulturelle Rechte vom 19. Dezember 1966 in der Rechtsordnung der Bundesrepublik Deutschland) sowie zur Rassendiskriminierungskonvention (*Fries*, Die Bedeutung von Art. 5 (f) der Rassendiskriminierungskonvention im deutschen Recht). Eine umfassende Übersicht zu verschiedenen UN-Verträgen und deren Rezeption und Spiegelung im deutschen Recht findet sich darüber hinaus bei *Kirchhof*, EuGRZ 1994, S. 16, 36 ff.

614 Zu einer Auseinandersetzung mit den Argumenten für und wider eine verfassungsrechtliche Normierung einklagbarer sozialer Grundrechte vgl. den Bericht der Gemeinsamen Verfassungskommission des Bundestags und des Bundesrats vom 5. November 1993, (BT-Drucks. 12/6000).

615 Ebenda, S. 75.

616 *Riedel/Söllner*, JZ 2006, S. 270, 276 f.

617 Vgl. *Haase*, ZfSH/SGB 1990, S. 238, 243.

### bb. Konkreter adressatenbezogener Vergleich mit eingeschränkter Prüfungstiefe

Soweit somit nachfolgend unmittelbar überprüft werden soll, inwiefern es zu einer Beeinträchtigung menschenrechtlicher Normen durch Arbeitsbedingungen in der Produktion kommt, geschieht dies unter folgenden Überlegungen zur Art und Weise und zur Tiefe der Untersuchung:

Hinsichtlich der Art und Weise der Überprüfung ist zu berücksichtigen, dass es für die Subsumption jeweils einer spezifischen Würdigung der menschenrechtlichen Normen bedarf. Da diese mit Blick auf die Verpflichtung von Staaten konzipiert wurden, ist – wie bereits unter Teil III.2.b dargestellt – eine Transformation erforderlich, um die inhaltliche Ausrichtung anzupassen und die menschenrechtlichen Vorgaben unternehmensgerecht aufzubereiten.[618]

Methodisch wird sich hierfür an den UN-Draft Norms orientiert, für welche der „Adressatenwechsel" für diejenigen Menschenrechtsnormen bereits vollzogen wurde, welche im Zusammenhang mit Unternehmen besonders relevant sind.[619]

Auf den ersten Blick scheinen sich die UN-Draft Norms darin zu erschöpfen, es Unternehmen aufzuerlegen, die in Bezug genommenen Menschenrechtsverträge zu beachten. Art. 5 etwa bestimmt: *"Transnational corporations and other business enterprises shall not use forced or compulsory labour as forbidden by the relevant international instruments and national legislation as well as international human rights and humanitarian law."* Art.6 wiederum legt fest: *"Transnational corporations and other business enterprises shall respect the rights of children to be protected from economic exploitation as forbidden by the relevant international instruments and national legislation as well as international human rights and humanitarian law."*

Es wird folglich im Allgemeinen keine Begehungsweise durch Unternehmen beschrieben, sodass es dem Wortlaut nach bei einer abstrakt von der Verletzungshandlung vorgenommenen Betrachtung des Schutzbereichs der relevanten Menschenrechtsverträge verbleibt.

---

618 Alternativ könnte auch für die einzelnen Verhaltensweisen jeweils analysiert werden, ob diese bei Ausführung durch den Staat selbst oder bei Erlass von Gesetzen durch den Staat, welche derartige Verhaltensweisen erlauben würden, zu einem Verstoß gegen die Menschenrechtsnormen führen würden. Insoweit könnte man dann von einer „Sachverhaltsadaption" als Arbeitsgrundlage sprechen.

619 Zur Repräsentativität dieses Instruments vgl. *Hennings*, Über das Verhältnis von Multinationalen Unternehmen zu Menschenrechten, S. 80.

Zu beachten ist jedoch, dass die UN-Draft Norms bereits in ihrem Entwurfsstadium von einem erläuternden Kommentar des befassten UN-Menschenrechtsausschusses begleitet wurden.[620] Dieser bezieht in seinen Ausführungen auch konkrete Handlungsvorgaben an Unternehmen mit ein. So statuiert beispielsweise der Kommentar zu Art. 5: *"b. Workers shall have the option to leave employment and the employer shall facilitate such departure by providing all the necessary documentation and assistance."*

Ein solches „abgestuftes" Vorgehen von Normtext und Kommentar bietet sich auch für die Zwecke dieser Arbeit an: Mit Fokus auf die Arbeitenden soll insbesondere untersucht werden, ob durch die herrschenden Arbeitsbedingungen der Schutzbereich der relevanten Menschenrechtsverträge eröffnet ist. Lediglich ergänzend gilt es, die einzelnen Verursachungsbeiträge der Unternehmen zu beleuchten.

In Bezug auf die Tiefe der Analyse ist festzuhalten, dass sich diese Arbeit die Untersuchung einer zivilrechtlichen Haftbarmachung zum Ziel gesetzt hat. Die Überprüfung der Beeinträchtigung völkerrechtlicher Normen (welche nach derzeit noch vorherrschender Meinung ohnehin keine Haftung von Unternehmen auslösen können, vgl. Teil III.2.a) geschieht nicht um ihrer selbst willen, sondern als „Gradmesser" für die Intensität der festgestellten Eingriffe. Dies soll sich in der nachfolgenden Prüfung der völkerrechtlichen Normen derart niederschlagen, dass keine allzu strengen Anforderungen an die Annahme einer Beeinträchtigung gestellt werden. Vielmehr wird auch in Zweifelsfällen das betroffene Vorgehen in den zivilrechtlichen Prüfbereich aufgenommen. Weiterhin kann vor dem Hintergrund des zivilrechtlichen Schwerpunkts dieser Arbeit lediglich eine kursorische Kontrolle erfolgen, ob der Schutzbereich einzelner Menschenrechtsnormen eröffnet ist. Auf eine umfassende Auswertung der Entscheidungen und Anmerkungen der UN- und ILO-Gremien sowie der Literatur zu den unterschiedlichen Menschenrechtsnormen wird verzichtet.

Erst kürzlich hat das Amt des Hohen Kommissars der Vereinten Nationen für Menschenrechte in Zusammenarbeit mit weiteren Instituten einen Leitfaden erstellt, welcher die Artikel des UN-Zivil- und des UN-Sozialpakts auf ihre Relevanz für Unternehmen untersucht.[621] In diesem sind die tatbestandlichen

620 U.N. Doc. E/CN.4/Sub.2/2003/38 (2003). Abrufbar unter: http://www.unhchr.ch/Huridocda/Huridoca.nsf/e06a5300f90fa0238025668700518ca4/293378ff2003ceb0c1256d7900310d90/$FILE/G0316018.pdf (zuletzt abgerufen am 12.01.2013).

621 Vgl. *Castan Centre for Human Rights Law u.a. (Hrsg.)*, Human Rights Translated: A Business Reference Guide (2008). Abrufbar unter http://www.law.monash.edu.au/castancentre/publications/human-rights-translated.pdf (zuletzt abgerufen am 12.01.2013).

Voraussetzungen der einzelnen Menschenrechtsnormen in einer Weise beschrieben worden *"that makes sense to business."*[622] Es handelt sich damit um eine Quelle, die besonders für die Untersuchung dieser Arbeit geeignet ist und die (neben den General Comments der UN) folglich *maß*geblich zur Prüfung herangezogen werden soll.

Schließlich sei daran erinnert, dass lediglich für den UN-Zivilpakt anerkannt und für einige Normen des UN-Sozialpakts (namentlich Art. 3, 8, 10 Abs. 3, 13 Abs. 2 (a), Abs. 3 und 4 sowie 15 Abs. 3) mehrheitsfähig ist, dass diese unmittelbar anwendbar sind. Nur für diese soll daher überhaupt eine Überprüfung erfolgen. Dadurch kommen von vornherein wichtige Menschenrechte, die gerade auch für die hier beleuchteten Fälle relevant sein könnten,[623] nicht zum Tragen. Gleichzeitig scheiden einige der aufgrund ihrer unmittelbaren Anwendbarkeit eigentlich vom Prüfungsumfang umfassten Menschenrechte wegen ihres ausschließlich staatsgerichteten Inhalts beziehungsweise der thematischen Ungeeignetheit offensichtlich aus, ohne eine vertiefte Kontrolle durchzuführen.

Untersucht werden im Ergebnis daher nur folgende Menschenrechte: das Verbot der Zwangs- und Pflichtarbeit (Art. 8 Abs.3 lit a) UN-Zivilpakt), die Vereinigungsfreiheit (Art. 22 UN-Zivilpakt und Art. 8 UN-Sozialpakt) sowie das Gleichheitsrecht (Art. 26 UN Zivilpakt).

## b. Schutzbereich ausgewählter Menschenrechte

### aa. Verbot der Pflicht- und Zwangsarbeit – Art. 8 Abs. 3 lit a) UN-Zivilpakt

Art 8 Abs. 3 lit a) des UN-Zivilpakts lautet: *„Niemand darf gezwungen werden, Zwangs- oder Pflichtarbeit zu verrichten."*

Für die Bestimmung des Inhalts des Zwangsarbeitsverbots in Art. 8 Abs. 3 lit a) wird üblicherweise auf die Definition in Art. 2 Abs. 1 der ILO-Konvention 29 verwiesen.[624] Danach umfasst Zwangsarbeit *„jede Art von Arbeit oder Dienstleistung, die von einer Person unter Androhung irgendeiner Strafe verlangt wird und für die sie sich nicht freiwillig zur Verfügung gestellt hat."*

---

622 Ebenda, S. VII.

623 Hier ist insbesondere das Recht auf faire und angemessene Arbeitsbedingungen nach Art. 7 (a) (i) UN Sozialpakt zu nennen.

624 *Nowak*, UN Covenant on Civil and Political Rights, Art. 8 Rz. 15.

Die ILO hat zu Recht klargestellt: „*Zwangsarbeit kann nicht einfach mit niedrigen Löhnen oder schlechten Arbeitsbedingungen gleichgesetzt werden. Sie trifft auch nicht auf Situationen rein wirtschaftlicher Notwendigkeit zu, beispielsweise wenn ein Arbeitnehmer sich wegen des tatsächlichen oder vermeintlichen Fehlens von Beschäftigungsalternativen nicht imstande sieht, eine Stelle aufzugeben. Zwangsarbeit stellt eine schwere Menschenrechtsverletzung und Einschränkung der menschlichen Freiheit dar.*“[625]

Andererseits sind jedoch auch nicht nur die krassesten Missbräuche durch totalitäre Regime vom Begriff der Zwangsarbeit umfasst, der unter Berücksichtigung seines historischen Hintergrunds sowie der weitreichenden Ausnahmeklauseln (Art. 8 Abs. 3 lit b) und c)) grundsätzlich weit auszulegen ist.[626]

Kennzeichnend für die Annahme von Zwangsarbeit sind zwei Grundelemente: die Unfreiwilligkeit der Verrichtung sowie die Androhung einer Strafe.[627]

Unerheblich ist, ob sich die Opfer zunächst freiwillig in die Zwangsarbeitssituation begeben haben, sofern sie später aufgrund gesetzlichen, körperlichen oder psychologischen Zwangs nicht in der Lage sind, ihren Arbeitsplatz zu verlassen.[628]

Die Strafe muss zwar ein Mindestmaß an Intensität umfassen, jedoch nicht zwingend eine Form körperlicher Gewalt darstellen. Die Bezahlung der Person hindert die Annahme von Zwangsarbeit bei Vorliegen der übrigen Voraussetzungen nicht.[629]

In Bezug auf die Verpflichtung Überstunden zu leisten, vertritt die ILO, dass jedenfalls dann keine Verletzung der Konvention vorliege, wenn diese im Rahmen der gesetzlichen Regelungen oder von Kollektivvereinbarungen liegt.[630] Bei Überschreitung der Vorgaben erkennt die ILO folgende Situation: *"although workers*

---

625 *ILO (Hrsg.)*, Bericht des Generaldirektors – Eine globale Allianz gegen Zwangsarbeit, S. 5. Abrufbar unter: http://www.ilo.org/public/german/region/eurpro/bonn/download/allianzgegenzwangsarbeit.pdf (zuletzt abgerufen am 12.01.2013).

626 Vgl. *Nowak*, UN Covenant on Civil and Political Rights, Art. 8 Rz. 17.

627 Vgl. *ILO (Hrsg.)*, Bericht des Generaldirektors – Eine globale Allianz gegen Zwangsarbeit, S. 5.

628 Ebenda, S. 6.

629 *Castan Centre for Human Rights Law u.a. (Hrsg.)*, Human Rights Translated: A Business Reference Guide (2008) S. 17. Abrufbar unter http://www.law.monash.edu.au/castancentre/publications/human-rights-translated.pdf (zuletzt abgerufen am 12.01.2013).

630 *ILO (Hrsg.)*, International Labour Conference 86th Session, Report of the Commitee of Experts on the Application of Conventions and Recommendations, General Report 1998, Textziffer 107. Abrufbar unter: http://www.ilo.org/public/libdoc/ilo/P/09661/09661%281998-86%29.pdf (zuletzt abgerufen am 12.01.2013).

*may in theory be able to refuse to work beyond normal working hours, their vulnerability means that in practice they may have no choice and are obliged to do so in order to earn the minimum wage or keep their jobs, or both."*[631] In Fällen, in denen eine solche Verletzlichkeit ausgenutzt wird, um unter Androhung von Strafzahlungen oder Kündigungsdrohungen Mehrarbeit anzuordnen, *"such exploitation ceases to be merely a matter of poor conditions of employment and becomes one [that] calls for the Convention."*[632] Diese Schlussfolgerung hat die ILO vor allem auch unter Verweis auf solche Arbeitsverhältnisse gezogen, in denen nach Akkord bezahlt wird und nur bei Ausführung von Überstunden ein existenzsicherndes Einkommen erzielt werden kann.

### bb. Vereinigungsfreiheit – Art. 22 UN-Zivilpakt und Art. 8 UN-Sozialpakt

Gemäß Art. 22 UN Zivilpakt hat jedermann *„das Recht, sich frei mit anderen zusammenzuschließen sowie zum Schutz seiner Interessen Gewerkschaften zu bilden und ihnen beizutreten."* Art. 8 UN-Sozialpakt garantiert ebenfalls die freie gewerkschaftliche Betätigung und statuiert zusätzlich das Streikrecht.

Als Gewerkschaften werden allgemein Zusammenschlüsse abhängig Beschäftigter zur Vertretung ihrer gemeinsamen Interessen verstanden.[633] Diese haben das Recht, Tätigkeiten zum Schutz ihrer Mitglieder auszuüben.[634] Grund für die menschenrechtliche Absicherung der Gewerkschaften ist insbesondere, dass diese ein wichtiges Instrument zur Durchsetzung sonstiger Menschenrechte im Arbeitsumfeld darstellen.[635]

Um die Rechte aus Art. 22 UN-Zivilpakt und Art. 8 UN-Sozialpakt nicht zu verletzen, müssen Unternehmen die gewerkschaftliche Betätigung dulden beziehungsweise in Ländern, in denen eine solche staatlich untersagt ist, legitimierte

---

631 *ILO (Hrsg.)*, International Labour Conference 96th Session, General Survey concerning the Forced Labour Convention 1930 (No. 29) and the Abolition of Forced Labour Convention 1957 (No. 105), Eradication of Forced Labour, Textziffer 134. Abrufbar unter: http://www.ilo.org/wcmsp5/groups/public/@ed_norm/@relconf/documents/meetingdocument/wcms_089199.pdf (zuletzt abgerufen am 12.01.2013).

632 Ebenda.

633 *Nowak*, UN Covenant on Civil and Political Rights, Art. 22 Rz. 13.

634 Ebenda, Rz. 15.

635 Vgl. *Craven*, The International Covenant on Economic, Social and Cultural Rights, S. 249.

Arbeitnehmerorganisationen als Ansprechpartner zur Gestaltung der Arbeitsbedingungen akzeptieren.[636]

### cc. Gleichheitsrecht – Art. 26 UN-Zivilpakt

Flankiert von den Diskriminierungsverboten der Art. 2 und 3 UN-Zivilpakt, bestimmt Art. 26 UN-Zivilpakt: *„Alle Menschen sind vor dem Gesetz gleich und haben ohne Diskriminierung Anspruch auf gleichen Schutz durch das Gesetz. In dieser Hinsicht hat das Gesetz jede Diskriminierung zu verbieten und allen Menschen gegen jede Diskriminierung, wie insbesondere wegen der Rasse, der Hautfarbe, des Geschlechts, der Sprache, der Religion, der politischen oder sonstigen Anschauung, der nationalen oder sozialen Herkunft, des Vermögens, der Geburt oder des sonstigen Status, gleichen und wirksamen Schutz zu gewährleisten."*

Diskriminierung soll entsprechend dem General Comment 18 zum UN-Zivilpakt verstanden werden als *„jede Unterscheidung, Ausschließung, Beschränkung oder Bevorzugung"* aufgrund der in den maßgeblichen Artikeln genannten Merkmale *„welche die Beeinträchtigung oder die Vereitelung der Anerkennung, der Inanspruchnahme oder Ausübung der Gesamtheit der Menschenrechte und Grundfreiheiten durch alle unter gleichen Bedingungen zur Folge und zum Ziel haben."*[637] Umfasst sind davon ausdrücklich auch faktische Diskriminierungen durch Private,[638] die sogar zu den maßgeblichen Anwendungsfällen der Diskriminierung gezählt werden.[639]

Wichtig ist, dass nicht jede Unterscheidung einen Verstoß gegen den Gleichbehandlungsgrundsatz bedeutet. Ein solcher liegt nur dann vor, wenn die Ungleichbehandlung sich nicht auf sinnvolle und objektive Kriterien stützt und der verfolgte Zweck im Hinblick auf die Ziele des Paktes unrechtmäßig ist.[640]

---

636 *Castan Centre for Human Rights Law u.a. (Hrsg.)*, Human Rights Translated: A Business Reference Guide (2008), S. 63, 101. Abrufbar unter http://www.law.monash.edu.au/castancentre/publications/human-rights-translated.pdf (zuletzt abgerufen am 12. 01.2013).

637 Vgl. General Comment Nr. 18 zum Gleichheitsprinzip im UN Zivilpakt vom 10. November 1989, in deutscher Übersetzung in: *Deutsches Institut für Menschenrechte (Hrsg.)*, Die "General Comments" zu den VN Menschenrechtsverträgen, S. 78.

638 Ebenda, S. 78 f.

639 Vgl. *Nowak*, UN Covenant on Civil and Political Rights, Art. 26 Rz. 56.

640 Vgl. General Comment Nr. 18 zum Gleichheitsprinzip im UN Zivilpakt vom 10. November 1989, in deutscher Übersetzung in: *Deutsches Institut für Menschenrechte (Hrsg.)*, Die "General Comments" zu den VN Menschenrechtsverträgen, S. 80.

Als Anwendungsbeispiele des Diskriminierungsverbots im Zusammenhang mit Unternehmen werden die Aufnahme des Beschäftigungsverhältnisses, die Arbeitsbedingungen, Aufstiegschancen und Entlohnung sowie die Kündigung genannt.[641]

## c. Textilproduktion in China

In Teil IV.2.b werden die Arbeitsumstände umschrieben, die in einem Zulieferbetrieb in den Provinzen Jiangsu und Guangdong ermittelt wurden. Es handelt sich hierbei um die Darstellung unterschiedlichster und schwerwiegendster sozialer Missstände. Größtenteils dürften diese allerdings nicht unter die konkret zu prüfenden Menschenrechte fallen beziehungsweise wird ein solcher Nachweis nur schwierig zu führen sein.

Allein die Inexistenz von Arbeitsverträgen und Lohnabrechnungen, die Unterschreitung des Mindestlohns beziehungsweise die Unmöglichkeit von dem gezahlten Lohn eine Mindestversorgung zu gewährleisten sowie exzessive Arbeitszeiten und die Verweigerung jeglicher Sozialleistungen stellen noch keine Menschenrechtsbeeinträchtigungen im Sinne der unmittelbar anwendbaren Menschenrechtsbestimmungen dar.[642]

Die Behinderung gewerkschaftlicher Tätigkeit, welche angesichts des Umstands, dass de facto keinerlei arbeiterschaftliche Organisation existiert, naheliegt, würde zwar unter den Schutzbereich der Vereinigungsfreiheit fallen, die Sachverhalte enthalten jedoch zu wenige Informationen zu den tatsächlichen Umständen, vor allem den konkret von den Unternehmen unternommenen Maßnahmen, als dass sich in der Praxis hierauf gestützt werden könnte.

Entsprechendes gilt für eine im Raum stehende Diskriminierung von Männern, die bei der Besetzung von Stellen häufig nicht berücksichtigt werden.

Menschenrechtlich relevant ist jedoch auch im engen Anwendungsbereich der in Deutschland unmittelbar anwendbaren Vorschriften, dass die Gesamtumstände dazu führen, dass teilweise nicht mehr von einer freiwilligen Beschäftigung ausgegangen werden kann und dass darüber hinaus Strafmaßnahmen angedroht werden. Vor dem Hintergrund von Löhnen, die den Mindestlohn unterschreiten und die unzureichend sind, um das Existenzminimum zu sichern, sowie von Akkordvereinbarungen, die

641 Vgl. *Hennings*, Über das Verhältnis von Multinationalen Unternehmen zu Menschenrechten, S. 84.

642 Dahingestellt sei, ob diese unter Umständen dem Schutzbereich sonstiger Menschenrechte, etwa des Art. 7 (a) UN Sozialpakt unterfallen.

nur bei Außerachtlassen der regelmäßigen Arbeitszeit einen Mindestlohn erwirtschaften, qualifizieren sich das Einbehalten von Löhnen im Falle einer Kündigung, das Fälligwerden von Strafzahlungen bei Ablehnung von Mehrarbeit sowie die Verpflichtung bei Beschäftigungsantritt eine „Kaution“ zu hinterlegen, eindeutig als Zwangselemente, die zu einer Beeinträchtigung von Art. 8 Abs. 3 lit. a) führen. Dies gilt umso mehr, da die zulässige Höchstarbeitszeit in China (40 Stunden wöchentlich zuzüglich maximal 36 Überstunden pro Monat) deutlich überschritten wird.

## 3. Die Anspruchsgrundlagen im Einzelnen

Nachdem nunmehr feststeht, dass die beschriebenen Zustände in China tatsächlich Menschenrechtsbeeinträchtigungen durch die dort handelnden Zulieferer darstellen, soll nachfolgend das deutsche Zivilrecht darauf untersucht werden, ob es den Opfern Ansprüche gegen die deutschen Handelsunternehmen als Abnehmern gewährt.

Es geht dabei an dieser Stelle nur um das Bestehen materieller Ansprüche im Zulieferverhältnis ohne Rücksicht darauf, dass bei den maßgeblichen Fällen grenzüberschreitende Aktivitäten stattfinden, die selbstverständlich Auswirkungen auf den Gerichtsstand sowie das anwendbare Recht haben.

Die Prüfung erfolgt unter der Prämisse, dass dort, wo Spielräume bestehen – entsprechend der festgestellten mittelbaren Drittwirkung der Menschenrechte im deutschen Recht – den relevanten Menschenrechten im Wege der Auslegung möglichst große Wirksamkeit verschafft wird.

Zur Begutachtung ist es hilfreich, auf Erfahrungen zurückzugreifen, die mit der Geltendmachung von Menschenrechtsbeeinträchtigungen gegen deutsche Unternehmen in Deutschland in der Vergangenheit gemacht wurden. Anwendungsfälle der Beurteilung von Zwangsarbeit nach deutschem Zivilrecht sind die NS-Zwangsarbeiter-Klagen deutscher Geschädigter.[643] Selbstverständlich handelt es sich angesichts der Singularität der damaligen Menschenrechtsverstöße bei diesen Klagen um eine völlig andere Dimension der Unrechtsbewertung. Gleichwohl bestehen in den rechtlichen Erörterungen der Anspruchsgrundlagen zumindest in gewissem Umfang Parallelen. Da es sich um den einzig greifbaren Ansatz zivilrechtlicher Bewertung von Zwangsarbeit in Deutschland handelt, sollen die

643 Die Klagen ausländischer Opfer wurden mit Verweis der Gerichte auf das Londoner Schuldenabkommen vom 27. Februar 1953 fast ausnahmslos abgewiesen, vgl. *Schröder*, Jura 1994, S. 61, 71.

Erörterungen von Gerichten und Literatur daher insoweit berücksichtigt werden als sie allgemeine Aussagen zur Zwangsarbeit beinhalten.

Zu beachten ist bei der Heranziehung der NS-Zwangsarbeiter-Fälle folgendes: Anders als für die in dieser Arbeit gewürdigten Sachverhalte existierten zum damaligen Beurteilungszeitraum die relevanten Menschenrechtsnormen noch nicht. Dies nutzten die Gerichte häufig, um in den Entscheidungen nur in geringem Umfang auf die Menschenrechte einzugehen. Angesichts der zwischenzeitlichen Ratifizierung der völkerrechtlichen Verträge zum Menschenrechtschutz sollte es den Gerichten heute nicht mehr möglich sein, sich der Relevanz der Menschenrechte bei der Beurteilung zu verschließen. Aus Rücksicht auf die völkervertraglichen Verpflichtungen der Bundesrepublik ist es wahrscheinlich, dass die Menschenrechte nunmehr in stärkerem Maße in die Würdigung einfließen als dies für die damaligen Fälle schon angezeigt gewesen wäre.

Eine besondere Herausforderung bei der Beurteilung der Ansprüche ist, dass unmittelbar menschenrechtsbeeinträchtigend nicht die deutschen Handelsunternehmen selbst, sondern ihre Zulieferer handeln. Bei der Prüfung der verschiedenen Anspruchsgrundlagen geht es daher sowohl um die Würdigung eigenen Verhaltens der Handelsunternehmen als auch um die Zurechnung fremden Verhaltens der Zulieferer.[644]

Wie im Rahmen des Teils IV.1 aufgezeigt, sind gerade rein wirtschaftliche, nicht auf gesellschaftsrechtlichen Verbindungen beruhende Lieferbeziehungen mit deutschen Unternehmen typisch. Die Frage der Durchgriffshaftung der Muttergesellschaft für ausländische Töchter, die von Nichtregierungsorganisationen teilweise besonders hervorgehoben wird, soll in dieser Arbeit daher nur eine untergeordnete Rolle spielen.

Allgemein gilt für die nachfolgend zu prüfenden Ansprüche, dass entsprechend § 31 BGB (unmittelbar oder analog) den Unternehmen das Handeln ihrer verfassungsmäßig berufenen Vertreter als eigenes Handeln zugerechnet wird,[645] sodass Anspruchsgegner stets das deutsche Unternehmen, vertreten durch seine Organe, ist.

---

644 Eine solche Zweiteilung findet sich auch in den UN Guiding Principles, die für beide Fälle unterschiedliche Verhaltensgrundsätze aufstellen, vgl. *Saage-Maaß* in: *Friedrich Ebert Stiftung (Hrsg.)*, Arbeitsbedingungen in der globalen Zulieferkette, S. 12. Abrufbar unter: http://library.fes.de/pdf-files/iez/08651.pdf (zuletzt abgerufen am 12.01. 2013).

645 Vgl. Palandt/*Ellenberger*, § 31 Rz. 1 ff.

## a. Ansprüche aus dem Arbeitsvertrag

Da die festgestellten Menschenrechtsbeeinträchtigungen sich anlässlich von Beschäftigungssituationen ereigneten, kommen zunächst arbeitsvertragliche Ansprüche in Betracht.

Hauptleistungspflicht des Arbeitgebers ist die Zahlung des Entgelts (§ 611 Abs. 1 BGB). Daneben treten vielfältige Schutzpflichten zugunsten der Arbeitnehmer, etwa aus Unfallverhütungsvorschriften, aus dem Arbeitszeitgesetz oder aus dem Mutterschutzgesetz, bei deren Verletzung sich sekundäre Ansprüche ergeben können.[646]

Für die vorliegenden Fälle denkbar ist insbesondere ein Anspruch auf Nachzahlung weiterer Vergütung wegen Lohnwucher. Der Arbeitgeber schuldet gemäß § 611 Abs. 1 in Verbindung mit § 612 Abs. 2 BGB die übliche Vergütung, sofern die Entgeltabrede wegen Verstoßes gegen § 138 BGB unwirksam ist.[647] Gemäß § 138 Abs. 2 BGB ist ein Rechtsgeschäft nichtig, durch das sich jemand unter Ausbeutung der Zwangslage, der Unerfahrenheit oder des Mangels an Urteilsvermögen oder der erheblichen Willensschwäche eines anderen für eine Leistung Vermögensvorteile versprechen oder gewähren lässt, die in einem auffälligen Missverhältnis zur Leistung stehen. Diese Regelung gilt auch für das auffällige Missverhältnis zwischen dem Wert der Arbeitsleistung und der Lohnhöhe in einem Arbeitsverhältnis.[648] Ein wucherähnliches Geschäft nach § 138 Abs. 1 BGB ist gegeben, wenn Leistung und Gegenleistung zu einem auffälligen Missverhältnis zueinander stehen und weitere sittenwidrige Umstände hinzutreten.[649] Durch das Bundesarbeitsgericht wird dabei nicht allein auf die vereinbarte Entgelthöhe abgestellt, sondern vielmehr der Gesamtcharakter des Arbeitsverhältnisses berücksichtigt. So wurden zum Beispiel *„die überlangen, das gesetzlich Zulässige weit übersteigenden und zudem unregelmäßigen Arbeitszeiten“*[650] als Ausprägung der „sittenwidrigen Ausbeutung“ angesehen.

---

646 Die Vorgaben sind teilweise bußgeld- und strafbewehrt, vgl. zum Beispiel § 22, 23 ArbZG. Ausreichend für eine Strafbarkeit ist bereits, dass durch eine vorsätzliche Überschreitung der gesetzlichen Arbeitszeitvorgaben vorsätzlich die Gesundheit eines Arbeitnehmers gefährdet wird, wofür bereits eine deutliche „Übermüdung“ genügt, vgl. *Schliemann*, ArbZG, § 23 Rz. 4.

647 Vgl. *MünchKommBGB/Müller-Glöge,* § 612 Rz. 32.

648 Ebenda, § 611 Rz. 811.

649 Vgl. *Palandt/Ellenberger*, § 138 Rz. 34.

650 Urteil des BAG vom 22. April 2009 – 5 AZR 436/08 – DB 2009, S. 1599.

Auch wenn das Arbeitsrecht erhebliche Schutz- und Ausgleichsmechanismen bereithält, muss es für die hier zu beurteilenden Sachverhalte ausscheiden. So können die deutschen Handelsunternehmen nicht als Arbeitgeber der betroffenen Arbeiter angesehen werden, denn Arbeitgeber ist grundsätzlich nur der Vertragspartner des Arbeitnehmers.[651]

Nur ausnahmsweise kann die Arbeitgeberstellung im deutschen Recht auf gesetzlicher Fiktion beruhen.[652] Ein Beispiel hierfür ist § 19 Abs. 3 in Verbindung mit § 9 Nr. 1 AÜG, wonach der Entleiher für die Zwecke der Abführung der Sozialversicherung auch bei unzulässiger Arbeitnehmerüberlassung als Arbeitgeber anzusehen ist.[653] Weit ausgelegt wird der Arbeitgeberbegriff darüber hinaus etwa im Aufenthaltsrecht: Gemäß § 66 Abs. 4 AufenthG haftet für die Kosten der Abschiebung oder Zurückschiebung, *„wer den Ausländer als Arbeitnehmer beschäftigt, wenn diesem die Aus*übung der Erwerbstätigkeit nach den Vorschriften dieses Gesetzes nicht erlaubt war." Erforderlich ist dabei nicht, dass ein wirksamer Arbeits- oder Dienstleistungsvertrag geschlossen wurde, sondern lediglich, *„dass es zu einem gewissen Maß zu einer ‚persönlichen Abhängigkeit' gekommen ist."*[654]

Diese Fallgestaltungen sind jedoch mit der Situation der Arbeiter in den chinesischen Zulieferfabriken nicht hinreichend vergleichbar, um eine Analogiefähigkeit anzunehmen. So ist sowohl bei der unzulässigen Arbeitnehmerüberlassung als auch im Falle illegaler Beschäftigung kennzeichnend, dass der Betroffene dem Quasi-Arbeitgeber wie ein Arbeitnehmer unterstellt ist. Die chinesischen Arbeiter finden sich in solch einer Position aber nicht gegenüber dem deutschen Handelsunternehmen, sondern vielmehr gegenüber dem Zulieferbetrieb selbst.

Auch unter der Maßgabe, den Menschenrechten weitestgehende Geltung zu verschaffen, scheidet daher nicht nur ein Anspruch auf Nachzahlung von Lohn aus, sondern auch sämtliche anderen denkbaren Ansprüche aus einem Arbeitsverhältnis sind gegenüber dem deutschen Handelsunternehmen ausgeschlossen.

---

651 Vgl. *Dütz/Thüsing*, Arbeitsrecht, Rz. 44.

652 *ErfK/Preis*, § 611 BGB Rz. 185.

653 Vgl. *Brenner*, Die strafrechtliche Bekämpfung der Schwarzarbeit unter besonderer Berücksichtigung wirtschaftlicher Aspekte, S. 105.

654 *Renner/Dienelt*, Kommentar zum Ausländerrecht, § 66 AufenthG Rz. 10.

## b. Anspruch aus §§ 631, 280 Abs.1 S.1, 241 Abs. 2, 311 Abs. 1 BGB in Verbindung mit den Grundsätzen über den Vertrag mit Schutzwirkung zugunsten Dritter

Neben dem eigentlichen Vertrag zugunsten Dritter, der für einen Dritten einen Anspruch auf die vereinbarte Hauptleistung begründet, hat die Rechtsprechung den Vertrag mit Schutzwirkung zugunsten Dritter herausgebildet, bei dem die Hauptleistung zwar allein dem Gläubiger zusteht, der Dritte jedoch in die vertraglichen Sorgfalts- und Obhutspflichten einbezogen ist.[655]

Es ist zumindest zu erwägen, ob in den Lieferverhältnissen zwischen dem Handelsunternehmen und den Produzenten Verträge mit Schutzwirkung zugunsten der chinesischen Arbeitnehmer zu sehen sind, aus denen sich Schadensersatzansprüche wegen Verletzung von Nebenpflichten nach § 280 Abs. 1, § 241 Abs. 2 BGB herleiten lassen.

Zusätzlich zu den allgemeinen Anspruchsvoraussetzungen der §§ 280, 241 Abs. 2 BGB, das heißt dem Bestehen eines Schuldverhältnisses, der Verletzung einer Nebenpflicht sowie dem Vertretenmüssen der Pflichtverletzung, müssten hierzu die Arbeitnehmer in den Schutzbereich des jeweiligen Schuldverhältnisses einbezogen sein. Im Allgemeinen wird ein solcher Einbezug anhand von vier Voraussetzungen überprüft: Leistungsnähe, Interesse des Gläubigers am Schutz des Dritten, Erkennbarkeit des geschützten Personenkreises sowie Schutzbedürfnis des Dritten.[656]

Für das im Rahmen dieser Arbeit betrachtete Fallbeispiel zu ALDI gilt das Folgende.

### aa. Schuldverhältnis

Für die Textileinfuhr von ALDI aus China liegt bereits kein Schuldverhältnis im Sinne des § 311 Abs. 1 BGB vor, da keine unmittelbaren Lieferbeziehungen zwischen den chinesischen Herstellern sowie dem deutschen Handelsunternehmen bestehen. Vielmehr werden wohl ein oder mehrere Zwischenhändler eingeschaltet.

Sollte jedoch im Einzelfall ein direkter Vertrag geschlossen werden, ist – wie sonst auch – davon auszugehen, dass die Fertigung der Textilien anlässlich konkreter Bestellungen, unter konkreten und individuellen Vorgaben sowie unter

---

655 Vgl. *Palandt/Grüneberg*, § 328 Rz. 13 m.w.N.
656 Vgl. *MünchKommBGB/Gottwald,* § 328 Rz. 119a ff.

Bereitstellung der zu verarbeitenden Stoffe durch ALDI erfolgt.[657] Die Vereinbarung wäre dann wohl als Werkvertrag im Sinne von § 631 BGB qualifizierbar[658] und würde damit ein prinzipiell geeignetes Schuldverhältnis darstellen.

#### *(1) Unwirksamkeit wegen Vorliegens eines Vertrages zu Lasten Dritter*

Zu beachten ist für solch einen Vertrag aber, dass es unter Umständen nur deswegen zu einer vertraglichen Einigung kommt, weil die Fertigung für den Zulieferer auch bei der Vereinbarung sehr niedriger Preise und extremer Flexibilität aufgrund des Einsatzes von Zwangsarbeit und unmenschlichen Arbeitsbedingungen wirtschaftlich bleibt.

Fraglich ist, ob man deswegen von einem „Vertrag zu Lasten Dritter" ausgehen muss, der unzulässig, da *„in unüberbrückbarem Gegensatz zu dem Grundsatz der Privatautonomie und zur allgemeinen Handlungsfreiheit*"[659] stehend, wäre. Dann würde es wiederum an einem für die Anspruchsbegründung erforderlichen Schuldverhältnis fehlen. Gegen die Annahme eines Vertrages zu Lasten Dritter spricht jedoch, dass er nur dort, wo eine unmittelbare Rechtspflicht für einen nicht an dem Vertrag beteiligten Dritten entstehen soll, vorliegt, nicht hingegen, wenn sich allein mittelbar Lasten aus der Vereinbarung für Dritte ergeben.[660] Letzteres ist hier der Fall: Nicht bereits die werkvertragliche Abrede, sondern erst die Anordnung der Arbeit und ihrer Bedingungen führen zur Beeinträchtigung der Menschenrechte der Arbeiter.

#### *(2) Unwirksamkeit wegen Sittenwidrigkeit der Beziehung zwischen ALDI und den Zulieferern selbst*

In Betracht kommt weiter, dass ein Werkvertrag wegen Sittenwidrigkeit nach § 138 BGB nichtig wäre.

Die Sittenwidrigkeit könnte zunächst in der Beziehung zwischen ALDI und den chinesischen Zulieferern selbst liegen. Ausreichend ist hierfür nicht schon eine besonders niedrige Vergütung, die vor dem Hintergrund der Privatautonomie

---

657 Vgl. Teil II.1.c.cc sowie Teil IV.2.c.

658 Zur Abgrenzung von Werkvertrag und Werklieferungsvertrag vgl. zum Beispiel *Staudinger/Peters/Jacoby*, 2008, § 651 Rz. 9, 17, der darauf verweist, dass es auch nach neuem Recht noch darauf ankomme, ob das Material vom Auftraggeber stammt und im Übrigen darauf abstellt, *„ob die herzustellende Sache auf die individuellen Wünsche und Gegebenheiten des Bestellers zugeschnitten sein soll."*

659 *Staudinger/Jagmann*, 2009, Vorbemerkung § 328 Rz. 44.

660 Ebenda, Rz. 47.

grundsätzlich der freien Vereinbarung der Parteien unterliegt. Für die Annahme von Sittenwidrigkeit bedarf es neben eines auffälligen Missverhältnisses zur Gegenleistung weiterer Elemente – wie etwa der Ausbeutung der Schwäche des Vertragspartners beim Wucher (§ 138 Abs. 2). So liegen Preisunterbietungen nach Einschätzung des BGH *„im Wesen eines an den Grundsätzen marktwirtschaftlicher Ordnung orientierten Wettbewerbs."*[661]

#### *(3) Unwirksamkeit wegen Sittenwidrigkeit der mittelbaren Beeinträchtigung der Arbeiter*

Denkbar ist darüber hinaus, dass sich die Sittenwidrigkeit einer Vertragsbeziehung zwischen dem Zulieferer und ALDI aus den Beeinträchtigungen ergibt, welche die Arbeitnehmer bei Erstellung des vereinbarten Werkes erleiden. So können *„bewusst herbeigeführte mittelbare belastende Auswirkungen auf die Rechtstellung Dritter [...] eine Vereinbarung sittenwidrig machen."*[662] Hierunter werden im Allgemeinen Fälle des Eindringens eines Dritten in die Beziehungen von Vertragspartnern gerechnet, in denen sich *„ein besonderes Maß an Rücksichtslosigkeit und ein Mangel an Loyalität im Rechtsverkehr"*[663] manifestiert. Beispiele sind die anfängliche Übersicherung, das Abwerben von Arbeitskräften sowie die Beeinträchtigung von Vorkaufsrechten.[664] Zwar handelt es sich dabei um inhaltlich schwerlich mit der vorliegenden Problematik vergleichbare Fälle, jedoch könnte die mittelbare Drittwirkung der Menschenrechte dazu führen, dass Sittenwidrigkeit auch hier anzunehmen ist. Im Vergleich zu den sich bloß auf das Vermögen Dritter auswirkenden Beispielen, welche die Rechtsprechung bereits anerkannt hat, wiegt die Beeinträchtigung der Menschenrechte der chinesischen Arbeiter umso schwerer und ist damit erst recht Anlass für ein Sittenwidrigkeitsurteil.

Zu beachten ist aber auch, dass die Wirksamkeit des Vertrages Anspruchsvoraussetzung für einen Anspruch aus dem Vertrag mit Schutzwirkung zugunsten Dritter ist. Eine mittelbare Drittwirkung der Menschenrechte kann demnach bei der Auslegung nicht dazu führen, dass es erst zu einer Annahme der Sittenwidrigkeit und damit zur Unwirksamkeit kommt.

---

661 Urteil des BGH vom 9. Mai 1980 – I ZR 76/78, GRUR 1980 S. 858, 860.

662 *Staudinger/Jagmann*, 2009, Vorbemerkung § 328 Rz. 47, mit Verweis auf ein Urteil des VGH Mannheim vom 8. Juni 1993 – 6 S 1068/92, NJW 1993, S. 2953, nach welchem ein Rechtsgeschäft, das in erster Linie darauf angelegt ist, Vermögensverhältnisse zum Schaden des Sozialhilfeträgers zu regeln, sittenwidrig ist.

663 *MünchKommBGB/Armbrüster,* § 138 Rz. 96.

664 Ebenda, Rz. 101, 107, 108.

Ein Lösungsansatz ist unter Umständen das Vorgehen der Rechtsprechung zum Wirksamkeitskriterium in § 816 BGB: Hier stellt sich das Problem, dass der Berechtigte in Fällen des Diebstahls eine Verfügung wegen §§ 932, 935 BGB genehmigen muss, um sie wirksam zu machen, und sich daraus eigentlich eine rückwirkende Berechtigung des Diebes ergibt. Dem wird durch die Rechtsprechung dadurch begegnet, dass sie annimmt, dass auch wenn durch eine Genehmigung die Rechtsfolgen der Verfügung geändert werden, der Verfügende Nichtberechtigter bleibt.[665] Entsprechend könnte man vorliegend auch Sittenwidrigkeit feststellen, ohne hieraus den Schluss der Unwirksamkeit des Vertrages als Tatbestandsmerkmal des Vertrages mit Schutzwirkung zugunsten Dritter zu ziehen.

### bb. Einbezug der Arbeitnehmer in den Schutzbereich des Vertrages

Für Mitarbeiter eines Unternehmers wird die Zugehörigkeit zum geschützten Personenkreis im Rahmen von Werkverträgen grundsätzlich bejaht.[666] Dies bedeutet, dass im Allgemeinen zuerkannt wird, dass die Arbeitnehmer eines Werkunternehmers bestimmungsgemäß mit der Leistung in Berührung kommen, dass ein Einbeziehungsinteresse des Werkunternehmers als Gläubiger besteht, dass eine Erkennbarkeit der Drittbezogenheit der Leistung für den Besteller als Schuldner gegeben ist und dass die Arbeitnehmer schutzbedürftig sind.[667]

Fraglich ist jedoch, ob sich dies angesichts der Zwangsarbeitslage der betroffenen Arbeiter vorliegend anders darstellt.

Die „Gläubigernähe" ist bei Zwangsarbeitern, deren *„Wohl und Wehe"*[668] entscheidend vom Beschäftigungsgeber abhängt, erst Recht anzunehmen. Der Umstand, dass zumindest ein Teil der Beschäftigten der Zulieferer ihre Tätigkeit unfreiwillig ausüben, und daher gegebenenfalls kein wirksames Arbeitsverhältnis vorliegt, steht einem Einbezug in den Schutzbereich somit nicht entgegen.

---

665 Vgl. *Palandt/Sprau*, § 816 Rz. 9.

666 Vgl. *Staudinger/Peters/Jacobi*, 2008, § 631 Rz. 65 sowie Anh IV zu § 638 Rz. 11.

667 Zu diesen allgemeinen Einbeziehungsvoraussetzungen vgl. *Palandt/Grüneberg*, § 328 Rz. 17a f.

668 Heute erstreckt sich die Anerkennung eines schutzwürdigen Interesses des Gläubigers über die Fälle der persönlichen Fürsorge- und Obhutspflicht sowie sozialer Abhängigkeit hinaus. Es reicht bereits, dass Schutzpflichten des Gläubigers aufgrund eines Vertrages, eines Gefälligkeitsverhältnis oder sonstigen Vertrauensbeziehungen bestehen, vgl. *Staudinger/Jagmann*, 2009, § 328 Rz. 100. Dort wo sogar eine „Wohl und Wehe"-Beziehung vorliegt, wird aber in jedem Fall eine Leistungsnähe zu bejahen sein.

Auch die Erkennbarkeit des Einbezugs für das deutsche Handelsunternehmen hindern die Zwangsarbeit sowie die ermittelten Arbeitsbedingungen nicht. Zwar wird für den Einbezug der Mitarbeiter eines Werkunternehmers in den Schutzbereich generell verlangt, dass der Unternehmer die Mitarbeiter *„zulässigerweise einsetzt.“*[669] Das Erfordernis der Zulässigkeit des Einsatzes wird sich aber nur so verstehen lassen, dass es die (konkludente) Abrede zwischen den Vertragsparteien betrifft, überhaupt Mitarbeiter für die Werkerstellung einzusetzen, nicht jedoch, wie diese erfolgt. Das Kriterium der Zulässigkeit des Arbeitnehmereinsatzes stört daher auch bei Zwangsarbeit die Erkennbarkeit der Drittbezogenheit für den Besteller nicht.

Problematisch für die Annahme eines Vertrags mit Schutzwirkung zugunsten Dritter ist schließlich das Schutzbedürfnis. Dieses wird abgelehnt, *„wenn das Interesse des Dritten bereits durch eigene direkte vertragliche Ansprüche voll abgedeckt ist.“*[670] Hier könnten einem Anspruch der Arbeitnehmer gegen die deutschen Handelsunternehmen, deren Ansprüche gegen die chinesischen Zulieferer selbst vorgehen. Erforderlich hierfür wäre jedoch, dass es sich dabei um vertragliche Ansprüche handelt und diese Ansprüche *„denselben oder zumindest einen gleichwertigen Inhalt haben.“*[671]

Vertragliche Ansprüche setzen voraus, dass ein wirksames Dienst- oder Arbeitsverhältnis vorliegt. Dies ist zumindest bei denjenigen Arbeitnehmern, die unfreiwillig weiter in den Zulieferunternehmen arbeiten, nicht anzunehmen. Auch ein „faktisches Arbeitsverhältnis“ erfordert, dass *„eine Willenseinigung zumindest als tatsächlicher Akt vorhanden ist“*,[672] das heißt *„eine von beiden Parteien gewollte Beschäftigung des Arbeitnehmers.“*[673] Dies ist allerdings bei einem zwangsweisen Einsatz von Arbeitskräften nicht verwirklicht[674] und eine entsprechende Anwendung würde *„allen Prinzipien der Rechtsgeschäftslehre“*[675] widersprechen.

---

669 *Staudinger/Peters/Jacobi*, 2008, § 631 Rz. 65.

670 *MünchKommBGB/Gottwald,* § 328 Rz. 127.

671 *Staudinger/Jagmann*, 2009, § 328 Rz. 106.

672 *Staudinger/Richardi/Fischinger*, § 611 Rz. 305.

673 *MünchKommBGB/Müller-Glöge*, § 611 Rz. 158.

674 So hinsichtlich der Beschäftigung eines NS-Zwangsarbeiters das OLG Koblenz, vgl. Beschluss vom 30. Oktober 2000 – 10 W 542/00, OLGRZ Koblenz 2001, S. 30, welches auf die ständige Rechtsprechung des BAG verweist, darunter insbesondere den Beschluss vom 16. Februar 2000 – 5 AZB 71/99, NJW 2000, S. 1438 ff.

675 Zur Ablehnung von faktischen Arbeitsverhältnissen im Rahmen von Zwangsarbeit *Schröder*, Jura 1994, S. 118, 119; Eine a. A. vertritt hinsichtlich von rentenversicherungspflichtigen Beschäftigungsverhältnissen das SG Düsseldorf: *„Die von der*

Aber auch dort, wo unter Umständen wirksame Vertragsbeziehungen existieren, führt das Kriterium der Gleichwertigkeit dazu, dass die chinesischen Arbeiter als schutzbedürftig einzuordnen sind. Für die Feststellung, ob Ansprüche gleichwertig sind, müssen die beteiligten Interessen eingehend analysiert werden.[676] Gerade die menschenrechtliche Implikation gebietet es, nur dann von einer Äquivalenz auszugehen, wenn nicht nur rechtlich, sondern auch tatsächlich ein gleichwertiger Anspruch vorliegt. Ein solcher ist aber – unabhängig von dem materiellen Gehalt der chinesischen Anspruchsgrundlagen – angesichts der begrenzten Rechtsschutzmöglichkeiten für chinesische Textilarbeiter nicht gewährleistet.[677]

### cc. Schutzpflichtverletzung

Schutzgegenstand des § 241 Abs. 2 BGB ist das Integritätsinteresse des anderen Vertragsteils, dessen *„personen- und vermögensrechtlicher status quo."*[678] Welche Rücksichtspflichten konkret bestehen, wird nicht gesetzlich bestimmt; diese hängen vom Vertragszweck, der Verkehrssitte und den Anforderungen des redlichen Geschäftsverkehrs ab.[679]

Den Besteller von Werkleistungen soll insbesondere eine Aufklärungspflicht bezüglich der Eigenschaften von Gegenständen treffen, die er selbst zur Vertragserfüllung zur Verfügung stellt.[680]

Bei den vorliegend zu beurteilenden Zulieferfällen ist es wahrscheinlich, dass das deutsche Handelsunternehmen (gegebenenfalls mittelbar über Dritte) Stoffe

---

*Rechtsprechung des BSG angewandte Rechtsfigur [...] eines rentenversicherungspflichtigen Beschäftigungsverhältnisses [...] geht vom Normal- bzw. Durchschnittsfall in einer rechtsstaatlich demokratisch geprägten Rechtsordnung aus. Die für die Sozialversicherungspflicht von abhängig Beschäftigten entwickelten Begriffsmerkmale der Freiwilligkeit und Entgeltzahlung sind während der nationalsozialistischen Gewaltherrschaft mit ihrem beispiellosen, einzigartigen Zivilisationsbruch und ihrer zutiefst inhumanen rechtstaatsfeindlichen Rechts- und Rassenideologie hinsichtlich der von den jüdischen Verfolgten geleisteten Arbeiten nicht übertragbar."* Infolgedessen sei auch dann von einem Beschäftigungsverhältnis auszugehen, wenn *„eine Tätigkeit verrichtet wurde, die in rechtsstaatlich geprägten Gesellschaften gewöhnlich von freien und bezahlten Arbeitskräften ausgeübt wird."* Urteil vom 23. März 2000 – S 15 RJ 50/98, abgerufen über JURIS.

676 Staudinger/*Jagmann*, 2009, § 328 Rz. 106.

677 Vgl. hierzu Teil IV.2.b.

678 *Palandt/Grüneberg*, § 241 Rz. 6.

679 Ebenda, Rz. 7.

680 Vgl. *Staudinger/Olzen*, 2005, § 241 Rz. 468.

zur Herstellung der Textilien liefert.[681] Dennoch geht es hier nicht etwa um Verletzungen oder Gesundheitsschädigungen, welche den Arbeitern der Zulieferer wegen des Kontakts mit vom Besteller überlassenen Stoffen entstanden sind. Vielmehr wird dem deutschen Unternehmen ein missbräuchliches Hinwirkens auf extrem niedrige Preise und flexible Lieferzeiten mit der Folge der Ausgestaltung menschenrechtsbeeinträchtigender Arbeitsbedingungen durch den Zulieferer vorgeworfen.

Unabhängig davon, ob sich dieser Zusammenhang nachweisen lässt, dürfte ein solches Verhalten nicht geeignet sein, um eine Nebenpflichtverletzung im Sinne des § 241 Abs. 2 anzunehmen. So ist die Art der Vereinbarung des Werkvertrags nicht als Schutzpflichtverletzung charakterisierbar.

Zwar begrenzt die Rechtsprechung die Anwendung von Verträgen mit Schutzwirkung zugunsten Dritter nicht auf den Ersatz von Personenschäden, betont wird aber, dass ein strenger Maßstab gelte, wenn Sach- und Vermögensschäden in die Schutzwirkung eines Hauptschuldverhältnisses einzubeziehen sind. *„Reine Reflexwirkungen des Verhaltens auf Drittvermögen [bräuchten] grundsätzlich nicht mittels Schadensersatz ausgeglichen werden.“*[682]

Maßgeblich für das Kriterium der Leistungsnähe ist, dass *„der Dritte hinsichtlich seiner Integritätsinteressen durch die Vertragsleistung in gleicher Weise Gefahren ausgesetzt ist wie der Gläubiger.“*[683] Bestehen Schutzpflichten schon nicht gegenüber dem Vertragspartner selbst, können sie daher auch nicht einem in den Vertrag einbezogenen Dritten zukommen. Durch den Vertrag mit Schutzwirkung zugunsten Dritter wird nämlich lediglich der Schutzkreis der bestehenden nebenvertraglichen Pflichten über die Vertragsparteien hinaus erweitert, ohne hingegen neue Pflichten in den Schutzkreis mit aufzunehmen. Hierzu passt, dass die Pflichten, die den Besteller bei der Entrichtung der geschuldeten Vergütung, das heißt als Schuldner der Gegenleistung treffen, im Zusammenhang mit den Verträgen mit Schutzwirkung zugunsten Dritter generell als irrelevant betrachtet werden.[684]

Das Tatbestandsmerkmal der Nebenpflichtverletzung lässt auch keinen Raum, über eine mittelbare Drittwirkung der Menschenrechte zu einem anderen Ergebnis zu gelangen.

---

681 Vgl. Teil II.1.c.cc sowie Teil IV. 2.c.

682 *MünchKommBGB/Gottwald*, § 328 Rz. 128a.

683 *Staudinger/Jagmann*, 2009, § 328 Rz. 98.

684 Vgl. *Papadimitropoulos*, Schuldverhältnisse mit Schutzwirkung zugunsten Dritter, S. 42, der darauf hinweist, dass eine Haftung lediglich aus denjenigen Pflichten erwachsen kann, die den Besteller als Gläubiger der Werkherstellungsleistung treffen.

### c. Aufwendungsersatzanspruch aus §§ 677, 683 S. 1, 670 BGB

Der Geschäftsführung ohne Auftrag (GoA) wurde ob ihres weiten Tatbestands bereits eine *„magische Anziehungskraft“*[685] für die Rechtsprechung attestiert. Der BGH nutze die Geschäftsführungsregeln als Billigkeitsinstrument,[686] um *„den in erster Linie für die Tragung der Kosten Verantwortlichen in die Pflicht zu nehmen.“*[687] Denkbar ist daher, dass die chinesischen Arbeiter sich ebenfalls die GoA gegenüber dem deutschen Handelsunternehmen für einen Ersatz ihrer zur Herstellung der Textilien erbrachten Arbeitskraft nutzbar machen können.

Der Rückgriff auf das Institut der GoA im Falle von Zwangsarbeit wäre nicht gänzlich neu: bereits im Rahmen eines NS-Zwangsarbeiterverfahrens wurde die GoA als Grundlage für Ansprüche der Geschädigten gesehen.[688]

Vorab ist hierfür festzustellen, ob dem Instrumentarium der GoA die Zwangsarbeitssituation und die damit einhergehende Unwirksamkeit der Arbeitsverträge entgegensteht. So ist sehr umstritten, wie gescheiterte Verträge mit Geschäftsbesorgungscharakter zu behandeln sind. Während der BGH in ständiger Rechtsprechung die GoA für anwendbar erklärt,[689] wird dies in der Literatur abgelehnt, beziehungsweise je nach konkreter Konstellation differenziert betrachtet.[690] Zu beachten ist jedoch, dass es vorliegend ohnehin nicht um ein Abwicklungsverhältnis zwischen den chinesischen Zuliefern und ihren Arbeitern geht, sondern um deren Ansprüche gegenüber den deutschen Handelsunternehmen. Dementsprechend ist eine Entscheidung zu dieser Problematik entbehrlich.

---

685 *Hauss*, Ein Strapaziertes Rechtsinstitut – Zur Eingrenzung der Geschäftsführung ohne Auftrag, in: *Ehmann/Hefermehl/Laufs (Hrsg.)*, FG Weitnauer, S. 333.

686 Vgl. zum Beispiel *Lorenz*, NJW 1996, S. 883, 887, der dem BGH vorwirft, die GoA verführe ihn zu *„ergebnisorientierter Billigkeitsrechtsprechung.“*

687 *Staudinger/Bergmann*, 2006, Vorbemerkung § 677 Rz. 10.

688 Vgl. Urteil des OLG Stuttgart vom 11. März 1964 – 1 U 16/1963, RzW 1964, S. 425, 426, in welchem sowohl die Anspruchsvoraussetzungen als auch ein Anspruch auf die übliche Vergütung unproblematisch bejaht werden. Dieses Urteil wurde allerdings in der Folge vom BGH wegen Verjährung der Ansprüche aufgehoben, vgl. Urteil des BGH vom 22. Juni 1967 – VII ZR 181/65, BGHZ 48, S. 125 ff.

689 Vgl. zum Beispiel Urteil des BGH vom 30. September 1993 – VII ZR 178/91, NJW 1993, S. 3196 mit weiteren Nachweisen.

690 *Hader*, Die Geschäftsführung ohne Auftrag als Anspruchsgrundlage bei gescheiterten Verträgen, S. 27, 279 ff.

Ein Aufwendungsersatzanspruch aus §§ 677, 683 S. 1, 670 erfordert, dass die Voraussetzungen einer Geschäftsführung ohne Auftrag im Sinne von § 677 BGB vorliegen. Die chinesischen Arbeiter müssen ohne Auftrag oder sonstige Berechtigung im Verhältnis zu den deutschen Handelsunternehmen als Geschäftsherren tätig geworden sein.

## aa. Geschäftsbesorgung

Zunächst müsste die Besorgung eines Geschäftes vorliegen.

Der Begriff des Geschäftes in § 677 umfasst nach herrschender Meinung jede Tätigkeit rechtsgeschäftlicher oder tatsächlicher, wirtschaftlicher oder nichtwirtschaftlicher Art in Form einer einzelnen Angelegenheit oder eines Handelns über einen gewissen Zeitraum.[691] Hierunter fallen etwa auch Arbeitsleistungen, die Arbeiter im Rahmen von Zwangsarbeitsverhältnissen erbringen.[692]

Es kann also davon ausgegangen werden, dass die chinesischen Arbeiter ein Geschäft geführt haben.

## bb. Für einen anderen

Das Geschäft muss „für einen anderen" besorgt worden sein. *„Für einen anderen wird tätig, wer ein Geschäft nicht nur als eigenes, sondern (mindestens auch) als fremdes besorgt, also mit dem Bewusstsein [...], der Erkenntnis und dem Willen [...], (auch) im Interesse eines anderen [...] zu handeln."*[693]

Was unter den einzelnen Merkmalen dieser Definition zu verstehen ist, wird je nach theoretischem Ansatz unterschiedlich beantwortet. Überwiegend anerkannt ist mittlerweile, dass das Geschäft nicht objektiv fremd für den Geschäftsführer sein muss, sondern dass Fremdgeschäftsführungswille, das heißt Bewusstsein und Wille, das Geschäft für jemand anderen zu führen, ausreicht.[694]

Ja nach objektivem Erscheinungsbild des Geschäftes (fremd, eigen, neutral, auch fremd) sind an den Nachweis des Fremdgeschäftsführungswillens unterschiedliche Anforderungen zu stellen.

Als objektiv fremd werden Geschäfte bezeichnet, die *„an und für sich der Sorge eines anderen obliegen, d. h. die nach ihrem Gegenstand, sonstigen Inhalt oder Erscheinungsbild für jedermann erkennbar nicht zum eigenen Rechtskreis*

---

691 *Staudinger/Bergmann*, 2006, Vorbemerkung § 677 ff. Rz. 107.

692 Vgl. zu den NS-Zwangsarbeiterverhältnissen, *Schröder*, Jura 1994, S. 61, 62 ff.

693 *Palandt/Sprau*, § 677 Rz. 3.

694 Vgl. *Soergel/Beuthien*, § 677 Rz. 3.

*des Handelnden, sondern dem eines anderen gehören.“*[695] Bei solchen Geschäften wird der Fremdgeschäftsführungswille vermutet.[696] Dasselbe gilt für die sogenannten auch-fremden Geschäfte, bei denen sich *„der Gegenstand der Geschäftsbesorgung nicht ausschließlich dem Rechts- und Interessenkreis des Geschäftsherrn zuordnen lässt, sondern ebenso in den Rechtskreis des Geschäftsführers hinübergreift.“*[697]

Demgegenüber muss für objektiv eigene oder neutrale Geschäfte der Fremdgeschäftsführungswille hinreichend erkennbar nach außen in Erscheinung treten.[698]

Im Fall der chinesischen Arbeiter gehört die Fertigung der Textilien bei rein tatsächlicher Betrachtung sowohl zum Rechtskreis des deutschen Handelsunternehmens, welches anschließend die fertigen Produkte verkaufen will, als auch zum eigenen Rechtskreis der Arbeiter, da es sich für sie um einen Vorgang zum Erwerb handelt.

Fraglich ist jedoch, ob eine Situation, in der zumindest ein Teil der chinesischen Arbeiter in Zwangsarbeit tätig ist, indiziert, dass allein ein eigenes Geschäft verrichtet wurde.

Teilweise wird hinsichtlich der NS-Zwangsarbeiterfälle der Fremdgeschäftsführungswille mit dem Hinweis darauf abgelehnt, dass hierfür zumindest ein natürlicher Wille zur Geschäftsübernahme beim Geschäftsführer vorliegen muss, an welchem es bei Zwangsarbeit fehle.[699] Andererseits wird aber auch vertreten, dass das Tätigwerden *„aus einem existentiellen Eigeninteresse“*[700] den Fremdgeschäftsführungswillen nicht ausschließt.

Jedenfalls in den hier zu beurteilenden Fällen, in denen trotz der Zwangsarbeitslage im Sinne des Völkerrechts noch ein Rest an Freiwilligkeit besteht, weil die Arbeiter nicht physisch am Verlassen der Betriebsstätten gehindert sind, ist das Vorliegen von Zwangsarbeit kein Ausschlussgrund für die Annahme eines auchfremden Geschäftes. Somit bleibt es bei der Vermutung, dass die Arbeiter mit

695 Ebenda, Rz. 7.

696 Vgl. zum Beispiel Urteil des BGH vom 23. September 1999 – III ZR 322/98, NJW, 2000, S. 72.

697 *Staudinger/Bergmann*, 2006, Vorbemerkung zu § 677 ff. Rz. 139.

698 *Palandt/Sprau*, § 677 Rz. 5.

699 Vgl. *Hennies*, Entschädigung für NS-Zwangsarbeit vor und unter der Geltung des Stiftungsgesetzes vom 2.8.2000, S. 92.

700 *Schröder*, Jura 1994, S. 118, 119, der ein „auch-fremdes Geschäft“ sogar in den Fällen annimmt, bei denen die Arbeitsleistung entscheidend für das Überleben der Betroffenen war.

Fremdgeschäftsführungswillen gehandelt haben und damit ein fremdes Geschäft führten.

Die Textilproduktion kam zwar ebenfalls – unter Umständen sogar in erster Linie – den Zulieferbetrieben selbst zu Gute, hierdurch wird jedoch eine GoA gegenüber den deutschen Handelsunternehmen nicht per se ausgeschlossen. Es ist durchaus nicht unüblich, dass ein Geschäftsführer für verschiedene Geschäftsherren gleichzeitig tätig wird.[701]

Unerheblich ist schließlich auch, dass die chinesischen Arbeiter ALDI als Abnehmer der Waren unter Umständen nicht bekannt war. Die Kenntnis der Person des Geschäftsherren spielt für die Annahme einer GoA keine Rolle; gehandelt wird *„für den, den es objektiv angeht"*, solange der Geschäftsführer nur das Geschäft irgendeines anderen führen will.[702]

### cc. Ohne Auftrag oder sonstige Berechtigung

Die Geschäftsbesorgung der chinesischen Arbeiter müsste ohne Auftrag oder sonstige Berechtigung im Verhältnis zu den deutschen Handelsunternehmen erfolgt sein.

Ein vertragliches oder vertragsähnliches Rechtsverhältnis bestand zwischen den Arbeitern und den deutschen Handelsunternehmen nicht.

Einige Arbeiter erbrachten ihre Arbeitsleistungen allerdings zumindest partiell im Rahmen wirksamer Arbeitsverhältnisse mit den Zulieferunternehmen, die eine Verpflichtung zur Herstellung begründeten. Andere Arbeiter wiederum wurden durch die Zulieferunternehmen gezwungen, die Textilien zu produzieren.

Nach ständiger Rechtsprechung des BGH ist es unerheblich, ob der Geschäftsführer gegenüber einem Dritten zur Besorgung des Geschäfts verpflichtet ist.[703] Eine solche Verpflichtung ist nur dann schädlich, wenn sie *„auf einem mit einem Dritten wirksam geschlossenen Vertrag beruht, der Rechte und Pflichten des Geschäftsführers und insbesondere die Entgeltfrage umfassend regelt."*[704]

Zumindest für diejenigen Arbeiter, bei denen sich die Ableistung aus einem rechtswidrigen Zwangsverhältnis heraus ergab, ist damit davon auszugehen, dass

701 Vgl. *MünchKommBGB/Seiler*, § 677 Rz. 8.

702 *Palandt/Sprau*, § 677 Rz. 8.

703 Urteil des BGH vom 21. Oktober 1999 – III ZR 319/98, NJW 2000, S. 422, 423 m. w. N; A. A. zum Beispiel *Soergel/Beuthien*, § 677 Rz. 10, der solche Fälle zwar nicht von der GoA ausnimmt, jedoch verlangt, dass dann besondere Anhaltpunkte für einen Fremdgeschäftsführungswillen vorliegen.

704 Urteil des BGH vom 21. Oktober 2003 – X ZR 66/01, NJW-RR 2004, S. 81, 83.

kein Auftrag oder eine sonstige Berechtigung vorlag, da es insoweit an einer wirksamen vertraglichen Abrede fehlt. Lediglich für die Arbeiter, bei denen wirksame Arbeitsverhältnisse mit Entgeltabreden, welche dem Sittenwidrigkeitsmaßstab standhalten, vorlagen, ist ein Rückgriff auf die GoA ausgeschlossen.[705]

Unerheblich ist weiter, dass die Handelsunternehmen die Textilien – über Zwischenlieferanten – bei den Zulieferern bestellt haben. Wie bereits im Rahmen des Vertrages mit Schutzwirkung zugunsten Dritter festgestellt, sind solche Abreden im Bewusstsein der daraus resultierenden Schädigung der Arbeiter als sittenwidrig einzustufen.[706] Ein etwaiges Vertragsverhältnis zwischen Zulieferer und Handelsunternehmen wäre mithin ohnehin nichtig.

### dd. Interesse und Wille des Geschäftsherren

Berechtigt ist die Geschäftsführung ohne Auftrag, *„wenn Ihre Übernahme sowohl dem Interesse wie auch dem wirklichen, hilfsweise dem mutmaßlichen Willen des Geschäftsherren entspricht.“*[707] Beides ist vorliegend der Fall: Die Herstellung der Textilien durch die Arbeiter ist Voraussetzung dafür, dass der Zulieferer diese an die deutschen Handelsunternehmen liefern kann. Daraus, dass die deutschen Handelsunternehmen die Textilien bestellt haben, ergibt sich ihr Wille, dass Arbeiter bei dem Zuliefererunternehmen die Herstellung übernehmen. Da die Geschäftsführung somit dem wirklichen Willen des Geschäftsherren entspricht, ist auch sein Interesse zu unterstellen.[708]

### ee. Rechtsfolge: Aufwendungsersatz aus § 670 S. 1 BGB

Entsprechend § 683 S. 1 BGB kann der Geschäftsführer einer berechtigten GoA *„wie ein Beauftragter Ersatz seiner Aufwendungen verlangen.“* Der Begriff der Aufwendungen in § 683 S. 1 entspricht somit im Grundsatz demjenigen des § 670. Aufwendungen sind danach *„freiwillige Vermögensopfer, die der Geschäftsführer zum Zwecke der Ausführung auf sich nimmt oder die sich als notwendige Folge der Geschäftsführung ergeben.“*[709]

705 Hier besteht aber auch ohnehin kein Bedürfnis, die deutschen Handelsunternehmen in Anspruch zu nehmen.

706 Vgl. Teil V.3.b.aa. (2).

707 *Palandt/Sprau*, Einführung von § 677 Rz. 4.

708 Zu diesem Schluss vgl. *Soergel/Beuthien*, § 683 Rz. 4.

709 *Staudinger/Bergmann*, 2006, § 683 Rz. 46 mit Verweis auf Urteil des BGH vom 15. Dezember 1975 – II ZR 54/74, BGHZ 65, 384, 389.

Nicht ersetzt wird prinzipiell die vom Geschäftsführer aufgewendete Zeit und Arbeitskraft, da auch das Auftragsverhältnis im Sinne von § 662 BGB keine Vergütung kennt. Dies ist nur anders, wenn die Leistungen zum Beruf oder Gewerbe des Geschäftsführers gehören. Hier soll in Anlehnung an die Regelung in § 1835 Abs. 3 BGB die übliche Vergütung zu zahlen sein,[710] da kein Geschäftsherr erwarten kann, *„dass ihm berufliche oder gewerbliche Dienstleistungen, die am Markt nur gegen Entgelt zu erhalten sind, umsonst erbracht werden.“*[711]

Die chinesischen Arbeiter leisten bei der Herstellung der Textilien für das deutsche Handelsunternehmen gerade ihre berufliche Tätigkeit als Näher beziehungsweise sonstige Beschäftigte im Textilproduktionsprozess. Es handelt sich daher um im Rahmen der GoA erstattungsfähige Leistungen.[712] Im Übrigen dürfte auch ein Erst-Recht-Schluss angemessen sein: *„Wer die Arbeitskraft eines anderen im eigenen Rechtskreis ausnutzt, kann sich nicht darauf berufen, dieses ‚Arbeitskraft-Opfer‘ sei nicht ersatzfähig.“*[713]

Zu beachten ist jedoch, dass die Arbeitsleistung durch die chinesischen Arbeiter nicht freiwillig erbracht wurde.

Der Aufwendung als freiwilligem Vermögensopfer steht als Gegenbegriff der Schaden als unfreiwillige Einbuße gegenüber.[714] Nach herrschender Meinung ist zwar nicht der Ersatz sämtlicher Schäden über § 683 S. 1 BGB ausgeschlossen, anerkannt ist jedoch nur die Kompensation solcher tätigkeitsspezifischer Risiken, die aus der Geschäftsbesorgung heraus entstehen (Nothilfeschäden).[715] Für die Ersatzfähigkeit von Schäden ist folglich erforderlich, dass es überhaupt eine Aufwendung gibt (beziehungsweise geben soll), anlässlich derer dann ein Schaden eintritt.

---

710 Vgl. *Palandt/Sprau*, § 683 Rz. 8.

711 *Schwarz/Wandt*, Gesetzliche Schuldverhältnisse, 2. Teil § 5 Rz. 42.

712 Die Situation stellt sich folglich anders dar als bei den NS-Zwangsarbeiterfällen, in denen die Zwangsarbeiter im Allgemeinen nicht zu Tätigkeiten gezwungen wurden, die ihrem Beruf zurechenbar waren und für die daher ein Anspruch aus GoA häufig insbesondere aufgrund dieses Kriteriums ausgeschlossen wurde, vgl. zum Beispiel *Hennies*, Entschädigung für NS-Zwangsarbeit vor und unter der Geltung des Stiftungsgesetzes vom 2.8.2000, S. 95.

713 *Schröder*, Jura 1994, S. 118, 120.

714 Vgl. *MünchKommBGB/Seiler*, § 683 Rz. 18.

715 Ebenda, Rz. 18 f. Zu beachten ist allerdings, dass dies nicht für diejenigen Fälle gelten soll, in denen der Geschäftsherr eine Vergütung verlangen kann, weil die Geschäftsführung in den Bereich seiner gewerblichen oder selbstständigen Tätigkeit fällt. Hier soll das Schadensrisiko über die übliche Vergütung mit abgegolten sein, vgl. *Bergmann*, Geschäftsführung ohne Auftrag als Subordinationsverhältnis, S. 311 f.

Das Fehlen eines freiwilligen Vermögensopfers wurde in den NS-Zwangsarbeiterfällen als maßgeblicher Ausschlussgrund für die GoA angeführt. Nicht zuletzt hierin äußere sich, dass die Zwangsarbeiterfälle nicht dem gesetzlichen Leitbild der GoA entsprächen.[716] *„Mit der [...] Frage der Freiwilligkeit der Vornahme der Auftragsübernahme [sei] auch die Frage der Freiwilligkeit der Vornahme der Aufwendungen selbst verbunden.“*[717]

Vertreten wird aber auch, dass ein Erst-Recht-Schluss dahingehend in Betracht kommt, dass wenn ein Anspruch bei freiwilliger Tätigkeit gegeben wäre, ein solcher im Falle des Zwanges nicht versagt werden kann.[718]

Zusammenfassend lässt sich feststellen, dass die Zwangsarbeit nicht in die Kategorie von Lebenssachverhalten fällt, die von der GOA typischerweise erfasst werden sollen,[719] also *„das freiwillige Vermögensopfer, die fremdnützige Tätigkeit, [...] pointiert gesagt, altruistisches Handeln.“*[720] Der Umstand, dass Zwangsarbeiter als Geschäftsführer der Sorgfaltspflicht des § 677 unterliegen würden, spricht genauso gegen ihre Annahme[721] wie das Risiko des Geschäftsherren, wenn sein Handeln nicht dem Willen oder mutmaßlichen Willen des Geschäftsherren entspricht.[722]

Gleichzeitig kann für ein Rekurrieren auf das Rechtsinstitut der GoA in den Zwangsarbeiterfällen jedoch in die Waagschale geworfen werden, dass die tatbestandlichen Voraussetzungen der GoA vollständig verwirklicht sind und lediglich auf der Rechtsfolgenseite Schwierigkeiten bestehen. Hier aber geht die Rechtsprechung (durch Anerkennung der Begleitschäden als ersatzfähig) schon jetzt über den Gesetzeswortlaut des § 683 S. 1 in Verbindung mit § 670 S. 1 hinaus und zeigt damit, dass dort, wo für den Gestor *„ein Gewinn nicht sein Gewinn ist [,] ein*

---

716 Vgl. zum Beispiel *Frauendorf*, Ansprüche von Zwangsarbeitern aus Osteuropa gegen die Bundesrepublik Deutschland und gegen Arbeitgeber, die Zwangsarbeiter eingesetzt haben, in: *Barwig/Saathoff/Weyde (Hrsg.)*, Entschädigung für NS-Zwangsarbeit, S. 135, 150.

717 *Hennies*, Entschädigung für NS-Zwangsarbeit vor und unter der Geltung des Stiftungsgesetzes vom 2.8.2000, S. 95.

718 Vgl. *Schröder*, Jura 1994, 118, 120. Allerdings unter dem Vorbehalt, nur dann diesen Weg zu wählen, wenn das bürgerliche Recht keine andere Anspruchsgrundlage bereitstellt, S. 121. Dagegen *Hennies*, Entschädigung für NS-Zwangsarbeit vor und unter der Geltung des Stiftungsgesetzes vom 2.8.2000, S. 95.

719 *Pawlita*, AuR, 1999, S. 426, 431.

720 *Schröder*, Jura 1994, S. 118, 120.

721 *Hennies*, Entschädigung für NS-Zwangsarbeit vor und unter der Geltung des Stiftungsgesetzes vom 2.8.2000, S. 93.

722 *Schröder*, Jura 1994, S. 118, 120.

*Verlust, mag er nun freiwillig oder unfreiwillig entstanden sein, [auch] der Verlust des Dominus*"[723] sein sollte.

Dies gilt in Bezug auf die hier zu beurteilenden Fälle der chinesischen Arbeiter umso mehr, da ein der Aufwendung weitaus ähnlicherer Schaden vorliegt als bei den Begleitschäden. So ist, wie bereits dargestellt, bei der Durchführung der Arbeitsleistung noch ein Rest von Freiwilligkeit vorhanden, und die Arbeit erfolgt durchaus zweckgerichtet.

Schon für die NS-Zwangsarbeiterfälle, für welche die UN-Kernverträge noch nicht galten, wurde die GoA als hinreichend offener Tatbestand gewertet, um ihn durch *„bewußte richterliche oder wissenschaftliche Rechtsschöpfung auf die durch einen Dritten [...] erzwungene fremdnützige Leistung auszudehnen.*"[724] Heute kann man fragen, ob vor dem Hintergrund der mittelbaren Drittwirkung der Menschenrechte eine solche Auslegung nicht sogar zwingend geboten ist. Sofern keine anderen Anspruchsgrundlagen bereitstehen sollten, müsste die Gestaltbarkeit der GoA entsprechend genutzt werden und würde damit im besten Sinne des Wortes ein Billigkeitsinstrument darstellen.

Nach allem kann § 683 S. 1 mithin so ausgelegt werden, dass den chinesischen Arbeitern ein Anspruch auf Ersatz ihrer Arbeitsleistung zusteht.

Der Umfang der Schadensersatzpflicht im Rahmen des Ersatzes von Begleitschäden über die GoA wird aufgrund der Eigenart der Fälle, bei denen der Schaden häufig durch eine für beide Beteiligten zufällige Gefahrenlage entstanden ist, durch den BGH herabgesetzt. Statt einer „Totalreparation", wird entsprechend der Umstände des Einzelfalles lediglich eine „angemessene" Entschädigung gewährt.[725] Für eine solche Einschränkung besteht für die hier zu beurteilenden Fälle kein Raum, sodass es beim Grundsatz der Totalreparation bleibt.

In Ansatz zu bringen wird demgegenüber sein, dass die Geschäftsführung nicht nur für das deutsche Handelsunternehmen, sondern ebenfalls für den Zulieferer selbst erfolgte. Interessengerecht wäre es, die Ersatzpflicht danach zu bestimmen, wie die Vorteile aus der Arbeitsleistung verteilt sind.

---

723 *Bergmann*, Die Geschäftsführung ohne Auftrag als Subordinationsverhältnis, S. 311.

724 *Schröder*, Jura 1994, S. 118, 128, der darauf hinweist, dass auch sonstige neuere Ausdehnungen der GoA durch den BGH nicht notwendigerweise dem ursprünglichen Leitbild entsprachen.

725 Vgl. Urteil des BGH vom 27. November 1962 – VI ZR 217/61, BGHZ 38, 270, 278 f.

### d. Aus § 831 BGB

§ 831 Abs. 1 S. 1 BGB lautet: *„Wer einen anderen zu einer Verrichtung bestellt, ist zu Ersatz des Schadens verpflichtet, den der andere in Ausführung der Verrichtung einem Dritten widerrechtlich zufügt."* Eine Ersatzpflicht besteht gemäß S. 2 nur dann nicht, *„wenn der Geschäftsherr bei der Auswahl der bestellten Person und [...] bei der Beschaffung oder der Leitung die im Verkehr erforderliche Sorgfalt beobachtet [hat] oder wenn der Schaden auch bei Anwendung dieser Sorgfalt entstanden sein würde."*

Sollten die Zulieferbetriebe mithin als durch die deutschen Handelsunternehmen zur Verrichtung bestellt anzusehen sein, träfe diese eine Nachweispflicht,[726] dass sie ihre Auswahl-, Anleitungs- und Überwachungspflichten nicht verletzt haben.

Maßgeblich ist damit, ob die chinesischen Zulieferbetriebe als Verrichtungsgehilfen des deutschen Handelsunternehmens angesehen werden können.

*„Verrichtungsgehilfe ist, wer im Blick auf eine Tätigkeit höherer oder niederer, entgeltlicher oder unentgeltlicher Art [...] Weisungen unterliegt."*[727] Erforderlich ist, dass ihm *„von einem anderen, in dessen Einflussbereich er allgemein oder im konkreten Fall ist und zu dem er in einer gewissen Abhängigkeit steht, eine Tätigkeit übertragen"*[728] wurde. Dabei muss das Weisungsrecht *„nicht ins einzelne [...] gehen. Es genügt, daß der Geschäftsherr die Tätigkeit des Handelnden jederzeit beschränken oder entziehen oder nach Zeit und Umfang bestimmen kann."*[729] Maßgeblich ist stets das faktische Direktionsrecht, wohingegen unerheblich ist, ob dieses auf einem wirksamen Rechtsverhältnis beruht[730] und ob der Tätige aufgrund eigener Sachkunde und Erfahrung zu handeln hat.[731]

Insbesondere Arbeiter und Angestellte eines Geschäftsherren, die in dessen Betrieb oder Haushalt tätig werden, sind als Verrichtungshilfen anzusehen.[732] Demgegenüber sind selbstständige Unternehmen (independent contractors)[733] grundsätzlich keine

---

726 Die Haftung entfällt nach Abs. 1 S. 2. Hs. 1 nur, wenn der Geschäftsherr die Vermutung widerlegt, er habe seine Sorgfaltspflichten verletzt, vgl. *Palandt/Sprau*, § 831 Rz. 10.

727 *Jauernig/Teichmann*, § 831 Rz. 5.

728 Urteil des BGH vom 10. März 2009 – IV ZR 39/08, NJW 2009, S. 1740, 1741.

729 Urteil des BGH vom 30. Juni 1966 – VII ZR 23/65, BGHZ 45, 311, 313.

730 Vgl. *MünchKommBGB/Wagner*, § 831 Rz. 16.

731 Urteil des BGH vom 10. März 2009 – IV ZR 39/08, NJW 2009, S. 1740, 1741.

732 Vgl. *Kötz/Wagner*, Deliktsrecht, Rz. 278.

733 Vgl. *MünchKommBGB/Wagner*, § 831 Rz. 16.

Verrichtungsgehilfen, es sei denn, sie sind derart in einen fremden Organisationsbereich eingebunden, dass sie ausnahmsweise im konkreten Fall als weisungsunterworfen gelten.[734] Dies wurde etwa angenommen bei einem Handelsvertreter, der nach dem Vertretervertrag dazu angehalten war, alle Richtlinien der Beklagten zu befolgen und anderenfalls die Möglichkeit einer fristlosen Kündigung sowie einer erheblichen Vertragsstrafe bestand,[735] aber auch bei einem Arzt, der während der vorübergehenden Abwesenheit des Praxisinhabers mit der Verwaltung der Praxis beauftragt war.[736] Dagegen hat der BGH entschieden, dass der Bauherr nicht nach § 831 BGB für den von ihm beauftragten Generalunternehmer einzustehen hat und der Bauunternehmer nicht für die Fehler seines Subunternehmers.[737] Entscheidend bleibt, ob die betroffenen Unternehmen weiter *„über ihre Person frei verfügen und Zeit und Umfang ihrer Tätigkeit selbst bestimmen können."*[738]

Bei der Auftragsfertigung von Bekleidung für ALDI spricht vieles dafür, dass eine quasi weisungsgebundene Fertigung erfolgt. Branchentypisch wird im Rahmen der Textilfertigung für Discounter eine bestimmte Stückzahl der Ware nach konkreten Anforderungen des Abnehmers unter Zurverfügungstellung von Materialien und Produktspezifizierungen zu einem bestimmten Liefertermin bereitgestellt.[739] Sollten darüber hinaus Kündigungsrechte sowie erhebliche Vertragsstrafen für den Fall des Verstoßes gegen Vorgaben existieren und das Zulieferunternehmen maßgeblich nur für ALDI fertigen, erscheint eine Verrichtungsgehilfenstellung nicht als ausgeschlossen.

Zu beachten ist allerdings, dass die Anforderungen, welche die Rechtsprechung an die Annahme eines Verrichtungsgehilfen bei Selbstständigen anlegt, sehr hoch sind und auch die Zwischenschaltung weiterer Unternehmen in der Lieferkette gegen eine Weisungsgebundenheit spricht. Im Ergebnis wird sich daher – zumindest anhand des aktuellen Aufklärungsstandes – nicht substantiieren lassen, dass die chinesischen Unternehmen Verrichtungsgehilfen von ALDI sind. Auch eine Auslegung, die von dem Bestreben getragen ist, den Menschenrechten möglichst starke Geltung zu verleihen, lässt keinen anderen Schluss zu.

---

734 Vgl. *Palandt/Sprau*, § 831 Rz. 5.

735 Vgl. Urteil des BGH vom 29. Juni 1956 – I ZR 129/54, NJW 1956 S. 1715 f; Ebenso: Urteil des BGH vom 5. Oktober 1979 – I ZR 140/77, NJW 1980, S. 941.

736 Vgl. Urteil des BGH vom 10. März 2009 – IV ZR 39/08, NJW 2009, S. 1740, 1741.

737 Vgl. *MünchKommBGB/Wagner*, § 831 Rz. 16.

738 *Palandt/Sprau*, § 831 Rz. 5.

739 Vgl. hierzu die Darstellungen in Teil II.1.c.cc sowie IV.2.c.

Unabhängig davon, ob Auswahl-, Anleitungs- oder Überwachungspflichten verletzt sind, scheidet ein Anspruch aus § 831 mithin aus.

## e. Aus § 823 Abs. 1 BGB

Gemäß § 823 Abs. 1 BGB ist, *„wer vorsätzlich oder fahrlässig das Leben, den Körper, die Gesundheit, die Freiheit, das Eigentum oder ein sonstiges Recht eines anderen verletzt, [...] dem anderen zum Ersatz des daraus entstehenden Schadens verpflichtet."*

Es handelt sich bei § 823 Abs. 1 BGB um diejenige Vorschrift, die am häufigsten von Nichtregierungsorganisationen für die Haftbarmachung von Unternehmen nach deutschem Zivilrecht in Betracht gezogen wird.[740]

### aa. Verletzte Rechtsgüter

Anerkanntermaßen werden durch den Rechtsgüterkatalog in § 823 Abs. 1 BGB einige der durch die relevanten Menschenrechtsverträge geschützten Rechtsgüter abgedeckt. Für die vorliegend zu prüfenden Fälle arbeitsbezogener Menschenrechtsbeeinträchtigungen ist jedoch fraglich, ob sie der enumerativen Aufzählung unterfallen.

*(1) Gesundheit*

Eine Gesundheitsbeschädigung im Sinne von § 823 Abs.1 BGB wird gemeinhin angenommen, bei einer *„Störung der körperlichen, geistigen oder seelischen Lebensvorgänge"*,[741] einem *„Hervorrufen eines von den normalen körperlichen Funktionen nachteilig abweichenden Zustands."*[742] Dabei geht die Gesundheitsschädigung in die Verletzung des Körpers (Eingriff in die körperliche Integrität) über, ohne dass es einer exakten Abgrenzung bedarf.[743]

---

740 Vgl. etwa *Gerstetter/Kamieth*, in: *Germanwatch (Hrsg.)*, Unternehmensverantwortung – Vorschläge für EU-Reformen, S. 24 ff; 34 ff. Abrufbar unter http://germanwatch.org/corp/euref.pdf (zuletzt abgerufen am 12.01.2013). Sowie *Saage-Maaß*, in: *Friedrich Ebert Stiftung (Hrsg.)*, Arbeitsbedingungen in der globalen Zulieferkette, S. 6 ff. Abrufbar unter http://library.fes.de/pdf-files/iez/08651.pdf (zuletzt abgerufen am 12.01.2013).

741 *Palandt/Sprau*, § 823 Rz. 4.

742 Ständige Rechtsprechung, vgl. zum Beispiel Urteil des BGH vom 14. Juni 2005 – VI ZR 179/04, NJW 2005, S. 2614.

743 *Palandt/Sprau*, § 823 Rz. 4.

Auch wenn eine Gesundheitsbeschädigung durch exzessive Überstunden durchaus denkbar ist,[744] wird eine solche für die chinesischen Textilarbeiter durch den überlangen Arbeitseinsatz schwierig nachzuweisen sein.

*(2) Freiheit*

Von einer Verletzung der Freiheit im Sinne von § 823 Abs.1 BGB ist im Einklang mit dem Verständnis des § 239 StGB auszugehen, *„wenn die körperliche Bewegungsfreiheit gegen den Willen des Betroffenen nicht nur unerheblich beeinträchtigt wird."*[745] Demgegenüber soll es nach herrschender Meinung nicht ausreichen, wenn allein die allgemeine Willens- und Handlungsfreiheit durch Nötigung betroffen ist, selbst wenn diese durch Drohung, Zwang oder Täuschung bewirkt wird.[746] Denkbar ist zwar, dass unter dem Einfluss der mittelbaren Drittwirkung der Menschenrechte ein weiterer Freiheitsbegriff verfolgt wird,[747] jedoch besteht für eine solche Auslegung nur dann ein Bedürfnis und damit Raum, wenn nicht schon in Bezug auf eines der in § 823 Abs. 1 anerkannten Rechtsgüter eine Verletzung feststellbar ist. So gilt beispielsweise das *„der Konkretisierung bedürftige und einer Abwägung konfligierender Schutzgüter zugängliche"*[748] Allgemeine Persönlichkeitsrecht als besser geeignet zum Schutz der Willens- und Handlungsfreiheit.

Hinsichtlich der chinesischen Arbeiter ist nicht erkennbar, dass sie physisch daran gehindert wären, die Fabrikgelände der Zulieferbetriebe zu verlassen, sodass ein Eingriff in die Freiheit im Sinne von § 823 Abs. 1 ebenfalls ausscheidet.

*(3) Allgemeines Persönlichkeitsrecht als sonstiges Recht*

Sonstige Rechte im Sinne von § 823 Abs. 1 BGB sind nach herrschender Meinung nur solche, die Ausschließlichkeitscharakter besitzen, das heißt von jedermann zu beachten sind, und damit insbesondere absolute Rechte.[749] Nicht erfasst ist dagegen das Vermögen als solches.[750]

---

744 Vgl. *Saage-Maaß*, in: *Friedrich Ebert Stiftung (Hrsg.)*, Arbeitsbedingungen in der globalen Zulieferkette, S. 9 f. Abrufbar unter http://library.fes.de/pdf-files/iez/08651.pdf (zuletzt abgerufen am 12.01.2013).

745 *Palandt/Sprau*, § 823 Rz. 6.

746 *MünchKommBGB/Wagner*, § 823 Rz. 99.

747 Vgl. hierzu *Saage-Maaß*, in: *Friedrich Ebert Stiftung (Hrsg.)*, Arbeitsbedingungen in der globalen Zulieferkette, S. 10, die auf die Auslegung des Zwangsarbeitsbegriffs durch die ILO verweist.

748 *MünchKommBGB/Wagner*, § 823 Rz. 99.

749 Vgl. *Palandt/Sprau*, § 823 Rz. 11.

750 *MünchKommBGB/Wagner*, § 823 Rz. 184.

Als sonstiges Recht anerkannt ist das aus den Art. 1, 2 GG abgeleitete allgemeine Persönlichkeitsrecht.[751] Dessen Zweck ist es vorrangig *„den Einzelnen vor der Gefährdung seiner immateriellen Integrität und Selbstbestimmung zu schützen, ihm einen autonomen Bereich eigener Lebensgestaltung zuzugestehen, in dem er seine Individualität unter Ausschluss anderer entwickeln und wahrnehmen kann“*,[752] aber auch *„den Einzelnen vor der kommerziellen Indienstnahme seiner Persönlichkeit durch Nichtberechtigte zu bewahren.“*[753]

Hinsichtlich der NS-Zwangsarbeiterfälle besteht in Rechtsprechung und Literatur selbstverständlich Einigkeit, dass durch den Arbeitszwang und die unmenschliche Behandlung das Allgemeine Persönlichkeitsrecht verletzt wird:[754] *„Durch die Zwangsarbeit, durch die ein Mensch faktisch nur noch fremdbestimmt und auf die Verwertbarkeit seiner Arbeitskraft reduziert ist, [...wird] in die Kernbereiche grundgesetzlich bzw. menschenrechtlich geschützter Werte eingegriffen.“*[755] Der Angriff auf die persönliche Selbstbestimmung wie auch der Umstand, dass die Betroffenen verobjektiviert werden, begründe eine Verletzung *„zumindest des ideellen, wenn nicht sogar auch des kommerziellen Bestandteils des allgemeinen Persönlichkeitsrechtes.“*[756]

Aus dieser Bewertung lässt sich – auch wenn sie für unvergleichliche Fälle getroffen wurde – ein generelles Urteil über Zwangsarbeit ableiten: die chinesischen Arbeiter werden durch den Zwang zur Arbeit in ihrem Selbstbestimmungsrecht in menschenrechtsbeeinträchtigender Weise beschränkt, ihre Arbeitskraft wird ohne Ansehung der Person ausgebeutet. Eine Verletzung des allgemeinen Persönlichkeitsrechts ist damit sowohl in ideeller als auch in kommerzieller Weise gegeben.

### bb. Verletzungshandlung

Als Voraussetzung jeder Haftung kennzeichnet die Verletzungshandlung ein Verhalten, das eine Beeinträchtigung der vom Schutzbereich des § 823 Abs. 1

---

751 Vgl. *Palandt/Sprau*, § 823 Rz. 84.

752 *MünchKommBGB/Rixecker*, Anhang zu § 12 Rz. 2 mit Verweis auf die Formulierung des BGH im Urteil „Paparazzi-Fotos“ vom 19. Dezember 1995 – VI ZR 15/95, BGHZ 131, 332, 337.

753 Ebenda, Rz. 3.

754 Vgl. beispielsweise Beschluss des KG Berlin vom 6. Juni 2000 – 9 W 2104/00, KGR Berlin 2000, S. 257; sowie *Schröder*, Jura 1994, S. 120, 128.

755 *Frauendorf*, ZRP 1999, S. 1, 4.

756 *Hennies*, Entschädigung für NS-Zwangsarbeit vor und unter der Geltung des Stiftungsgesetzes vom 2.8.2000, S. 108.

umfassten Rechtsgüter und Rechte zur Folge hat.[757] Das Verhalten kann dabei sowohl in einer Handlung als auch in einer Unterlassung bestehen.[758]

### *(1) Handlungs- oder Unterlassungsvorwurf*

Hier könnte dem deutschen Handelsunternehmen einerseits ein Handlungs- andererseits aber auch ein Unterlassungsvorwurf gemacht werden: Die Auftragserteilung an Zulieferer, die sich menschenrechtsbeeinträchtigender Praktiken bedienen, sowie die Aushandlung niedrigster Preise und extrem flexibler Lieferbedingungen stellen Handlungen dar. Dass angesichts von in der Textilbranche allgemein häufigen und in den betroffenen Fabriken aufgrund früherer, konkreter Feststellungen von Missständen keine Vereinbarung und Überwachung von Mindeststandards erfolgt, entspricht dagegen einem Unterlassen.

Steht sowohl ein Tun als auch ein Unterlassen im Raum, ist unter wertenden Gesichtspunkten anhand einer Schwerpunktbetrachtung zu entscheiden.[759] Zu beachten ist insoweit, dass die eigenen Handlungen der deutschen Handelsunternehmen nicht unmittelbar den Arbeitszwang auslösen. Die menschenrechtsbeeinträchtigenden Arbeitsumstände werden vielmehr erst durch die Zulieferer angeordnet. Darüber hinaus ist es grundsätzlich möglich, auch rechtlich nachteilige Verträge (etwa mit zu niedrigen Preisen und mit flexiblen Bedingungen) abzuschließen, ohne dass dies als Pflichtverletzung qualifiziert wird.[760] Der Schwerpunkt der Vorwerfbarkeit liegt daher hier im Unterlassen.

### *(2) Voraussetzungen der Unterlassungshaftung*

Grundbedingung für eine Unterlassungshaftung ist, dass der Unterlassende überhaupt eine Handlung hätte vornehmen können, die den eingetretenen Verletzungserfolg verhindert hätte. Zudem müssen weitere Umstände vorliegen, aus denen sich für den Unterlassenden eine besondere Rechtspflicht zur Abwendung des Erfolges ergibt.[761]

---

757 Vgl. *Palandt/Sprau*, § 823 Rz. 2.

758 *MünchKommBGB/Wagner*, § 823 Rz. 305.

759 Vgl. *Soergel/Spickhoff*, § 823 Rz. 16.

760 Beispielsweise wird sogar eine Preisgestaltung unter Selbstkosten als wettbewerbskonform angesehen, vgl. Urteil des BGH vom 9. Mai 1980 – I ZR 76/78, GRUR 1980, S. 858, 860.

761 Vgl. *Soergel/Spickhoff*, § 823 Rz. 15.

Eine solche Rechtspflicht kann aus Gesetz, Vertrag, vorangegangenem pflichtwidrigen Tun oder aus Verkehrs(sicherungs-)pflichten folgen.[762]

Heute ist gewohnheitsrechtlich anerkannt, dass derjenige, der *„in seinem Verantwortungsbereich eine Gefahrquelle schafft oder andauern lässt, [...] alle nach Lage der Verhältnisse möglichen und erforderlichen Sicherungsmaßnahmen zum Schutz anderer Personen zu treffen"*[763] hat. Die Auferlegung einer solchen Verkehrspflicht stellt einen Mittelweg zwischen dem Verbot gefährlicher Tätigkeiten und ihrer generellen und uneingeschränkten Erlaubnis dar: Eine gefährliche Verhaltensweise wird mit der einschränkenden Maßgabe zugelassen, dass für die erforderliche Sicherung gesorgt wird.[764]

*„Ein allgemeines Verbot, andere nicht zu gefährden, wäre utopisch."*[765] Daher bestehen Sicherungspflichten nur soweit wie sie *„ein verständiger und umsichtiger, in vernünftigen Grenzen vorsichtiger Mensch für notwendig und ausreichend hält, um andere vor Schaden zu bewahren."*[766]

Die Gefährdung ist in Relation zu dem Aufwand für Vorkehrungen zur Sicherung zu setzen,[767] wobei allerdings der Kostenfaktor nur dann zu berücksichtigen ist, *„wenn die finanzielle Belastung ganz außer Verhältnis zu der Gefahrensicherung steht."*[768]

Allgemein gilt, dass eine besondere Machtstellung pflichtensteigernd wirkt, sodass vor allem derjenige von Verkehrspflichten betroffen ist, der einen Gefahrenbereich kontrolliert.[769] Bei der Durchführung einer Teilaufgabe innerhalb eines von einer Person beherrschten arbeitsteiligen Prozesses ist *„im allgemeinen keine unbeschränkte eigentümerähnliche Herrschaft der Hilfsperson"*[770] über die Gefahrensphäre anzunehmen. Es besteht damit auch Raum für eine Verkehrssicherungspflicht desjenigen, der den Gesamtvorgang kontrolliert.

Entscheidend ist damit der tatsächliche Einfluss, für dessen Beurteilung im Rahmen von Zulieferbeziehungen insbesondere auch wirtschaftliche

---

762 *Schwarz/Wandt*, Gesetzliche Schuldverhältnisse, § 16 Rz. 106.

763 *Staudinger/Hager*, 2009, § 823 E1 mit Verweis auf eine Vielzahl von Urteilen des BGH.

764 Vgl. *Soergel/Spickhoff*, § 823 Rz. 17.

765 Urteil des BGH vom 3. Juni 2008 – VI ZR 223/07, NJW 2008, S. 3775, 3776.

766 Urteil des BGH vom 19. Dezember 1989 – VI ZR 182/89, NJW 1990, S. 1236, 1237.

767 Ebenda.

768 Urteil des BGH vom 29. November 1983 – VI ZR 137/82, NJW 1984, S. 801, 802.

769 Vgl. *Christensen*, Verkehrspflichten in arbeitsteiligen Prozessen, S. 111 ff.

770 Ebenda, S. 150.

Zusammenhänge analysiert werden müssen. Die Ausführungen zur Verantwortlichkeit aus ethischen Gründen,[771] in denen die Aspekte Machtstellung und Näheverhältnis entscheidend waren, können daher auch hier einfließen.

Die Verkehrssicherungspflichten *„bezeichnen die ureigene Aufgabe der Gerichte, im Rahmen des § 823 Abs. 1 von Fall zu Fall über die Haftung zu entscheiden und zu diesem Zweck die dem Einzelnen jeweils obliegenden Sorgfaltspflichten nach Grund und Umfang festzulegen."*[772] Sie haben keine festen Konturen und sind offen für eine Auslegung, die den Menschenrechten im Wege der mittelbaren Drittwirkung Geltung verschafft. Es ist daher denkbar, dass – zumindest bei bestimmten Auslandsimporten – auch die Ausgestaltung der Zulieferbeziehung unter Sicherung menschenrechtlicher Standards zu den Verkehrssicherungspflichten in § 823 Abs. 1 gehört.[773]

### *(3) Völkerrechtliche Vorgaben zu menschenrechtlichen Sorgfaltspflichten in Zulieferbeziehungen*

Unter dem Stichwort „Due Diligence" wird in der völkerrechtlichen Literatur generell diskutiert, welche Sorgfaltspflichten Unternehmen im Zusammenhang mit der Kooperation mit Zulieferern treffen. Dabei wird darauf hingewiesen, dass die Durchführung einer Due Diligence in vielen unternehmerischen Bereichen – etwa bei Unternehmenszusammenschlüssen und -käufen, bei der Entscheidung über Joint Ventures oder bei Infrastrukturverträgen – längst zur Praxis gehört.[774] Auch dem Völkerrecht ist die Durchführung einer Due Diligence nicht fremd, und sie wird vielfach als Maßstab der Bemühungen eines Staates, seinen Vertragsverpflichtungen nachzukommen, angeführt.[775]

Allgemein ist als Due Diligence *"the diligence reasonably expected from, and ordinarily exercised by, a person who seeks to satisfy a legal requirement or to discharge an obligation"*[776] zu verstehen.

---

771 Vgl. hierzu Teil IV.3.b.bb.

772 *Kötz/Wagner*, Deliktsrecht, Rz. 126.

773 Vgl. zu unternehmerischen Sorgfaltspflichten in Bezug auf Menschenrechtsbeeinträchtigungen im Ausland auch *Saage-Maaß*, in: Friedrich *Ebert Stiftung (Hrsg.)*, Arbeitsbedingungen in der globalen Zulieferkette, S. 14 ff. Abrufbar unter http://library.fes.de/pdf-files/iez/08651.pdf (zuletzt abgerufen am 12.01.2013).

774 Vgl. *Lambooy*, Netherlands Quarterly of Human Rights, 2010, S. 404, 408 f.

775 Ebenda, S. 418.

776 Black's Law Dictionary, S. 523. Auf diese Definition greift auch UN Special Representative *Ruggie* zurück, vgl. UN-DOC A/HRC/8/5 vom 7. April 2008, Fn. 22 zu Ziff. 25. Abrufbar unter: http://www.ohchr.org/EN/Issues/TransnationalCorporations/Pages/Reports.aspx (zuletzt abgerufen am 12.01.2013).

Übertragen auf die menschenrechtlichen Pflichten von Unternehmen Due Diligence *"decribes the steps a company must take to become aware of, prevent and address adverse human rights impacts."*[777]

Wichtig ist insoweit, dass sich Unternehmen auch in Lieferketten nicht ohne weiteres darauf berufen können, dass ihnen Menschenrechtsbeeinträchtigungen entfernter Glieder nicht bekannt waren. Für Vorfälle, von denen Unternehmen im Rahmen einer Due Diligence vernünftigerweise hätten Kenntnis erlangen müssen, reicht vielmehr ein Kennenmüssen aus.[778]

Die UN Guiding Principles, als Kompendium bestehender völkerrechtlicher Pflichten im Bereich Unternehmen und Menschenrechte,[779] erläutern, dass die "responsibility to protect" von Unternehmen verlangt, nicht durch ihre eigenen Aktivitäten (Handlungen oder Unterlassungen) Menschenrechtsbeeinträchtigungen zu verursachen oder zu ihnen beizutragen.[780] Ein eigener Beitrag zu Menschenrechtsbeeinträchtigungen des Zulieferers ist dabei beispielsweise schon anzunehmen, wenn in einer Lieferbeziehung mit geringer Gewinnspanne kurzfristige Änderungen der Produktspezifizierungen erfolgen, ohne dass hierfür ein monetärer Ausgleich gewährt wird.[781]

Das Ausmaß der Verantwortlichkeit wird durch verschiedene Faktoren beeinflusst. Hierzu zählen: die Größe des Unternehmens, der betroffene Sektor, der operative Kontext, Beteiligungen sowie der Schweregrad der festgestellten Menschenrechtsbeeinträchtigungen.[782] Nicht unerheblich ist auch der regionale Standort der wirtschaftlichen Aktivität.[783]

---

777 UN-DOC A/HRC/8/5 vom 7. April 2008, Ziff. 56.

778 Vgl. *Ruggie*, The Corporate Responsibility to Respect Human Rights in Supply Chains, 10th OECD Roundtable on Corporate Responsibility – Discussion Paper, S. 5 f. Abrufbar unter: http://www.oecd.org/dataoecd/17/50/45535896.pdf (zuletzt abgerufen am 12.01.2013).

779 Guiding Principles on Business and Human Rights: Implementing the United Nations "Protect, Respect and Remedy" Framework, UN-DOC A/HRC/17/31 vom 21. März 2011. Abrufbar unter: http://www.ohchr.org/Documents/Issues/Business/A-HRC-17-31_AEV.pdf (zuletzt abgerufen am 12.01.2013).

780 Ebenda, II.A, Textziffer 13, S. 14.

781 Vgl. *Ruggie*, The Corporate Responsibility to Respect Human Rights in Supply Chains, 10th OECD Roundtable on Corporate Responsibility – Discussion Paper, S. 2. Abrufbar unter http://www.oecd.org/dataoecd/17/50/45535896.pdf (zuletzt abgerufen am 12.01. 2013).

782 Vgl. Guiding Principles on Business and Human Rights: Implementing the United Nations "Protect, Respect and Remedy" Framework, UN-DOC A/HRC/17/31 vom 21. März 2011 II.A, Textziffer 14. Abrufbar unter: http://www.ohchr.org/Documents/Issues/Business/A-HRC-17-31_AEV.pdf (zuletzt abgerufen am 12.01.2013).

783 Vgl. *Lambooy*, Netherlands Quarterly of Human Rights 2010, S. 404, 434 f., der anschaulich illustriert, dass je nach betroffenem Land für die eigenen entsandten

Maßgeblich ist weiterhin, ob eine eigene Verursachung, ein direkter oder ein indirekter Beitrag, erfolgte und welche Einflussmöglichkeiten das Unternehmen auf die Beseitigung der Menschenrechtsbeeinträchtigung hat.[784] Für letzteres wird im Rahmen von Zulieferbeziehungen sicher der Umfang des Handels und dessen relativer Anteil am Gesamtumsatz entscheidend sein. Jedoch existieren keine festen Schwellenwerte, ab denen es generell zur Annahme oder zum Ausschluss von Verantwortlichkeit kommt.[785] Die „Leverage“ bemisst sich anhand einer Vielzahl von Faktoren. Hierzu zählen der Grad direkter Kontrolle und die Ausgestaltung der Vertragsbestimmungen, aber zum Beispiel auch die Möglichkeit, auf Verwaltungsmaßnahmen zurückzugreifen.[786]

Steht fest, dass sich ein Zulieferer menschenrechtsbeeinträchtigender Praktiken bedient, ist der Abbruch der Lieferbeziehung nur eine mögliche Lösung. Um die Sorgfaltspflichten zu erfüllen kommt genauso in Betracht, durch geeignete Schritte die Beeinträchtigungen künftig zu verhindern.[787]

*(4) Einfuhr von Textilien aus China*

Erheblicher Preisdruck und extrem kurze Lieferzeiten werden als maßgebliche Ursachen für menschenrechtsbeeinträchtigende Zustände angenommen. Gerade bei den in der Textilbranche üblichen sehr kurzfristigen Auftragserteilungen ist wahrscheinlich, dass diese für Zulieferbetriebe ohne die Anordnung von Überstunden nicht erfüllt werden können.[788]

---

Angestellten teilweise sehr weitreichende Sicherheitsmaßnahmen (wie bewachte Beförderung und Wohnanlagen) ergriffen werden, ohne dass hingegen Bedenken an den Standards für die lokalen Beschäftigten und Zulieferer bestehen.

784 Vgl. zu dieser Auswertung der UN Guiding Principles: *Grabosch*, The Distribution of Paraquat: Does Syngenta Respect Human Rights?, S. 19. Abrufbar unter: http://www.ecchr.de/index.php/rechtsgutachten-515/articles/the-distribution-of-paraquat-does-syngenta-respect-human-rights.html (zuletzt abgerufen am 12.01.2013).

785 Vgl. *Ruggie*, The Corporate Responsibility to Respect Human Rights in Supply Chains, 10th OECD Roundtable on Corporate Responsibility – Discussion Paper, S. 2. Abrufbar unter: http://www.oecd.org/dataoecd/17/50/45535896.pdf (zuletzt abgerufen am 12.01.2013).

786 Ebenda, S. 3.

787 ICJ, Corporate Complicity & Legal Accountability, Vol. 3, S. 35 f. Abrufbar unter http://www.unhcr.org/refworld/docid/4a7842a32.html (zuletzt abgerufen am 12.01.2013).

788 *Plank/Staritz/Lukas*, Labour Rights in Global Production Networks, S. 30. Abrufbar unter: http://www.arbeiterkammer.at/bilder/d103/LabourRights.pdf (zuletzt abgerufen am 12.01.2013).

Zwar ist Preisdruck nicht verboten und für sich genommen nicht ausreichend, um Handlungsunrecht zu begründen, jedoch spricht einiges dafür, dass er – zumindest unter bestimmten Umständen – ein gefahrerhöhendes und damit Verkehrssicherungspflichten eröffnendes Vorverhalten darstellt.

Es sind keine innerdeutschen Sachverhalte bekannt, in denen Unternehmen durch Arbeiter ihrer Zulieferer aus § 823 Abs. 1 wegen der vorherrschenden Arbeitsbedingungen haftbar gemacht worden sind. Dies muss aber keineswegs heißen, dass ein solcher Anspruch aus Rechtsgründen scheitert. Vielmehr wird es im nationalen Kontext rein tatsächlich nur äußerst selten zu Situationen kommen, in denen Verkehrssicherungspflichten eines Unternehmens für die Arbeitnehmer des Zulieferers entstehen, weil die Möglichkeit von Menschenrechtsbeeinträchtigungen beim Zulieferer selbst bei nachteiligen Verträgen nicht naheliegt. Demgegenüber ist die Verletzung von Mindeststandards in der Textilindustrie in vielen Ländern Südostasiens, darunter auch China, vielfach beschrieben. Da darüber hinaus durch Menschenrechtsorganisationen bereits in der Vergangenheit Zustände von Zwangsarbeit in den betroffenen Zulieferbetrieben beobachtet wurden, ist eine Gefährdung nicht unwahrscheinlich.

Es wurde bereits dargelegt, dass aufgrund ihrer erheblichen Marktmacht im Allgemeinem von weitgehenden Einflussmöglichkeiten der Textilhandelsunternehmen auf ihre Zulieferer bis hin zu fremdbestimmter Fertigung auszugehen ist.[789] Die Lieferbeziehung ist sowohl durch ein Macht- als auch durch ein Näheverhältnis gekennzeichnet.[790] Die Textilproduktion erscheint als arbeitsteiliger Prozess, in dessen Verlauf die Zulieferunternehmen, denen Stoffe und Schnittmuster regelmäßig zur Verfügung gestellt werden (und damit auch jederzeit entzogen werden können), zumindest in Bezug auf einige Arbeitsbereiche faktisch weisungsgebunden sind.

Soweit von dem Unternehmen eingewandt wird, dass angesichts komplexer Lieferbeziehungen eine Überwachung nicht möglich sei, kann dies nicht von einer Verantwortung entbinden. So ist das Unternehmen selbst dafür verantwortlich, wie entsprechende Strukturen gestaltet und organisiert werden.[791] Hierin kann im Einklang mit den Due–Diligence-Anforderungen, die aus völkerrechtlicher Perspektive bestehen, gerade selbst eine Sorgfaltspflichtverletzung gesehen werden.

789 Vgl. hierzu Teil II.1.c.dd.

790 Vgl. Teil IV.3.b.bb.

791 Vgl. *Saage-Maaß*, in: *Friedrich Ebert Stiftung (Hrsg.)*, Arbeitsbedingungen in der globalen Zulieferkette, S. 18. Abrufbar unter http://library.fes.de/pdf-files/iez/08651.pdf (zuletzt abgerufen am 12.01.2013).

Nicht geklärt ist, wie weit neben der allgemeinen Informationspflicht über menschenrechtliche Implikationen der Zulieferbeziehung die Sorgfaltspflichten gehen:

Grundsätzlich dürfte bereits bei der Auswahl der Zulieferer eine Pflicht bestehen, keine Lieferbeziehungen mit Unternehmen einzugehen, die ihrerseits die Menschenrechte beeinträchtigen. Jedenfalls sollte aber durch eine entsprechende Vertragsgestaltung darauf hingewirkt werden, dass die Menschenrechte im Herstellungsprozess für die eigenen Produkte gewahrt sind. Vertragsklauseln können allgemein formuliert sein und alle Fälle von Menschenrechtsbeeinträchtigungen verbieten. Zweckmäßig dürfte es aber sein, ganz konkrete Festlegungen über die Arbeitsbedingungen zu treffen, zum Beispiel Mindestlöhne festzuschreiben, die ausschließen, dass exzessive Überstunden erforderlich sind, um den Lebensunterhalt zu sichern. Für den Fall von Verstößen können dann repressive Maßnahmen bis hin zur Kündigung der Vertragsbeziehungen vereinbart werden. Komplementär besteht auch die Möglichkeit von incentives bei Nachweis besonderer Verbesserungen im Bereich der Arbeitsbedingungen.

Nur durch Überwachungsmechanismen kann sichergestellt werden, dass die Absprachen zu den Arbeitsbedingungen eingehalten werden. Die Pflichtigkeit erstreckt sich daher auch auf geeignete Kontrollmaßnahmen, die gegebenenfalls von Schulungen flankiert werden können.

Voraussetzung wird stets sein, einen Preis für die Ware zu zahlen und Lieferbedingungen zu vereinbaren, die überhaupt eine wirtschaftliche Produktion unter Wahrung der Menschenrechte ermöglichen

Insgesamt scheint es nicht unbillig, demjenigen Pflichten zuzuweisen, der aus der Gefahrenlage Vorteile zieht.[792] Hier kann ALDI seine Produkte dank des Preisdrucks und der flexiblen Belieferung zu äußerst günstigen Konditionen anbieten, was einen messbaren Wettbewerbsvorteil schafft. Die Kosten für eine Auferlegung von Sorgfaltspflichten stünden – gerade unter Berücksichtigung, dass es sich um Massenware handelt, bei der sich diese Gemeinkosten auf eine Vielzahl von Produkten verteilen – auch nicht außer Verhältnis zum erstrebten Zweck, Menschenrechtsbeeinträchtigungen zu verhindern.

Es ist damit nicht ausgeschlossen, dass das Unterlassen des deutschen Handelsunternehmens beim Import von chinesischen Textilien eine Verletzungshandlung im Sinne von § 823 Abs. 1 BGB darstellt.[793]

---

792 Vgl. *von Bar*, JuS 1988, S. 169, 171.

793 Vgl. auch *Saage-Maaß*, in: *Friedrich Ebert Stiftung (Hrsg.)*, Arbeitsbedingungen in der globalen Zulieferkette, S. 19. Abrufbar unter http://library.fes.de/pdf-files/iez/08651.pdf

An dieser Feststellung ändert auch der Umstand nichts, dass die Zulieferer nicht in direkten Lieferbeziehungen zu den deutschen Handelsunternehmen standen, sondern vielmehr weitere Unternehmen in der Lieferkette „zwischengeschaltet" waren. Die Delegation von Verkehrspflichten auf selbstständige Dritte führt dazu, dass der Geschäftsherr dazu verpflichtet bleibt, *„den Übernehmer sorgfältig auszuwählen, die ordnungsgemäße Erfüllung der übertragenen Aufgabe durch Stichproben zu überwachen und eventuellen Anzeichen und Hinweisen für nachlässiges Verhalten nachzugehen."*[794] Dementsprechend wäre das deutsche Handelsunternehmen verpflichtet gewesen, darauf zu achten, dass statt seiner die Zwischenhändler die aus den menschenrechtlichen Vorgaben folgenden Pflichten erfüllen.

Ohne Belang für die Annahme der Verletzung von Verkehrssicherungspflichten ist schließlich auch, dass die Menschenrechtsbeeinträchtigungen unmittelbar durch die Zulieferer verübt wurden. So können mehrere Personen auf unterschiedlicher Grundlage nebeneinander sicherungspflichtig sein.[795] In einem Fall, in dem ein Unternehmen als „Hintermann" – ähnlich dem Zweckveranlasser im Verwaltungsrecht – *„durch sein Verhalten den Eintritt einer Gefahrenlage herausfordert, indem er eine Situation schafft, in der sich der Dritte dazu entschließt, die öffentliche Sicherheit und Ordnung zu gefährden"*[796] beziehungsweise Menschenrechte zu beeinträchtigen, sollte insbesondere auch dieses verantwortlich sein.

### cc. Haftungsbegründende Kausalität

In Zulieferbeziehungen besteht – vorausgesetzt, es kann ein eigener Verletzungsbeitrag identifiziert werden – häufig das Problem eines Kausalitätsnachweises. Dies gilt umso mehr, wenn viele verschiedene Unternehmen an der Schadensentstehung beteiligt sind.[797]

---

(zuletzt abgerufen am 12.01.2013), die je nach konkreter Konstellation ebenfalls die Verletzung von Sorgfaltspflichten für möglich hält.

794 *MünchKommBGB/Wagner*, § 831 Rz. 17, mit dem Hinweis darauf, dass ein Ausschluss der Gehilfenstellung in § 831 nichts für eine Bewertung der Pflichtenstellung in § 823 Abs. 1 aussagt.

795 Vgl. *Palandt/Sprau*, § 823 Rz. 48.

796 *Schmidt-Aßmann/Schoch*, Besonderes Verwaltungsrecht, 2. Kap. II 2d cc, Rz. 138.

797 Vgl. *Kocher*, Die Verantwortung von Unternehmen aus juristischer Sicht, in: *Germanwatch u. a. (Hrsg.)*, Wie weit reicht die Verantwortung von Unternehmen? – Handels- und Zulieferbeziehungen von multinationalen Unternehmen, S. 50. Abrufbar unter http://www.germanwatch.org/tw/kwzuli04.pdf (zuletzt abgerufen am 12.01.2013).

Für die Ansprüche der chinesischen Arbeiter ist die Zurechenbarkeit nicht von vornherein ausgeschlossen:

Für die Zurechenbarkeit gelten im Rahmen von § 823 Abs. 1 BGB die allgemeinen Grundsätze.[798] Im Falle eines Unterlassens müsste die Beachtung der Handlungspflicht die Verletzung vermieden oder verringert haben.[799] Es stellt sich mithin die Frage, ob es – hätte das deutsche Handelsunternehmen den Ausschluss menschenrechtsbeeinträchtigender Zustände in der Zulieferkette vereinbart und kontrolliert – dennoch zu der konkreten Zwangsarbeit gekommen wäre. Mit dieser Frage geht das Problem einher, ob sich das deutsche Handelsunternehmen mit dem Einwand, dass das Zulieferunternehmen den Arbeitszwang auch ohne ihr Zutun angeordnet hätte, durchsetzen kann.

Beruht die Rechtsgutsverletzung auf dem selbstständigen Entschluss eines Dritten, stellt der BGH darauf ab, ob sich der Dritte herausgefordert fühlen durfte oder ob der Dritte, obwohl veranlasst, noch Herr des Geschehens geblieben ist und aus freier Entscheidung gehandelt hat.[800]

Die weitreichenden Einflussmöglichkeiten der Großabnehmer im Rahmen von Zulieferbeziehungen in der Textilbranche wurden bereits dargelegt. Es ist daher nicht davon auszugehen, dass das Zulieferunternehmen – hätte es entsprechende Vereinbarungen und Kontrollen gegeben – Arbeitszwang ausgeübt hätte. Bei einer entsprechenden Erhöhung der Einkaufspreise wäre auch nicht zu erwarten gewesen, dass das Zulieferunternehmen die Lieferbeziehung beendet hätte und dass für ein anderes Handelsunternehmen die Produktion unter vergleichbaren Bedingungen fortgesetzt worden wäre. Im Übrigen gilt, dass für solche Reserveursachen ohnehin den Schädiger die Beweislast dafür trifft, dass sie eingetreten wären.[801]

Legt man überdies zugrunde, dass auch eine Mitverursachung für eine Zurechenbarkeit ausreicht und nicht gefordert wird, dass der Pflichtige die überwiegende oder wesentliche Ursache gesetzt hat,[802] ist damit im Ergebnis eine Zurechenbarkeit zu bejahen.[803]

---

798 *Palandt/Sprau*, § 823 Rz. 2.

799 *Jauernig/Teichmann*, § 823 Rz. 33.

800 Ebenda, Rz. 27 mit Verweis auf die Entscheidungen des BGH vom 16. Februar 1972 – VI ZR 128/70, BGHZ 58, 162, 167 und vom 29. Oktober 1974 – VI ZR 168/73, BGHZ 63, 189, 191 f.

801 Vgl. *Palandt/Grüneberg*, Vorbemerkung von § 249 Rz. 59.

802 Ebenda, Rz. 33.

803 Es bedarf mithin keines Rückgriffs auf die Anspruchsgrundlage des § 830 BGB.

## dd. Rechtswidrigkeit

Bei Unterlassungen kann – anders als bei aktivem Tun – zwar nicht ohne Weiteres von der Rechtswidrigkeit der Rechtsgutsverletzung ausgegangen werden, jedoch wurden das Bestehen und die Nichteinhaltung von Verkehrssicherungspflichten vorliegend bereits festgestellt, sodass grundsätzlich von der Rechtswidrigkeit auszugehen wäre.

Allerdings ist bei den offenen Tatbeständen, zu denen auch die Verletzung des Allgemeinen Persönlichkeitsrechts gehört, für das Rechtswidrigkeitsurteil eine besondere Wertung in Form einer Güter- und Interessenabwägung erforderlich.[804]

Zu den Kriterien, die seitens des Verletzten von Bedeutung sind, zählen sowohl die Sphäre der Persönlichkeit, in welche eingegriffen wurde, als auch die Schwere des Eingriffs. Für den Schädiger wiederum sind Motiv und Zweck sowie Art und Weise des Eingriffs zu berücksichtigen.[805]

Hier ist durch die Zwangsarbeit nicht nur der vermögensrechtliche Bereich betroffen, sondern genauso, und in erheblichem Maße, die Selbstbestimmung der betroffenen Arbeiter. Diesem Eingriff steht auf Seiten des Handelsunternehmens das Motiv der Gewinnerzielungsabsicht gegenüber. Anders als in den für das Allgemeine Persönlichkeitsrecht häufigen Konstellationen, in denen durch den Schädiger seine Meinungs- und Pressefreiheit als legitime Interessen eingewandt werden können,[806] steht hier der bloße Zweck der Gewinnmehrung von vornherein außer Verhältnis zu den erlittenen Verletzungen. Auch die Rechtswidrigkeit ist damit anzunehmen.

## ee. Verschulden

Als Bedingung der Schadensersatzhaftung nach § 823 BGB bedeutet das Verschulden *„die endgültige Beurteilung der Verantwortlichkeit des Schädigers“*, welche Vorsatz oder Fahrlässigkeit voraussetzt.[807] Vom Vorsatz oder der Fahrlässigkeit umfasst muss sowohl der Verletzungserfolg als auch die Verletzungshandlung sein.[808]

---

804 Vgl. *Palandt/Sprau*, § 823 Rz. 25.

805 Ebenda, Rz. 96 ff.

806 Vgl. etwa Urteil des BGH vom 28. Oktober 2008 – VI ZR 307/07, NJW 2009, S. 757, 758 f.

807 *Palandt/Sprau*, § 823 Rz. 40.

808 Vgl. *Jauernig/Teichmann*, § 823 Rz. 58.

Entsprechend der Legaldefinition des § 276 Abs. 2 BGB handelt fahrlässig, *„wer die im Verkehr erforderliche Sorgfalt außer Acht lässt."* Obgleich diese Formulierung an den Maßstab erinnert, ab dem schon eine Verkehrssicherungspflicht angenommen wurde, besteht noch Raum für eine eigene Verschuldensprüfung in Form einer Kontrolle der *„inneren Sorgfalt."*[809] Diese bezeichnet *„die Anstrengungen, die der Einzelne unternehmen muss, um die an ihn gestellten Verhaltensanforderungen zu erkennen und diesen gerecht zu werden."*[810] Allerdings ist nur ausnahmsweise der automatische Schluss von den äußeren auf die inneren Sorgfaltspflichten nicht gerechtfertigt, wenn der Schädiger aus persönlichen Gründen, etwa individuell fehlender Erkennbarkeit, nicht zur Abwendung verpflichtet war.[811]

Gründe für einen solchen Ausschluss aus persönlichen Gründen zugunsten des deutschen Handelsunternehmens sind hier nicht ersichtlich, sodass auch ein Verschulden anzunehmen ist.

### ff. Schaden

Bei Verwirklichung des Tatbestands des § 823 BGB bemisst sich der Haftungsumfang prinzipiell nach den allgemeinen Grundsätzen, das heißt nach den Bestimmungen der §§ 249 ff. BGB.[812] Besonderheiten gelten allerdings, wenn – wie hier – Schadensersatz für eine Verletzung des allgemeinen Persönlichkeitsrechts begehrt wird:

#### *(1) Ersatzanspruch für materiellen Schaden*

Der BGH geht davon aus, dass das Persönlichkeitsrecht auch vermögensrechtliche Bestandteile aufweist.[813] Sind diese verletzt, kann der Geschädigte den Ersatz des materiellen Schadens verlangen. Voraussetzung ist, dass *„ein Vermögensschaden, also eine Differenz [im] Vermögensbestand durch die Veranlassung von Ausgaben, die Minderung von Einnahmen oder das Entgehen nach dem gewöhnlichen Verlauf der Dinge zu erwartender Gewinne nachgewiesen werden kann."*[814] Dann besteht für den Geschädigten ein Wahlrecht, ob er den ihm entstandenen

---

809 *Raab*, JuS 2002, S. 1041, 1047.

810 Ebenda.

811 Vgl. Urteil des BGH vom 31. Mai 1994 – VI ZR 233/93, NJW 1994, S. 2232, 2233.

812 Vgl. *MünchKommBGB/Wagner*, § 823 Rz. 321.

813 Vgl. zum Beispiel Urteil des BGH vom 20. März 1968 – I ZR 44/66, „Mephisto", BGHZ 50, 133, 137.

814 *MünchKommBGB/Rixecker*, Anhang zu § 12 Rz. 232.

materiellen Schaden *„entweder konkret oder nach der Lizenzanalogie berechnen oder den Verletzungsgewinn herausverlangen“*[815] will. Zur Wahl der günstigsten Variante kann der Geschädigte auf einen Auskunftsanspruch zurückgreifen. Nach neuerer Rechtsprechung ist nicht mehr erforderlich, dass der Verletzte selbst zu der Verwertung bereit oder in der Lage gewesen wäre.[816] Keine Voraussetzung ist bei materiellen Interessen ebenfalls, wie schwerwiegend die Verletzung war.[817]

*(2) Geldentschädigung für immateriellen Schaden*

Für die ideellen Bestandteile der Persönlichkeit kann eine Geldentschädigung vorwiegend unter den Aspekten der Genugtuung und der Prävention zuerkannt werden. Grund hierfür ist, dass ansonsten *„Verletzungen der Würde und Ehre des Menschen häufig ohne Sanktion blieben mit der Folge dass der Rechtsschutz der Persönlichkeit verkümmern würde.“*[818] Insoweit beruht der Ersatz nicht auf einem Schmerzensgeldanspruch nach § 847 BGB a.F.,[819] sondern geht unmittelbar auf Art. 1 und 2 GG als *„jus superveniens von höherem Rang“*[820] zurück.

Erforderlich für das Bestehen eines Anspruchs ist einerseits, dass es sich um eine schwerwiegende Verletzung handelt, und andererseits, dass die Verletzung nicht in anderer Weise (etwa durch Unterlassung) befriedigend ausgeglichen werden kann.[821] Zur Feststellung bedarf es einer einzelfallbezogenen Würdigung, die *„vor allem die Bedeutung und Tragweite des Eingriffs, [den] Anlass und Beweggrund des Handelnden und [den] Grad seines Verschuldens“*[822] heranzieht.

Die Höhe der Entschädigung richtet sich maßgeblich nach der Intensität der Persönlichkeitsverletzung. Anerkannt ist jedoch, *„dass in Fällen eines vorsätzlichen*

815 Urteil des BGH vom 1. Dezember 1999 – I ZR 49/97, „Marlene“, BGHZ 143, 214, 232.

816 Urteil des BGH vom 26. Oktober 2006 – I ZR 182/04, „Lafontaine“ – I ZR 182/04, NJW 2007, S. 689, 690; anders die frühere herrschende Meinung, die einen „Kommerzialisierungswillen“ des Betroffenen verlangte, vgl. Nachweise bei *Miserre*, JA 2003, S. 252, 255, darunter insbesondere BGH vom 14. Februar 1958 – I ZR 151/56, „Herrenreiter“, BGHZ 26, 349, 353.

817 Vgl. Urteil des BGH vom 1. Dezember 1999 – I ZR 49/97, „Marlene“, BGHZ 143, 214, 228.

818 Urteil des BGH vom 15. November 1994 – VI ZR 56/94, „Caroline von Monaco“, BGHZ 128, 1, 15.

819 Heute gilt entsprechendes für § 253 Abs. 2 BGB, vgl. *Palandt/Grüneberg*, § 253 Rz. 10.

820 Beschluss des BVerfG vom 14. Februar 1973 – 1 BvR 112/65, „Soraya“, NJW 1973, S. 1221, 1226.

821 Vgl. *Palandt/Sprau*, § 823 Rz. 124.

822 *MünchKommBGB/Rixecker*, Anhang zu § 12 Rz. 241.

*Eingriffs aus kommerziellen Gründen"* auch der Gedanke der Prävention Berücksichtigung finden soll, der in den Grundrechten des Eingreifenden seine Grenze findet.[823] Der Augleichsbetrag soll durchaus einen echten Hemmungseffekt haben, was jedoch nicht in dem Sinne verstanden wird, dass eine Gewinnabschöpfung vorzunehmen ist.[824] So sind Gewinn und immaterieller Schaden nicht notwendig deckungsgleich und eine „ökonomische Bilanzierung" würde den Anspruch auf Geldentschädigung „*denaturieren*".[825]

*(3) Schadensbemessung in den NS-Zwangsarbeiterfällen*

Nur wenige Entscheidungen zu den NS-Zwangsarbeiterfällen, die einen Anspruch aus § 823 Abs. 1 BGB erwägen, setzen sich mit der Schadensbemessung auseinander, da der Anspruch regelmäßig bereits unter Verweis auf die eingetretene Verjährung abgelehnt wird. Entsprechendes gilt für die Erörterung in der Literatur. Aus den wenigen Fundstellen ergibt sich dann auch keine einheitliche Linie, aus welcher sich Folgerungen für die chinesischen Zwangsarbeiter ziehen lassen könnten.

Teilweise wird ohne weitere Begründung angenommen, dass Schadensersatz in Höhe des Differenzlohns für den erlittenen materiellen Schaden zu leisten sei, ohne überhaupt zu einer immateriellen Schädigung Stellung zu nehmen.[826]

Genau konträr wird demgegenüber von anderen ein Anspruch auf Ersatz der kommerziellen Schäden abgelehnt und stattdessen immaterieller Schadensersatz befürwortet. Als Bemessungsgrundlage für den verletzten ideellen Teil der Persönlichkeit wird dann bemerkenswerterweise ebenfalls das übliche Entgelt herangezogen.[827] Hierfür sollen einerseits Praktikabilitätserwägungen ausschlaggebend sein, aber auch die Annahme, dass so dem vom BGH entwickelten Grundsatz Rechnung getragen würde, keine volle Abschöpfung des Gewinns vorzunehmen.[828]

---

823 Vgl. *Miserre*, JA 2003, S. 252, 256, mit Verweis auf Urteil des BGH vom 15. November 1994 – VI ZR 56/94. „Caroline von Monaco", BGHZ 128, 1, 16.

824 Urteil des BGH vom 5. Dezember 1995 – VI ZR 332/94, „Caroline von Monaco II", NJW 1996, S. 984, 985.

825 *MünchKommBGB/Rixecker*, BGB Anhang zu § 12 Rz. 246.

826 Vgl. Urteil des LG Bonn vom 5. November 1997 – 1 O 134/92, in: *Barwi /Saathoff/ Weyde (Hrsg.)*, Entschädigung für NS-Zwangsarbeit, S. 248, 275 (aufgehoben – insbesondere unter Verweis auf das BEG – durch Urteil des OLG Köln vom 3. Dezember 1998 – 7 U 222/97, NJW 2000, S. 3128).

827 Vgl. zum Beispiel *Frauendorf*, ZRP 1999, S. 1, 3.

828 *Hennies*, Entschädigung für NS-Zwangsarbeit vor und unter der Geltung des Stiftungsgesetzes vom 2.8.2000, S. 110; Vgl. auch *Schröder*, Jura 1994, S. 118, 123, der – im Rahmen der Prüfung eines Schadensersatzanspruchs aus § 823 Abs. 1 BGB

Einen dritten Weg beschreitet das KG Berlin, das *„einen einheitlichen Entschädigungsanspruch [bejaht], der nicht zwischen dem eigentlichen Schmerzensgeld für immaterielle Schäden und der Vergütung für geleistete Arbeit unterscheidet, sondern beides nur zur Bemessungsgrundlage eines solchen einheitlichen Anspruchs macht.“*[829] Als unterste Grenze des Anspruchsumfangs wird dann der objektive Wert der erbrachten Arbeitsleistung bestimmt.

Alle Begründungsansätze berücksichtigen nicht ausreichend, dass zwischen den ideellen und den vermögensrechtlichen Bestandteilen des Persönlichkeitsrechts zu unterscheiden ist.[830] Der Anspruch auf Geldentschädigung wegen immaterieller Schäden steht selbstständig neben dem Anspruch auf materiellen Schadensersatz für *„die Ausbeutung von ‚kommerziellen Vermögensdetails‘.“*[831] Die jeweiligen Ansprüche sollen Verletzungen unterschiedlicher Aspekte der Persönlichkeit begegnen und unterliegen unterschiedlichen Voraussetzungen. Es ist kein Grund ersichtlich, warum hiervon in Zwangsarbeiterfällen abgewichen werden sollte. Insbesondere widerspricht es der Rechtsprechung des BGH, zur Bemessung eines immateriellen Anspruchs vermögensrechtliche Grundsätze heranzuziehen.

*(4) Schäden der chinesischen Zwangsarbeiter*

Für die hier zu beurteilenden Fälle der chinesischen Arbeiter lassen sich die folgenden Schlüsse ziehen.

(a) Ersatzanspruch für materiellen Schaden

Auf den ersten Blick erscheinen Zweifel angebracht, die für „Prominentenfälle“ entwickelten Grundsätze auf Fälle von Zwangsarbeit zu übertragen.[832]

---

wegen Freiheitsberaubung – unter Verweis auf *„die sittlich und rechtlich verwerfliche Gewinnziehung aus der Zwangsarbeit“* im Wege der Rechtsfortbildung erwägt, den Gewinn des Unternehmens zugunsten der Opfer einzuziehen, dies aber mit Hinweis darauf ablehnt, dass der Gedanke der Entziehung ungerechtfertigter Vermögenszuwächse dem Deliktsrecht fremd sei.

829 Beschluss des KG Berlin vom 6. Juni 2000 – 9 W 2104/00, KGR Berlin 2000, 257, 258.

830 Vgl. *Palandt/Sprau*, § 823 Rz. 123.

831 *MünchKommBGB/Rixecker*, Anhang zu § 12 Rz. 247; A. A. *Ullmann*, WRP 2000, S. 1049, 1053, der den ideellen Schadensersatz bei Annahme eines Schadensersatzes für kommerzielle Schäden für subsidiär hält.

832 Diese Frage wurde auch für die NS-Zwangsarbeiterfälle aufgeworfen, vgl. *Hennies*, Entschädigung für NS-Zwangsarbeit vor und unter der Geltung des Stiftungsgesetzes vom 2.8.2000, S. 109. Auf eine Stellungnahme hierzu wurde durch *Hennies* im Ergebnis verzichtet, da nach der damals noch vorherrschenden Ansicht der

Das Allgemeine Persönlichkeitsrecht als Rahmenrecht ist seiner Natur nach jedoch ohnehin nicht fest umrissen, sondern der Entwicklung neuer Fallgruppen gegenüber offen. Auch im Falle der chinesischen Zwangsarbeiter geht es um eine kommerzielle Ausnutzung ihrer Person durch Nichtberechtigte. Der Anwendbarkeit der Schadensbemessungsregeln für materielle Schäden steht mithin nichts entgegen.

Maßgeblich für die Bemessung des Vermögensschadens der chinesischen Zwangsarbeiter ist daher mindestens die Differenz zwischen einer *„angemessenen Vergütung [...], die im Falle eines Vertragsabschlusses zu den üblichen Bedingungen zu zahlen gewesen wäre“*[833] und dem bereits empfangenen Arbeitslohn. Alternativ ist der Gewinn herauszugeben, den das deutsche Handelsunternehmen durch den Absatz der mittels Zwangsarbeit hergestellten Produkte hatte. Die Bewertung der konkreten Höhe kann durch gutachterliche Feststellung erfolgen.[834]

(b) Geldentschädigung für immateriellen Schaden

Erforderlich dafür, dass den chinesischen Arbeitern zusätzlich zu dem vermögensrechtlichen Anspruch auch ein Anspruch auf Geldentschädigung zuerkannt wird ist – wie dargestellt – dass es sich um eine schwerwiegende Persönlichkeitsverletzung handelt, die nicht anderweitig befriedigend ausgeglichen werden kann.

Der erheblichen Einschränkung der persönlichen Selbstbestimmung der chinesischen Arbeiter und der „Verobjektivierung“ ihrer Person steht das Gewinnerzielungsmotiv des Handelsunternehmens gegenüber. Der Grad des Verschuldens ist keinesfalls nur leichte Fahrlässigkeit. Angesichts der in der Branche verbreiteten und in den konkreten Zulieferbetrieben bekannten Missstände ist zumindest von einer durchschnittlichen Fahrlässigkeit, wenn nicht sogar Leichtfertigkeit auszugehen. Die Verletzung des Allgemeinen Persönlichkeitsrechts der chinesischen Arbeiter durch die Zwangsarbeit ist mithin als schwerwiegend einzuordnen.

Allein ein Unterlassen künftiger Verletzungen wird die konkrete Beeinträchtigung nicht ausgleichen können. Der bereits verwirklichten Zwangsarbeit kann nur mittels eines Anspruchs auf Schadensersatz wirksam begegnet werden.

---

Notwendigkeit eines Kommerzialisierungswillens schon aufgrund dessen Fehlens Ansprüche der Zwangsarbeiter ausscheiden mussten.

833 BGH vom 14. Februar 1958 – I ZR 151/56, „Herrenreiter“, BGHZ 26, 349, 358.

834 So etwa auch im Urteil des BGH vom 8. Mai 1956 – I ZR 62/54, „Dahlke“, BGHZ 20, 345, 354.

Naturgemäß ergibt sich die konkrete Geldentschädigung nicht aus mathematischen Formeln.[835] Einige Parameter stehen aber doch vorliegend zur abstrakten Bestimmung fest:

Die Zwangsarbeiter müssen aus der zuerkannten Summe ausreichend Genugtuung für die erduldeten Eingriffe ziehen können. Gleichzeitig muss das deutsche Handelsunternehmen so fühlbar von der Summe betroffen sein, dass künftige Beeinträchtigungen nicht zu erwarten sind.

Soweit durch die Literatur in den NS-Zwangsarbeiterfällen vertreten wird, dass für den Ausgleich des ideellen Schadens eine volle Abschöpfung des Gewinns nicht in Betracht kommt, wird dem hier nicht gefolgt. Es ist kein Grund ersichtlich, den Unternehmen den Gewinn zu erhalten. Das Urteil des BGH, welches lediglich davon spricht, dass keine Gewinnabschöpfung vorzunehmen ist, kann nicht dahingehend interpretiert werden, dass es eine obere Grenze für den Schadensersatzanspruch setzt. Vielmehr hat der BGH deswegen darauf hingewiesen, dass eine Gewinnabschöpfung nicht erfolgen soll, weil der Gewinn vielfach nicht das Äquivalent des immateriellen Schadens ist. Dies heißt aber, dass letzterer sogar höher als der erzielte Gewinn sein kann.

In den „Prominentenfällen" stand dem Allgemeinen Persönlichkeitsrecht des Geschädigten häufig die Pressefreiheit des Eingreifenden als widerstreitendes Grundrecht gegenüber, in welches nicht in unverhältnismäßiger Weise eingegriffen werden durfte. Solche Bedenken bestehen hier nicht.

Auch eine Kürzung des Anspruchs wegen eines Mitverschuldensanteils des Zulieferbetriebes ist abzulehnen. Beruht ein Schaden haftungsrechtlich auf mehreren Ursachen, ist grundsätzlich unerheblich, ob einer der Schädiger dem Schaden näher als der andere steht. Dies ist lediglich für den Ausgleich im Innenverhältnis maßgeblich.[836] Dem Geschädigten soll nicht das doppelte Insolvenzrisiko aufgebürdet werden.[837]

### f. Anspruch aus § 823 Abs. 2 BGB in Verbindung mit dem Schutzgesetz

Wie bereits im Rahmen von Teil V.1.b.dd dargelegt, ist für einen Anspruch aus § 823 Abs. 2 BGB erforderlich, dass der Anspruchsgegner *„gegen ein den Schutz*

835 Vgl. *MünchKommBGB/Rixecker*, Anhang zu § 12, Rz. 245.
836 Vgl. *MünchKommBGB/Oetker*, § 249 Rz. 128.
837 Vgl. *Palandt/Grüneberg*, Vorbemerkung von § 249 Rz. 58.

*eines anderen bezweckendes Gesetz verstößt*",[838] und dieser Verstoß rechtswidrig und schuldhaft erfolgt.

### aa. Schutzgesetze bei Zwangsarbeit

Hinsichtlich der NS-Zwangsarbeiterfälle wurden maßgeblich strafrechtliche Normen als verletzte Schutzgesetze in Betracht gezogen. Geprüft werden die Straftatbestände der Körperverletzung (§§ 223 ff. StGB), der Freiheitsberaubung (§ 239 Abs. 1 StGB) und der Nötigung (§ 240 StGB),[839] teilweise zusätzlich auch eine Bedrohung (§ 241 StGB) und Erpressung (§ 253 StGB).[840] Diese Normen bieten sich hier ebenfalls für eine Überprüfung an.[841] Zusätzlich kommt unter Umständen auch Wucher (§ 291 StGB) in Betracht.

Sämtliche der genannten Strafvorschriften stellen Schutzgesetze im Sinne des § 823 Abs. 2 BGB dar.[842] Dennoch wird in den NS-Zwangsarbeiterfällen Schadensersatz aus nahezu all diesen Bestimmungen versagt, da sie entsprechend ihrer Schutzrichtung nur Schadensersatz für körperlich erlittene Schäden vorsehen, nicht aber Schutz vor wirtschaftlicher Ausbeutung bieten und Vermögensschäden ersetzen.[843] Für die chinesischen Zwangsarbeiter wird überdies schon der Tatbestand einer Freiheitsberaubung sowie einer Körperverletzung nicht erfüllt sein.

### bb. Vorliegen der Voraussetzungen einer Erpressung

Allein in Hinblick auf § 253 StGB wird aufgrund dessen Einordnung als Vermögensdelikt für die NS-Zwangsarbeiterfälle angenommen, dass der sachlich-persönliche Schutzbereich eröffnet ist. So sei *„die Erpressung [...] eine Nötigung, die gegen die Freiheit der wirtschaftlichen Disposition gerichtet ist."*[844]

---

838 *HK-BGB/Staudinger*, § 823 Rz. 142.

839 Vgl. *Schröder*, Jura 1994 S. 118, 123.

840 Vgl. *Hennies*, Entschädigung für NS-Zwangsarbeit vor und unter der Geltung des Stiftungsgesetzes vom 2.8.2000, S. 111.

841 Die Menschenrechte selbst stellen nach vorherrschender Meinung mangels unmittelbarer Drittwirkung keine Schutzgesetze dar, welche Unternehmen binden (vgl. hierzu Teil V.1.b.dd (2) (b)).

842 Vgl. *MünchKommBGB/Wagner*, § 823 Rz. 369.

843 Vgl. *Hennies*, Entschädigung für NS-Zwangsarbeit vor und unter der Geltung des Stiftungsgesetzes vom 2.8.2000, S. 114.

844 *Schönke/Schröder/Eser/Bosch*, § 253 Rz. 1.

Der objektive Tatbestand des § 253 Abs. 1 StGB erfordert, dass ein anderer Mensch *„rechtswidrig mit Gewalt oder durch Drohung mit einem empfindlichen Übel zu einer Handlung, Duldung oder Unterlassung [...genötigt] und dadurch dem Vermögen des Genötigten oder eines anderen Nachteil zufügt"* wird. Insoweit wird der Sinn und Zweck dieser Norm gerade darin gesehen, *„rechtswidrige Vermögensverschiebungen zu verhindern, die durch Zwang abgepresst wurden."*[845] Als Vermögenswert gilt dabei nach allgemeiner Ansicht auch die Arbeitsleistung eines Menschen, soweit sie im Austausch gegen Entgelt geleistet wird.[846]

Subjektiv verlangt § 253 Abs. 1 StGB Vorsatz bezüglich der objektiven Tatbestandsmerkmale sowie zusätzlich die Absicht, durch die Tat sich oder einen Dritten zu Unrecht zu bereichern.[847] Rechtswidrig ist die Tat nach § 253 Abs. 2 StGB, *„wenn die Anwendung der Gewalt oder die Androhung des Übels zu dem angestrebten Zweck als verwerflich anzusehen ist."*

Die chinesischen Zulieferunternehmen haben ihren Arbeitern Strafzahlungen beziehungsweise. Lohnkürzungen in Aussicht gestellt, sollten sie die exzessiven Überstunden verweigern oder kündigen. Aufgrund dieser Drohung leisteten die Arbeiter dann tatsächlich zusätzliche Arbeit und sahen von einer Beendigung des Arbeitsverhältnisses ab. Die Zulieferer handelten vorsätzlich und mit der Absicht, ihre Gewinne zu steigern.

An der Verwerflichkeit der Zweck-Mittel-Relation besteht jeweils kein Zweifel. Damit liegt eine vorsätzliche und rechtswidrige Haupttat vor.

Diese wurde gleichwohl nicht durch die deutschen Unternehmen selbst begangen. Maßgeblich ist folglich, dass sie als Teilnehmer der Erpressung angesehen werden können.

### cc. Deutsche Handelsunternehmen als Teilnehmer der Erpressung

Für die Teilnahme an der Schutzgesetzverletzung gelten die allgemeinen Regeln des § 830 BGB, der seinerseits auf die §§ 26 ff. StGB verweist.[848]

Vorausgeschickt sei das Folgende: Teilweise wird bei der Erörterung der NS-Zwangsarbeiter-Fälle eine erhebliche Problematik für § 823 Abs. 2 darin

845 *Hennies*, Entschädigung für NS-Zwangsarbeit vor und unter der Geltung des Stiftungsgesetzes vom 2.8.2000, S. 114.

846 Vgl. *Fischer*, StGB, § 253 Rz. 3, § 263 Rz. 100.

847 Ebenda, § 253 Rz. 16, 18.

848 Vgl. *MünchKommBGB/Wagner*, § 823 Rz. 362.

gesehen, dass Unternehmen nicht selbst nach den Vorschriften des StGB strafbar sein können.[849] Jedoch hat der BGH auch in anderen Fällen ohne weiteres eine Zurechnung für Strafnormverletzungen nach § 31 BGB angenommen, solange nur das Organ zum Zeitpunkt der unerlaubten Handlung zumindest als „besonderer Vertreter“ angesehen werden konnte.[850] Dies wird man in Bezug auf die bei den deutschen Handelsunternehmen für den Einkauf Verantwortlichen annehmen können, sodass eine Teilnahme nicht schon aus diesem Grund scheitert.

*(1) Anstiftung*

Gemäß § 26 StGB ist Anstifter, *„wer vorsätzlich einen anderen zu dessen vorsätzlich begangener rechtswidriger Tat bestimmt hat.“*

Die Rechtsprechung versteht unter „Bestimmen“ das Verursachen (oder zumindest Mitverursachen[851]) des Tatentschlusses in einem anderen.[852] Dabei soll gleichgültig sein, in welcher Form oder durch welche Mittel die Einflussnahme auf den Willen des anderen erfolgt.[853] Ausreichend ist mithin auch das bloße Schaffen einer zur Tat provozierenden Situation.[854] Nur dann, wenn der andere schon zur

---

849 Vgl. *Hennies*, Entschädigung für NS-Zwangsarbeit vor und unter der Geltung des Stiftungsgesetzes vom 2.8.2000, S. 115 f., der systematisch eine Zurechnung eigentlich ausschließt, es jedoch für verfehlt hält *„eine Haftung des finanziell relativ schwach gestellten Handlangers aus § 823 Abs. 2 S. 1 zu konstruieren, das finanzkräftige Unternehmen das Veranlasser und Nutznießer der Straftaten war, aber aus der Haftung zu entlassen.“* Ebenda, S. 116.

850 Dies ergibt sich aus folgenden Urteilen: Urteil des BGH vom 13. Januar 1987 – VI ZR 303/85, NJW 1987, S. 1193, sowie Urteil des BGH vom 12. Juli 1977 – VI ZR 159/75, NJW 1977, S. 2259, 2260. Ausreichend ist nach der Rechtsprechung, dass dem Handelnden *„durch die allgemeine Betriebsregelung und Handhabung bedeutsame wesensmäßige Funktionen der juristischen Person zur selbständigen und eigenverantwortlichen Erfüllung zugewiesen sind, und er die juristische Person insoweit repräsentiert“*, vgl. *Palandt/Ellenberger*, § 31 Rz. 6.

851 Vgl. Urteil des BGH vom 7. September 1993 – 1 StR 325/93, NStZ 1994, S. 29, 30.

852 Ständige Rechtsprechung, vgl. etwa Urteil des BGH vom 6. Juli 1956 – 2 StR 87/55, BGHSt 9, 370, 379.

853 Vgl. Urteil des BGH vom 22. März 2000 – 3 StR 10/00, NStZ 2000, S. 421; Die herrschende Lehre fordert dagegen eine *„kommunikative Beeinflussung des Täters“*, vgl. *Schönke/Schröder/Heine*, § 26 Rz. 4, sowie teilweise sogar eine Art „*Unrechtspakt*“ zwischen Täter und Anstifter, so *Puppe*, NStZ 2006, 424, 425.

854 Vgl. *Lackner/Kühl*, § 26 Rz. 2.

konkreten Tat entschlossen war (omnimodo facturus), kann keine Anstiftung mehr vorliegen;[855] und ist psychische Beihilfe zu prüfen.[856]

Die chinesischen Zulieferunternehmen wurden durch die deutschen Handelsunternehmen zu ihrer konkreten Tat zumindest mitbestimmt. Indem die deutschen Handelsunternehmen Aufträge zu besonders niedrigen Preisen und zu extrem kurzen Lieferfristen erteilten, haben sie einen Anreiz für die Erpressung der Arbeiter gesetzt. Dass die chinesischen Unternehmen unter Umständen ohnehin bereit waren, Zwangsarbeit durchführen zu lassen, ist unschädlich. Die konkret erfolgte Erpressung ging in jedem Fall auf die spezifizierte Bestellung, eine bestimmte Ware in einem gegebenen Zeitfenster fertigen zu lassen, zurück.

Fraglich ist jedoch, ob den deutschen Handelsunternehmen auch ein Vorsatzvorwurf gemacht werden kann. Erforderlich ist ein „Doppelvorsatz", welcher sowohl die Vollendung der Haupttat als auch die Anstiftung selbst umfasst.[857]

Damit der Anstifter zu einer bestimmten Straftat anstiften kann, muss er *„eine genauere Vorstellung"* von dieser besitzen.[858] Nicht erforderlich ist zwar eine präzise Kenntnis aller Tatumstände, der Täter muss aber *„eine wenn auch nicht in allen Einzelheiten, aber doch in den wesentlichen Merkmalen und Grundzügen konkretisierte Haupttat vor Augen haben."*[859]

Es ist bereits zweifelhaft, ob den deutschen Handelsunternehmen –angesichts der mehrgliedrigen Lieferketten – eine solche Kenntnis über die Zwangsarbeit zugeschrieben werden kann. Jedenfalls aber lässt sich nicht nachweisen, dass die deutschen Handelsunternehmen billigend in Kauf nahmen, dass sich genau die verwirklichten Erpressungen ereignen würden und dass sie durch ihr Handeln die Begehung (mit)veranlassten. Eine Anstiftung scheidet damit aus.

*(2) Beihilfe*

Gehilfe im Sinne von § 27 StGB ist, *„wer vorsätzlich einem anderen zu dessen vorsätzlich begangener rechtswidriger Tat Hilfe geleistet hat."*

855 Nicht schädlich ist demgegenüber, wenn der Täter nur allgemein zu derartigen Taten bereit war, vgl. Urteil des BGH vom 20. Januar 2000 – 4 StR 400/99, BGHSt 45, 373, 374.

856 Vgl. *Fischer*, StGB, § 26 Rz. 4.

857 Vgl. *Fischer*, StGB, § 26 Rz. 7.

858 *Schönke/Schröder/Heine*, § 26 Rz. 17.

859 *Fischer*, StGB, § 26 Rz. 8.

Umfasst wird sowohl die physische Beihilfe als auch die sogenannte psychische Beihilfe in Form der unterstützenden Bestärkung von Tatplan, Tatentschluss oder Tatausführungswillen.[860]

Die Hilfeleistung braucht nach ständiger Rechtsprechung nicht im Sinne einer conditio sine qua non ursächlich für den Taterfolg sein; ausreichend ist vielmehr, dass *„die Hilfe an sich geeignet ist, die fremde Haupttat zu fördern oder zu erleichtern."*[861]

In dem Verhalten der Textilimporteure könnte unter Umständen eine objektive Beihilfehandlung gesehen werden. Inwieweit hier ein bloßes Dulden, eine „neutrale" oder eine „sozialadäquate" Handlung vorliegt und welche strafrechtlichen Konsequenzen hieraus zu ziehen sind, kann jedoch offenbleiben. In jedem Falle scheitert es nämlich (wie schon bei der Anstiftung) wieder an dem erforderlichen Vorsatz in Bezug auf eine konkrete Haupttat und auf eine bestimmte eigene Förderungshandlung.

### dd. Ergebnis

Eine Haftung aus § 823 Abs. 2 BGB scheitert an einer Schutzgesetzverletzung durch die deutschen Handelsunternehmen. Ihnen ist die Teilnahme an einer Erpressung durch die lokalen Haupttäter jedenfalls nicht nachweisbar. Hieran kann auch eine Wertung unter Einbezug der mittelbaren Drittwirkung der Menschenrechte nichts ändern.

## g. Aus § 826 BGB

Daraus, dass die deutschen Handelsunternehmen Aufträge zu besonders niedrigen Preisen und zu extrem kurzen Lieferfristen an ihre Zulieferer erteilten, könnte ein Anspruch der betroffenen Arbeiter aus § 826 BGB folgen.

Dieser setzt zunächst voraus, dass die deutschen Handelsunternehmen den chinesischen Arbeitern sittenwidrig einen Schaden zugefügt haben.

Schaden im Sinne von § 826 *„bedeutet jede nachteilige Einwirkung auf die Vermögenslage, die Beeinträchtigung eines rechtlich anerkannten Interesses oder die Belastung mit einer ungewollten Verpflichtung [...] vermögens- oder nichtvermögensrechtlicher Art."*[862] Hinsichtlich der chinesischen Arbeiter ist durch

860 Ebenda, § 27 Rz. 11.

861 Urteil des BGH vom 1. August 2000 – 5 StR 624/99, BGHSt 46, 107, 109.

862 *Palandt/Sprau*, § 826 Rz. 3.

die Zwangsarbeit das allgemeine Persönlichkeitsrecht in seiner vermögens- und seiner nichtvermögensrechtlichen Ausprägung betroffen.

§ 826 stellt nur geringe Ansprüche an das „Zufügen“ eines Schadens. Ausreichend ist *„auch ein mittelbar, über verschiedene Zwischenglieder verursachter Nachteil.“*[863] Dieser Vorwurf kann den deutschen Handelsunternehmen durch ihre Beauftragung der chinesischen Zulieferer zweifellos gemacht werden.

Über die Sittenwidrigkeit der Schädigung entscheidet eine Gesamtwürdigung. Maßgeblich ist, ob das gewählte Mittel zu dem angestrebten, für sich genommen unter Umständen billigenswerten Zweck unter Berücksichtigung der Umstände des Einzelfalls außer Verhältnis steht.[864] Ohne Belang ist hierfür, ob ein bestimmtes Verhalten im Ausland geduldet wird.[865]

Die Heranziehung zur Zwangsarbeit selbst ist selbstverständlich als sittenwidrige Schädigung anzusehen. Fraglich ist jedoch, ob auch die Preis- und Liefervereinbarungen, welche erst zu einer Anordnung der Zwangsarbeit führen, schon sittenwidrig sind. Hier drängt sich auf den ersten Blick ein Vergleich zu der im Rahmen des § 826 BGB anerkannten Fallgruppe der Verleitung zum Vertragsbruch auf. Danach soll für Sittenwidrigkeit nicht schon die Anstiftung des Schuldners zum Vertragsbruch genügen. Gefordert wird vielmehr, dass der Schuldner *„durch Drohungen aus dem alten Vertrag hinaus- und in den neuen hineingedrängt“*[866] wurde. Hiernach würde ein Sittenwidrigkeitsvorwurf gegen die deutschen Unternehmen wohl scheitern, da allein deren Marktmacht wohl noch keiner konkreten Bedrohung gleichkommt. Die mittelbare Drittwirkung der Menschenrechte, welche die Auslegung des Begriffs der Sittenwidrigkeit in § 826 bestimmt, zwingt jedoch zu einem anderen Schluss. Die mit dem Geschäftsgebaren verbundene Inkaufnahme potentieller Menschenrechtsbeeinträchtigungen zum Zweck, Kostenvorteile im Einkauf zu erlangen und hierdurch die unternehmerische Tätigkeit zu fördern, steht außer Verhältnis zu den von den chinesischen Arbeitern erduldeten Beeinträchtigungen. Gerade der Preisdruck der deutschen Handelsunternehmen verleitet zur Schädigung. Insoweit ergibt sich nichts anderes als bereits zu § 138 BGB festgestellt: Bewusst herbeigeführte belastende Auswirkungen auf die Rechtstellung Dritter machen ein Lieferverhältnis sittenwidrig,

---

863 *MünchKommBGB/Wagner*, § 826 Rz. 7.

864 *Soergel/Hönn*, § 826 Rz. 37.

865 Vgl. Urteil des OLG Düsseldorf vom 15. März 1990 – 6 U 185/89, NJW-RR 1990, S. 732, 734. Ohnehin handelt es sich bei den hier in Rede stehenden Menschenrechten um universelle Standards.

866 *Staudinger/Oechsler*, 2009, § 826 Rz. 227.

denn sie spiegeln ein besonderes Maß an Rücksichtslosigkeit und einen Mangel an Loyalität im Rechtsverkehr.[867]

Sittenwidrig handelt bereits, wer sich einer Kenntnis der haftungsbegründenen Umstände bewusst verschließt, etwa wenn starke Verdachtsmomente bestehen und der Handelnde dennoch auf eine sich bietende Möglichkeit der Aufklärung verzichtet.[868] Die deutschen Handelsunternehmen können demnach nicht schon hinsichtlich des Sittenwidrigkeitsurteils damit durchdringen, sie hätten nicht positiv von der Zwangsarbeitssituation gewusst.

Anders sieht es unter Umständen in Bezug auf den Vorsatz aus:[869] Für die Annahme von Schädigungsvorsatz im Sinne von § 826 ist mindestens bedingter Vorsatz erforderlich. Dieser muss sich zwar nicht auf den genauen Kausalverlauf beziehen, erfasst sein müssen jedoch die gesamten Schadensfolgen sowie Richtung und Art des Schadens.[870] Gefordert wird *„das Bewusstsein, dass das Handeln die ernstliche Möglichkeit des schädigenden Erfolgs haben werde."*[871] Leichtfertiges Verhalten lässt vor allem dann auch auf bedingten Vorsatz schließen, wenn der Betroffene die Leichtfertigkeit der eigenen Vorgehensweise selbst erkannt hat.[872] In diesem Sinne wird zum Teil gefolgert, dass Vorsatz im Rahmen von § 826 *„die bewusste Überschreitung des erlaubten Risikos, dh. die bewusste Außerachtlassung der im Verkehr erforderlichen Sorgfalt, darstellt."*[873] Im Gegensatz dazu hat der BGH wiederholt festgestellt, dass auch Leichtfertigkeit den erforderlichen Vorsatz in § 826 nicht ersetzen kann und vielmehr eine billigende Inkaufnahme vorliegen muss.[874] Eine solche wird man dem deutschen Handelsunternehmen in Bezug auf die Zwangsarbeit voraussichtlich nicht nachweisen können. Zu erwarten ist, dass diese sich mit Erfolg darauf berufen, sie hätten darauf vertraut, dass es im konkreten Fall zwar unter Umständen zu nachteiligen Arbeitsbedingungen, nicht jedoch zu Menschenrechtsbeeinträchtigungen

---

867 Vgl. hierzu Teil V.3.b.aa. (1).

868 *Palandt/Sprau*, § 826 Rz. 9.

869 Dieser ist getrennt von der Sittenwidrigkeit festzustellen und muss sich nicht auf diese beziehen, vgl. *Palandt/Sprau*, § 826 Rz. 10.

870 Vgl. Urteil des BGH vom 14. Juni 2000 – VIII ZR 218/99, NJW 2000 S. 2896, 2897.

871 Urteil des BGH vom 11. November 2003 – VI ZR 371/02, NJW 2004, S. 446, 448.

872 Urteil des BGH vom 24. September 1991 – VI ZR 293/90, NJW 1991, S. 3282, 3283.

873 *MünchKommBGB/Wagner*, § 826 Rz. 30.

874 Vgl. etwa Urteil des BGH vom 18. Dezember 1973 – VI ZR 113/71, NJW 1974, S. 312, 313, sowie Urteil des BGH vom 24. April 2001 – VI ZR 36/00, NJW 2001, S. 2880, 2881.

kommen werde. Ein Anspruch aus § 826 BGB scheidet damit im Ergebnis aus.[875] Darauf, ob das Verhalten der deutschen Unternehmen leichtfertig im Sinne einer Verletzung der verkehrserforderlichen Sorgfalt in besonders schwerem Maße war, kommt es mithin nicht an.[876]

## h. Anspruch aus Kondiktion

Als letzte denkbare Grundlage für Ansprüche der chinesischen Arbeiter wird das Bereicherungsrecht geprüft. Zwar scheidet die ungerechtfertigte Bereicherung neben der berechtigten Geschäftsführung ohne Auftrag aus, da diese einen rechtlichen Grund für insoweit getätigte Leistungen und Eingriffe darstellt.[877] Jedoch ist die Feststellung des GoA-Anspruchs zugunsten der chinesischen Arbeiter vorliegend Zweifeln ausgesetzt,[878] sodass Raum für eine bereicherungsrechtliche Prüfung verbleibt.

Mangels Leistungsbeziehung zwischen betroffenen Arbeitern und deutschen Unternehmen[879] kommt allein eine Nichtleistungskondiktion in Betracht.

### aa. Anspruch gemäß § 812 Abs. 1 S. 1 2. Alt. BGB

Dadurch, dass die deutschen Handelsunternehmen Waren bezogen, die mittels Zwangsarbeit hergestellt wurden, könnten die chinesischen Arbeiter einen Anspruch gemäß § 812 Abs. 1 S. 1 2. Alt. BGB haben.

---

875 Die Vorschrift hat ihre Bedeutung, die sie lange Zeit für Persönlichkeitsrechtsverletzungen hatte, mit der Anerkennung der Ersatzfähigkeit im Rahmen von § 823 Abs. 1 BGB ohnehin verloren, vgl. *MünchKommBGB/Wagner*, § 826 Rz. 2.

876 Es dürfte im Übrigen zweifelhaft sein, ob dieser strenge Maßstab, der voraussetzt, dass *„schon einfachste, ganz naheliegende Überlegungen nicht angestellt werden und das nicht beachtet wird, was im gegebenen Fall jedem einleuchten musste"*, vgl. *Palandt/Grüneberg*, § 277 Rz. 5, vorliegend erfüllt ist.

877 Vgl. Urteil des BGH vom 30. September 1993 – VII ZR 178/91, NJW 1993, S. 3196 m. w. N.

878 Vgl. Teil V.3.c.

879 Eine Leistungskondiktion würde eine *„bewusste und zweckgerichtete Vermehrung fremden Vermögens"* voraussetzen, vgl. *Palandt/Sprau*, § 812 Rz. 3. Eine solche ist seitens der chinesischen Arbeiter gegenüber den deutschen Handelsunternehmen von vornherein ausgeschlossen.

*(1) Etwas erlangt*

Erforderlich ist dafür zunächst, dass die deutschen Handelsunternehmen etwas erlangt haben. Im Rahmen der Nichtleistungskondiktion kommt als erlangtes Etwas *„jeder Gegenstand in Betracht, der durch die Rechtsordnung einer bestimmten Person zugewiesen ist."*[880] Hier fließt den deutschen Handelsunternehmen durch den Erhalt der Bekleidung die zu ihrer Herstellung benötigte Arbeitsleistung zu. Nach überwiegender Ansicht der Literatur stellt geleistete Arbeit eo ipso einen wirtschaftlichen Vorteil dar.[881] Dieser ist originär den Inhabern der Arbeitskraft, also den chinesischen Arbeitern zugewiesen, sodass die deutschen Handelsunternehmen im Sinne von § 812 Abs. 1 S.1 2. Alt. BGB etwas erlangt haben. Gleiches ergibt sich, wenn man mit der Rechtsprechung darauf abstellt, ob durch die Arbeitsleistung Aufwendungen erspart wurden.[882]

*(2) In sonstiger Weise*

Anspruchsvoraussetzung ist weiter, dass dies *„in sonstiger Weise"*,[883] also *„nicht durch Leistung"*[884] geschah. Wegen des Grundsatzes des Vorrangs der Leistungskondiktion beziehungsweise der Subsidiarität der Nichtleistungskondiktion[885] ist zu prüfen, ob nicht eine vorrangige Leistungsbeziehung vorlag.

Die deutschen Handelsunternehmen haben Werk- oder Lieferverträge mit den chinesischen Zulieferern geschlossen. *„Ist aber davon auszugehen, daß eine Zuwendung, vom maßgebenden Standpunkt des Empfängers aus gesehen, sich als Leistung seines Vertragspartners darstellt, so kann der Empfänger mit [...] einem Bereicherungsanspruch allenfalls von seinem Vertragspartner belangt werden, [...] etwa, weil der zwischen ihnen geschlossene Vertrag nichtig ist. Derjenige, der vom Vertragspartner – etwa als Subunternehmer – herangezogen worden ist, um die Leistung zu erbringen, [kann] weder eine Leistungskondiktion, noch einen Anspruch wegen Bereicherung ‚in sonstiger Weise'"*[886] geltend machen.

Dies bedeutet, dass ein bereicherungsrechtliches Abwicklungsverhältnis im Sinne von § 812 Abs.1 S. 1 2. Alt. zwischen den deutschen Handelsunternehmen

880 *Palandt/Sprau*, § 812 Rz. 4.
881 So zu den NS-Zwangsarbeitsfällen *Schröder*, Jura 1994, S. 118, 124 m. w. N.
882 Vgl. *Staudinger/Lorenz*, 2007, § 812 Rz. 72.
883 *Loewenheim*, Bereicherungsrecht, S. 96.
884 Ebenda.
885 *Palandt/Sprau*, § 812 Rz. 7.
886 Urteil des BGH vom 31. Oktober 1963 – VII ZR 285/61, BGHZ 40, 272, 278.

und den chinesischen Arbeitern selbst dann scheitert, wenn der Vertrag mit den Zulieferunternehmen wegen Sittenwidrigkeit nichtig ist.[887]

*(3) Auf Kosten eines anderen*

Überdies ist auch das Tatbestandsmerkmal „auf Kosten eines anderen" vorliegend nicht erfüllt.

Berechtigter der Eingriffskondiktion nach § 812 Abs. 1 S. 1 2. Alt. BGB ist der Inhaber der geschützten Rechtsposition, Verpflichteter, der Eingreifer. Sonstige Dritte, *„die im weiteren Verlauf aus dem Eingriff in sein Recht Nutzen gezogen haben"*,[888] sollen grundsätzlich keinen Ansprüchen ausgesetzt sein. Der BGH fasst diese Beschränkung der Parteien der Nichtleistungskondiktion unter das Merkmal der Unmittelbarkeit: *„Bei der Nichtleistungskondiktion darf der Kondiktionsgegenstand dem Bereicherungsschuldner nicht auf dem Umweg über das Vermögen eines Dritten zugeflossen sein, sondern muß sich bis zum kondiktionsauslösenden Vorgang im Vermögen des Bereicherungsgläubigers befunden haben."*[889]

In den hier zu betrachtenden Fällen ist die Arbeitskraft zunächst den chinesischen Zulieferunternehmen zugeflossen. Nur mittelbar gelangte der Vermögensvorteil zu den deutschen Handelsunternehmen.

*(4) Ergebnis*

Nach allem wird daher ein Anspruch aus § 812 Abs. 1 S. 1 2. Alt. BGB abgelehnt.

## bb. Anspruch gemäß § 822 BGB

Unter Umständen können die chinesischen Arbeiter über § 822 BGB einen *„Haftungsdurchgriff"*[890] auf die deutschen Handelsunternehmen erreichen.

*(1) Primärkondiktion*

Voraussetzung ist das Bestehen einer Primärkondiktion, das heißt tatbestandlich müsste den chinesischen Arbeitern ein bereicherungsrechtlicher Anspruch gegen die Zulieferunternehmen zustehen.

Das kann angenommen werden: Erlangt wurde von den chinesischen Zulieferunternehmen die Arbeitskraft. Dies geschah – mangels wirksamer

887 Vgl. hierzu unter Teil V.3.b.aa (2).

888 *Emmerich*, BGB – Schuldrecht Besonderer Teil, § 17 Rz. 12.

889 Urteil des BGH vom 9. Oktober 2001 – X ZR 153/99, BauR 2002, S. 775, 779.

890 Unter diesem Begriff *Staudinger/Lorenz*, 2007, § 822 Rz. 4.

Arbeitsverhältnisse – in sonstiger Weise und auch unmittelbar auf Kosten der Betroffenen. Die Bedingungen des § 812 Abs. 1 S. 1 2. Alt. liegen folglich vor.

*(2) Unentgeltliche Zuwendung durch den Erstempfänger*

§ 822 verlangt weiter, dass der Erstempfänger den Bereicherungsgegenstand aufgrund eines unentgeltlichen Rechtsgeschäfts einem Dritten zuwendet.

Vorab ist festzustellen, dass allein die etwaige Sittenwidrigkeit einer solchen Zuwendung und damit die Unwirksamkeit des Vertrages kein Hindernis darstellt.[891] Auch dass es unter Umständen mehrere Zwischenglieder zwischen dem primär Bereicherten und dem deutschen Handelsunternehmen gibt, muss den Anspruch nicht ausschließen.

(a) Bereicherungsgegenstand

Das erste Problem ist, dass der Bereicherungsgegenstand für die chinesischen Arbeiter nicht ohne weiteres identifiziert werden kann. Wird nicht exakt das weitergereicht, was der Erstempfänger erhalten hat, ist die Bestimmung des im Rahmen von § 822 maßgeblichen Bereicherungsgegenstands schwierig.

Im Grundsatz gilt, dass der Dritte nach § 822 zur Herausgabe verpflichtet ist, wie wenn er die Zuwendung von dem Gläubiger selbst erhalten hätte.[892] Anzuknüpfen ist an das, was der Erstempfänger ursprünglich ohne rechtlichen Grund vom Anspruchssteller erlangt und daher im Rahmen der Primärkondiktion wieder herauszugeben hat.[893] Dies ist hier die Arbeitsleistung, welche allerdings mittlerweile in den produzierten Waren aufgegangen ist, sodass nur noch Wertersatz im Sinne von § 818 Abs. 2 BGB in Betracht kommt.

(b) Unentgeltlichkeit

Die Unentgeltlichkeit der Zuwendung erscheint zunächst ausgeschlossen, da die deutschen Handelsunternehmen für die Werkerstellung einen Preis gezahlt haben. Berücksichtigt werden sollte jedoch, dass dieser Preis im Verhältnis zum objektiven Wert der Ware zu niedrig gewesen ist. So wurde der Preis auf Grundlage einer Kalkulation mit dem Einsatz von Zwangsarbeit berechnet. Man könnte daher annehmen, dass ein Teil des Entgelts, welches eigentlich fällig gewesen wäre, nicht

891 Maßgeblich ist allein, dass es sich um eine rechtsgeschäftliche Zuwendung handelt, vgl. *MünchKommBGB/Schwab*, § 822 Rz. 11.

892 Vgl. Urteil des BGH vom 10. Februar 2004 – X ZR 117/02, NJW 2004, S. 1314.

893 *Tommaso/Weinbrenner*, JURA 2004, S. 649, 651.

gefordert wurde und insoweit eine „gemischte Schenkung" des Zulieferunternehmens an das deutsche Handelsunternehmen vorlag.[894] Bei einer solchen entsteht ebenfalls ein Bereicherungsanspruch gegenüber dem Dritten, allerdings nur in Höhe des unentgeltlichen Teils der Zuwendung.[895]

*(3) Ausschluss des Bereicherungsanspruchs gegen den Erstempfänger*

§ 822 BGB setzt voraus, dass der Primärschuldner aufgrund § 818 Abs. 3 BGB wegen unentgeltlicher Weitergabe des Erlangten, seiner Surrogate, Nutzungen oder seines Wertes nicht haftet. Dies ist dann nicht der Fall, wenn der Bereicherungsempfänger trotz Weggabe einzustehen hat, weil §§ 818 IV (Rechtshängigkeit), 819 (Bösgläubigkeit) oder § 820 eingreifen.[896] Hier ist von der Bösgläubigkeit der Zulieferer auszugehen, sodass keine Entreicherung eingetreten ist.

Fraglich ist, inwieweit auch bei rechtlichem Fortbestehen der Ansprüche gegen den Primärempfänger ausnahmsweise ein Anspruch nach § 822 bestehen kann.

Die Rechtsprechung sowie ein Großteil der Lehre lehnen die Anwendung von § 822 BGB bei allein tatsächlichen Hinderungsgründen gegenüber dem Primärbereicherten ab. Der BGH stellte wiederholt fest: *„Nach Wortlaut, Regelungszusammenhang und Entstehungsgeschichte der Vorschrift muß die Verpflichtung des Erstempfängers zur Herausgabe der Bereicherung aus Rechtsgründen erloschen sein. Mangelnde Durchsetzbarkeit des Anspruchs nur aus tatsächlichen Gründen löst, [...] die lediglich subsidiäre Durchgriffshaftung des Dritten nicht aus."*[897]

Dagegen finden sich aber auch Stimmen in der Literatur, die § 822 analog anwenden wollen, wenn die Primärkondiktion aus faktischen Gründen ausgeschlossen ist – vor allem deswegen, weil die Schutzwürdigkeit der Betroffenen in diesen Fällen nicht geringer sei.[898] Letzterem ist zuzustimmen. Zu berücksichtigen ist für die hier zu beurteilenden Fälle auch, dass der BGH bei Vermögenslosigkeit des Bereicherungsschuldners darauf verweist, dass dieser – ob der Möglichkeit der vollstreckungsrechtlichen Anfechtung – *„nicht völlig rechtlos gestellt"*[899] sei. Dies trifft jedoch auf die chinesischen Arbeiter nicht zu: Wie bereits dargelegt, können

894 Unter Umständen vermittelt über verschiedene Zwischenhändler.

895 Vgl. *MünchKommBGB/Schwab*, § 822 Rz. 11.

896 Vgl. *Jauernig/Stadler*, § 822 Rz. 3.

897 Urteil des BGH vom 3. Dezember 1998 – III ZR 288–96, NJW 1999, S. 1026, 1028 mit Verweis auf frühere Urteile des BGH, sowie gewichtige Stimmen der Literatur, unter anderem *Palandt/Sprau*, § 822 Rz. 7.

898 Vgl. zum Beispiel *Medicus/Lorenz*, Schuldrecht II, Rz. 1183, sowie *Tommaso/Weinbrenner*, JURA 2004, S. 649, 655.

899 Urteil des BGH vom 3. Dezember 1998 – III ZR 288-96, NJW 1999, S. 1026, 1028.

sie für ihre Ansprüche gegen den Zulieferer nicht auf ein effizientes Rechtsschutzsystem vertrauen. Unter Zugrundelegung der mittelbaren Drittwirkung der Menschenrechte sollte man daher den Ausschluss von Ansprüchen aus Rechtsgründen dem Ausschluss aus Rechtsschutzgründen gleichstellen.

*(4) Rechtsfolge: Herausgabe*

Gemäß § 818 Abs. 2 BGB ist Wertersatz zu leisten. Nach Ansicht der herrschenden Lehre kommt es insoweit auf den Wert der erbrachten Arbeit an, wohingegen nach der Rechtsprechung die ersparten Aufwendungen maßgeblich sind.[900] Letztere entsprechen dem zulässigen Arbeitslohn für die geleistete Arbeit.

Berücksichtigt werden muss, dass das deutsche Unternehmen sich nicht in Höhe des vollen Lohnes bereichert hat. Vielmehr ist ein Teil der ersparten Aufwendungen beim Zulieferunternehmen selbst verblieben. Wie oben dargestellt, lag eine gemischte Schenkung vor, bei der lediglich ein Teil der in das Produkt eingeflossenen Arbeitsleistung unentgeltlich weitergeleitet wurde. Wie sich die Verteilung des Vorteils zwischen Zulieferunternehmen und deutschem Handelsunternehmen im Einzelnen gestaltet, ist gutachterlich festzustellen.

## i. Exkurs: Anspruch aus Durchgriffshaftung

Unter dem Stichwort „Durchgriffshaftung" diskutieren Nichtregierungsorganisationen und ausländische Literatur vielfach die Möglichkeit, die Konzernmütter in den Industriestaaten für die Menschenrechtsbeeinträchtigungen ihrer ausländischen Töchter in Anspruch zu nehmen.[901] In der Mehrheit der Fälle, welche mit deutschen Unternehmen in Verbindung gebracht werden, sind es jedoch nicht gesellschaftsrechtlich verbundene Unternehmen, welche die Menschenrechtsbeeinträchtigungen begehen. Verursacher sind vielmehr rechtlich unabhängige

900 Vgl. bereits unter Teil IV.3 h aa. (1).

901 Vgl. beispielsweise *Gerstetter/Kamieth*, in: *Germanwatch (Hrsg.)*, Unternehmensverantwortung – Vorschläge für EU-Reformen, S. 10 f., Abrufbar unter: http://germanwatch.org/corp/euref.pdf (zuletzt abgerufen am 12.01.2013).; *Blumberg*, Hastings Int'l & Comp Law Review 2000, S. 297 ff. Zu unterscheiden ist hiervon die Frage, ob ein eigenes Fehlverhalten der Konzernmutter vorliegt, vgl. *Saage-Maaß*, in: *Friedrich Ebert Stiftung (Hrsg.)*, Arbeitsbedingungen in der globalen Zulieferkette, S. 12 f. Abrufbar unter http://library.fes.de/pdf-files/iez/08651.pdf (zuletzt abgerufen am 12.01.2013). Hier entspricht die rechtliche Bewertung weitgehend derjenigen, die für das Zulieferverhältnis erörtert wurde.

Zulieferer, die von einer Durchgriffshaftung nicht erfasst würden. Dies trifft auch auf die hier exemplarisch geprüften Fälle der chinesischen Bekleidung zu. Nachfolgend soll daher nur in aller Kürze auf die Thematik eingegangen werden.

Das Konzerngesellschaftsrecht ist durch das Trennungsprinzip gekennzeichnet, siehe § 13 Abs. 2 GmbHG, § 1 Abs. 1 AktG. Eine Haftbarmachung der Muttergesellschaft für Handlungen ihrer Töchter ist dem deutschen Recht grundsätzlich fremd.[902] In geringem Umfang existieren gesetzliche Ausnahmen, und es besteht die Möglichkeit, dass die Konzernmutter auf vertraglicher Grundlage haftet.[903] Inwieweit darüber hinaus ein „Durchgriff" ausnahmsweise möglich sein soll, ist Gegenstand gesellschaftsrechtlicher Diskussionen.

Der BGH stellt maßgeblich auf den objektiven Missbrauch der herrschenden Gesellschafterstellung ab.[904] Mangels abstrakt greifbarer Kriterien wurden in der Literatur Fallgruppen entwickelt, in denen ein Durchgriff anerkannt ist, etwa die Umwandlung von Innen- in Außenhaftung oder die Vermögens- und Sphärenvermischung.[905]

Entscheidend ist, dass es sich stets um eine besonders zu begründende Ausnahme handelt, die nur unter engen Voraussetzungen in Betracht kommt.[906] Demgegenüber ist ein umfassender Haftungsdurchgriff in Fällen missbräuchlicher Gestaltung, welcher etwa im US-amerikanischen Recht vorgesehen ist (lifting the corporate veil [907]), nicht möglich.

Keine der bisher existierenden Fallgruppen zur Durchgriffshaftung spiegelt die Problemlage bei Menschenrechtsbeeinträchtigungen durch ausländische Gesellschaften wider.[908] Die Chancen für die Entwicklung eines weiteren Ausnahmetatbestandes vom Trennungsprinzip für die betreffende Problemlage sind als gering einzustufen. Eine rechtsmissbräuchliche Auslagerung der menschenrechtsbeeinträchtigenden Tätigkeiten auf Auslandsgesellschaften wird sich

---

902 *Emmerich/Habersack*, Konzernrecht, § 20 Rz. 25.

903 Vgl. hierzu *Mansdörfer/Timmerbeil*, WM 2004, S. 362, 363 f.

904 Ebenda, S. 364, unter Verweis auf Urteil des BGH vom 24. Juni 2002 – II ZR 300/00, BGHZ 151, 181.

905 Vgl. zu den verschiedenen Fallgruppen: *Windbichler*, Gesellschaftsrecht, § 24 Rz. 29 ff.

906 *Emmerich/Habersack*, Konzernrecht, § 20 Rz. 25.

907 Dazu, dass auch dieser für die Haftbarmachung von Konzernmüttern für die menschenrechtsbeeinträchtigenden Handlungen ihrer Töchter häufig nur bedingt geeignet ist, vgl. *Blumberg*, Hastings Int'l & Comp Law Review 2000, S. 297, 318 ff.

908 So auch *Gerstetter/Kamieth*, in: *Germanwatch (Hrsg.)*, Unternehmensverantwortung – Vorschläge für EU-Reformen, S. 10. Abrufbar unter: http://germanwatch.org/corp/euref.pdf (zuletzt abgerufen am 12.01.2013).

kaum nachweisen lassen: Zu vielfältig sind die Argumente, die Unternehmen als sachliche Gründe für die Einbindung von Auslandsgesellschaften anführen können.[909] Nur vereinzelt gibt es Vorschläge, wie dieser unbefriedigenden Situation begegnet werden soll. Zu erwähnen ist der Ansatz einer sektoralen Aufteilung der Haftung nach Verantwortungsbereichen, das heißt eine Ausweitung der Haftung der Konzernmutter auf diejenigen Bereiche, für welche sie zentral verantwortlich ist.[910]

Es bestehen damit wohl keine Privilegierungen bei der Haftbarkeit deutscher Konzernmütter für die menschenrechtsbeeinträchtigenden Handlungen ihrer ausländischen Töchter im Vergleich zur Haftbarmachung für die Handlungen von Zulieferern. Dies soll gleichwohl nicht heißen, dass deutsche Unternehmen – trotz fehlender Verpflichtung – ihren Konzerngesellschaften nicht jederzeit bestimmte Sozial- und Verhaltensstandards vorschreiben können, wenn sie dies denn wollen.[911]

## j. Ergebnis

Ansprüche chinesischer Arbeiter gegen deutsche Handelsunternehmen wegen Menschenrechtsbeeinträchtigungen in Form von Zwangsarbeit sind nicht von vornherein zum Scheitern verurteilt. Die Auseinandersetzung mit den einzelnen Tatbestandsmerkmalen der verschiedenen Anspruchsgrundlagen des deutschen Zivilrechts zeigt, dass durchaus Raum für eine Haftbarmachung besteht – und dies auch abseits des Deliktsrechts.[912]

---

909 Vgl. *Saage-Maaß*, in: *Friedrich Ebert Stiftung (Hrsg.)*, Arbeitsbedingungen in der globalen Zulieferkette, S. 12 f. Abrufbar unter: http://library.fes.de/pdf-files/iez/08651.pdf (zuletzt abgerufen am 12.01.2013).

910 Vgl. *Glinski*, Haftung multinationaler Unternehmen beim Transfer von Produktionsrisiken, TranState Working Papers No. 4, S. 29 f. m .w. N. Abrufbar unter: http://www.econstor.eu/bitstream/10419/28254/1/497809389.PDF (zuletzt abgerufen am 12.01.2013).

911 Vgl. zu dieser Möglichkeit sowie zu ihrer Durchsetzbarkeit innerhalb des Konzerns *Schäfer*, Gesellschaftsrechtliche Implikationen bei der Durchsetzung einer menschenrechtskonformen Geschäftspolitik im Konzern, in: *Amnesty Internationa /u. a. (Hrsg.)*, Dokumentation des Fachgesprächs Wirtschaft und Menschenrechte in einer globalisierten Welt, S. 9 ff. Abrufbar unter: http://www.cora-netz.de/wp-content/uploads/fachgesprach-dokumentation.pdf (zuletzt abgerufen am 12.01.2013).

912 A. A. zum Beispiel *Rödl/Massoud*, Business, Human Rights and Environment, Country Report Germany, S. 19. Abrufbar unter http://www.law.ed.ac.uk/euenterprisеslf/documents/files/MSReportGERMANY.pdf (zuletzt abgerufen am 12.01.2013),

Unter Zugrundelegung der mittelbaren Drittwirkung der Menschenrechte können sowohl das Instrument der Geschäftsführung ohne Auftrag als auch das Bereicherungsrecht eine taugliche Anspruchsgrundlage für die Haftbarmachung deutscher Unternehmen für Menschenrechtsbeeinträchtigungen ihrer Zulieferer darstellen. Entsprechendes gilt für § 823 Abs. 1 BGB.

Gleichwohl müssen viele Fragen noch näher beleuchtet werden. Diese betreffen zunächst die rechtliche Bewertung der Sachverhalte. Zweifelhaft ist etwa, ob die Rechtsprechung sich für eine Abweichung vom Standardfall der fremdnützigen Tätigkeit und des freiwilligen Vermögensopfers bei der GoA bereit zeigt. Bei § 822 liegt der entscheidende Stolperstein bei der gerichtlichen Akzeptanz eines Ausfalls des Primärschuldners aus tatsächlichen Gründen. Und im Rahmen von § 823 Abs. 1 BGB sind Verkehrssicherungspflichten der importierenden Unternehmen zwar gut begründbar, es handelt sich jedoch um eine bislang nicht durch die Gerichte anerkannte neue Fallgruppe.

Maßgeblich wird in der Praxis darüber hinaus die Beweislage sein. Sehr schwer dürfte vor allem der Nachweis der verschiedenen Lieferbeziehungen einschließlich ihrer konkreten Ausgestaltung fallen. Welche Einflussmöglichkeiten des deutschen Handelsunternehmens bestehen im Einzelfall? Welche Kontrollmechanismen wurden etabliert und inwieweit waren bestimmte Menschenrechtsbeeinträchtigungen vorhersehbar und beeinflussbar? All dies sind tatsächliche Fragestellungen, deren Aufklärung sich angesichts der internationalen Sachverhalte schwierig gestaltet.

Zu beachten ist schließlich die regelmäßige Verjährungsfrist von drei Jahren ab dem Zeitpunkt, ab dem der Gläubiger von den anspruchsbegründenden Umständen sowie der Person des Schuldners Kenntnis erlangt oder ohne grobe Fahrlässigkeit erlangen musste.[913]

## 4. Exkurs: Das Wettbewerbsrecht als Ausweg?

Das in Deutschland maßgeblich durch das Gesetz gegen den unlauteren Wettbewerb (UWG) geregelte Wettbewerbsrecht zielt darauf ab, bestimmte Handlungen von Unternehmen im Wettbewerb, die als unlauter eingestuft werden, zum Schutz der Allgemeinheit, der Mitbewerber und der Verbraucher zu verhindern.[914]

welche außerhalb des Schadensersatzrechts keine Grundlagen im deutschen Recht für die Inanspruchnahme von Zulieferern sehen.

913 §§ 195, 199 BGB.

914 *Emmerich*, Unlauterer Wettbewerb, § 1 Rz. 2.

Auch wenn das Wettbewerbsrecht keine Haftungsansprüche für die Opfer von Menschenrechtsbeeinträchtigungen bereithält, hat es das Potential, einige andere der mit der zivilrechtlichen Geltendmachung bezweckten Ziele zu erfüllen – etwa eine künftige Verhaltensänderung des verklagten Unternehmens sowie die Schaffung von Publizität.[915] Einige versprechen sich durch das Wettbewerbsrecht sogar, dass eigentlich sanktionslose Codes of Conduct mittelbar verbindlich werden, da Unternehmen, die sich öffentlich hierauf berufen und sie nicht einhalten, abgemahnt werden können.[916]

Als mögliche „Auffanglösungen" werden nachfolgend daher zwei Fälle wettbewerbsrechtlicher Klagen skizziert, die sich mit der Beeinträchtigung von Menschenrechten durch ausländische Zulieferer deutscher Unternehmen beschäftigen.[917] Während ersterer, im Jahr 1980 entschiedener, Fall noch eine auf tatsächliche wirtschaftliche Nachteile gerichtete Konkurrentenklage betraf, kann die zweite, durch eine Verbraucherzentrale initiierte, Klage als rein strategische Prozessführung angesehen werden. Bemerkenswert ist insbesondere die Verschiebung des Schwerpunkts des Vorwurfs – weg von einer Konzentration auf die Sittenwidrigkeit des Imports selbst hin zur Täuschung der betroffenen Verbraucher über die Einhaltung von Sozialstandards.

Vorangestellt sei eine kurze Zusammenfassung der für die Beurteilung menschenrechtsbeeinträchtigender Zulieferbeziehungen nach aktueller Rechtslage in Betracht kommenden Rechtsvorschriften: Dies sind insbesondere die Tatbestände

---

915 Auch in anderen Ländern wurde das Wettbewerbsrecht bereits als Mittel zur Begegnung menschenrechtsbeeinträchtigender Zulieferbeziehungen genutzt. Im Jahr 2003 wurde beispielsweise in Kalifornien eine Klage wegen „misleading advertisements" gegen Nike erhoben, vgl. zu diesem Fall *Joseph*, Corporations and Transnational Human Rights Litigation, S. 101 ff.

916 Zu beachten ist gleichwohl, dass ein grundsätzlich erforderlicher produktbezogener Nachweis teils schwierig zu führen sein wird, da zumeist ein „Ensemble sozialer Verhältnisse" betroffen ist, vgl. *Derleder*, Die Verletzung von Menschenrechten bei der Warenproduktion und das deutsche Wettbewerbsrecht in: *Amnesty International (Hrsg.)*, Dokumentation des Fachgesprächs: Wirtschaft und Menschenrechte in einer globalisierten Welt, S. 25. Abrufbar unter http://www.cora-netz.de/wp-content/uploads/fachgesprach-dokumentation.pdf (zuletzt abgerufen am 12.01.2013).

917 In diesem Zusammenhang interessant ist auch das Urteil des LG Stuttgart, welches entschied, dass der Verbraucher bei einer Werbung mit dem Gütesiegel „Wir unterstützen keine Kinderarbeit" erwartet, dass dies durch geeignete Kontrollmaßnahmen sichergestellt wird, und daher die Verwendung eines solchen Logos im Falle fehlender Nachprüfungen irreführend ist, vgl. LG Stuttgart, Urteil vom 12. April 2006 – 42 O 8/06, WRP 2006, S. 1156.

Nr. 1 bis 3 in Anhang III zu § 3 Abs. 3 sowie die Bestimmungen des § 5 Nr. 1, 3 und 6 UWG.

## a. Maßgebliche Vorschriften des UWG

Das UWG wurde im Jahr 2008 auf Grundlage der europäischen Richtlinie über unlautere Geschäftspraktiken (UGP)[918] reformiert. Unter anderem wurde im Anhang zu § 3 Abs. 3 UWG ein Katalog von 30 Tatbeständen unlauteren Verhaltens aufgenommen, von denen zwar keiner direkt die Einhaltung menschenrechtsrelevanter Standards betrifft, jedoch in den Nr. 1 bis 3 Regelungen enthält, die aufgrund der Verbreitung von Verhaltenskodizes im Arbeits- und Sozialbereich für die zu begutachtenden Fälle relevant werden können.[919] Unzulässig sind danach *„die unwahre Angabe eines Unternehmers, zu den Unterzeichnern eines Verhaltenskodexes zu gehören“* (Nr. 1), *„die Verwendung von Gütezeichen, Qualitätskennzeichen oder Ähnlichem ohne die erforderliche Genehmigung“* (Nr. 2) sowie *„die unwahre Angabe, ein Verhaltenskodex sei von einer öffentlichen oder anderen Stelle gebilligt“* (Nr. 3). Entsprechend der Legaldefinition des § 2 Abs. 1 Nr. 5 sind unter Verhaltenskodex *„Vereinbarungen oder Vorschriften über das Verhalten von Unternehmern, zu welchem diese sich in Bezug auf Wirtschaftszweige oder einzelne geschäftliche Handlungen verpflichtet haben, ohne dass sich solche Verpflichtungen aus Gesetzes- oder Verwaltungsvorschriften ergeben“* zu verstehen. Zu beachten ist, dass die im Anhang bezeichneten Verhaltensweisen gegenüber Verbrauchern nach § 3 Abs. 3 stets unzulässig sind, ohne dass eine weitere Relevanzprüfung erfolgt.[920]

§ 5 Abs. 1 S. 1 UWG stellt fest, dass unlauter handelt *„wer eine irreführende geschäftliche Handlung vornimmt.“* Eine geschäftliche Handlung wird entsprechend Abs. 1 S. 2 dann als irreführend angesehen, *„wenn sie unwahre Angaben enthält oder sonstige zur Täuschung geeignete Angaben“* über einen Katalog bestimmter Umstände beinhaltet. Zu diesen Umständen gehören unter anderem *„die wesentlichen Merkmale der Ware […]“* (Nr. 1), *„die Person, Eigenschaften oder Rechte des Unternehmers“*

918 UGP-RL 2005/29/EG vom 11.05.2005, ABlEU Nr. L 149.

919 Vgl. *Derleder*, Die Verletzung von Menschenrechten bei der Warenproduktion und das deutsche Wettbewerbsrecht, in: *Amnesty International (Hrsg.)*, Dokumentation des Fachgesprächs: Wirtschaft und Menschenrechte in einer globalisierten Welt S. 23. Abrufbar unter http://www.cora-netz.de/wp-content/uploads/fachgesprach-dokumentation.pdf (zuletzt abgerufen am 12.01.2013).

920 *Piper/Ohly/Sosnitza*, UWG, Anhang zu § 3 Abs. 3 Rz. 2 f.

(Nr. 3) sowie *„die Einhaltung eines Verhaltenskodexes, auf den sich der Unternehmer verbindlich verpflichtet hat, wenn er auf diese Bindung hinweist"* (Nr. 6).

Eine Angabe wird im Rahmen von § 5 schon dann als irreführend angesehen, *„wenn sie auf die angesprochenen Verkehrskreise die Wirkung einer unrichtigen Angabe ausübt."*[921] Es genügt die konkrete Gefahr einer Irreführung,[922] diese muss dann jedoch auch geschäftlich relevant sein.[923]

Zu den Eigenschaften eines Produktes im Sinne von § 5 Abs. 1 zählen beispielsweise Hinweise auf dessen Umwelt- und Sozialverträglichkeit sowie auf die Förderung altruistischer Zwecke.[924] Entsprechend der Vorgaben der UGP-Richtlinie verbietet § 5 Abs. 1 S. 2 Nr. 6 nicht jeden Verstoß gegen einen Verhaltenskodex. Eine Irreführung verlangt vielmehr, dass der Gewerbetreibende werbend darauf hinweist, an einen bestimmten Verhaltenskodex gebunden zu sein und sich dennoch nicht an dessen eindeutige Verpflichtungen hält.[925]

## b. „Asbestimporte"

Im Jahr 1980 hatte der Bundesgerichtshof zu entscheiden, ob der Vertrieb importierter Asbestwaren, die im Ausland ohne Beachtung von Sicherheitsvorkehrungen zum Schutz der Gesundheit der Arbeiter hergestellt wurden, wettbewerbswidrig ist.[926]

Der Vortrag der Parteien in diesem Fall liest sich wie ein Lehrstück über das Für und Wider der prozessualen Verfolgung deutscher Unternehmen für Handlungen ihrer Zulieferer im Ausland, sodass nachfolgend der Wortlaut zu diesem Themenkomplex weitgehend unverändert dargestellt wird:

Die Klägerin sah einen Wettbewerbsverstoß insbesondere darin begründet, *„daß die Beklagte Asbesterzeugnisse, die in Südkorea unter lebensgefährdenden und gesundheitsgefährdenden Bedingungen hergestellt werden, in die Bundesrepublik importiert und zu Preisen anbietet, die [...]* für die he*imische Asbestindustrie nicht einmal kostendeckend sind [Dies] verstoße gegen Grundanforderungen jeder*

921 Urteil des BGH vom 11. Mai 1954–I ZR 178/52, BGHZ 13, 244, 253.

922 *Piper/Ohly/Sosnitza*, UWG, § 5 Rz. 13.

923 Vgl. *Köhler/Bornkamm*, UWG, § 5 Rz. 220.

924 Ebenda, § 5 Rz. 4.170 ff.

925 Vgl. *Köhler/Bornkamm*, UWG, § 5 Rz. 5.164.

926 Urteil des BGH vom 9. Mai 1980 – I ZR 76/78, GRUR 1980 S. 858 ff. Zum damaligen Zeitpunkt galt noch das Vorgänger-UWG, welches erst 2004 durch ein neues Gesetz ersetzt wurde, vgl. hierzu *Emmerich*, Unlauterer Wettbewerb, § 1 Rz. 10 ff.

*sittlichen Ordnung.“*[927] Da nach dem Übereinkommen Nr. 139 der ILO vom 24. Juni 1974 bestimmte Mindestanforderungen bei der Asbestherstellung zwingend einzuhalten seien, gehe es *„keineswegs darum, spezifische deutsche kulturelle und soziale Wertvorstellungen auf die Lebensverhältnisse in Südkorea zu übertragen.“*[928] Zumindest aber treffe die Beklagte eine Hinweispflicht über die Umstände der Produktion, da *„ein nicht unerheblicher Teil der einschlägigen Verkehrskreise [...] es ablehnen [würde], eine Ware zu kaufen, wenn er wüßte, daß sie unter gesundheitsgefährdenden und lebensgefährdenden Umständen hergestellt worden sei. [Anderenfalls] täusche die Beklagte den Verkehr über Eigenschaften der von ihr angebotenen Asbesterzeugnisse und verstoße damit auch gegen § 3 UWG.“*[929]

Die Beklagte trug dagegen vor, dass es nicht zu beanstanden sei, wenn sie die preisgünstigste der auf dem Weltmarkt angebotenen Waren einkaufe. *„Die Herstellung der Asbestware in Südkorea vollziehe sich vollkommen legal*[930] *und unter Beachtung der dort herrschenden Vorschriften, Sitten und Gepflogenheiten [...] es dürfe nicht übersehen werden, daß in Südkorea andere Vorstellungen über Arbeitsbedingungen und Gesundheitsschutz am Arbeitsplatz herrschten als in den westlichen Industriestaaten, was darauf beruhe, daß in Ländern wie Südkorea der Arbeitsplatz zur Existenzerhaltung der Menschen noch wichtiger sei als Schutzvorschriften, die angesichts der dortigen Verhältnisse wirtschaftlich nicht tragbar seien und die Arbeitsplätze gefährdeten.“* Auch den Vorwurf irreführender Angaben wies sie von sich: *„Dem Abnehmer komme es auf Qualität und Preis der Ware an. Die Kenntnis der Umstände der Herstellung oder der Produktionsbedingungen sei für ihn dabei nicht von Bedeutung.“*[931]

Der Bundesgerichtshof lehnte im Ergebnis Wettbewerbsverstöße sowohl nach § 1 UWG als auch nach § 3 UWG ab. Die Gründe hierfür dürften jedoch mehr in dem konkret verwirklichten Sachverhalt (dieser *„gab dafür nicht genügend her“*[932]) als in einer generellen Ablehnung der Wettbewerbsrelevanz von Menschenrechtsbeeinträchtigungen liegen. So hat der Bundesgerichtshof durchaus anerkannt, dass es für die Beurteilung der Klageansprüche darauf ankomme, *„daß durch die Arbeitsbedingungen bei der Herstellung von Asbesterzeugnissen [...] sittliche*

927 Ebenda, S. 858.

928 Ebenda.

929 Ebenda, S. 859.

930 Dies traf tatsächlich zu: Die lokalen Produktionsunternehmen verstießen weder gegen nationales Recht, noch war die betreffende ILO-Konvention durch Südkorea unterzeichnet worden.

931 Ebenda, S. 859.

932 Anmerkung zum Urteil *Oppenhoff*, GRUR 1980 S. 861.

*Grundanforderungen, die an jede menschliche und staatliche Ordnung zu richten sind, in so starkem Maße verletzt werden, daß auch der Handel mit derartigen Produkten guten kaufmännischen Sitten widerspricht.“*[933]

Im zu beurteilenden Fall jedoch sei der betroffene Staat dem maßgeblichen ILO-Übereinkommen nicht beigetreten und dessen Inhalte könnten auch nicht *„ohne weiteres als Allgemeingut aller Länder und Völker und als Ausdruck einer weltweit gültigen Grundeinstellung angesehen werden.“*[934] (Beispielsweise gelte das Übereinkommen lediglich in 15 der weit über 100 Mitgliedstaaten der ILO und auch in Deutschland sei dieses erst kürzlich in Kraft getreten).

Ernüchternd fällt die Einschätzung des Bundesgerichtshofs zur damaligen Verbrauchersicht aus: Dieser erwarte maßgeblich Sachangaben, aus denen sich der wirtschaftliche Wert der Sache ergebe. Es entspreche der Lebenserfahrung, dass *„gerade bei Erzeugnissen aus Entwicklungsländern kein Anhalt für die Annahme bestehe, dass die Arbeitsbedingungen für die Wertschätzung der Ware und den Kaufentschluß von wesentlicher Bedeutung seien.“*[935]

## c. Klage gegen Lidl

Am 6. April 2010 erhob die Verbraucherzentrale Hamburg – auf Initiative und unterstützt durch das European Center for Constitutional and Human Rights (ECCHR) und die Kampagne für Saubere Kleidung (CCC) – Klage vor dem Landgericht Heilbronn gegen die Lidl Dienstleistung GmbH & Co KG.[936]

Hintergrund der Klage waren Untersuchungen in Zulieferbetrieben von Lidl in Bangladesh, welche unter anderem exzessive Arbeitszeiten, Lohnabzüge als Strafmaßnahmen, Verhinderung von Gewerkschaftsarbeit und die Diskriminierung von Frauen ergaben.[937]

Diese Feststellungen stünden im Gegensatz zu der von der Beklagten betriebenen Image- und Produktwerbung auf der Internetseite sowie in Werbeprospekten,

---

933 Urteil des BGH vom 9. Mai 1980 – I ZR 76/78, GRUR 1980 S. 858, 860.

934 Ebenda, S. 860 f.

935 Ebenda, S. 861.

936 Die Klageschrift zu dem Verfahren mit dem Aktenzeichen V 2103–10 ist abrufbar unter http://www.sauberekleidung.de/2011_alte-ccc-d-website/downloads/2010–04–08_Lidl_Klage.pdf (zuletzt abgerufen am 12.01.2013).

937 Zu einer ausführlichen Darstellung der festgestellten Arbeitsbedingungen vgl. *Burckhardt (Hrsg.)*, Die Schönfärberei der Discounter – Klage gegen Lidl's irreführende Werbung, S. 7 ff. Abrufbar unter: http://www.saubere-kleidung.de/2011_alte-ccc-d-website/downloads/2010–04–08_Studie_Klage-gegen-Lidl.pdf (zuletzt abgerufen am 12.01.2013).

die zum Beispiel folgende Aussagen über das Engagement von Lidl und die Arbeitsbedingungen in den Zulieferbetrieben beinhalteten:

*„Wussten Sie schon? Programm für Sozialstandards. Lidl setzt sich für sozialverträgliche Produktionsbedingungen ein. Lidl trat als erster Discounter dem Europäischen Programm für Sozialstandards (BSCI) bei. [...] Auf diese Weise leistet Lidl einen großen Beitrag zur nachhaltigen Verbesserung der Arbeitsbedingungen in der weltweiten Lieferkette.“*[938]

*„Wir bei Lidl vergeben [...] unsere Non-Food-Aufträge nur an ausgewählte Lieferanten und Produzenten, die bereit sind und nachweisen können, soziale Verantwortung aktiv zu übernehmen. [...] Wir lehnen grundsätzlich jegliche Form von Kinderarbeit oder Menschen- und Arbeitsrechtsverletzungen in den Produktionsstätten unserer Waren ab. Wir sichern diese Standards nachhaltig, indem wir mehr als 7.500 Herstellerprüfungen durch unabhängige und externe Prüfinstitute durchführen lassen.“*[939]

Der Beklagten wurde in der Klage ein Verstoß gegen § 5 Abs. 1 Nr. 1 UWG vorgeworfen: *„In der Behauptung, dass in den Zulieferbetrieben der Beklagten die sozialen Standards eingehalten werden [liege] eine Täuschung über wesentliche Eigenschaften der dort hergestellten und von der Beklagten hier vertriebenen Produkte.“*[940] Zudem täusche die Beklagte auch über Eigenschaften des Unternehmens im Sinne von § 5 Abs. 1 Nr. 3 UWG: Die Selbstdarstellung des Unternehmens, welche die Erklärung beinhaltet, *„einen großen Beitrag zur nachhaltigen Verbesserung der Arbeitsbedingungen zu leisten [und...] Nonfoodaufträge nur an ausgewählte Lieferanten und Produzenten zu vergeben, die bereit sind und nachweisen können, soziale Verantwortung aktiv zu übernehmen“*[941] widerspreche den tatsächlichen Verhältnissen in den untersuchten Betrieben. Schließlich sei auch der Verweis der Beklagten auf eine BSCI-Mitgliedschaft geeignet, den Verbraucher zu täuschen. Die Verwendung des BSCI-Labels sowie die Behauptung, Lidl setze sich als BSCI-Mitglied für sozialverträgliche Produktionsbedingungen ein, erwecke beim Verbraucher den Eindruck, es bestünde eine eigene Verpflichtung der Beklagten, die Einhaltung des BSCI-Kodexes zu garantieren.[942]

---

938 Klageschrift vom 6. April 2010 – V 2103-10 Ziff. 2.1. Abrufbar unter http://www.sauberekleidung.de/2011_alte-ccc-d-website/downloads/2010–04–08_Lidl_Klage.pdf (zuletzt abgerufen am 12.01.2013).

939 Ebenda, Ziff. 2.2.

940 Ebenda, Ziff. 4.1.

941 Ebenda, Ziff. 4.1.

942 Ebenda Ziff. 4.2.

Bereits zehn Tage nach Klageerhebung gab Lidl eine Unterlassungserklärung ab, in welcher Lidl erklärte „*künftig den Verbrauchern nicht mehr zu suggerieren, dass die Mitgliedschaft in der Business Social Compliance Initiative zur Einhaltung von Sozialstandards verbindlich verpflichte und Lidl dieser Verpflichtung auch tatsächlich nachkomme.*“[943] Dies wurde von den Initiatoren in der Weise gewertet, dass „*Lidl die in der Klage gemachten Vorwürfe faktisch zugegeben*“[944] habe. Das durch die Klage bewirkte beachtliche Presseecho ist bemerkenswert.[945] Das Ziel der Initiatoren, „*das systemische Problem der unmenschlichen Arbeitsbedingungen in den globalen Zulieferketten exemplarisch aufzuzeigen und zu skandalisieren*“[946] kann insoweit durchaus als erreicht angesehen werden, zumal sich die Berichterstattung nicht in der Darstellung der konkret bei Lidl festgestellten Zustände erschöpfte, sondern vielmehr auf die generelle Problematik in diesem Bereich hinwies.[947]

---

943 ECCHR, Pressemitteilung Schneller Juristischer Erfolg der Klage gegen Lidl, S. 4. Abrufbar unter: http://www.ecchr.de/index.php/lidl-klage/articles/lidl-muss-werbung-zurueckziehen.620.html (zuletzt abgerufen am 12.01.2013).

944 Ebenda, S. 1.

945 Vgl. den Pressespiegel des ECCHR zur Lidl Klage vom 7.–9. April 2010. Abrufbar unter http://www.ecchr.eu/lidl-klage/articles/fairer-wettbewerb-verbraucherklage-fuer-faire-arbeitsbedingungen-in-suedostasien.html (zuletzt abgerufen am 12.01.2013).

946 *Müller-Hoff/Saage-Maaß*, Hintergrundbericht des ECCHR zur Lidl Klage, S. 6. Abrufbar unter http://www.ecchr.eu/lidl-klage/articles/fairer-wettbewerb-verbraucherklage-fuer-faire-arbeitsbedingungen-in-suedostasien.html (zuletzt abgerufen am 12.01.2013).

947 Vgl. etwa den am 8. April 2010 durch Zeit Online veröffentlichten Artikel „Dumping-Löhne in Fernost – Verbraucherschützer werfen Lidl Kundentäuschung vor“, welcher über vergleichbare Zustände bei KIK hinwies. Abrufbar unter http://www.zeit.de/wirtschaft/unternehmen/2010-04/lidl-klage-dumpinglohn (zuletzt abgerufen am 12.01. 2013).

# VI. Gerichtliche Geltendmachung in Deutschland

Die Haftbarkeit deutscher Unternehmen für Menschenrechtsbeeinträchtigungen ihrer Zulieferer aus Entwicklungs- und Schwellenländern soll im Rahmen dieser Arbeit nicht nur nach deutschem Zivilrecht beurteilt werden; Ziel ist es vielmehr, ebenfalls zu prüfen, ob solche Ansprüche überhaupt vor deutschen Gerichten und nach deutschem Recht geltend gemacht werden können.

Angesichts der harmonisierenden Zuständigkeitsregelung Verordnung (EG) Nr. 44/2001 des Rates vom 22. Dezember 2000 über die gerichtliche Zuständigkeit sowie die Anerkennung und Vollstreckung von Entscheidungen in Zivil- und Handelssachen (EuGVO)[948], der am 11. Januar 2009 in Kraft getretenen Verordnung (EG) Nr. 864/2007 des Europäischen Parlaments und des Rates vom 11. Juli 2007 über das auf außervertragliche Schuldverhältnisse anzuwendende Recht (ROM II-VO) sowie der seit dem 17. Dezember 2009 geltenden Verordnung (EG) Nr. 593/2008 des Europäischen Parlaments und des Rates vom 17. Juni 2008 über das auf vertragliche Schuldverhältnisse anzuwendende Recht (ROM I-VO) wird deutlich, dass ein Großteil der für eine Haftbarmachung auftretenden Fragen heute eine europäische Dimension hat. Sowohl die Frage der internationalen Zuständigkeit eines angerufenen Gerichts als auch die Klärung des anwendbaren Rechts unterliegen grundsätzlich einheitlichen europäischen Vorschriften.

Nachfolgend soll für die Fälle der chinesischen Zwangsarbeiter untersucht werden, ob diese ihre Ansprüche vor deutschen Gerichten geltend machen können (dazu VI.1.) und ob diese dann nach deutschem Recht zu beurteilen sind (dazu VI.2.).

---

948 Diese wird auch als EuGVVO oder Brüssel-I-VO bezeichnet.

# 1. Zuständigkeit

## a. Internationale Entscheidungszuständigkeit

Die internationale Entscheidungszuständigkeit betrifft die Frage, *„wann die eigenen Gerichte einen Rechtsstreit mit Beziehungen zu einem anderen Staatsgebiet entscheiden dürfen bzw. müssen."*[949]

Im Anwendungsbereich der EuGVO richtet sich die internationale Zuständigkeit in Zivil- und Handelssachen nach deren Art. 2 ff.; nur bei ihrer Unanwendbarkeit ist in Deutschland auf die Zuständigkeitsvorschriften der §§ 12 ff. ZPO zurückzugreifen.[950] In diesem Fall indiziert die örtliche Zuständigkeit die internationale Zuständigkeit in der Weise, dass diese *„in ihren Voraussetzungen miteinander verknüpft"* sind[951]. Die deutschen Gerichtstandsvorschriften sind mithin grundsätzlich *„doppelfunktional."*[952]

### aa. Anwendbarkeit der EuGVO

Maßgeblich für die sachliche Anwendbarkeit der EuGVO ist entsprechend ihres Art. 1 Abs. 1 S. 1, dass eine Zivil- und Handelssache zu entscheiden ist. Zweifel hieran könnten allenfalls deswegen bestehen, als es sich um die Geltendmachung von Ansprüchen wegen der Beeinträchtigung von Menschenrechten handelt. Die Menschenrechte sind jedoch allein Anlass der Rechtsverfolgung und ändern nichts daran, dass es um originär zivilrechtliche Ansprüche geht, welche mit der Klage geltend gemacht werden sollen, sodass die EuGVO unproblematisch sachlich anwendbar ist.

Der persönliche Anwendungsbereich der EuGVO ist eröffnet, sofern der Beklagte seinen Wohnsitz in einem Mitgliedstaat hat. Unerheblich ist demgegenüber grundsätzlich, wo der Wohnsitz des Klägers liegt: Dieser kann auch

---

949 *Von Hoffmann/Thorn*, Internationales Privatrecht, § 3 Rz. 31. Demgegenüber regelt die örtliche Zuständigkeit allein die innerstaatliche räumliche Aufgabenteilung, Rz. 32.

950 Vgl. *Kropholler*, Internationales Privatrecht, S. 614.

951 *Von Hoffmann/Thorn*, Internationales Privatrecht, § 3 Rz. 38.

952 *Zöller/Geimer*, IZPR Rz. 37.

in einem Drittland ansässig sein.[953] Die Nationalität der Parteien ist für die Anwendbarkeit der EuGVO ebenfalls ohne Belang.[954]

Gemäß Art. 60 Abs. 1 EuGVO haben Gesellschaften und juristische Personen *„für die Anwendung dieser Verordnung ihren Wohnsitz an dem Ort, an dem sich a) ihr satzungsmäßiger Sitz, b) ihre Hauptverwaltung oder c) ihre Hauptniederlassung befindet.“* Die drei Anknüpfungsmomente sind alternativ für die Bestimmung des Wohnsitzes heranzuziehen,[955] sodass schon dann eine persönliche Anwendbarkeit gegeben ist, wenn eine der Zuordnungen für ein Unternehmen einschlägig ist.

Im Rahmen der vorliegenden Arbeit werden deutsche Unternehmen als solche definiert, die ihren effektiven Verwaltungssitz in Deutschland haben.[956] Damit ist Anknüpfungsmoment lit b) verwirklicht und mithin auch eine persönliche Anwendbarkeit anzunehmen, ohne dass es sich auswirkt, dass die Kläger in China wohnhaft sind.

Streitig ist, ob über den Wortlaut des Art. 2 Abs. 1 EuGVO hinaus weiter zu fordern ist, dass ein Bezug zu einem weiteren Vertragsstaat besteht, oder ob es ausreicht, dass lediglich ein grenzüberschreitender Sachverhalt verwirklicht ist – unabhängig davon, ob dieser sich auf einen weiteren Mitgliedstaat oder einen Drittstaat bezieht. Der EUGH – im Einklang mit der herrschenden Lehre – spricht sich eindeutig für letztere Variante aus.[957]

Hier geht es um Rechtsstreitigkeiten zwischen deutschen Unternehmen als Beklagten und chinesischen Klägern wegen deren Arbeitsbedingungen in China. Auch ein grenzüberschreitendes Element ist damit verwirklicht.[958]

---

953 Vgl. Urteil des EuGH vom 13. Juli 2000 – C-412/98 – Group Josi/UGIC, Nr. 57, NJW 2000, S. 3121, 3122; sowie *Kropholler/von Hein*, Europäisches Zivilprozessrecht, vor Art. 2 EuGVO Rz. 9; Ausnahmen bestehen dort, wo die EuGVO den Wohnsitz des Klägers in einem Mitgliedstaat ausdrücklich vorschreibt (so in Art. 5 Nr. 2, 9 I lit. b, 16 I).

954 Vgl. Urteil des EuGH vom 13. Juli 2000 – C-412/98 – Group Josi, Nr. 54, NJW 2000, S. 3121, 3122; Demgegenüber finden die Zuständigkeitsregeln der EUGVO im Verhältnis zu Beklagten, die ihren Wohnsitz nicht in einem EU-Mitgliedstaat haben (mit Ausnahme der Art. 22, 23 EUGVO) keine Anwendung. Hier gilt für die Bestimmung der internationalen Zuständigkeit die lex fori des angerufenen Gerichts (vgl. Art. 4 Abs. 1 EUGVO).

955 *Kropholler/von Hein*, Europäisches Zivilprozessrecht, Art. 60 EuGVO Rz. 2.

956 Vgl. Teil II.1.d.bb.

957 Vgl. zum Beispiel Urteil des EuGH vom 1. März 2005 – C-281/02 – Owusu ./. Jackson u.a; IPRax 2005, S. 244, 246 f., Nr. 24–35; sowie *Rauscher/Mankowski*, EuZPR/EuIPR, Vorbemerkung Art. 2 Brüssel I-VO Rz. 11 m. w. N.

958 Für die hier behandelten Fallgestaltungen ist nicht denkbar, dass die EuGVO unanwendbar ist. Auf eine Feststellung der Zuständigkeit nach den Vorschriften der ZPO wird daher verzichtet.

### bb. Gerichtsstände

Es sind drei Gruppen von Gerichtsständen zu unterscheiden: allgemeine, ausschließliche und besondere. Während der allgemeine Gerichtsstand am Wohnsitz grundsätzlich für alle Ansprüche offen steht, für die keine anderweitige ausschließliche Zuständigkeit gegeben ist, ergänzen die besonderen Gerichtsstände als optionale Gerichtsstände den allgemeinen Gerichtsstand. Ausschließliche Gerichtsstände verdrängen demgegenüber alle anderen – allgemeinen oder besonderen – Gerichtsstände.[959]

Art. 2 Abs. 1 EuGVO, welcher dem Grundsatz *„actor sequitur forum rei"* folgt, legt für den allgemeinen Gerichtsstand eine Wohnsitzanknüpfung fest,[960] für die dann wiederum die Bestimmung des Sitzes nach Art. 60 EuGVO maßgeblich ist.

Wie bereits bei der Prüfung der Anwendbarkeit der EuGVO ausgeführt, sind Gegenstand der vorliegenden Prüfung ausschließlich Unternehmen, die ihren Verwaltungssitz in Deutschland haben. Dementsprechend haben sie ihren allgemeinen Gerichtsstand stets in Deutschland, sodass die Begründung der Zuständigkeit keinerlei Probleme bereitet.[961]

Der Vollständigkeit halber sei zur Möglichkeit der Begründung besonderer Gerichtsstände für deutsche Handelsunternehmen Folgendes ergänzt:

Nach Art. 5 Nr. 3 EuGVO kann im Falle einer unerlaubten Handlung der Beklagte auch vor dem Gericht des Ortes in Anspruch genommen werden, *„an dem das schädigende Ereignis eingetreten ist."* Menschenrechtsbeeinträchtigungen unterfallen dem weitem Begriff dieser Vorschrift, welche lediglich das Vorliegen von Haftungs- oder Unterlassungsansprüchen nicht-vertraglichen Charakters verlangt.[962] Der EuGH legt Art. 5 Nr. 3 in der Weise aus, dass er sowohl den Ort erfasst, an dem der Schaden selbst eingetreten ist als auch *„den Ort des ursächlichen Geschehens."*[963] Hieraus wird zum Teil gefolgert, dass Ansprüche wegen

959 *Rauscher/Mankowski*, EuZPR/EuIPR, Vorbemerkung Art. 2 Brüssel I-VO Rz. 2.

960 Ebenda, Art. 2 Brüssel I-VO Rz. 1 f.

961 Ebenso für diese Fallkonstellation, jedoch unter Abstellen auf den satzungsmäßigen Sitz, *Grabosch*, Prospects of Legal Redress for Victims of Corporate Human Rights Violations in a Globalised World, *in: Boulle (Hrsg.)*, Globalisation and Governance, S. 165.

962 *Mankowski*, Gerichtsbarkeit und internationale Zuständigkeit deutscher Zivilgerichte bei Menschenrechtsverletzungen, in: *von Hoffmann (Hrsg.)*, Universalität der Menschenrechte, S. 167, 177.

963 Urteil des EUGH vom 27. Oktober 1998 – Rs C-51/97 Réunion européenne SA u. a./. Spliethoff's Bevrachtingskantoor BV, IPRax 2000, S. 210, 213.

Menschenrechtsbeeinträchtigungen, die in Geschäftsführungs- beziehungsweise Vorstandsentscheidungen wurzeln, auch am Ort der Entscheidungsfindung selbst geltend gemacht werden können.[964] Es soll dem Umstand Rechnung getragen werden, dass Schreibtischvorgänge, beispielsweise auch die Entscheidung, eine Menschenrechtsbeeinträchtigung auszunutzen, eine Kette in Gang setzen können, die letztendlich zu einer Menschenrechtsbeeinträchtigung im Ausland führt.[965]

Art. 6 Nr. 1 sieht vor, dass sofern *„mehrere Personen zusammen verklagt werden"* und *„zwischen den Klagen eine so enge Beziehung gegeben ist, dass eine gemeinsame Verhandlung und Entscheidung geboten erscheint"*, jede dieser Personen am Wohnsitz eines der Beklagten verklagt werden kann. Diese Vorschrift kann im Zusammenhang mit den hier betrachteten Fällen Bedeutung erlangen, weil nicht selten mehrere europäische Unternehmen gemeinsame Lieferbeziehungen zu ausländischen Zulieferern unterhalten. Unter Umständen ermöglicht Art. 6 Nr. 1 es dann, eine Klage auch gegen diejenigen Unternehmen in Deutschland zu führen, die Ihren Sitz in einem anderen Mitgliedstaat haben.

### cc. Eingreifen des „forum non conveniens"?

Eine Zuständigkeit wäre nur dann zu verneinen, wenn die beklagten Unternehmen mit der Einrede des „forum non conveniens" durchdringen.[966] Diese Rechtsfigur ermöglicht es Gerichten, eine eigentlich gegebene Zuständigkeit nicht auszuüben, weil die Streitsache im Einzelfall *„vor einem anderen Gericht deutlich besser aufgehoben wäre."*[967] Unter den vielen Faktoren, die für die Beurteilung der Geeignetheit des Gerichts herangezogen werden, ist maßgeblich die Sach- und Beweisnähe (und hiermit verbunden insbesondere die Erreichbarkeit und Verständlichkeit ausländischer Zeugen) zu nennen, aber auch öffentliche Interessen,

---

964 *De Schutter*, The Accountability of Multinationals for Human Rights Violations in European Law, in: *Alston (Hrsg.)*, Non-State Actors and Human Rights, S. 227, 264.

965 *Mankowski*, Gerichtsbarkeit und internationale Zuständigkeit deutscher Zivilgerichte bei Menschenrechtsverletzungen, in: *von Hoffmann (Hrsg.)*, Universalität der Menschenrechte, S. 167, 178.

966 Dagegen bestehen bei unternehmensbezogenen Klagen keinerlei Immunitätsbedenken. Dies ändert sich auch in den Fällen nicht, in denen maßgeblicher Verantwortlicher für die Menschenrechtsbeeinträchtigungen der Staat ist, solange dieser nicht Partei des Verfahrens wird. (Vgl. hierzu auch die Zusammenfassung des "Jerusalem tramway case", fidh, Corporate Accountability for Human Rights Abuses, S. 213 f. Abrufbar unter http://www.unhcr.org/refworld/pdfid/4c3d5ff62.pdf (zuletzt abgerufen am 12.01.2013)).

967 *Schack*, Internationales Zivilverfahrensrecht, Rz. 560.

wie die Belastung der Steuerzahler mit den Prozesskosten und die Ressourcen der Gerichte, spielen neben dem Wohnsitz der Parteien, den Vollstreckungsmöglichkeiten und der Verfahrensdauer eine Rolle.[968]

Noch im Jahr 2000 hat das House of Lords im Lubbe-Fall seine Zuständigkeit eingehend unter Zugrundelegung von Zweckmäßigkeitserwägungen geprüft.[969] Gegenstand des Verfahrens war eine Klage südafrikanischer Arbeiter gegen die englische Mutter eines südafrikanischen Unternehmens wegen Gesundheitsschädigungen, die sie aufgrund von Asbestexposition bei der Arbeit in Südafrika erlitten hatten. Dass sich die englischen Gerichte im Ergebnis für zuständig erkannten, wurde nicht etwa mit einem bloßen Verweis auf die maßgeblichen europäischen Zuständigkeitsregeln begründet; entscheidend war vielmehr, dass im konkreten Fall Südafrika nicht als geeigneteres Forum gewertet wurde, da hier unter anderem nicht die Möglichkeit von Prozesskostenhilfe bestand, der Zugang zu Quellen der Konzernmutter an deren Sitz für aussichtsreicher galt und die südafrikanischen Gerichte als unerfahren in der Behandlung von Sammelklagen erachtet wurden.[970]

Der EUGH hat der Einrede des „forum non conveniens" in der Folge eine eindeutige Absage erteilt und festgestellt, *„dass das Brüsseler Übereinkommen einem Gericht eines Vertragsstaats verwehrt, seine Zuständigkeit nach Art. 2 dieses Übereinkommens mit der Begründung zu verneinen, dass ein Gericht eines Nichtvertragsstaats geeigneter ist, um über den betreffenden Rechtsstreit zu befinden."*[971] Die Möglichkeit einer solchen Einrede sei von den Verfassern des Übereinkommens nicht vorgesehen worden und würde die Rechtssicherheit und den Rechtsschutz der in der Gemeinschaft ansässigen Personen beeinträchtigen.[972] Überdies wäre die einheitliche Anwendung der Zuständigkeitsregeln der EuGVO gefährdet, da es sich bei dem Institut des „forum non conveniens" gerade nicht um eine verbreitete Praxis handele, sondern nur einzelne Mitgliedstaaten hiervon Gebrauch machten.[973]

Theoretisch denkbar ist zwar, dass künftig wieder die Berufung auf „forum non conveniens" in Einzelfällen möglich wird. So schlägt das Europäische Parlament

968 Ebenda, Rz. 563.

969 Lubbe v Cape plc [2000] 4 All ER 268 (HL). Abrufbar unter http://www.bailii.org/uk/cases/UKHL/2000/41.html (zuletzt abgerufen am 12.01.2013).

970 Ebenda, Rz. 20 ff.

971 Urteil des EuGH vom 1. März 2005 – C-281/02 – Owusu ./. Jackson, IPRax 2005, S. 244, 248, Nr. 46.

972 Ebenda, S. 247, Nr. 37–42.

973 Ebenda, S. 247, Nr. 42.

unter Hinweis auf die Owusu-Rechtsprechung vor *"to allow the courts of a Member State having jurisdiction as to the substance to stay proceedings if they consider that a court of another Member State or of a third country would be better placed to hear the case, or a specific part thereof."*[974] Es ist jedoch sehr zweifelhaft, dass sich eine solche Änderung auf europäischer Ebene durchsetzen lassen wird.[975]

### dd. Ergebnis

Die internationale Entscheidungszuständigkeit der deutschen Gerichte für Klagen gegen deutsche Handelsunternehmen wegen der Beeinträchtigung der Menschenrechte durch ihre ausländischen Zulieferer ist schon nach dem Wortlaut der EuGVO gegeben.

Überdies wird vertreten, dass die EuGVO eine Notzuständigkeit bei Menschenrechtsbeeinträchtigungen begründet, wenn die Nichtannahme der Klage einer Justizverweigerung gleichkommt. Dies sei insbesondere der Fall, *„wenn die Anrufung des nach deutschem internationalen Zivilprozessrecht an sich international zuständigen ausländischen Gerichts faktisch nicht möglich oder nicht zumutbar ist."*[976] Grundlage einer solchen Annahme ist die Erkenntnis, dass *„die materiellen Menschenrechte [...] einen verfahrensrechtlichen Annex"* haben. Es müsse daher *„ein verfahrensrechtliches Instrumentarium vorhanden sein, daß die materiellen Rechte im Ernstfall auch durchsetzt."*[977] Eine Notzuständigkeit als *„Durchbrechung des Systems geschriebener Zuständigkeiten"*[978] darf zwar nur in extremen

974 Resolution P7-TA(2010)0304 on the implementation and review of Council Regulation (EC) No 44/2001 on jurisdiction and the recognition and enforcement of judgments in civil and commercial matters vom 7. September 2010 para 14. Abrufbar unter http://www.europarl.europa.eu/sides/getDoc.do?pubRef=-//EP//TEXT+TA+P7-TA-2010-0304+0+DOC+XML+V0//EN (zuletzt abgerufen am 12.01.2013).

975 Für eine Argumentation gegen „forum non conveniens" im Zuständigkeitssystem der EuGVO, vgl. insbesondere *Magnus/Mankowski*, ZfVglRw 2010, S. 1, 9 f., die auf *"the almost constitutional guarantee of jursdiction attributed to the heads as contained in the Brussels I regime"* verweisen.

976 *Geimer*, Internationales Zivilprozessrecht, Rz. 1035.

977 *Geimer*, Menschenrechte im internationalen Zivilverfahrensrecht, in: *Kälin/Riedel (Hrsg.)*, Aktuelle Probleme des Menschenrechtsschutzes, S. 213, 218.

978 *Mankowski*, Gerichtsbarkeit und internationale Zuständigkeit deutscher Zivilgerichte bei Menschenrechtsverletzungen, in: *von Hoffmann (Hrsg.)*, Universalität der Menschenrechte, S. 167, 189.

Ausnahmesituationen erfolgen. Die Versagung von Rechtsschutz anlässlich von Menschenrechtsbeeinträchtigungen sollte aber stets einen derartigen Sonderfall darstellen.

Teilweise wird angesichts der günstigen zivilprozessualen Bedingungen Verwunderung darüber geäußert, dass bislang nicht mehr Fälle vor europäischen Gerichten geltend gemacht wurden.[979] Auch das europäische Parlament ist bestrebt, die EuGVO als bereits existierendes und aussichtsreiches Rechtsinstrument für die Verfolgung von CSR Politik stärker ins Bewusstsein zu heben und seine Anwendung durch die nationalen Gerichte zu überwachen.[980]

## b. Örtliche Zuständigkeit

Die örtliche Zuständigkeit ergibt sich aus den nationalen Verfahrensvorschriften; maßgeblich ist in Deutschland die ZPO.

Nach § 12 ZPO ist *„das Gericht, bei dem eine Person ihren allgemeinen Gerichtsstand hat, [...] für alle gegen sie zu erhebenden Klagen zuständig, sofern nicht für eine Klage ein ausschließlicher Gerichtsstand begründet ist.“*

Bestimmend für den allgemeinen Gerichtsstand ist gemäß § 13 ZPO der Wohnsitz. Dieser ist entsprechend § 17 Abs. 1 ZPO bei *„nahezu sämtlichen nichtphysischen Personen“*,[981] darunter unter anderem allen juristischen Personen, der Verwaltungssitz, welcher sich grundsätzlich aus der Registeranmeldung ergibt.[982]

Eine zivilrechtliche Klage gegen die ALDI Einkauf GmbH & Co. oHG mit Sitz in Mülheim an der Ruhr (ALDI SÜD) wäre danach in Duisburg und gegen die ALDI Einkauf GmbH & Co. oHG mit Sitz in Essen (ALDI NORD) in Essen zu erheben.

---

979 Vgl. etwa *Wouters/Chanet*, Nw. U. J. Int'l Human R. 2008, S. 262, 299, welche einen Grund in der möglichen Kostenbelastung der Opfer sehen, und für Großbritannien (wo die Kostensituation insgesamt günstiger ist) angesichts der jüngeren „forum non conveniens“-Entscheidung des EuGH, eine Zunahme von Verfahren voraussagen.

980 Vgl. European Parliament resolution on corporate social responsibility: a new partnership vom 13. März 2007 (2006/2133(INI)) Ziff. 37. Abrufbar unter http://www.europarl.europa.eu/sides/getDoc.do?Type=TA&Reference=P6-TA-2007-0062&language=EN (zuletzt abgerufen am 12.01.2013).

981 *Zöller/Vollkommer*, § 17 ZPO Rz. 1.

982 *Baumbach/Hartmann*, § 17 ZPO Rz. 7.

## 2. Anwendbares Recht

Steht fest, dass ein deutsches Gericht für die Beurteilung einer Klage international und örtlich zuständig ist, bedeutet dies nicht zwangsläufig, dass die Bewertung auch nach deutschem Recht erfolgt. Hierüber entscheidet vielmehr das internationale Privatrecht. Typischerweise stehen in den Zulieferfällen zwei Rechtsordnungen zur Wahl: diejenige des Staates, in dem die Menschenrechtsbeeinträchtigung eingetreten ist, und diejenige am Sitz des handelnden Unternehmens.[983]

### a. Grundlagen des Internationalen Privatrechts

#### aa. Regelungsbereich und Normenhierarchie

Das internationale Privatrecht (oder auch Kollisionsrecht) kennzeichnet *„die Gesamtheit der Rechtssätze einer nationalen Rechtsordnung, die aus der Vielzahl nationaler Rechtsordnungen diejenige berufen, welche auf ein konkretes Lebensverhältnis zur Anwendung kommen soll."*[984]

Rechtsquellen sind heute neben der nationalen Gesetzgebung insbesondere Staatsverträge und Europäisches Gemeinschafts-recht.[985]

Art. 3 Nr. 1 EGBGB enthält den Hinweis, dass unmittelbar anwendbare Regelungen der Europäischen Gemeinschaft – darunter insbesondere die Rom I- und die Rom II-VO den nationalen IPR-Vorschriften vorgehen.[986]

Entsprechendes gilt gemäß Art. 3 Nr. 2 EGBGB auch für Regelungen in völkerrechtlichen Verträgen, soweit sie unmittelbar anwendbares innerstaatliches Recht darstellen. Maßgeblich ist demnach, ob eine wirksame Umsetzung in innerstaatliches Recht erfolgte und ob der sachliche, räumliche und zeitliche Anwendungsbereich eröffnet ist.[987]

---

983 Vgl. *Saage-Maß*, Arbeitsbedingungen in der globalen Zulieferkette, S. 7. Abrufbar unter http://library.fes.de/pdf-files/iez/08651.pdf (zuletzt abgerufen am 12.01.2013).

984 *Von Hoffmann/Thorn*, Internationales Privatrecht, § 1 Rz. 34.

985 Vgl. *Kropholler*, Internationales Privatrecht, S. 3 f.

986 Der Vorrang der europäischen Regelungen ergibt sich bereits aus dem EG und den einschlägigen europäischen IPR-Normen, sodass Art. 3 Nr. 1 ausschließlich deklaratorische Wirkung zukommt, vgl. *MünchKommBGB/Sonnenberger*, Art. 3 EGBGB Rz. 2.

987 Vgl. *von Hoffmann/Thorn*, Internationales Privatrecht, § 1 Rz. 72 ff.

Im Verhältnis kollisionsrechtliche EG-Verordnungen und bestehende internationale Abkommen, setzen sich letztere durch, sofern an ihnen Nichtmitgliedstaaten beteiligt sind.[988]

## bb. IPR als Instrument zur Interessendurchsetzung

Wie schon für das materielle Recht stellt sich auch bei der Suche nach dem anwendbaren Recht die Frage, inwieweit die Menschenrechte Wirkung entfalten können und sollen.

Eng verwandt mit dem Wirken der Menschenrechte im IPR ist die Frage, inwieweit das IPR dazu dienen kann, schützenswerte Interessen zu befördern. Hierauf soll im ersten Schritt eingegangen werden.

### *(1) Identifikation internationalprivatrechtlicher Interessen*

In Abwesenheit vereinheitlichten Privatrechts und völkerrechtlicher Bindung von Unternehmen ist gerade das IPR dafür verantwortlich, welche Maßstäbe für die Beurteilung eines Sachverhalts angelegt werden.

Parteiinteressen, Verkehrsinteressen und staatliche Ordnungsinteressen sind die Parameter, welche das Kollisionsrecht bei der Bestimmung des anwendbaren Rechts zu berücksichtigen hat.[989] Es handelt sich um *„Interessen an der Anwendung [...] der richtigen, dem Sachverhalt angemessenen [...] Rechtsordnung“*[990] im Gegensatz zum Streben nach der Rechtsordnung, welche die „beste Lösung“ im konkret untersuchten Fall ermöglicht.

Erst wenn man unter Anwendung der internationalprivatrechtlichen Regeln das anwendbare Recht bestimmt hat, *„mag man in seinem Rahmen nach dem bestmöglichen sachlichen Ergebnis suchen.“*[991]

Es wurde schon in den siebziger Jahren bemängelt, dass das internationale Privatrecht nur eine *„schwache soziale Dimension“* aufweise, das heißt nur in geringem Umfang auf gesellschaftliche Tatsachen und Wertungen reagiere.[992]

---

988 Vgl. *Koch/Magnus/Winkler von Mohrenfels*, IPR und Rechtsvergleichung, § 1 Rz. 22.

989 *Kegel/Schurig*, Internationales Privatrecht, S. 134 ff.

990 *Magnus*, Anwendbares Recht, Schutz- und Freiheitsinteressen im Nord-Süd-Verhältnis, in: *Magnus/Meng (Hrsg.)*, Das internationale Recht im Nord-Süd-Verhältnis, S. 93.

991 *Kegel/Schurig*, Internationales Privatrecht, S. 134.

992 Vgl. *Zweigert*, RabelsZ 1973, S. 435, 443. Während der Einfluss gesellschaftlicher Tatsachen auf das materielle Recht (etwa das Eheschließungs- und Scheidungsrecht) *„handgreiflich“* sei, erscheine das internationale Privatrecht *„nahezu keimfrei.“*

Dies ist jedoch keine notwendige Folge des Systems der Kollisionsregeln. Das internationale Privatrecht muss sich nicht zwangsläufig unberührt von sozialen Werten zeigen. Diesen kann vielmehr im Rahmen der dem Kollisionsrecht eigenen, *„typisierbaren“*[993] Weise der Weg bereitet werden. Bereits bei der Kodifikation des IPR muss berücksichtigt werden, welche sozialen Interessen und Gemengelagen bestehen, da bei der späteren Anwendung des Kollisionsrechts die Spielräume eingeschränkt sind. Hierbei sollte vom jeweiligen *„Durchschnittsfall“*[994] ausgegangen werden.[995]

*(2) Schutz des Schwächeren im aktuellen Kollisionsrecht*

Sowohl das EGBGB als auch jetzt die Rom I und die Rom II-VO enthalten Elemente zum Schutz der schwächeren Partei.

Die Verordnungen Rom I und II identifizieren fünf Gruppen schützenswerter Personen: Verbraucher, Arbeitnehmer, Reisende, Versicherungsnehmer und den Geschädigten im Deliktsrecht.[996]

(a) Schutz durch Beschränkung der Rechtswahlfreiheit

Insbesondere die Rechtswahlfreiheit wird Folgendes zugeschrieben: *„drohende Dominanz der stärkeren Partei; volkswirtschaftliche Subventionierungseffekte; Potenzial zur Arbitrage im ökonomischen Sinn.“*[997] Ursächlich sollen im Wesentlichen Informationsasymmetrien sein.[998] Vor diesem Hintergrund verwundert es nicht, dass Schutzinteressen zugunsten Schwächerer gerade in Form einer Einschränkung der Rechtswahlfreiheit durchgesetzt werden.[999] Dies kann

---

993 *Kegel/Schurig*, Internationales Privatrecht, S. 134.

994 *Magnus*, Anwendbares Recht, Schutz- und Freiheitsinteressen im Nord-Süd-Verhältnis in: *Magnus/Meng (Hrsg.)*, Das internationale Recht im Nord-Süd-Verhältnis, S. 95.

995 Vgl. auch *Zweigert*, RabelsZ 1973, S. 435, 444, der vorschlug, dort, wo sich keine klare Kollisionsregel finden lasse, die *„bessere Regelung“* zur Anwendung kommen zu lassen.

996 *Rühl*, Der Schutz des Schwächeren im Europäischen Kollisionsrecht, in: *Kronke/Thorn (Hrsg.)*, FS von Hoffmann, S. 368.

997 *Mankowski*, Interessenpolitik und europäisches Kollisionsrecht, S. 22.

998 *Rühl*, Der Schutz des Schwächeren im Europäischen Kollisionsrecht, in: *Kronke/Thorn (Hrsg.)*, FS von Hoffmann, S. 367.

999 Interessant ist auch der Ansatz von *von Hoffmann*, RabelsZ 1974, S. 396, 418: Er schlug vor, den Schutz des Schwächeren darüber zu erreichen, dass Normen, die ihn schützten (und gleichzeitig im Rahmen der wirtschafts- und sozialpolitischen Ordnung des Erlassstaates von Bedeutung waren) über das Vertragsstatut hinaus als

auch angezweifelt werden, da bei ordnungsgemäßem Verlauf eine Rechtswahl auf einer übereinstimmenden Entscheidung der Beteiligten beruht. Vorzugswürdig gegenüber einem generellen Ausschluss dürften daher Sicherungen gegen einseitige Missbräuche sein.[1000] Als geeignet wird beispielsweise das Modell der „überlagerten Rechtswahl" angesehen, welches die schwächere Partei mittels des Günstigkeitsprinzips schützt: Eine Rechtswahl ist möglich, sie ist jedoch im Hinblick auf ihre Wirkung beschränkt. Sie darf der schwächeren Partei nicht den Schutz durch die zwingenden Normen entziehen, die ohne Rechtswahl anwendbar wären.[1001]

(b) Schutz durch Erfolgsortanknüpfung

Der Rom II-VO wird zuerkannt, durch ihre Entscheidung für die Erfolgsortanknüpfung als Grundanknüpfung im Deliktsrecht den Rechtsgüterschutz über die Verhaltenssteuerung und damit die Interessen des Opfers über jene des Täters zu stellen.[1002]

Damit einhergehend wurde auch dem Herkunftslandsprinzip, das heißt der Möglichkeit eines Unternehmens, seine Dienste anzubieten, solange es nur die Vorschriften seines Niederlassungsstaates (Herkunftsland) einhält,[1003] durch die Rom II-VO eine Absage erteilt. Eine effektive Herkunftslandkontrolle scheitert daran, dass die Behörden des Herkunftslands kaum Anreize haben, Sachverhalte zu regulieren, die lediglich Auslandsmärkte betreffen. Insgesamt wäre daher bei einer Entscheidung für das Herkunftslandsprinzip ein geringeres Schutzniveau für die Betroffenen zu erwarten, als dies durch die Regelung der Rom II-VO gewährleistet wird.[1004]

---

zwingende Normen anzuerkennen. So sei *„im Sozialstaat [...] der Schutz der Schwächeren ebenso öffentliche Aufgabe wie die Wahrung seiner eigenen staats- und wirtschaftspolitischen Interessen.*"

1000 *Magnus*, Anwendbares Recht, Schutz- und Freiheitsinteressen im Nord-Süd-Verhältnis in: *Magnus/Meng (Hrsg.)*, Das internationale Recht im Nord-Süd-Verhältnis, S. 94.

1001 *Rühl*, Der Schutz des Schwächeren im Europäischen Kollisionsrecht, in: *Kronke/Thorn (Hrsg.)*, FS von Hoffmann, S. 368 f.

1002 Vgl. *Mankowski*, Interessenpolitik und europäisches Kollisionsrecht, S. 66.

1003 Vgl. *Koch/Magnus/Winkler von Mohrenfels*, IPR und Rechtsvergleichung, § 10 Rz. 28.

1004 Vgl. *Mankowski*, Interessenpolitik und europäisches Kollisionsrecht, S. 70, der insgesamt davon ausgeht, dass *„die rechtspolitischen Fragwürdigkeiten des Herkunftslandprinzips, die zur Externalisierung von Kosten deregulierender, neoliberaler*

*(3) Schutz ärmerer Staaten durch das Kollisionsrecht*

Besonders interessant für die hier behandelten Fälle sind die Erkenntnisse zu Möglichkeiten des IPR, zugunsten von armen Staaten einen Ausgleich des Wohlstandsgefälles herbeizuführen.[1005] Auch wenn es dabei um gesamtgesellschaftliche Interessen und daher eher um die Makroebene geht, könnten die Überlegungen zur Funktionsweise des IPR und seinen Möglichkeiten zur Interessenwahrnehmung und -durchsetzung auch auf individuelle Fälle übertragbar sein.

Zudem wurden die in dieser Arbeit beleuchteten Fallbeispiele gerade vor dem Hintergrund ausgewählt, repräsentativ die Zustände beim Import von Waren aus Entwicklungs- und Schwellenländern zu beleuchten. Kumuliert man diese Einzelschicksale, kommt man sehr rasch zu der Frage, *„ob das internationale Privatrecht über Transmissionselemente verfügt, um überindividuelle und insbesondere übernationale Interessen globalen Zuschnitts wahrzunehmen"*[1006] und damit zur *„globalen Solidarität"*[1007] beizutragen.

Man denke sich eine allgemeine Kollisionsregel, die grundsätzlich das Recht der Partei zur Anwendung bringt, die aus dem ärmeren der beteiligten Länder stammt.[1008] Würde eine solche überhaupt zu einem Wohlstandsgewinn des betroffenen Landes führen beziehungsweise immerhin für die individuell Betroffenen förderlich sein?

Vorteil der Anwendung der eigenen Rechtsordnung ist, dass die Betroffenen (jedenfalls aber deren Prozessvertreter) diese kennen und daher die Rechtsermittlungskosten geringer ausfallen.[1009] Allein dieser Grund dürfte jedoch nicht ausreichend Gewicht haben.[1010]

Eine Kategorisierung in der Weise, dass Entwicklungsländer ein generell schlechteres und Industrieländer ein generell besseres Schutzniveau haben

*Wirtschaftsrechtssetzung und zur Exportförderung auf Kosten der Importmärkte drängen."*

1005 Vgl. hierzu *Magnus*, Anwendbares Recht, Schutz- und Freiheitsinteressen im Nord-Süd-Verhältnis, in: *Magnus/Meng (Hrsg.)*, Das internationale Recht im Nord-Süd-Verhältnis, S. 77 ff.

1006 Ebenda, S. 92.

1007 Ebenda, mit Verweis auf *Brunkhorst*, Globale Solidarität. Inklusionsprobleme der modernen Gesellschaft, in: *Wingert/Günther (Hrsg.)*, FS Habermas, S. 605 ff.

1008 Ebenda, S. 96.

1009 *Mankowski*, RIW 2003, S. 2, 3.

1010 Nachfolgend wird die Argumentation von *Magnus*, Anwendbares Recht, Schutz- und Freiheitsinteressen im Nord-Süd-Verhältnis, in: *Magnus/Meng (Hrsg.)*, Das internationale Recht im Nord-Süd-Verhältnis, S. 96 f. wiedergegeben.

ist zwar nicht möglich, insgesamt sind es jedoch häufiger die Rechtsordnungen der „reichen" Länder, die materiell einen weitereichenden Schutz für die schwächere Partei bieten. Es wird demnach in vielen Fällen sogar vorteilhaft sein, wenn gerade nicht das Recht des „ärmeren" Landes zur Anwendung gelangt.

Überdies steht in Zweifel, ob allein die Armut eines Landes die strukturelle Unterlegenheit seiner Wirtschaftsteilnehmer nach sich zieht. So kann es sich bei diesen zum Beispiel auch um Ausgründungen von Unternehmen aus Industrieländern handeln.

Schließlich wird schon eine Abgrenzung in „ärmere" und „reichere" Länder mitunter schwerfallen.

Im Ergebnis erscheint es damit nicht gerechtfertigt, das ausgefeilte Kollisionssystem für eine generelle Regelung zugunsten der Anwendbarkeit des Rechtes des ärmeren Landes zu opfern. Dem steht nicht entgegen, für Einzelbereiche des IPR das Wohlstandsgefälle der Staaten zu berücksichtigen.[1011]

### cc. Mittelbare Drittwirkung der Menschenrechte im IPR

Ausländisches Recht verfügt im Vergleich zum deutschen Recht nicht zwangsläufig über ein geringeres Schutzniveau.

Was aber passiert, wenn das nach Kollisionsrecht berufene Recht zu Ergebnissen führt, die mit der Durchsetzung der Menschenrechte unvereinbar ist? Gerade für staatlich begangene Menschenrechtsverletzungen dürfte etwa die verbreitete lex-loci Regel unangemessen sein. *„Soll etwa derjenige, der in einer Militärdiktatur im Staat X gefoltert wurde, einen Anspruch nur nach dem von dieser Militärdiktatur für den Staat X gesetzten Recht haben?"*[1012] Aber auch für Menschenrechtsbeeinträchtigungen, die auf unternehmerisches Verhalten zurückgehen ist der Gerichtsstand am Verursachungsort nicht unbedingt geeignet: Ein Staat, welcher nicht präventiv die Menschenrechtsbeeinträchtigungen verhindert, wird unter Umständen auch kein Regelwerk bereithalten, um diese repressiv zu ahnden.

So wie die unbestimmten Rechtsbegriffe im materiellen Recht als Einfallstore der Menschenrechte angesehen werden können, sind es für das internationale Privatrecht maßgeblich die Eingriffsnormen sowie der ordre public über die den Menschenrechten Geltung verschafft werden kann. Teilweise wird sogar eine Abkehr

---

1011 Ebenda, S. 98 ff.

1012 *Halfmeier*, RabelsZ, 2004, S. 653, 672.

von der kollisionsrechtlichen Bestimmung hin zum Völkerrecht als Einheitsrecht zur Diskussion gestellt.[1013]

Die mittelbare Drittwirkung der Menschenrechte im deutschen Recht darf nicht ins Leere laufen, weil prozessuale Vorschriften die Anwendung der deutschen Rechtsordnung versagen. Es muss mithin auch im IPR davon ausgegangen werden, dass Menschenrechte einwirken und gegebenenfalls ein notwendiges Korrektiv bilden.

Dieses Ergebnis ist schlüssig: Die Feststellung der mittelbaren Drittwirkung der Menschenrechte im deutschen Recht[1014] bedeutet, dass auch eine mittelbare Drittwirkung im IPR als Teil des deutschen Rechts verwirklicht sein muss. Anderenfalls käme die Bundesrepublik ihren völkerrechtlichen Verpflichtungen nicht nach.[1015]

Dies heißt nicht, dass die Menschenrechte dazu führen müssen, dass deutsches Recht anwendbar wird. Maßgeblich ist nur, dass die Menschenrechte in irgendeiner Weise Geltung entfalten können.[1016]

#### dd. Ergebnis

Das Kollisionsrecht bestimmt das auf ein Rechtsverhältnis anwendbare materielle Recht. Jedenfalls in begrenztem Umfang kann das IPR dazu dienen, Schutzinteressen des Schwächeren durchzusetzen. Dort, wo im Einzelfall Menschenrechte betroffen sind, führt die mittelbare Drittwirkung dazu, dass – sofern nötig – Ergebnisse des eigentlich berufenen Rechts korrigiert werden.

### b. Qualifikation der zu prüfenden Lebenssachverhalte

Um zu wissen, welche Kollisionsnorm berufen ist, das anwendbare Recht zu bestimmen, ist der zu beurteilende Lebenssachverhalt unter die vorhandenen Kollisionsnormen zu subsumieren. Man spricht insoweit von *„Qualifikation.“*[1017]

---

1013 Ebenda, S. 674 ff.

1014 Vgl. hierzu ausführlich Teil V.1.c.

1015 Vgl. *Voltz*, Menschenrechte und Ordre Public im Internationalen Privatrecht, S. 312 sowie S. 217 ff.

1016 Die Menschenrechte greifen das kollisionsrechtliche Verweisungssystem selbst nicht an. *„Die Frage, ob jemand vor einem bestimmten Forum Anspruch auf die Anwendung eines bestimmten ausländischen Rechtssatzes hat, ist von der Frage, warum es überhaupt ein Verweisungsrecht gibt, strikt zu trennen.“ Von Bar/Mankowski*, Internationales Privatrecht – Band I, § 3 Rz. 24.

1017 Vgl. *Koch/Magnus/Winkler von Mohrenfels*, IPR und Rechtsvergleichung, § 1 Rz. 26.

Im Regelfall ist es nicht nur ein bloßes Lebensverhältnis, welches mit Hilfe von Sachnormen bewertet werden soll. Vielmehr handelt es sich grundsätzlich um Rechtsfragen, die unter Kollisionsnormen eingeordnet werden.[1018]

Die vorliegend interessierenden Sachverhalte betreffen in diesem Sinne folgende Rechtsfragen[1019]: Kann ein Zwangsarbeiter von demjenigen, dessen Geschäft er führt, Aufwendungsersatz verlangen? Steht ihm ein Schadensersatzanspruch wegen der Verletzung seines allgemeinen Persönlichkeitsrechts zu? Kann er von demjenigen, der durch ihn bereichert ist, Herausgabe verlangen?

Dagegen lassen die Lebenssachverhalte keinen Schluss auf eine vertragliche Beziehung zu, sodass Kollisionsnormen aus diesem Bereich, namentlich solche der Rom-I-VO, keine Rolle spielen.

### c. Allgemeine Anwendungsvoraussetzungen der Rom II VO

Das europäische Parlament und der Rat der Europäischen Union haben am 11. Juli 2007 die Rom II VO angenommen. Zeitlich gilt sie für alle schadensbegründenden Ereignisse, die nach ihrem Inkrafttreten eintreten sind, das heißt ab dem 11. Januar 2009, vgl. Art. 31, 32 Rom II-VO.

Sachlich erfasst sind entsprechend Art. 1 Abs. 1 Rom II-VO *„außervertragliche Schuldverhältnisse in Zivil- und Handelssachen.“* In Abgrenzung zur Rom II-VO sind damit solche Rechtsverhältnisse gemeint, in denen die Verpflichtung nicht freiwillig begründet wurde[1020] und in denen zusätzlich die Tatbestandsmerkmale einer der Kollisionsnormen der Rom II-VO erfüllt sind.[1021] Der Geltungsbereich erstreckt sich entsprechend der Auflistung in Art. 15 II Rom II-VO insbesondere auf *„den Grund und den Umfang der Haftung einschließlich der Bestimmung der Personen, die für ihre Handlungen haftbar gemacht werden können“* sowie

1018 Zum Begriff der Qualifikation sowie zum Qualifikationsvorgang vgl. *MünchKommBGB/Sonnenberger*, Einl. IPR, Rz. 480 ff. und 505 ff.

1019 Auf die Problematik der Zurechnung zum Handelsunternehmen soll gesondert eingegangen werden.

1020 Die Rom I-VO gilt für vertragliche Ansprüche. Nach der Rechtsprechung des EuGH zur EuGVO ist ein *„Rechtsverhältnis als vertraglich zu qualifizieren, wenn die damit begründete Verpflichtung freiwillig begründet wurde“*, *Rauscher/Unberath/Cziupka*, EuZPR/EuIPR, Einl. Rom II-VO Rz. 6.

1021 Ebenda, Rz. 7 f.

auf Haftungsbeschränkungen, und -ausschlussgründe. sowie die Feststellung und Bemessung des Schadens.[1022]

Territorial gilt die Rom II VO in allen Mitgliedstaaten mit Ausnahme von Dänemark.[1023] Art. 1 Abs.1 S.1 fordert lediglich eine *„Verbindung zum Recht verschiedener Staaten."* Dies bedeutet, dass nicht etwa eine Verbindung zu mehreren Mitgliedstaaten erforderlich ist, sondern dass es ausreicht, wenn der Sachverhalt Bezüge nur zu einem Mitgliedstaat und einem Drittstaat aufweist.[1024]

Gemäß ihres Art. 3 findet die Rom II-VO universelle Anwendung, das heißt unabhängig davon, ob das Recht eines Mitgliedstaats oder eines Drittstaats berufen wird.[1025]

## d. Anwendbares Recht für die Geschäftsführung ohne Auftrag

### aa. Einschlägige Regelungen des IPR

Ein Staatsvertrag zur Geschäftsführung ohne Auftrag besteht allein für den besonderen Fall der Bergung,[1026] sodass keine vorrangig anzuwendenden internationalen Übereinkommen zu beachten sind.

Dafür enthält die Rom II-VO in Art. 11 Vorschriften zur Bestimmung des anwendbaren Rechts im Falle der Geschäftsführung ohne Auftrag.

Wie sämtliche Regelungen der Rom II-VO[1027] ist auch der Begriff der Geschäftsführung ohne Auftrag einheitlich europäisch (autonom) auszulegen. Sachlich fallen nach allgemeiner Ansicht jedenfalls die Hilfeleistung durch den Geschäftsführer als auch die Einwirkung auf fremde Sachen durch Nutzung, Veräußerung oder Verwendung unter die Kollisionsnorm.[1028]

---

1022 Vgl. zudem die Inhalte der lit d) bis h) von Art. 15 Rom II-VO.

1023 Das Vereinigte Königreich und Irland haben von ihrer Möglichkeit zum Opt-in Gebrauch gemacht, vgl. *Wagner*, IPrax, 2008, S. 1, 3.

1024 Vgl. *Rauscher/Unberath/Cziupka*,, EuZPR/EuIPR, Einl. Rom II-VO Rz. 10.

1025 *Wagner*, IPrax 2008, S. 1, 4.

1026 Das Internationale Übereinkommen vom 28. April 1989 über Bergung ist in Deutschland seit dem 8. Dezember 2002 in Kraft. Die Inhalte sind in §§ 740 ff. HGB inkorporiert, *Erman/Hohloch*, Art. 11 Rom II-VO Rz. 3.

1027 Vgl. *Rauscher/Unberath/Cziupka*,, EuZPR/EuIPR, Einl Rom II VO Rz. 19.

1028 Vgl. *MünchKommBGB/Junker*, Art. 11 Rom II-VO Rz. 9 f.; sowie *Fischer*, Ungerechtfertigte Bereicherung und GoA im europäischen IPR, in: *Bernreuther/Freitag*

Vorliegend geht es um Ansprüche von Zwangsarbeitern gegen denjenigen, der die von Ihnen produzierten Waren abgenommen hat. Es ist zweifelhaft, ob hierbei von einer „Hilfeleistung" gesprochen werden kann. Fraglich ist daher, ob der Sachverhalt sich im Anwendungsbereich der Rom II-VO bewegt oder ob er vielmehr nach EGBGB zu beurteilen ist.

Insgesamt ist es der Ansatz der Verordnung, die außervertraglichen Schuldverhältnisse komplett zu kodifizieren.[1029] Hieraus wird gefolgert, dass die Geschäftsführung ohne Auftrag allgemein Verhaltensweisen erfasst, *„die den Rechts- und Interessenkreis eines anderen berühren und bewusst und gewollt ausgeführt werden, ohne dass ein besonderer, gerade zwischen dem Geschäftsführer und dem Geschäftsherren wirkender Umstand das Verhalten zu einer eigenen Angelegenheit (nur) des Geschäftsführers machen oder eine vertragliche Bindung zwischen den Beteiligten herstellen würde."*[1030] Insoweit zeichnet sich die Geschäftsführung ohne Auftrag – in Abgrenzung zu deliktischem Handeln – durch das Tätigwerden im Interesse eines anderen aus.[1031] Entsprechend dieses weiten Verständnisses, fällt auch die hier zu beurteilende Fallkonstellation unter Art. 11 Rom II-VO, sodass von dessen Anwendbarkeit auszugehen ist.

## bb. Anwendbares Recht nach Art. 11 Rom II-VO

Art. 11 Rom II-VO[1032] sieht eine dreistufige Anknüpfungsleiter vor, die sich aus der Reihenfolge der ersten drei Absätze ergibt:[1033]

Abs. 1 bestimmt, dass vorrangig an ein zwischen den Parteien bereits bestehendes vertragliches oder deliktisches Schuldverhältnis anzuknüpfen ist, das eine enge Verbindung mit der Geschäftsführung ohne Auftrag aufweist.[1034] Hilfsweise

---

*(Hrsg.)*, FS Spellenberg, S. 165, der darauf verweist, dass diese Fallgruppen in der Begründung zum Vorentwurf von 2003 ausdrücklich genannt wurden.

1029 *MünchKommBGB/Junker*, Art. 11 Rom II-VO Rz. 1, mit Verweis auf Erwägungsgrund Nr. 29.

1030 *Rauscher/Jakob/Picht*, EuZPR/EuIPR, Art. 11 Rom II-VO Rz. 6.

1031 Vgl. *Beig/Graf-Schimek/Grubinger/Schachereiter*, Rom II-VO, S. 85.

1032 Gemäß Art. 14 Abs. 1 S. 1 lit a) Rom II-VO können die Parteien das anwendbare Recht durch eine Vereinbarung nach Eintritt des schadensbegründenden Ereignisses wählen. Diese Rechtswahlfreiheit gilt – mit wenigen Ausnahmen – für sämtliche außervertraglichen Schuldverhältnisse im Anwendungsbereich der Rom II VO und damit auch für die Geschäftsführung ohne Auftrag. Nachfolgend soll jedoch davon ausgegangen werden, dass die Parteien nicht zu einer solchen Einigung gelangen.

1033 Vgl. *MünchKommBGB/Junker*, Art. 11 Rom II VO, Rz. 3.

1034 *Wagner*, IPRax 2008, S. 1, 11.

verweist Abs. 2 auf den gemeinsamen gewöhnlichen Aufenthalt der Parteien und wiederum hilfsweise soll nach Abs. 3 das Recht des Staates angewandt werden, in dem die Geschäftsführung erfolgt ist.

*(1) Deliktsakzessorische Anknüpfung nach Abs. 1*

Eine Vertragsbeziehung zwischen dem deutschen Handelsunternehmen und den chinesischen Zwangsarbeitern besteht nicht. Im Raum steht aber ein Rechtsverhältnis deliktischer Natur, weil die chinesischen Zwangsarbeiter unter Umständen auch Schadensersatz wegen unerlaubter Handlung gegenüber den deutschen Handelsunternehmen geltend machen können.

Dem steht – trotz des Wortlauts des Art. 11 Abs. 1, der von einem „bestehenden" Rechtsverhältnis spricht – nicht zwangsläufig entgegen, dass das deliktische Verhältnis gleichzeitig mit dem GoA-Verhältnis entsteht.[1035]

Allerdings ist die deliktsakzessorische Anknüpfung in Art. 11 Abs. 1 wohl anders zu verstehen als in Form eines gegebenenfalls parallel bestehenden Schadensersatzanspruchs des Geschäftsführers: Erfasst werden sollen durch Abs. 1 vielmehr Fälle der Geschäftsanmaßung und der unberechtigten Fremdgeschäftsführung,[1036] das heißt Konstellationen, in denen der Geschäftsherr Ansprüche geltend machen kann. Nur hier besteht ein Interesse an dem gewünschten Gleichlauf.

*(2) Anknüpfung an das Recht am Ort der Geschäftsführung nach Abs. 3*

Haben die Parteien – wie hier – auch keinen gemeinsamen gewöhnlichen Aufenthalt (Abs.2) ist entsprechend Abs. 3 an den Ort anzuknüpfen, an dem die Geschäftsführung erfolgt ist. Diese handlungs- und nicht personenbezogene Anknüpfung an den Tätigkeitsort wird als sachgerecht erachtet, weil die Interessen von Geschäftsherr und Geschäftsführer an der Anwendung ihres jeweiligen Umweltrechtes als jeweils gleichwertig eingestuft werden.[1037]

Maßgeblich wäre damit der Ort der Verrichtung der Zwangsarbeit – China – sodass chinesisches Recht zur Anwendung käme.[1038]

---

1035 Vgl. hierzu *Rauscher/Jakob/Picht*, EuZPR/EuIPR, Art. 11 Rom II-VO, Rz. 16, Art. 10 Rom II-VO Rz. 29.

1036 Vgl. *Fischer*, Ungerechtfertigte Bereicherung und GoA im europäischen IPR, in: *Bernreuther/Freitag (Hrsg.)*, FS Spellenberg, S. 163.

1037 Vgl. *Beig/Graf-Schimek/Grubinger/Schachereiter*, Rom II-VO, S. 86.

1038 Entsprechendes ergebe sich übrigens unter alter Rechtslage nach Art. 39 Abs. 1 EGBGB. Auch wenn die Unterschiede zwischen den Vorschriften zur GoA nach nationalem und europäischen Kollisionsrecht auf den ersten Blick erheblich wirken,

*(3) Zwischenergebnis*

Art. 24 Rom II VO bestimmt, dass das nach der VO anzuwendende Recht nicht die Kollisionsnormen der berufenen Rechtsordnung umfasst. Es liegt eine Sachnormverweisung vor, sodass Rück- oder Weiterverweisungen ausgeschlossen sind.[1039]

Bei strikter Befolgung der Verweisung bliebe es demnach bei der Anwendung chinesischen Rechts.

### cc. Eingriffsnormen und ordre public

Wie bereits dargestellt, sind es die Eingriffsnormen und der ordre public, über welche die Menschenrechte ihre mittelbare Drittwirkung entfalten können.

*(1) Eingriffsnormen, Art. 16 Rom II-VO*

(a) Begriff

Eingriffsnormen sind laut Art. 16 Rom II-VO Vorschriften des Staates des angerufenen Gerichts, *„die ohne Rücksicht auf das für das außervertragliche Schuldverhältnis maßgebende Recht den Sachverhalt zwingend regeln.“*

Damit erscheint die Begriffsfassung auf den ersten Blick weiter als die in Art. 9 Rom I-VO gewählte, welche die Eingriffsnorm als *„eine zwingende Vorschrift, deren Einhaltung von einem Staat als so entscheidend für die Wahrung seines öffentlichen Interesses, insbesondere seiner politischen, sozialen oder wirtschaftlichen Organisation, angesehen wird, dass sie [...] auf alle Sachverhalte anzuwenden ist, die in ihren Anwendungsbereich fallen“* definiert.

Ganz überwiegend wird dennoch angenommen, dass auch im Rahmen der Rom-II-VO ein entsprechendes öffentliches Interesse zu fordern ist und Eingriffsnormen nicht schon solche sein können, die nur den Schutz von Privatinteressen bezwecken.[1040] Begründet wird dies damit, dass die Kommissionserläuterung zur Rom II-VO sich ohne Einschränkungen auf die Arblade-Entscheidung des EuGH[1041] berufe, welche wiederum Vorbild für Art. 9 Abs. 1 Rom I-VO gewesen sei.[1042]

---

werden die Ergebnisse in der Praxis wohl häufig nah beieinander liegen, vgl. *Wagner*, IPrax 2008, S. 1, 11.

1039 Vgl. *MünchKommBGB/Junker*, Art. 24 Rom II-VO Rz. 1, 8.

1040 Vgl. etwa *Rauscher/Jakob/Picht*, EuZPR/EuIPR, Art. 16 Rom II-VO Rz. 4.

1041 Auszüge aus der Entscheidung des EuGH vom 23. November 1999, Rs. 369/96 in ZEuP 2001, S. 358 ff.

1042 Vgl. *MünchKommBGB/Junker*, Art. 16 Rom II-VO Rz. 11 ff.

Die Eingriffsnorm muss damit einen *„international zwingenden Charakter"* aufweisen, das heißt ihre Einordnung *„als innerstaatlich zwingendes Recht (ius cogens) ist nur eine notwendige, aber keine hinreichende Bedingung."*[1043] Erforderlich ist vielmehr auch, dass sich die *„Norm auch gegenüber einer eigentlich anwendbaren fremden Rechtsordnung durchsetzen"*[1044] will.

(b) Quellen

Unproblematisch können die Eingriffsnormen der Rechtsordnung des Forumstaats entnommen werden. Dies folgt schon aus dem Wortlaut von Art. 16 Rom II-VO. In Deutschland wird der Eingriffscharakter beispielsweise für § 7 Abs. 1 Außenwirtschaftsgesetz (Waffenexportverbot) bejaht. Auch § 823 Abs. 2 in Verbindung mit Schutznormen des StGB sei nach überwiegender Literaturmeinung als Eingriffsnorm anzuerkennen.[1045]

Ungeklärt ist, wie es sich mit Eingriffsnormen anderer Staaten verhält, also ob Art. 16 Rom II-VO eine Sperrwirkung in der Weise entfaltet, dass nur die Eingriffsnormen der lex fori Berücksichtigung finden dürfen.[1046]

Für die hiesige Betrachtung interessanter ist aber die Frage, ob auch Menschenrechte als Eingriffsnormen betrachtet werden können. Dies wird zum Beispiel für die ILO-Kernarbeitsnormen teilweise bejaht.[1047] Eine solche Betrachtungsweise erscheint jedoch zweifelhaft, da den Menschenrechten in Deutschland selbst bei genereller Anwendbarkeit deutschen Rechts keine unmittelbare Drittwirkung zukommt. Sie stellen *„kein Instrument dar, um völkerrechtlich vereinbarte, aber nicht in nationales Recht umgesetzte Standards und Regelungen an die Stelle des an sich geltenden Rechts zu setzen."*[1048]

---

1043 Ebenda, Rz. 10.

1044 *Rauscher/Jakob/Picht*, EuZPR/EuIPR, Art. 16 Rom II-VO Rz. 5.

1045 *Grabosch*, Rechtsschutz vor deutschen Zivilgerichten gegen negative Beeinträchtigungen von Menschenrechten durch transnationale Unternehmen, in: *Nikol/ Schniederjahn/ Bernhard (Hrsg.)*, Transnationale Unternehmen und Nichtregierungsorganisationen im Völkerrecht, S. 19 f. des Beitrags (im Erscheinen)

1046 Zu einem Überblick über den Meinungsstand vgl. *Leible*, Rom I und Rom II: Neue Perspektiven im Europäischen Kollisionsrecht, S. 66. Abrufbar unter http://www.zew.uni-bonn.de/pdf/Heft%20173%20Leible.pdf (zuletzt abgerufen am 12.01.2013).

1047 Vgl. *Rödl/Massoud*, Business, HR & Environment Study ENTR/09/45, Country Report Germany, S. 26. Abrufbar unter http://www.law.ed.ac.uk/euenterpriseslf/documents/eumemberstatequestionnaire.aspx (zuletzt abgerufen am 12.01.2013).

1048 *Magnus*, Anwendbares Recht, Schutz- und Freiheitsinteressen im Nord-Süd-Verhältnis, in: *Magnus/Meng (Hrsg.)*, Das internationale Recht im Nord-Süd-Verhältnis, S. 115.

Demgegenüber können die Menschenrechte mittelbar Wirkung im Rahmen von Art. 16 Rom II-VO entfalten:

Menschenrechte sollten zunächst als Auslegungshilfe dafür dienen, ob eine Vorschrift als Eingriffsnorm anzuerkennen ist.[1049]

Darüber hinaus können sie im Rahmen des anwendbaren Sachrechts berücksichtigt werden, in dem sie *„bei der ohnehin notwendigen Auslegung unbestimmter Rechtsbegriffe des anwendbaren Sachrechts in gewissem Umfang Hilfestellung [...] leisten."*[1050]

(c) Ergebnis

Der Geschäftsführung ohne Auftrag ist kein Eingriffscharakter zuzuerkennen. Auch eine Auslegung unter Berücksichtigung der mittelbaren Drittwirkung der Menschenrechte kann hieran nichts ändern, da es insoweit an einer der Auslegung zugänglichen Unbestimmtheit fehlt.

*(2) ordre public, Art. 26 Rom II-VO*

Art. 26 Rom II-VO sieht vor, dass die Anwendung des durch die Verordnung berufenen Rechts versagt werden kann, wenn sie *„mit der öffentlichen Ordnung („ordre public") des Staates des angerufenen Gerichts offensichtlich unvereinbar ist."*

Dem ordre public kommt damit die "negative" Funktion zu, die unveränderte Anwendung des fremden Rechts im konkreten Fall zu verhindern.[1051] Dabei bestimmt jede mitgliedstaatliche Rechtsordnung selbst, welche fundamentalen Grundwertungen sie für unverzichtbar hält.[1052]

Da Art. 26 Rom II-VO *„nahtlos an das bisherige deutsche IPR der außervertraglichen Schuldverhältnisse"*[1053] anknüpft, können die Feststellungen, die zu

---

1049 Für die Zuerkennung des Eingriffsnormcharakters des § 5 Abs. 1 JArbSchG vor dem Hintergrund des ILO-Übereinkommens Nr. 138 vgl. *Grabosch*, Rechtsschutz vor deutschen Zivilgerichten gegen negative Beeinträchtigungen von Menschenrechten durch transnationale Unternehmen, in: *Nikol/Schniederjahn/Bernhard (Hrsg.)*, Transnationale Unternehmen und Nichtregierungsorganisationen im Völkerrecht, S. 20 des Beitrags (im Erscheinen).

1050 *Magnus*, Anwendbares Recht, Schutz- und Freiheitsinteressen im Nord-Süd-Verhältnis in: *Magnus/Meng (Hrsg.)*, Das internationale Recht im Nord-Süd-Verhältnis, S. 116.

1051 *Rauscher/Jakob/Picht*, EuZPR/EuIPR, Art. 26 Rom II-VO Rz. 2.

1052 Ebenda, Rz. 16.

1053 *MünchKommBGB/Junker*, Art. 26 Rom II-VO Rz. 8.

Art. 6 EGBGB (dem ordre public im deutschen nationalen Kollisionsrecht) weitgehend übernommen werden:

Das BVerfG hat schon in der „Spanier-Entscheidung“ zu Art. 30 EGBGB a.F. festgestellt, dass *„die Vorschriften des deutschen internationalen Privatrechts und die Anwendung des durch sie berufenen ausländischen Rechts im Einzelfall [...] an den Grundrechten zu messen“*[1054] sind. Der ordre public stellt sich damit als „Einbruchstelle“ für die Grundrechte in das internationale Privatrecht dar.[1055] Das gleiche muss auch für die Menschenrechte gelten, denn die in den UN-Übereinkommen verankerten Rechte gehören ebenfalls zum ordre public.[1056] Menschenrechte dienen danach als Interpretationshilfe dafür, was ordre-public-widrig ist und als Maßstab, wann der ordre-public-Vorbehalt Anwendung findet.[1057] Es kommt zu einer *„systematischen Verzahnung der betroffenen Rechtsgebiete: Völkerrecht, Verfassungsrecht und Internationales Privatrecht.“*[1058]

Die Anforderungen an den Inlandsbezug müssen desto geringer ausfallen, je größer die Gefährdung eines Rechtsguts ist.[1059] Sind Menschenrechte betroffen, wird dies mithin dahin führen, dass nur eine minimale Berührung des Inlands ausreicht oder dass sogar ganz auf den Inlandsbezug zu verzichten ist.[1060] Anderenfalls würde *„das Beharren auf einen Inlandsbezug die Menschenrechte aushöhlen.“*[1061] Zwar sind *„in Fällen mit Auslandsberührung [...] andere Wertordnungen grundsätzlich zu respektieren. Solche Rücksichtnahme findet jedoch an den internationalen Menschenrechten [...] eine Schranke.“*[1062]

Rechtsfolge des Eingreifens des ordre public ist grundsätzlich die Nichtbeachtung derjenigen Vorschrift, welche zu einem offensichtlichen Verstoß gegen

---

1054 Beschluss des BVerfG vom 4. Mai 1971, BVerfGE 31, 58 – Die „wohl wichtigste deutsche Entscheidung zum IPR im 20. Jahrhundert“, *von Bar/Mankowski*, Internationales Privatrecht Bd. 1, § 4 Rz. 40.

1055 Beschluss des BVerfG vom 4. Mai 1971, BVerfGE 31, 58, 86.

1056 Vgl. *Kropholler*, Internationales Privatrecht, S. 253, mit Verweis auf BegrRegE, BT-Drucks. 10/504, S. 44.

1057 Vgl. *Ehricke*, EuGRZ 1993, S. 113, 117.

1058 *Voltz*, Menschenrechte und Ordre Public im Internationalen Privatrecht, S. 313.

1059 *MünchKommBGB/Junker*, Art. 26 Rom II-VO Rz. 20.

1060 Vgl. *Scheffler*, Die Bewältigung hoheitlichen Unrechts durch fremde Zivilgerichte, S. 243.

1061 *Ehricke*, EuGRZ 1993, S. 113, 117.

1062 *Scheffler*, Die Bewältigung hoheitlichen Unrechts durch fremde Zivilgerichte, S. 243.

die öffentliche Ordnung führen würde. Bedingt dies eine Regelungslücke, ist vorrangig eine modifizierte Anwendung der ausländischen lex causae zu prüfen; nur wenn auch so kein ordre-public-konformes Ergebnis erzielt werden kann, wird die lex fori als Ersatzrecht anwendbar.[1063]

Hier kann die Anwendung chinesischen Rechts dazu führen, dass den Zwangsarbeitern kein Anspruch zusteht. Allein dieses Ergebnis wird jedoch kein Eingreifen des ordre public rechtfertigen: Schon nach deutschem Recht ist nicht zweifelsfrei geklärt, ob die Geschäftsführung ohne Auftrag zum Aufwendungsersatz führen wird. Die Versagung eines solchen Anspruchs gegen das abnehmende Handelsunternehmen wäre nicht schlechterdings unvereinbar mit der deutschen öffentlichen Ordnung.

## e. Deliktsstatut

### aa. Einschlägige Regelungen des IPR

Die von der Zwangsarbeit betroffenen chinesischen Arbeiter werden in ihrem allgemeinen Persönlichkeitsrecht verletzt.[1064]

Für das allgemeine Persönlichkeitsrecht existieren keine staatsvertraglichen Regelungen zur Bestimmung des anwendbaren Rechts.

Gemäß Art. 1 Abs. 2 S. 2 lit. g) 2. Alt. Rom II VO sind außervertragliche Schuldverhältnisse aus der Verletzung der Persönlichkeitsrechte zudem vom Anwendungsbereich der Verordnung ausgeschlossen. Grund hierfür ist schlicht, dass sich die europäischen Institutionen nicht auf eine Kollisionsnorm zu dieser Frage einigen konnten.[1065] Das anwendbare Recht für Persönlichkeitsrechtsverletzungen bestimmt sich daher auch weiterhin entsprechend Art. 40 ff. EGBGB. Ausgeklammert bleiben damit nicht nur die Kollisionsregeln zum Deliktsrecht der

1063 Vgl. *MünchKommBGB/Junker*, Art. 26 Rom II-VO Rz. 26.

1064 In anderen als den hier betrachteten Fällen kann es durchaus auch zu sonstigen Schädigungen kommen. Spezialanknüpfungen bestehen nach der Rom II-VO im Bereich der Produkthaftung (Art. 5), für Umweltschädigungen (Art. 7) und für Arbeitskampfmaßnahmen (Art.9). Allgemeine Verletzungen von Körper und Gesundheit fallen unter die Grundregel des Art. 4.

1065 Vgl. *MünchKommBGB/Junker*, Art. 1 Rom II-VO Rz. 43. Vor dem Hintergrund des maßgeblich betroffenen Mediendeliktsrechts handelte es sich gar um einen der Hauptstreitpunkte bei dem Entwurf der Rom II-VO, vgl. *Mankowski*, Interessenpolitik und europäisches Kollisionsrecht, S. 79.

Rom II-VO, sondern ebenfalls deren Art. 17[1066] – der Berücksichtigungsnorm für Sicherheits- und Verhaltensregeln.[1067]

## bb. Anwendbares Recht nach Art. 40 ff. EGBGB[1068]

Nach herrschender Ansicht sind Bestand und Ausgestaltung des Persönlichkeitsrechts sowie die einzelnen Ansprüche bei Persönlichkeitsverletzungen dem allgemeinen Deliktsstatut zu unterstellen.[1069]

### *(1) Anknüpfung an den Tatort*

Da die Parteien vorliegend ihren gewöhnlichen Aufenthalt nicht im selben Staat haben (Art. 40 Abs. 2) ist das Recht des Staates anzuwenden, in dem der Ersatzpflichtige gehandelt hat, es sei denn, der Verletzte optiert für das Recht des Erfolgsorts.[1070] Art. 40 Abs. 1 ist Ausfluss des sogenannten Ubiquitätsprinzip, wonach bei Distanzdelikten der Tatort sowohl am Handlungs- als auch am Erfolgsort liegt.[1071]

Die Handlung ist bei Persönlichkeitsverletzungen dort verortet, *„wo die tatbestandsmäßige Ausführungshandlung mit Außenwirkung vorgenommen wurde.“*[1072] Dies darf jedoch nicht so verstanden werden, dass es auf die nach außen in Erscheinung tretende Bestellungsabgabe des Handelsunternehmens ankommt. Maßgeblich muss – wie bei Pressedelikten und der Produkthaftung – vielmehr *„der Ort der Verhaltenszentrale“*[1073] sein, also der juristische oder reale Sitz des Entscheidungsorgans. Dieser ist vorliegend in Deutschland.

Der Hauptanwendungsfall von Persönlichkeitsdelikten im IPR sind Mediendelikte. Bei diesen geht es um Eingriffe in den sozialen Achtungsanspruch des

---

1066 Vgl. *von Hein*, Die Behandlung von Sicherheits- und Verhaltensregeln nach Art. 17 der Rom II-VO, in: *Kronke/Thorn (Hrsg.)*, FS von Hoffmann, S. 142.

1067 Nach dieser Vorschrift sind *„bei der Beurteilung des Verhaltens der Person, deren Haftung geltend gemacht wird, […] faktisch und soweit angemessen die Sicherheits- und Verhaltensregeln zu berücksichtigen, die an dem Ort und zu dem Zeitpunkt des haftungsbegründenden Ereignisses in Kraft sind.“*

1068 Auch im Rahmen der unerlaubten Handlung geht eine nachträgliche Rechtswahl sämtlichen anderen Anknüpfungen vor, Art. 42 EGBGB. Es wird in der Folge jedoch wiederum davon ausgegangen, dass die Parteien keine Rechtswahl treffen.

1069 Vgl. *Staudinger/von Hoffmann*, 2001, Art. 40 EGBGB Rz. 53 f.

1070 Vgl. *MünchKommBGB/Junker*, Art. 40 EGBGB Rz. 13.

1071 Vgl. *Kropholler*, Internationales Privatrecht, S. 524.

1072 *Staudinger/von Hoffmann*, 2001, Art. 40 EGBGB Rz. 58.

1073 Ebenda.

Einzelnen, sodass Erfolgsort überall dort ist, wo Dritte die Information zur Kenntnis nehmen.[1074] Hier hingegen geht es vorrangig darum, dass das Selbstbestimmungsrecht der Zwangsarbeiter tangiert wird. Diese Beeinträchtigung entfaltet am gewöhnlichen Aufenthaltsort des Trägers des verletzten Rechtsguts Wirkung. Erfolgsort ist damit China.

Anwendbar ist folglich grundsätzlich deutsches Recht, es sei denn der Betroffene bestimmt, dass chinesisches Recht Anwendung finden soll.

*(2) Wesentlich engere Verbindung*

Art. 41 EGBGB sieht vor, dass abweichend von den Grundregeln des Art. 40 Abs. 1 und 2 außervertragliche Ansprüche an das Recht der „engsten Verbindung“ angeknüpft werden.

Das für das Deliktsstatut einzig maßgeblich Regelbeispiel[1075] betrifft nach Abs. 2 Nr. 1 das Bestehen einer *„besonderen rechtlichen oder tatsächlichen Beziehung zwischen den Beteiligten im Zusammenhang mit dem Schuldverhältnis.“* Zwischen den chinesischen Zwangsarbeitern und dem deutschen Handelsunternehmen liegen weder vertragliche noch gesetzliche Sonderbeziehungen vor; auch keine der Fallgruppen, die gemeinhin im Rahmen von Art. 41 EGBGB als enge tatsächliche Beziehung in Betracht gezogen werden (zum Beispiel familienähnliche Gemeinschaften oder gemeinsame Betroffenheit bei einem Massenunfall)[1076] ist einschlägig.

Schließlich führt auch die Anwendung der Generalklausel nach Art. 41 Abs. 1 zu keiner Korrektur: Eine solche soll nur dann erfolgen, *„wenn evident ist, dass die Grundanknüpfungen nicht zum sachverhaltsnächsten Recht führen, weil das Kriterium der stärksten Beziehung eindeutig auf eine andere Rechtsordnung weist.“*[1077]

*(3) Ergebnis*

Die Anknüpfung eines Anspruchs aus unerlaubter Handlung ist für den Handlungsort eine Gesamtverweisung. In Bezug auf den Erfolgsort handelt es sich hingegen um eine Sachnormverweisung.[1078] Es bleibt somit bei der grundsätzlichen

---

1074 Vgl. *MünchKommBGB/Junker*, Art. 40 EGBGB Rz. 77.

1075 Vgl. *Kegel/Schurig*, Internationales Privatrecht, S. 738.

1076 Zu den verschiedenen Fallgruppen rechtlicher oder tatsächlicher Beziehungen vgl. *Staudinger/von Hoffmann*, 2001, Art. 41 EGBGB Rz. 15 ff.

1077 *MünchKommBGB/Junker*, Art. 41 EGBGB Rz. 9.

1078 Ebenda, Art. 40 EGBGB Rz. 120 f.

Anwendung deutschen Rechts mit der Möglichkeit des Verletzten, für das chinesische Recht zu optieren.[1079]

## f. Anwendbares Recht für den Kondiktionsanspruch

### aa. Einschlägige Regelungen des IPR

Es bestehen keine Staatsverträge zum Bereicherungsrecht.

Die Rom II-VO behandelt die ungerechtfertigte Bereicherung in Art. 10. Entsprechend einheitlicher europäischer Auslegung erfasst Art. 10 „*Ansprüche aus Vermögensverschiebungen, die sich [...] als vom Bereicherungsgläubiger ausgehende (rechtsgrundlose) Zuwendungen darstellen; [...] Ansprüche, die auf ein Verhalten des Bereicherungsschuldners zurückgehen, welches entweder ihm selbst einen Vermögensvorteil verschafft [...] oder einen solchen bei einem Dritten generiert (Weitergabe); und schließlich Ansprüche aus solchen Vermögensverschiebungen, die nicht auf das zielgerichtete Verhalten einer der Parteien [...] zurückgehen [...] sowie Ansprüche im Zusammenhang mit Mehrpersonenverhältnissen.*"[1080] Art. 10 stellt damit eine äußerst unfassende Regelung für die Bestimmung des anwendbaren Rechts zum Bereicherungsausgleich bereit.

### bb. Anwendbares Recht nach Art. 10 Rom II-VO

Ebenso wie Art. 11 für die Geschäftsführung ohne Auftrag sieht Art. 10 für bereicherungsrechtliche Sachverhalte eine dreistufige Anknüpfungsleiter in der Reihenfolge der Absätze vor.[1081] Unterschieden wird – anders als im EGBGB –

1079 Das EGBGB bietet im Vergleich zu der für den Großteil deliktischer Ansprüche anwendbaren Rom II-VO einen erheblichen Vorteil für die Betroffenen. Da die Rom II-VO das Recht des Schadensorts beruft, käme es stets zur Anwendung ausländischen Rechts. Demgegenüber stehen dem Geschädigten nach EGBG zwei Rechtsordnungen offen. Abgemildert wird das Ergebnis nach Art. 17 Rom II-VO allerdings dadurch, dass für die Beurteilung des Verhaltens der Entscheidungsträger der deutschen Handelsunternehmen, Sorgfalts-, Organisations- und Verkehrspflichten nach deutschem Recht zu berücksichtigen sind, vgl. hierzu *Grabosch*, Rechtsschutz vor deutschen Zivilgerichten gegen negative Beeinträchtigungen von Menschenrechten durch transnationale Unternehmen, in: *Nikol/Schniederjahn/Bernhard (Hrsg.)*, Transnationale Unternehmen und Nichtregierungsorganisationen im Völkerrecht, S. 22 ff. des Beitrags (im Erscheinen).

1080 *Rauscher/Jakob/Picht*, EuZPR/EuIPR, Art. 10 Rom II-VO Rz. 10.

1081 Vgl. *Wagner*, IPrax 2008, S. 1, 10.

nicht nach Anknüpfungsgegenständen (etwa Leistungs- oder Eingriffskondiktion), sondern nach Anknüpfungsmerkmalen.[1082] Eine besondere Kollisionsregel für Mehrpersonenverhältnisse existiert nicht.[1083]

Für den Bereicherungsausgleich soll vorrangig akzessorisch an ein zwischen den Parteien bestehendes Rechtsverhältnis angeknüpft werden (Abs. 1), hilfsweise an einen gemeinsamen gewöhnlichen Aufenthalt (Abs. 2) und letztendlich an den Ort, *„in dem die ungerechtfertigte Bereicherung eingetreten ist"* (Abs. 3).

Wie bereits dargelegt, besteht zwischen dem deutschen Handelsunternehmen und den Zwangsarbeitern kein entsprechendes Rechtsverhältnis. Auch ein gemeinsamer gewöhnlicher Aufenthalt liegt nicht vor.

Maßgeblich ist demnach der „Eintrittsort" der Bereicherung. Mit Verweis auf die unterschiedlichen Sprachfassungen der Rom II-VO wird darauf hingewiesen, dass dieser nicht ganz einfach zu lokalisieren sei: im Gegensatz zum deutschen Wortlaut, der klar auf den Erfolgsort hinzudeuten scheint, seien der französische („pays dans lequel l'enrichissement sans cause s'est produit") und der englische ("country in which the unjust enrichment took place") offener.[1084] In Betracht kämen der Ort der Handlung, die zu der Bereicherung führte, der aktuelle Lageort des betroffenen Vermögens, der Sitz des Schuldners des Bereicherungsanspruchs sowie der Lageort des Vermögens, das den Bereicherungsgegenstand bildet.[1085]

Auch wenn sich noch keine Rechtsprechung zu dieser Frage herausgebildet hat, wird Art. 10 Abs. 3 Rom II-VO überwiegend so interpretiert, dass entscheidend sei, *„wo das Vermögen des Bereicherungsschuldners vermehrt worden ist"*,[1086] beziehungsweise wo sich *„der Vermögenszuwachs beim Bereicherungsschuldner dauerhaft realisiert."*[1087] Dies dürfte hier der Hauptsitz des Handelsunternehmens und damit Deutschland sein, sodass – im Wege der Sachnormverweisung[1088] – deutsches Recht zur Anwendung gelangt.[1089]

---

1082 Vgl. *Fischer*, Ungerechtfertigte Bereicherung und GoA im europäischen IPR, in: *Bernreuther/Freitag (Hrsg.)*, FS Spellenberg, S. 151.

1083 Vgl. *Rauscher/Jakob/Picht*, EuZPR/EuIPR, Art. 10 Rom II-VO Rz. 46.

1084 Vgl. *Kadner Graziano*, RabelsZ 2009, S. 1, 66.

1085 Ebenda, S. 67.

1086 *Fischer*, Ungerechtfertigte Bereicherung und GoA im europäischen IPR, in: *Bernreuther/Freitag (Hrsg.)*, FS Spellenberg, S. 154.

1087 *Rauscher/Jakob/Picht*, EuZPR/EuIPR, Art. 10 Rom II-VO Rz. 39.

1088 Vgl. Art. 24 Rom II-VO.

1089 Nach alter Rechtslage käme es wegen des auf Dritteingriffskondiktionen anwendbaren Art. 38 Abs. 3 ebenfalls zur Anwendung von deutschem Recht als Recht des *„Staates, in dem die Bereicherung eingetreten ist."*

### g. Teilfrage der Zurechnung

Bei den Anspruchsgegnern handelt es sich um Unternehmen. Die menschenrechtsbeeinträchtigenden Handlungen gehen jedoch auf das Verhalten natürlicher Personen zurück. Es ist daher für sämtliche zu prüfenden Ansprüche zu klären, nach welchem Recht sich die Zurechnung der Handlungen von natürlichen Personen zu den Unternehmen bemisst.

Gesellschaftsrechtliche Fragen sind vom sachlichen Anwendungsbereich der Rom II-VO nicht umfasst, vgl. Art. 1 Abs. 2 lit. d). Dennoch unterliegen nach allgemeiner Ansicht Gesellschaften und juristische Personen im Außenverhältnis dem allgemeinen Deliktsrecht.[1090] Fraglich ist, ob es sich bei der Frage der Zurechnung von Handlungen natürlicher Personen um einen solchen „äußeren" oder um einen gesellschaftsinternen Sachverhalt handelt. Die Auflistung in Art. 1 Abs. 1 lit. d), welche einige Materien herausstellt, die jedenfalls nicht den Anknüpfungsregeln der VO unterfallen sollen, hilft hier nicht weiter.

Maßgeblich dürfte die Regel des Art. 15 lit. g) Rom II-VO sein. Nach dieser Vorschrift ist das nach der Rom II-VO berufene Recht *„insbesondere maßgebend für die Haftung für die von einem anderen begangenen Handlungen."* Hierzu soll auch die Frage zählen, *„unter welchen Voraussetzungen das von einer natürlichen Person (z.B. als Organ [...]) begangene Delikt haftungsrechtlich einer juristischen Person (oder einer nichtrechtsfähigen Personenvereinigung) zugerechnet werden kann."*[1091] Wird aber die Zurechnung nach § 31 für Delikte dem nach Rom II-VO anwendbaren Recht unterworfen,[1092] muss dies für alle von der Rom-II-VO adressierten Schuldverhältnisse gelten, da Art. 15 lit. g insoweit nicht differenziert.

Diese Vorgehensweise entspricht auch dem Ziel des europäischen Entscheidungseinklangs, welches gefördert wird, wenn Vorfragen grundsätzlich unselbstständig angeknüpft werden.[1093]

Anwendbar ist damit auch für die Frage der Zurechnung das ohnehin für das Rechtsverhältnis identifizierte Recht.

---

1090 Vgl. *Rauscher/Unberath/Cziupka*, EuZPR/EuIPR, Art. 1 Rom II-VO Rz. 37.

1091 *MünchKommBGB/Junker*, Art. 15 Rom II-VO Rz. 24, mit Verweis auf die Rechtsprechung zum deutschen IPR.

1092 Vgl. *Rauscher/Jakob/Picht*, EuZPR/EuIPR, Art. 15 Rom II-VO Rz. 16.

1093 Ebenda, Rz. 18., der allerdings einschränkt, dass sich der Rom-II-VO selbst kein direkter Hinweis entnehmen lässt, ob Vorfragen selbstständig nach der lex fori oder unselbstständig nach der lex causae angeknüpft werden sollen.

## h. Ergebnis

Für die zu beurteilenden Fälle ergibt sich Folgendes:

Ansprüche wegen Geschäftsführung ohne Auftrag richten sich nach chinesischem Recht, bereicherungsrechtliche Ansprüche unterfallen dagegen der deutschen Rechtsordnung.

Deliktische Ansprüche werden nach deutschem Recht bemessen, es sei denn, die chinesischen Zwangsarbeiter optieren für das chinesische Statut.

# 3. Zivilprozessuale Herausforderungen

Steht nunmehr fest, dass eine Geltendmachung der Ansprüche vor deutschen Gerichten nach deutschem Recht in Betracht kommt, soll nachfolgend ein kurzer Überblick über die zivilprozessualen Bedingungen gegeben werden.[1094]

Der deutsche Zivilprozess wird durch Nichtregierungsorganisation häufig als vergleichsweise nachteilig eingestuft.[1095] Während die Befürchtungen zum Kostenrisiko wohl ausräumbar sind, sind die Bedenken in Bezug auf die Beweisführung sowie die Klägerorganisation im Vergleich zu anderen Rechtskreisen begründet.

## a. Prozesskosten

Für die finanziell schwachen Betroffenen der Zulieferfälle sind die Kosten des Rechtsstreits von nicht unerheblicher Bedeutung. Die Aufwendungen aus Anlass der Prozessführung umfassen sowohl die Gerichtskosten nach dem Gerichtskostengesetz (GKG) als auch die außergerichtlichen Kosten (wie etwa Anwaltsgebühren).[1096] Grundregel des § 91 Abs. 1 S. 1 ZPO ist die Unterliegenshaftung. Die unterliegende

---

1094 Auf die Möglichkeit, die zivilrechtlichen Ansprüche auch im Wege eines Adhäsionsverfahrens im Rahmen eines etwaigen Strafprozesses gegen deutsche Manager geltend zu machen, wird im Rahmen dieser Arbeit nicht eingegangen. Überwiegend wird ein solches Vorgehen für die betreffenden Fälle als nachteilig im Vergleich zum al lgemeinen Zivilprozess eingeschätzt, vgl. etwa *Engle*, Alien Torts in Europe? Human Rights and Tort in European Law, ZERP-Diskussionspapier 1/2005, S. 39 ff. Abrufbar unter http://www.geocities.ws/eric.engle/V.pdf (zuletzt abgerufen am 12.01.2013).

1095 Vgl. zum Beispiel *Klinger*, Survey Response, Laws of Germany, Commerce, Crime and Conflict: A Survey of Sixteen Jurisdictions, Fafo AIS. Abrufbar unter http://www.fafo.no/liabilities/CCCSurveyGermany06Sep2006.pdf (zuletzt abgerufen am 12.01.2013).

1096 *Zöller/Herget*, vor § 91 ZPO Rz. 1.

Partei muss die Kosten des Rechtsstreits tragen. Hierzu zählt insbesondere, dem Gegner die entstandenen notwendigen Kosten zu erstatten.[1097]

Auch wenn damit auf den ersten Blick ein erhebliches finanzielles Risiko besteht, wird dies doch dadurch abgemildert, dass das deutsche Zivilprozessrecht in den §§ 114 ff. Prozesskostenhilfe vorsieht.[1098] Danach erhält *„eine Partei, die nach ihren persönlichen und wirtschaftlichen Verhältnissen die Kosten der Prozessführung nicht, nur zum Teil oder nur in Raten aufbringen kann, [...] auf Antrag Prozesskostenhilfe, wenn die beabsichtigte Rechtsverfolgung oder Rechtsverteidigung hinreichend Aussicht auf Erfolg bietet und nicht mutwillig erscheint."* Dieses Recht steht auch ausländischen Klägern zu. So wurde durch das am 1. Januar 1981 in Kraft getretene Gesetz über die Prozesskostenhilfe klargestellt, dass Ausländer und Staatenlose ebenfalls Prozesskostenhilfe beantragen können, wobei es nicht darauf ankommt, ob die Partei einen inländischen Wohnsitz hat.[1099]

Zudem können in Deutschland seit dem Jahr 2008 Erfolgshonorare vereinbart werden, *„wenn der Auftraggeber aufgrund seiner wirtschaftlichen Verhältnisse bei verständiger Betrachtung ohne die Vereinbarung eines Erfolgshonorars von der Rechtsverfolgung abgehalten würde."*[1100] Hierdurch kann das Risiko einer finanziellen Belastung im Falle des Unterliegens zusätzlich minimiert werden.

Im Übrigen richten sich die Gerichts- und Anwaltsgebühren grundsätzlich nach dem Streitwert.[1101] In NS-Zwangsarbeiterprozessen soll deswegen teilweise absichtlich ein niedriger Streitwert angegeben worden sein, um die Kosten gering zu halten.[1102] In den vorliegend zu beurteilenden Fällen wird der Streitwert wegen der im Raum stehenden niedrigen Haftungssummen dagegen ohnehin nicht besonders hoch sein.

---

1097 *Baumbach/Hartmann*, Übers. § 91 ZPO Rz. 2.

1098 Vgl. hierzu bereits Teil IV.4.b.

1099 Vgl. *MünchKommZPO/Motzer,* § 114 Rz. 54 f.

1100 § 4a Abs. 1 S. 1 Rechtsanwaltsvergütungsgesetz. Zu beachten ist jedoch, dass eine solche Vereinbarung selbstverständlich keine Auswirkungen auf die gegebenenfalls anfallenden Gerichtskosten, Verwaltungskosten und die zu erstattenden Kosten anderer Beteiligter hat, vgl. § 49b Abs. 2 S. 2 Bundesrechtsanwaltsordnung, wonach Vereinbarungen, durch die der Rechtsanwalt sich verpflichtet, diese Kosten zu tragen, unzulässig sind.

1101 Vgl. *HK-ZPO/Gierl*, Vor §§ 91–107 Rz. 3, 8.

1102 Vgl. *Ferencz*, Lohn des Grauens, S. 62 ff. für den Fall Wollheim gegen I.G. Farben.

## b. Beweisfragen

Auf tatsächlicher Ebene kann ein wesentliches Hindernis in der Beweisbarkeit menschenrechtsrelevanter Handlungen bestehen.

Nach deutschem Zivilprozessrecht trägt der Anspruchsteller *„die Beweislast für die rechtsbegründenden, der Anspruchsgegner [hingegen nur...] für die rechtsvernichtenden, rechtshindernden und rechtshemmenden Tatbestandsmerkmale.“*[1103]

Den Beklagten trifft überdies im Allgemeinen keine Verpflichtung, an der Aufklärung des Sachverhalts mitzuwirken. Ein der „pre trial discovery“ im amerikanischen Recht vergleichbares Verfahren, welches die Parteien zur Offenlegung von potentiellen Beweismitteln verpflichtet,[1104] kennt das deutsche Prozessrecht nicht. Im Grundsatz ist der sogenannte Ausforschungsbeweis unzulässig. Denn *„niemand braucht seinem Gegner die Waffen in die Hand zu geben. [...] Der Richter braucht auch nicht einer ohne jede Grundlage ins Blaue aufgestellten Behauptung nachzugehen.“*[1105]

Auch im materiellen deutschen Recht ist eine Auskunftspflicht nur für einzelne Bereiche konkret ausgestaltet. Spezielle Regelungen finden sich etwa im Unterhalts- und Erbrecht. Eine allgemeine Regelung gibt es demgegenüber nicht. Allenfalls kann in Einzelfällen § 242 BGB helfen. Dieser gilt aber nur im Rahmen von Vertragsbeziehungen und damit nicht für die hier beleuchteten Fallgestaltungen.

Informationen über die unternehmensinternen Entscheidungsabläufe sind vielfach nur schwer zu erlangen. Komplizierte und intransparente Unternehmensstrukturen können die Recherchen weiter erschweren.[1106] Gerade der für die Textilbranche typische mehrstufige und netzförmige Aufbau dürfte in der Praxis häufig dazu führen, dass sich der Sachverhalt nicht aufklären beziehungsweise beweisen lässt.

## c. Möglichkeit von Verbands- und Sammelklagen

Zur Wahrung ihrer Interessen kann es für die Betroffenen hilfreich sein, den Prozess durch Nichtregierungsorganisationen zu führen oder. sich zumindest durch solche im Verfahren unterstützen zu lassen. In Deutschland sind Verbandsklagen jedoch nur ausnahmsweise vorgesehen, etwa im Lauterkeitsrecht[1107] oder im

1103 *Zöller/Greger*, Vor § 284 ZPO Rz. 17a.

1104 Vgl. hierzu *Hailer*, Menschenrechte vor Zivilgerichten, S. 269.

1105 *Baumbach/Hartmann*, Einführung § 284 ZPO Rz. 29.

1106 Vgl. *Kaleck/Saage-Maaß*, Transnationale Unternehmen vor Gericht – Über die Gefährdung der Menschenrechte durch europäische Firmen in Lateinamerika, S. 17 f.

1107 Vgl. *MünchKommZPO/Lindacher*, Vor §§ 50 ff. ZPO Rz. 77.

Bundesnaturschutzgesetz sowie im Umweltrechtsbehelfsgesetz.[1108] Regulären Zivilverfahren ist die Verbandsklage hingegen fremd. Auch können Nichtregierungsorganisationen nicht etwa als Streitgenossen am Verfahren teilnehmen. Eine Unterstützungsmöglichkeit besteht lediglich in der Beibringung von durch Nichtregierungsorganisationen erstellten Privatgutachten.[1109] Diese gelten gleichwohl nicht als Beweismittel, sondern nur als Teil des Parteivortrags.[1110]

Eine andere Möglichkeit, die strukturell unterlegene Partei zu fördern, wird in Sammelklagen gesehen.[1111] Solche sind mittlerweile vor amerikanischen Gerichten im Rahmen der Human Rights Litigation weit verbreitet.[1112] In Fällen der Geltendmachung von Ansprüchen gegen große Unternehmen wird besonders der Ausgleich des Machtgefälles betont: Durch die Kumulation der Ansprüche erhöhen sich Kosten und Haftungsrisiko, sodass Unternehmen die Klagen ernster nehmen dürften als dies bei Einzelverfahren der Fall wäre.[1113]

Kollektiver Rechtsschutz bedeutet generell die *„‚gebündelte' Rechtsverfolgung durch eine Vielzahl gleichartig Betroffener in einem einzigen Verfahren mit Zuständigkeitskonzentration."*[1114] Auch hier bietet das deutsche Prozessrecht jedoch bislang keinen umfassenden Ansatz.[1115] Zwar können gemäß § 59 ZPO mehrere Personen als Streitgenossen gemeinschaftlich klagen. Zur Organisation eines echten Massenverfahrens taugt diese Vorschrift aber nicht: Die Streitgenossenschaft stößt hier an tatsächliche Grenzen.[1116]

---

1108 Vgl. *Rödl/Massoud*, Business, HR & Environment Study ENTR/09/45, Country Report Germany, S. 27. Abrufbar unter http://www.law.ed.ac.uk/euenterpriseslf/documents/eumemberstatequestionnaire.aspx (zuletzt abgerufen am 12.01.2013).

1109 Ebenda, S. 28.

1110 *Zöller/Greger*, § 402 ZPO Rz. 2.

1111 Vgl. zum Beispiel das Positionspapier der European Coalition for Corporate Justice "Towards a Coherent European Approach to Collective Redress". Abrufbar unter http://ec.europa.eu/competition/consultations/2011_collective_redress/eccj_en.pdf (zuletzt abgerufen am 12.01.2013). Dieses wurde im Rahmen eines Konsultationsprozesses der Generaldirektion Wettbewerb der Europäischen Kommission Anfang 2011 erstellt.

1112 *Hailer*, Menschenrechte vor Zivilgerichten, S. 269.

1113 Ebenda, S. 270.

1114 *Zöller/Vollkommer*, Anh. nach § 77 ZPO Rz. 1.

1115 Zu Erwägungen die Frage der Zulässigkeit kollektiven Rechtsschutzes durch separaten, auf die EuGVO verweisenden Akt auf europäischer Ebene zu regeln, vgl. *Magnus/Mankowski*, ZfVglRw 2010, S. 1, 36 ff.

1116 *Zöller/Vollkommer*, Anh. nach § 77 ZPO Rz. 1.

Auch ein Modellprozess in dem Sinne, von mehreren Parallelprozessen zuerst nur einen durchzuführen und die anderen auszusetzen, scheidet nach derzeitiger Rechtslage aus.[1117]

## 4. Exkurs: Anwendung ausländischen Rechts vor deutschen Gerichten

Im Rahmen dieser Arbeit wird sich ausführlich mit den Möglichkeiten beschäftigt, die das deutsche Zivilrecht für eine Haftbarmachung bietet. Wie dargelegt, bestehen gute Chancen, dass man in den hier zu beurteilenden Fällen zur Anwendbarkeit deutschen Rechts zumindest für einige Ansprüche gelangt. In anderen typischen Zulieferfällen ist es jedoch prozessual äußerst zweifelhaft, ob deutsches Recht berufen wird. Nachfolgend soll daher kurz darauf eingegangen werden, wie sich die Anwendung ausländischen Rechts in der deutschen Gerichtspraxis auswirken würde, das heißt wie zum Beispiel ein Rechtsstreit gegen ALDI unter Anwendung chinesischen Rechts abliefe.[1118] Ziel ist es dabei, allgemein auf die Besonderheiten einzugehen, welche die Anwendung ausländischen Rechts im Verfahren mit sich bringt, ohne hingegen konkret fremde Rechtsordnungen auf ihren materiellen Gehalt zu prüfen. Insoweit sei jedoch daran erinnert, dass das gesetzliche Schutzniveau in einigen Staaten nicht niedriger sein muss als nach deutschem Recht.[1119] Zudem können nach einigen Rechtsordnungen Vereinfachungen in Bezug auf die Zurechnung fremder Handlungen bestehen.

---

1117 Der BGH hat in seinem Urteil vom 30. März 2005 – X ZB 26/04, BGHZ 162, 373, 376 festgestellt, dass der Umstand, dass *„in einem anderen Verfahren über einen gleich oder ähnlich gelagerten Fall nach Art eines Musterprozesses entschieden werden soll, […] für sich allein noch keine Analogie zu der in § 148 ZPO geregelten Fallkonstellation“* rechtfertigt.

1118 Auf die Option, ausländische Zulieferer nach deutschem Recht vor deutschen Gerichten heranzuziehen, soll hingegen nicht eingegangen werden. Ein solches Vorgehen wäre durchaus denkbar, da aufgrund der bestehenden Forderung gegen das deutsche Handelsunternehmen ein Gerichtsstand entsprechend § 23 S. 1 1. Alt. ZPO (Vermögensgerichtstand) begründet werden könnte. Vgl. hierzu *Grabosch*, Rechtsschutz vor deutschen Zivilgerichten gegen negative Beeinträchtigungen von Menschenrechten durch transnationale Unternehmen, in: *Nikol/Schniederjahn/Bernhard (Hrsg.)*, Transnationale Unternehmen und Nichtregierungsorganisationen im Völkerrecht, S. 12 ff. des Beitrags (im Erscheinen).

1119 Ebenda, S. 26 ff.

## a. Ermittlung ausländischen Rechts

Anders als in Bezug auf das deutsche Recht, für welches der Grundsatz *„iura novit curia“* uneingeschränkt gilt,[1120] wird dem deutschen Richter nicht abverlangt, das ausländische Kollisions- und Sachrecht zu kennen. Er muss sich entsprechend § 293 ZPO jedoch die erforderliche Kenntnis von Amts wegen verschaffen.[1121] Auch wenn sich der Richter hierzu der Beweismittel der ZPO, insbesondere auch eines Sachverständigengutachtens bedienen darf, birgt die Anwendung ausländischen Rechts für die Gerichte besondere Herausforderungen.[1122] So ist es nicht ausreichend, allein anhand des ausländischen Gesetzestextes zu entscheiden, sondern auch dessen Auslegung und Anwendung in der ausländischen Rechtspraxis müssen Berücksichtigung finden.[1123]

Das Gericht ist befugt, die Parteien zur Mitwirkung aufzufordern. Gleichwohl das Gericht das ausländische Recht selbst zu ermitteln hat, sind die Parteien verpflichtet, es hierbei größtmöglich zu unterstützen. Bei der Ermittlung ausländischen Rechts dürfen die Parteien zudem vom Gericht zwingend zu berücksichtigende Privatgutachten vorlegen.[1124]

Der Richter entscheidet nach pflichtgemäßem Ermessen wie er seiner Ermittlungspflicht in Bezug auf das ausländische Recht nachkommt. Besteht beim Gericht selbst ausreichende Sachkunde, muss es den Parteien lediglich seine Rechtsauffassung mitteilen.[1125] Im Übrigen kann der Richter sowohl im Wege des Freibeweises vorgehen als auch eine förmliche Beweisaufnahme durchführen.[1126]

Stärkste Verbreitung finden in Deutschland vom Gericht erbetene wissenschaftliche Gutachten inländischer Institute; dagegen ist die Einschaltung ausländischer Einrichtungen üblicherweise nicht erforderlich.[1127] Zu beachten ist jedoch, dass dies bei den vorliegenden Fällen zivilrechtlicher Haftbarmachung von

---

1120 Vgl. *Zöller/Geimer*, § 293 ZPO Rz. 1.

1121 Vgl. *Schack*, Internationales Zivilverfahrensrecht, Rz. 702.

1122 Vgl. *von Hoffmann/Thorn*, Internationales Privatrecht, § 3 Rz. 133.

1123 *Geimer*, Internationales Zivilprozessrecht, Rz. 2579.

1124 Vgl. *Zöller/Geimer*, § 293 ZPO Rz. 16.

1125 Vgl. *Schack*, Internationales Zivilverfahrensrecht, Rz. 706.

1126 Vgl. *Geimer*, Internationales Zivilprozessrecht, Rz. 2583.

1127 Vgl. *Kropholler*, Internationales Privatrecht, S. 652; In einfachen Fällen können zum Beispiel auch die Loseblattsammlungen von *Bergmann/Ferid/Henrich* (Internationales Kindschaftsrecht) und von *Ferid/Firsching* (Internationales Erbrecht) sowie die im Auftrag des deutschen Rates für IPR veröffentlichten Gutachten zum internationalen und ausländischen Privatrecht herangezogen werden, vgl. *von Hoffmann/Thorn*, Internationales Privatrecht, § 3 Rz. 136.

Unternehmen für Menschenrechtsbeeinträchtigungen, die zum Beispiel auch die Kenntnis über ausländische Arbeitsstandards verlangen, anders sein könnte: Während die inländischen Institute regelmäßig mit bestimmten, in der gerichtlichen Praxis häufig vorkommenden Fragestellungen etwa des Ehe- und Familienrechtes befasst sind, und hier eine große Expertise entwickelt haben, dürfte für die in Frage stehenden Fälle teilweise eine Sonderkenntnis erforderlich sein, die sich allein in dem betreffenden Staat finden lässt. Dies gilt umso stärker als mehrheitlich die Rechtsordnungen von Entwicklungs- und Schwellenländern betroffen sind, denen in der deutschen Forschung nur eine untergeordnete Rolle zukommt.

Obwohl die Einholung inländischer Gutachten als relativ bestes Mittel zur Ermittlung ausländischen Rechts angesehen wird, bestehen durchaus Bedenken, sowohl wegen eines möglichen Hineinwirkens der Gutachtenerstellung in den Bereich des nationalen Rechts als auch unter Qualitätsaspekten.[1128]

## b. Anwendung ausländischen Rechts

Vor dem Hintergrund, dass Sinn der kollisionsrechtlichen Verweisung auf ausländisches Recht das Streben nach internationalem Entscheidungseinklang ist, soll das ausländische Recht so angewendet werden, wie es der ausländischen Praxis entspricht.[1129] *„Der deutsche Richter hat ausländisches Recht so anzuwenden, wie es der Richter des betreffenden Landes auslegt und anwendet."*[1130] Es reicht mithin gerade nicht aus, dass der Richter allein den Wortlaut der Rechtsquellen heranzieht, vielmehr muss er *„unter Ausschöpfung der ihm zugänglichen Erkenntnismöglichkeiten auch die konkrete Ausgestaltung des Rechts in der ausländischen Rechtspraxis, insbesondere die ausländische Rechtsprechung, berücksichtigen."*[1131]

Unterwirft das Gericht dagegen die ausländischen Rechtsregeln einer eigenen Interpretation, besteht die Gefahr, dass der Sinn der kollisionsrechtlichen Verweisung verfehlt wird. *„Das Ergebnis wäre ein fiktives, weil mit der tatsächlichen Handhabung des ausländischen Rechts nicht übereinstimmendes Normengebilde."*[1132]

---

1128 *Kropholler*, Internationales Privatrecht, S. 653 f.

1129 *Von Hoffmann/Thorn*, Internationales Privatrecht, § 3 Rz. 140.

1130 *Zöller/Geimer*, § 293 ZPO Rz. 24.

1131 Urteil des BGH vom 23. Juni 2003 – II ZR 305/01, MDR 2003, S. 1128.

1132 *Geimer*, Internationales Zivilprozessrecht, Rz. 2596.

Anders kann sich dies bei Sonderfällen darstellen, zum Beispiel weil das fremde Recht lückenhaft oder die bisherige Regelung eindeutig überholt ist.[1133] Hier ist das Gericht frei, auch eine Fortentwicklung des fremden Rechts vorzunehmen, wobei *„dem Geist der ausländischen Rechtsordnung und deren Systemzusammenhängen Rechnung [zu] tragen"* ist.[1134] Eine solche Situation ist gerade auch bei den anlässlich dieser Arbeit zu beurteilenden Ansprüchen denkbar, da diesbezügliche Prozesse in den betroffenen Staaten selten und damit das Recht unter Umständen nicht immer vollständig richterlich ausgeformt ist.

Zudem wird sich – ähnlich wie bereits bei der Untersuchung des deutschen Rechts – auch bei ausländischer Rechtsanwendung die Frage stellen, wie die Menschenrechte auf das ausländische Recht einwirken. Entsprechend der Feststellung, dass das Völkerrecht mindestens eine mittelbare Drittwirkung anordnet (vgl. Teil II.2.d), hängt die Antwort davon ab, ob das nationale Recht darüber hinaus sogar eine unmittelbare Drittwirkung vorsieht. In jedem Fall ist das einfache Recht unter Berücksichtigung der Menschenrechte auszulegen.[1135]

### c. Ersatzrecht bei Nichtermittelbarkeit des ausländischen Rechts

Sollte sich das ausländische Recht trotz aller Sorgfalt nicht ermitteln lassen, muss das Gericht auf ein Ersatzrecht zurückgreifen und darf nicht die Sachentscheidung verweigern.[1136]

Häufig erfolgt in solchen Fällen ein Rückgriff auf das inländische Sachrecht, die lex fori.[1137] Der Bundesgerichtshof vertritt, dass *„wenn sich über den Inhalt des durch eine deutsche Kollisionsnorm berufenen ausländischen Rechts keine sicheren Feststellungen treffen lassen [...] grundsätzlich die Sachnormen des deutschen Rechts anzuwenden sind [und nur] in Fällen, in denen die Anwendung [...] äußerst unbefriedigend wäre, [...] auch die Anwendung des dem an sich berufenen Recht*

1133 Vgl. *Kropholler*, Internationales Privatrecht, S. 214.
1134 *Von Hoffmann/Thorn*, Internationales Privatrecht, § 3 Rz. 140.
1135 Zur Frage, inwieweit als Korrektiv zu dem nach ausländischen Recht ermittelten Ergebnis der Ordre public eingreift, oder ob neben dem ausländischen Recht deutsche Eingriffsnormen zu Anwendung kommen, vgl. Teil VI.2.a.cc.
1136 Vgl. *von Hoffmann/Thorn*, Internationales Privatrecht, § 3 Rz. 141.
1137 Vgl. *Schack*, Internationales Zivilverfahrensrecht, Rz. 718.

*nächstverwandten oder des wahrscheinlich geltenden Rechts gerechtfertigt sein"*[1138] kann. Äußerst unbefriedigend kann die Anwendung inländischen Rechts vor allem dann sein, wenn der Sachverhalt keine oder nur eine vergleichsweise unbedeutende Verbindung zum Inland hat, wenn das inländische Sachrecht eine Sonderregelung in rechtsvergleichender Sicht darstellt oder wenn – bei nur partieller Nichtfeststellung des ausländischen Rechts – die lex fori sich nicht in den ermittelten Bestand einfügt.[1139]

In der Theorie ideal erscheint zwar eine Entscheidung nach allgemeinen Rechtsgrundsätzen, jedoch besteht auf vielen Rechtsgebieten kein internationaler Konsens, und selbst dort, wo ein solcher verwirklicht ist – wie etwa bei dem Prinzip *„pacta sunt servanda"* – kann schwerlich eine unmittelbare Subsumption erfolgen.[1140]

---

1138 Vgl. Urteil des BGH vom 23. Dezember 1981 – IV b ZR 643/80, NJW 1982, S. 1215, 1216.

1139 Vgl. *Kropholler*, Internationales Privatrecht, S. 217.

1140 Vgl. *Von Hoffmann/Thorn*, Internationales Privatrecht, § 3 Rz. 143.

# VII. Zivilrechtliche Haftbarmachung von Unternehmen für menschenrechtsbeeinträchtigende Handlungen in der Praxis

Die internationale Praxis kennt nur wenige Fälle zivilgerichtlicher Verfahren zur Haftbarmachung von Unternehmen für im Ausland begangene Menschenrechtsbeeinträchtigungen. Diese betreffen zudem nicht die Haftung für Handlungen von Zulieferern, sondern vielmehr für eigenes Verhalten beziehungsweise für das Verhalten von Tochterunternehmen. Dennoch soll nachfolgend zumindest ein kurzer Überblick über die amerikanischen und englischen Erfahrungen gegeben werden.

## 1. Entschädigung für Menschenrechtsbeeinträchtigungen nach nationalen Spezialvorschriften – der ATCA in den USA

Bislang findet sich einzig im Rechtssystem der Vereinigten Staaten von Amerika (USA) eine Spezialvorschrift zur Begründung der gerichtlichen Zuständigkeit für Menschenrechtsbeeinträchtigungen. Der Alien Tort Claims Act (ATCA) verleiht amerikanischen Bundesgerichten Jurisdiktion *"for any civil action by an alien for a tort only, committed in violation of the law of nations or a treaty of the United States."*[1141] Es handelt sich hierbei um ein in den 80er-Jahren des 20. Jahrhunderts *„wiederentdecktes"*[1142] Gesetz aus dem Jahr 1789, mit dem im Fall Filártiga vs. Peña-Irala[1143] der Anfang der Praxis einer zivilrechtlichen Haftbarmachung für Menschenrechtsbeeinträchtigungen begründet wurde.[1144]

1141 28 U.S.C. § 1350 (1988).

1142 *Heß*, AG 1999, S. 145, 148.

1143 Filártiga vs. Peña-Irala, U.S. Court of Appeals, 2d Cir., Entscheidung vom 30. Juni 1980, 630 F.2d 876, zusammengefasst in 75 AJIL, 1981, S. 149 ff.

1144 In der Folge kam es zu einer Vielzahl weiterer Klagen unter dem ATCA, darunter insbesondere die sogenannten Holocaust-Verfahren gegen Schweizer Banken und deutsche Unternehmen, welche mittlerweile allerdings aufgrund des Inkrafttretens des

Dieses erste Verfahren betraf noch die Haftung von Staatsbediensteten für Folter und damit Menschenrechtsbeeinträchtigungen durch natürliche Personen. Ende der 90er-Jahre wurde dann jedoch gerichtlich anerkannt, dass über den ATCA auch multinationale Konzerne für Menschenrechtsbeeinträchtigungen zur Verantwortung gezogen werden können. Im Unocal-Fall sind die Unternehmen Unocal und Total wegen Zwangsarbeit, Vertreibung und Mord an der burmesischen Zivilbevölkerung, die im Zusammenhang mit dem Bau einer Pipeline von Birma nach Thailand durch die beiden Unternehmen standen, haftbar gemacht worden. Begründet wurde dies damit, dass sich die Unternehmen für den Bau und die Sicherung ihres Projekts des Militärs, das die Menschenrechtsbeeinträchtigungen begangen hatte, bedient hätten.[1145] Dies zeigt, dass eine Haftung von Unternehmen nicht nur dann in Betracht kommt, wenn diese selbstständig beziehungsweise im Zusammenwirken mit einem Staat Menschenrechtsverletzungen begehen. Es ist für die Anwendbarkeit des ATCA vielmehr ebenfalls ausreichend, wenn sich ein Unternehmen an staatlich begangenen Völkerrechtsverletzungen als Gehilfe beteiligt.[1146]

Zu beachten ist, dass der ATCA– wie erst 2004 im Fall Sosa vs. Alvarez-Machain[1147] höchstrichterlich erkannt wurde – lediglich eine sachlich funktionelle Zuständigkeitsregelung für die Bundesgerichte darstellt.[1148] Die deliktische Anspruchsgrundlage soll nach bisheriger Rechtsprechung dagegen dem Common Law zu entnehmen sein, zu dem ein eng umgrenzter Bereich völkergewohnheitsrechtlicher Normen zähle.[1149]

Dennoch ist es maßgeblich der ATCA, der es ausländischen Opfern von Menschenrechtsbeeinträchtigungen in den USA ermöglicht, ein zivilrechtliches Verfahren gegen die Täter in Gang zu setzen. Indem nach dem ATCA der

---

Gesetzes zur Stiftungsinitiative der deutschen Wirtschaft, BGBl. 2000-I, S. 1263 ff., überholt sein dürften, sowie die oben erwähnte Apartheid-Sammelklage, vgl. Teil III.1.b.aa.

1145 John Doe I vs. Unocal (9th Cir 2002); zu den Einzelheiten des Falls vgl. *Gaedtke*, AVR 2004, S. 241, 243 ff.

1146 *Reinhard*, Alien Tort Claims Act als Grundlage für eine Sammelklage, RIW 2008, S. 676, 678.

1147 Sosa vs. Alvarez-Machain, U.S. Supreme Court, Entscheidung vom 29. Juni 2004, 124 S. Ct. 2739, in 43 I.L.M. 2004 S. 1390 ff.

1148 *Reinhard*, Alien Tort Claims Act als Grundlage für eine Sammelklage, RIW 2008, S. 676, 678.

1149 *Seibert-Fohr/Wolfrum*, Die einzelstaatliche Durchsetzung völkerrechtlicher Mindeststandards, AVR 2005, S. 153, 156.

Tatort sowie die Nationalität der Täter grundsätzlich unerheblich sind,[1150] hilft die Vorschrift, in einigen Fällen den Einwand des „forum non conveniens" zu überwinden.[1151] So reicht für die Befassung, zum Beispiel der New Yorker Gerichte, bereits aus, dass die Unternehmen dort in einer gewissen Intensität geschäftlich tätig sind. Dies aber wurde schon bei Vorhandensein einer Dependance am Standort sowie des Handels von Aktien an der New Yorker Börse angenommen.[1152]

Die Anwendung des ATCA auf menschenrechtliche Haftungsverfahren gegen Unternehmen ist umstritten: Einerseits stellt der ATCA für die Kläger häufig die einzige Möglichkeit dar, ihre Sache gerichtlich geltend zu machen. Andererseits wird der ATCA auch *„als Anmaßung des amerikanischen Rechtssystems kritisiert, das sich zu Unrecht zum Weltrichter aufspiele."*[1153] Nach deutscher Rechtsprechung ist allein der Umstand, dass eine Klage auf den ATCA gestützt wird, jedenfalls kein Grund die Zustellung zu verweigern. Die Hoheitsrechte der Bundesrepublik seien nicht durch die Zuständigkeitsregelung gefährdet.[1154]

Indes findet die Anwendung des ATCA ohnehin eine Grenze darin, dass dieser ausschließlich Klagen wegen schwerster Menschenrechtsbeeinträchtigungen, wie zum Beispiel Piraterie, Zwangsarbeit, Völkermord und Folter, zulässt. Der Supreme Court hat den Bundesgerichten nicht zuletzt aus außenpolitischen Erwägungen für künftige Verfahren Zurückhaltung bezüglich der völkerrechtlichen Normen, die in ATCA-Verfahren durchgesetzt werden können, auferlegt.[1155]

Aktuell steht die Erstreckung des ATCA auf Unternehmen zudem wieder auf dem Prüfstand. Der US Supreme Court hat für das Jahr 2012 eine Entscheidung im Fall Kiobel gegen Royal Dutch Petroleum angekündigt. Es wird erwartet, dass sich der Supreme Court sowohl mit der Frage, ob der Text und der Zweck des ATCA überhaupt eine Unternehmenshaftung stützen kann, beschäftigen wird

---

1150 *Hailer*, Menschenrechte vor Zivilgerichten, S. 30.

1151 *Rau*, Haftung privater Unternehmen für Menschenrechtsverletzungen?, IPrax 2001, S. 372, 375.

1152 Wiwa vs. Royal Dutch Petroleum Co., U.S. Court of Appeals, 2d Cir., Entscheidung vom 14. September 2000, 226 F.3d 88, in 40 I.L.M. 2001, S. 481 ff.

1153 *Halfmeier*, RabelsZ 2004, S. 653, 655.

1154 So das OLG Düsseldorf in seinem Beschluss vom 22. Juli 2009 – 3 VA 9/03, NJW-RR 2010, S. 673 ff.

1155 *Seibert-Fohr/Wolfrum*, Die einzelstaatliche Durchsetzung völkerrechtlicher Mindeststandards, AVR 2005, S. 153, 161 f.

als auch damit, welches Recht durch den ATCA berufen wird – amerikanisches Bundes- oder Völkerrecht. Insoweit wird der Entscheidung eine ganz erhebliche Bedeutung für die künftige Human Rights Litigation in den USA beigemessen.[1156]

## 2. Entschädigung für Menschenrechtsbeeinträchtigungen nach allgemeinem Zivil- und Zivilprozessrecht – England als Vorreiter

Trotz des Fehlens spezieller nationaler Vorschriften sind nur in wenigen Staaten Europas Versuche unternommen worden, Entschädigung für durch Unternehmen begangene Menschenrechtsbeeinträchtigungen über das allgemeine Zivilprozess- und das allgemeine Zivilrecht zu erlangen. Der Hauptteil dieser Prozesse wurde in England angestrengt.

Um die Jahrtausendwende ereigneten sich insbesondere folgende Prozesse:

Im Rahmen der "Thor-Litigation" verklagten südafrikanische Arbeiter einer Thor-Tochter in Südafrika die englische Muttergesellschaft vor dem English High Court. Sie stützten ihre Ansprüche vorrangig auf die fahrlässige Gestaltung, Errichtung und Überwachung eines gefährlichen Prozesses.[1157] Hintergrund war eine Verlagerung der Unternehmenstätigkeit nach Südafrika, nachdem am englischen Standort Margate stark erhöhte Quecksilberwerte in Blut und Urin der Arbeiter nachgewiesen wurden. Auch die in Südafrika beschäftigten Arbeiter waren in der Folge stetig hohen Dosen Quecksilber ausgesetzt, was zu stärksten Gesundheitsschäden und sogar zu Todesfällen führte.[1158] Das Gericht stellte in Bezug auf den „forum non conveniens"-Einwand der Beklagten fest: *"The conclusion which I have reached is that the Defendants have failed to satisfy me that this case would be tried more suitably in the interests of all the parties and the ends of justice in South Africa and that South Africa is clearly or more distinctly the more*

---

1156 *Reynolds/Zimmer*, RIW 2012, S. 139, 145 f.

1157 *Augenstein/Harrison*, Business, Human Rights and Environment, Country Report United Kingdom, S. 14. Abrufbar unter http://www.law.ed.ac.uk/euenterpriseslf/documents/files/MSReportUK.pdf (zuletzt abgerufen am 12.01.2013).

1158 Vgl. hierzu die Entscheidung des High Court of Justice im Fall Englebert Ngcobo and Others vs. Thor Chemicals Holdings Ltd and Others vom 11. April 1995, S. 237. Abrufbar unter: http://www.gov.mu/scourt/unep/Compendium_Judicial_Decisions_Nat_v1.pdf (zuletzt abgerufen am 12.01.2013).

*appropriate forum. The Plaintiffs have, in my judgement, formidable evidence available to demonstrate a nexus between negligence in England and the damage which occurred in South Africa."*[1159]

Der kurze Zeit später behandelte Fall Connelly vs. RTZ betraf die Schadensersatzklage gegen die englische Mutter einer Minenbetreiberin in Namibia. Dieser wurde vorgeworfen, die Arbeiter fahrlässig Uranstaub ausgesetzt zu haben, was Krebserkrankungen auslöste. Auch hier lehnte das Gericht den Antrag der Beklagten, die Klage wegen „forum non conveniens" abzuweisen, ab. So sei das namibische Forum mangels des Vorhandenseins von Prozesskostenhilfe nicht besser geeignet, den Interessen aller Parteien und des Rechtsstreits zu dienen.[1160]

Diese Sichtweise wurde durch das House of Lords in Lubbe vs. Cape bestätigt. Gegenstand war in diesem Fall eine Sammelklage von mehr als 3000 südafrikanischen Klägern, die fahrlässig hohen Dosen von Asbest ausgesetzt wurden und hierdurch erhebliche Gesundheitsschädigungen erlitten. Auch hier war es maßgeblich der fehlende Zugang zu Prozesskostenhilfe in Südafrika, welcher den „forum non conveniens"-Test im Ergebnis zugunsten des englischen Forums entschied.[1161]

Während es bei den vorstehend beschriebenen Prozessen im Ergebnis stets zu einer Lösung auf dem Vergleichswege kam, liegt nunmehr das erste Urteil gegen eine englische Muttergesellschaft vor, welches eine Durchgriffshaftung für schwere Gesundheitsbeschädigungen im Arbeitsprozess explizit anerkennt. Entsprechend der Informationen der Klägervertreter Leigh Day konnte der Muttergesellschaft nachgewiesen werden, dass sie Kenntnis hatte und direkt in die Vorgänge involviert war, welche zu den Gesundheitsschädigungen führten.[1162]

Nachdem mehrere Jahre kaum weitere Klagen angestrengt wurden, kam es in den letzten Jahren wieder zu einer Häufung von Verfahren in England: Aktuell sind zum Beispiel Prozesse gegen Shell und Anglo American anhängig.[1163]

Da sich nunmehr die Frage der Zuständigkeit eindeutig nach der EUGVO richtet, ohne Raum für eine zusätzliche „forum non conveniens"-Kontrolle zu

1159 Ebenda, S. 243.

1160 *Zerk*, Multinationals and Corporate Social Responsibility, S. 204.

1161 Vgl. *Joseph*, Corporations and Transnational Human Rights Litigation, S. 117 f.

1162 Vgl. die Pressemitteilung der den Kläger vertretenden Kanzlei Leigh Day zu dem Urteil des Court of Appeal vom 25. April 2012. Abrufbar unter http://www.leighday.co.uk/News/2012/April-2012/Historic-Judgment-as-Asbestos-Victim-Wins-Damages- (zuletzt abgerufen am 12.01.2013).

1163 Informationen zu den Fällen finden sich unter http://www.leighday.co.uk/Our-expertise/international-claims (zuletzt abgerufen am 12.01.2013).

lassen,[1164] dürften sich die Verfahren insbesondere auf die Bestimmung des anwendbaren Rechts sowie (gegebenenfalls) der materiellen Voraussetzungen im englischen Recht konzentrieren. Die Bestimmung des anwendbaren Rechts ist dabei mit den bereits zu Deutschland dargestellten Grundsätzen identisch. Materiell wird es zunächst darauf ankommen, welchen Torts die Sachverhalte zugeordnet werden können. Entscheidend sind darüber hinaus auch Zurechnungsfragen. Soweit die Verantwortlichkeit englischer Muttergesellschaften für Handlungen ihrer ausländischen Töchter beurteilt werden soll, werden die Kläger zumindest Folgendes nachweisen müssen: das Bestehen einer Sorgfaltspflicht der Mutter bezüglich der Betroffenen, eine Unterschreitung des Sorgfaltsstandards sowie die Kausalität zwischen dieser Unterschreitung und dem eingetretenen Schaden ("piercing the corporate veil").[1165]

## 3. Ergebnis: Translating Filártiga and Lubbe?

Die Beobachtungen zum ATCA und zur Haftbarmachung vor englischen Gerichten bieten kaum Ansätze für eine Übertragung auf deutsche Zivilverfahren. Eine Übersetzung von Filártiga und Lubbe in deutsche Fälle wird nicht ohne weiteres möglich sein.[1166]

Im Hinblick auf den ATCA liegt der Schwerpunkt auf der Begründung der Zuständigkeit, welche nach EuGVO für die Inanspruchnahme deutscher Unternehmen vor deutschen Gerichten ohnehin keine Schwierigkeiten bereitet. Dadurch, dass es sich um ein Spezialinstrument handelt, welches sich explizit auf das internationale Recht bezieht, findet sich zudem wenig Guidance hinsichtlich des Einstrahlens der Menschenrechte auf das nationale Zivilrecht.

Auch die in der Vergangenheit vor englischen Gerichten behandelten Fälle dürften nur eingeschränkt als Referenz für etwaige deutsche Verfahren dienen. Dies liegt maßgeblich daran, dass sich die Urteile fast ausschließlich zu der „forum

1164 Vgl. Teil VI.1.a.cc.

1165 *Augenstein/Harrison*, Business, Human Rights and Environment, Country Report United Kingdom, S. 13. Abrufbar unter http://www.law.ed.ac.uk/euenterpriseslf/documents/files/MSReportUK.pdf (zuletzt abgerufen am 12.01.2013).

1166 Unter dem Titel "Translating Filártiga: A Comparative and International Law Analysis of Domestic Remedies for International Human Rights Violations" untersuchte *Stephens* bereits 2002 umfassend, inwieweit die amerikanische ATCA-Praxis Nachahmung in anderen Rechtsordnungen finden könnte, vgl. *Stephens*, Yale Journal Int'l Law 2002, S. 1 ff.

non conveniens"– Frage verhalten. Inwieweit sich hingegen aus den neueren Urteilen Rückschlüsse ziehen lassen, wird zu untersuchen sein. Von Interesse ist insbesondere, wie das anwendbare Recht bestimmt wurde. Weiterhin sollten die Urteile daraufhin analysiert werden, ob die Anforderungen, welche an einen Haftungsdurchgriff zu stellen sind, durch die Schwere der Beeinträchtigung beeinflusst werden.

Insgesamt ist die Existenz zivilrechtlicher Human Rights Litigation in anderen Ländern nicht zu unterschätzen: Sie beweist, dass die zivilrechtliche Haftbarmachung von Unternehmen für im Ausland begangene Menschenrechtsbeeinträchtigungen ein gangbarer Weg sein kann.

# VIII. Gesamtergebnis und Ausblick

## 1. Gesamtergebnis

Unternehmen für menschenrechtsbeeinträchtigende Handlungen zivilrechtlich haftbar zu machen, stellt eine erforderliche, geeignete und angemessene Reaktion der Unrechtsbewältigung dar. Zumindest solange das Völkerrecht weder eine Haftbarmachung von Unternehmen ermöglicht, noch die für Staaten bestehenden due diligence Pflichten ausreichend sanktioniert, bedarf es des Rückgriffs auf andere Rechtswege. Gerade das Zivilrecht qualifiziert sich dafür, Menschenrechtsbeeinträchtigungen zu begegnen. Die Mehrheit der Menschenrechte stellen auch zivilrechtlich geschützte Rechtspositionen dar. Unmittelbare Kompensation durch die Gewährung von Ansprüchen kann einen Teil des erlittenen Unrechts wiedergutmachen und gleichzeitig durch die pekuniären Nachteile beim Verursacher verhaltenssteuernd und pönalisierend wirken. Angesichts des Ausmaßes des erlittenen Unrechts bestehen zwar Zweifel an der Angemessenheit des Zivilrechts, im Ergebnis schwerer wiegt jedoch, dass ein Verzicht auf die zivilrechtliche Haftbarmachung die Opfer gänzlich anspruchslos stellen würde und der gerichtlichen Auseinandersetzung per se schon eine Genugtuungs- und Rehabilitationsfunktion innewohnen kann. Dies gilt umso mehr, wenn man das Zivilrecht als notwendigen, temporären Lückenfüller und nicht als dauerhaften Ersatz einer politischen Lösung auf Ebene des Völkerrechts begreift.

Deutsche Unternehmen stehen in erheblichem Ausmaß in Wirtschaftsbeziehungen zu Zulieferern aus Entwicklungs- und Schwellenländern. Insbesondere mit einigen Ländern Asiens und hier vor allem mit China ist der Handel stark ausgeprägt. Textilien und Bekleidungserzeugnisse zählen zu den wichtigsten von dort eingeführten Warengruppen. Die festgestellten Arbeitsbedingungen in einem Teil der chinesischen Zulieferbetriebe umfassen Löhne, die nicht ausreichen, um eine Mindestversorgung zu garantieren, exzessive Arbeitszeiten, Strafmaßnahmen im Falle der Weigerung, Überstunden zu leisten, und die Verhinderung jeglicher Organisation der Arbeiterschaft. Dies, obwohl China sich zur Einhaltung eines Großteils der individuellen Rechte aus den UN-Kernpakten verpflichtet hat und auch auf nationaler Ebene – jedenfalls für viele Individualarbeitsrechte – eine gesetzliche Absicherung besteht. Durch Nichtregierungsorganisationen konnte der

Nachweis erbracht werden, dass deutsche Handelsunternehmen Waren importiert haben, die unter den beschriebenen Bedingungen produziert wurden. Die konkreten Handelswege lassen sich nur schwer nachvollziehen. Dennoch gelang es den Nichtregierungsorganisationen in den betreffenden Fabriken Bekleidung zu identifizieren, die sich dem Angebot eines konkreten Discounters zuordnen lässt.

Unmittelbar gehen die Arbeitsbedingungen auf die Organisation und Weisungen des lokalen Zulieferbetriebes zurück. Gleichzeitig profitieren jedoch die importierenden Handelsbetriebe, zu welchen häufig ein wirtschaftliches Abhängigkeitsverhältnis besteht, erheblich von Niedrigstpreisen und flexibler Belieferung. Eine Implementierung von Anreiz- und Kontrollmechanismen für die Einhaltung von Minimalstandards ist durchaus möglich – dennoch wird häufig auf ein effizientes Monitoring verzichtet. Vor allem in Fällen, in denen die Handelsunternehmen durch ihr eigenes Geschäftsgebaren maßgeblich zu den Missständen beitragen, beispielsweise durch eine Einkaufspolitik, welche niedrigste Standards nahezu diktiert, kann daher von einer mittelbaren Verantwortung gesprochen werden. Insofern ist es nur konsequent, auch deutsche Unternehmen als Adressaten der Haftung auszumachen.

Deutsche Unternehmen vor deutschen Gerichten haftbar zu machen, kann aus rechtlichen und informationspolitischen Gründen sinnvoll sein. Teilweise sieht sich die Verhandlung von Sachverhalten aus Entwicklungs- und Schwellenländern vor Gerichten der Industriestaaten dem Vorwurf der Anmaßung ausgesetzt. Sie sollte daher kein Automatismus sein. Jedoch gibt es Fälle, in denen sie gegenüber einer lokalen Geltendmachung vorzugswürdig ist. Dies insbesondere dann, wenn das Rechtsschutzniveau in dem betroffenen Entwicklungs- oder Schwellenland niedriger als in Deutschland ist oder Hemmnisse beim Zugang zu den lokalen Gerichten bestehen. Hier kann die Auswahl des deutschen Forums eine Lösung darstellen, zumal sie den Vorteil bietet, unmittelbar vollstreckbare Urteile gegen die in Deutschland ansässigen Unternehmen zu generieren. Darüber hinaus gewährleistet das deutsche Rechtssystem mit der auch Ausländern mit ausländischem Wohnsitz offenstehenden Prozesskostenhilfe einen vergleichsweise kostengünstigen Rechtszugang. Die gerichtliche Geltendmachung am Heimatort des Handelsunternehmens lenkt schließlich den Blick der Öffentlichkeit auf die Vorwürfe und kann hierdurch das Verhalten des Unternehmens im Prozess und auch für die künftige Ausgestaltung der Handelsbeziehungen beeinflussen.

Sämtliche UN-Menschenrechts-Kernpakte und auch die Kernarbeitsnormen der ILO gelten in Deutschland. Unmittelbar anwendbar, das heißt unmittelbar rechtsbegründend für Individuen, sind jedoch lediglich die Normen des UN-Zivilpakts und einige Normen des UN-Sozialpakts. Es finden sich gute Gründe, den betreffenden Regelungen im deutschen Zivilrecht eine unmittelbare Drittwirkung zuzugestehen. Das erhebliche Machtgefälle, welches zwischen transnationalen Unternehmen und Arbeitnehmern in Fabriken in Entwicklungs- und Schwellenländern besteht, ist demjenigen zwischen Staat und Bürger in Deutschland vergleichbar. Diejenigen Vorbehalte, die hinsichtlich der Grundrechte gegen eine unmittelbare Drittwirkung angeführt werden, sind auf die international verbürgten und in ihrer Entwicklung dynamischer ausgestalteten Menschenrechte nicht ohne weiteres übertragbar. Dasjenige, was hingegen schon für eine unmittelbare Drittwirkung der Grundrechte spricht, gilt umso mehr für die unmittelbar anwendbaren Normen der UN-Menschenrechts-Kernpakte. In Zukunft wird die Frage einer unmittelbaren Drittwirkung der Menschenrechte unter Zugrundelegung ihrer künftigen Auslegung durch die zuständigen UN-Vertragsorgane daher weiter zu untersuchen sein. Unterdessen bleibt es zumindest bei einer mittelbaren Drittwirkung, wie sie das BVerfG mit seinem Urteil „Görgülü" herausgearbeitet hat. Die Tatbestandsmerkmale der zivilrechtlichen Anspruchsgrundlagen sind damit im Lichte der Menschenrechte auszulegen, sodass ihnen im Rahmen des vertretbaren die größtmögliche Wirkung zuerkannt wird.

Von den als unmittelbar anwendbar identifizierten Normen der UN-Kernpakte kann nur hinsichtlich des Verbots der Zwangsarbeit zweifelsfrei angenommen werden, dass es durch die in den betreffenden Untersuchungen festgestellten Arbeitsbedingungen verletzt ist. Mögen die Zustände in den chinesischen Zulieferbetrieben auch noch so frappierend sein: die Schwelle der Menschenrechtsbeeinträchtigung gebietet es, all diejenigen Vorwürfe auszuklammern, welche „lediglich" als schwerwiegendste soziale Missstände qualifiziert werden können, beziehungsweise die sich praktisch nicht nachweisen lassen. Denn nur dort, wo die Menschenrechte tangiert sind, ist auch Raum für eine mittelbare (unter Umständen sogar unmittelbare) Drittwirkung der Menschenrechte.

Das deutsche materielle Zivilrecht stellt Anspruchsgrundlagen bereit, die unter Zugrundelegung der mittelbaren Drittwirkung der Menschenrechte eine Haftbarmachung von Unternehmen für die menschenrechtsbeeinträchtigenden Handlungen ihrer Zulieferer im Falle der Auftragsfertigung möglich erscheinen lassen:[1167]

---

1167 Dagegen wird sich dort, wo Massenware zunächst produziert und dann an eine Vielzahl von Käufern abgesetzt wird, kaum eine individuelle Anspruchsbeziehung darlegen lassen. Für diese Fälle kann das Zivilrecht – das Anspruchsbeziehungen zwischen Einzelparteien regeln will – kaum Lösungen bieten. Optionen, die hier bestehen, liegen eher im ordnungspolitischen Bereich, beispielsweise in Einfuhrverboten oder der Strafbarkeit des Handels mit einem Produkt.

- In Betracht kommt einerseits die Geschäftsführung ohne Auftrag. Eine Geschäftsbesorgung in Form eines „Auch-fremden“ Geschäfts, welches ohne Auftrag oder sonstige Berechtigung im Interesse und mit Willen des Handelsunternehmens vorgenommen wurde, liegt mit der Herstellung der Ware durch die chinesischen Arbeiter vor. Problematisch bleibt aber, ob die mittelbare Drittwirkung der Menschenrechte im Ergebnis darüber hinweghilft, dass strenggenommen kein freiwilliges Vermögensopfer und damit kein „Aufwand“ ersetzt werden soll.
- Weiter ist ein deliktischer Anspruch aus § 823 Abs.1 BGB denkbar. Das allgemeine Persönlichkeitsrecht der chinesischen Arbeiter als sonstiges Recht im Sinne von § 823 Abs.1 BGB wird durch die Zwangsarbeitssituation beeinträchtigt. Da die deutschen Handelsunternehmen insbesondere ein Unterlassungsvorwurf trifft, kommt es maßgeblich darauf an, ob sie durch die Abnahme der Textilien eine Verkehrssicherungspflicht verletzen. Eine solche ist unter Zugrundelegung der mittelbaren Drittwirkung der Menschenrechte für den Import bestimmter Warengruppen aus Ländern, in denen die Gefährdungslage in der Produktion bekannt ist, jedenfalls dann nicht als unangemessen zu bewerten, wenn durch Preisdruck und die Forderung flexibelster Belieferung die Gefährdungslage erst geschaffen oder erhöht wird.
- Aussichtsreich ist schließlich auch ein bereicherungsrechtlicher Anspruch aus § 822 BGB. Hier ist jedoch fraglich, ob es – entgegen der bisherigen Rechtsprechung des BGH – für die besonderen Fälle der Menschenrechtsbeeinträchtigung ausnahmsweise ausreichend ist, dass der Anspruch gegen das chinesische Zulieferunternehmen als Primärschuldner nur tatsächlich und nicht rechtlich ausgeschlossen ist.

Ganz entscheidend wird es in einem etwaigen Verfahren darauf ankommen, wie sich die Beweislage darstellt.

In zivilprozessualer Hinsicht bestehen – jedenfalls in Bezug auf die hier betrachteten Fälle der Haftbarmachung deutscher Unternehmen – keinerlei Probleme, die Zuständigkeit deutscher Gerichte zu begründen. Die allgemeine Regelung der EuGVO braucht insoweit den Vergleich mit dem amerikanischen Spezialinstrument ATCA nicht zu scheuen. Stets ist eine Klage am Beklagtenwohnsitz möglich.

Die Anwendung der Regeln der ROM II-VO führt für bereicherungsrechtliche Ansprüche ohne weiteres zur Anwendung deutschen Rechts. Auch für die Geltendmachung deliktischer Ansprüche wegen der Verletzung des allgemeinen Persönlichkeitsrechts ist nach den Vorgaben des EGBGB automatisch das deutsche Zivilrecht berufen. Ansprüche aus Geschäftsführung ohne Auftrag werden in den Zulieferfällen hingegen nicht nach deutschem Recht bemessen. Zwar entfalten auch im IPR die Menschenrechte eine mittelbare Drittwirkung, doch führt diese nicht dazu, dass über Eingriffsnormen oder den ordre public ein Anspruch aus Geschäftsführung ohne Auftrag begründbar sein muss.

Im Ergebnis sind einer zivilrechtlichen Klage vor deutschen Gerichten gegen deutsche Unternehmen wegen menschenrechtsbeeinträchtigenden Handlungen ihrer Zulieferer Chancen einzuräumen. Die deutschen Gerichte sind zuständig, diese Ansprüche zu verhandeln und das deutsche Recht kommt zumindest für einen Teil der denkbaren Anspruchsgrundlagen zur Anwendung. Inwieweit materiell ein Anspruch anerkannt werden kann, wird davon abhängen, inwieweit ein Gericht der mittelbaren Drittwirkung der Menschenrechte bei der Auslegung der Anspruchsgrundlagen Geltung verschafft und wie sich im konkreten Fall die Beweislage darstellt.

## 2. Ausblick

Die Auseinandersetzung mit der zivilrechtlichen Haftbarmachung von Unternehmen für Menschenrechtsbeeinträchtigungen hat in der deutschen Literatur bislang lediglich eine untergeordnete Rolle gespielt. Während zahlreiche Aufsätze sich mit der amerikanischen Rechtsprechung zum Alien Tort Claims Act beschäftigen, wird nur selten eine Verbindung zur allgemeinen zivilrechtlichen Haftung nach deutschem Recht hergestellt.[1168] Dagegen wurde sowohl in den USA als auch in den Niederlanden und Großbritannien in den vergangenen Jahren vielfältig zu den Möglichkeiten einer Inanspruchnahme von Unternehmen über das allgemeine Zivilrecht veröffentlicht.[1169] Auch Nichtregierungsorganisationen haben die Problematik jüngst

---

1168 Als Quelle, welche sich ausdrücklich mit der Problematik nach deutschem Recht auseinandersetzt, ist vor allem *Hennings*, Über das Verhältnis von Multinationalen Unternehmen zu Menschenrechten, S. 125 ff. zu nennen. Hilfreiche Denkanstöße geben ebenfalls *Seibert-Fohr*, ZaöRV 2003, S. 195, 204 und *Engle*, Alien Torts in Europe? Human Rights and Tort in European Law, ZERP-Diskussionspapier 1/2005, S. 37 ff. Abrufbar unter http://www.geocities.ws/eric.engle/V.pdf (zuletzt abgerufen am 12.01.2013).

1169 Vgl. insbesondere *Stephens*, Yale Journal Int'l Law 2002, S. 1 ff., die sich unter dem Titel „Translating Filártiga" mit der Frage auseinandersetzt, warum außerhalb der USA der Zivilrechtsweg bislang nicht als aussichtsreiche Möglichkeit zur Begegnung von Menschenrechtsverletzungen von Unternehmen genutzt wurde. Vgl. darüber hinaus *Blumberg*, Hastings Int'l & Comp Law Review 2000, S. 297 ff., dessen Darstellung die Probleme der Durchgriffshaftung im Gesellschaftsrecht zum Gegenstand hat. Umfassend zu den zivilrechtlichen Haftungsfragen bei im Rahmen verschiedener Veranstaltungen und Studien sowohl aus allgemein zivilrechtlicher Perspektive als auch vom gesellschaftsrechtlichen Standpunkt aus beleuchtet.[1170] Auf der Grundlage der nach lege lata identifizierten Defizite für eine erfolgreiche Anspruchsdurchsetzung wurden darüber hinaus Ansätze für Reformen entwickelt. Zu nennen ist in diesem Zusammenhang insbesondere die Kampagne der European Coalition for Corporate Justice (ECCJ), des größten zivilgesellschaftlichen Netzwerks, das sich innerhalb der Europäischen Union dem Thema Unternehmensverantwortung widmet.[1171] Es wäre wünschenswert, wenn künftig auch die deutsche Wissenschaft sich verstärkt mit den Möglichkeiten zivilrechtlicher Haftbarmachung von Unternehmen auseinandersetzte. Diese Arbeit beschränkt sich maßgeblich auf eine Bestandserhebung der geltenden Rechtslage. Interessant wäre insbesondere die wissenschaftliche Entwicklung von Reformvorschlägen zur Verbesserung der Rechtslage der Betroffenen. Hier bleibt noch viel Raum für weitere Forschung.

Die Europäische Union und ihre Mitgliedstaaten haben eine Verantwortung, für „ihre" Unternehmen, auch und gerade, wenn diese im Ausland agieren. Diese Verantwortung wiegt umso schwerer, als durch gezielte Außenwirtschaftsförderung der Außenhandel staatlich intensiviert wird.

Angesichts bisheriger Äußerungen deutscher Regierungsvertreter erscheint es unwahrscheinlich, dass Deutschland auf nationaler Ebene zeitnah einen gesonderten Vorstoß zur Verschärfung der Haftungsregeln für deutsche Unternehmen startet. Deutlich macht dies zum Beispiel die Antwort der Bundesregierung auf eine große Anfrage zur Stärkung der sozialen und ökologischen Verantwortung von Unternehmen: *„Die Bundesregierung hat in der Vergangenheit wiederholt das Prinzip bekräftigt, wonach Menschenrechte für nichtstaatliche Akteure und*

---

Menschenrechtsverletzungen, allerdings vorrangig zum anglo-amerikanischen Recht, berichtet *Scott*, Torture as Tort.

1170 Vgl. etwa den 2008 veröffentlichten Bericht der *International Commission of Jurists*, Corporate Complicity & Legal Accountability Volume 3 und die 2009 herausgegebene Dokumentation des Fachgesprächs Wirtschaft und Menschenrechte in einer globalisierten Welt. Abrufbar unter: http://www.cora-netz.de/wp-content/uploads/fachgesprach-dokumentation.pdf (zuletzt abgerufen am 12.01.2013). Besonders fokussiert auf die Zulieferproblematik ist beispielsweise der Beitrag *Saage-Maaß* in: *Friedrich Ebert Stiftung (Hrsg.)*, Arbeitsbedingungen in der globalen Zulieferkette. Abrufbar unter: http://library.fes.de/pdf-files/iez/08651.pdf (zuletzt abgerufen am 12.01.2013).

1171 Vgl. zu den einzelnen Forderungen der Kampagne http://www.rightsforpeople.org/?lang=en (zuletzt abgerufen am 12.01.2013).

*somit auch für private Unternehmen keine direkten Pflichten begründen. Die Wahrung und Förderung der Menschenrechte ist aus völkerrechtlicher Sicht zuallererst Aufgabe eines jeden einzelnen Staates. Internationale Unternehmen unterliegen jedoch den nationalen gesetzlichen Regeln, zu deren Einhaltung sie direkt verpflichtet sind. Die Bundesregierung unterstützt vor diesem Hintergrund auch solche Ansätze, die auf eine menschenrechtliche Selbstverpflichtung von Unternehmen, etwa im Rahmen des Global Compact oder eines "Code of Conduct", zielen."*[1172] Der Weg, welcher nach Auffassung der Bundesregierung statt einer verbindlichen Regelung beschritten werden soll, ist eine Weiterentwicklung des CSR-Ansatzes.[1173]

Auch auf europäischer Ebene sieht es eher so aus als würden sich die Reformbemühungen maßgeblich auf die Möglichkeiten richten, welche die CSR bietet. Hier wurde die Problematik menschenrechtsbeeinträchtigender Handlungen von Zulieferern bereits um die Jahrtausendwende in den Fokus genommen.[1174] Schon

---

1172 Antwort der Bundesregierung auf die große Anfrage, Stärkung der sozialen und ökologischen Verantwortung von Unternehmen vom 27.06.2007, Drucksache 16/5844; Allerdings gibt es durchaus auch Bestrebungen, welche in Richtung einer verbindlichen Regelung weisen, vgl. Antrag der Fraktion der SPD „Die UN-Leitlinien für menschenrechtlich verantwortliches unternehmerisches Handeln aktiv unterstützen" vom 07.06.2011, Drucksache 17/6087. Hierin wird die Bundesregierung u.a. aufgefordert, *„eine Unternehmensstrafbarkeit und andere Sanktionsmechanismen gegen Unternehmen einzuführen, die Menschenrechte verletzen oder deren Verletzung billigend in Kauf nehmen."*

1173 Vgl. Nationale Strategie zur gesellschaftlichen Verantwortung von Unternehmen (Corporate Social Responsibility – CSR)– Aktionsplan CSR – der Bundesregierung. Abrufbar unter http://www.csr-in-deutschland.de/fileadmin/user_upload/Downloads/BMAS/CSR_Konferenz/Aktionsplan_CSR.pdf (zuletzt abgerufen am 12.01.2013).

1174 Vgl. beispielsweise Europäisches Parlament, Entschließung zu EU-Normen für in Entwicklungsländern tätige europäische Unternehmen im Hinblick auf die Entwicklung eines europäischen Verhaltenskodex, A4-0508/98, vom 15.01.1999. Abrufbar unter http://eurlex.europa.eu/LexUriServ/LexUriServ.do?uri=OJ:C:1999:104:0180:0184:DE:PDF (zuletzt abgerufen am 12.01.2013) sowie Europäische Kommission, Grünbuch Europäische Rahmenbedingungen für die soziale Verantwortung der Unternehmen KOM(2001) 366 endgültig vom 18.07.2001. Abrufbar unter http://eurlex.europa.eu/LexUriServ/LexUriServ.do?uri=COM:2001:0366:FIN:DE:PDF (zuletzt abgerufen am 12.01.2013).

damals, aber auch aktuell, scheuen sich die Organe der Europäischen Union, sich definitiv für eine verbindliche Regelung auszusprechen.[1175]

Verschiedenste Ansätze sind auf materieller Ebene denkbar, beispielsweise ein als Schutzgesetz im Sinne von § 823 BGB interpretierbares Verbot, Waren zu importieren, die unter Beeinträchtigung von Menschenrechten produziert wurden oder die Formulierung expliziter Verkehrssicherungspflichten beim Import von bestimmten Gütern aus bestimmten Ländern.

Bei der Vergabe öffentlicher Aufträge existieren zum Teil schon menschenrechtsbezogene Vorgaben. So dürfen etwa gemäß § 3a Abs. 2 des Hamburgischen Vergabegesetzes „*Aufträge über Lieferleistungen [...] nur mit einer ergänzenden Vertragsbedingung vergeben werden, die den Auftragnehmer verpflichtet, den Auftrag gemäß der Leistungsbeschreibung ausschließlich mit Waren auszuführen, die nachweislich oder gemäß einer entsprechenden Zusicherung unter bestmöglicher Beachtung der ILO-Kernarbeitsnormen [...] gewonnen oder hergestellt worden sind.*“[1176]

Auch der Gedanke, dass Unternehmen für Pflichtverletzungen ihrer beauftragten Subunternehmer haften sollen, ist dem deutschen Recht nicht vollkommen fremd. Beispielsweise begründet § 14 Arbeitnehmer-Entsendegesetz eine verschuldensunabhängige Haftung des Generalunternehmers für die Zahlung von Netto-Mindestlöhnen und Urlaubskassenbeiträgen durch Sub- und Nachunternehmer.[1177] Dieses Vorgehen könnte man als Anlass nehmen, ebenso in Bezug auf Menschenrechtsbeeinträchtigungen einen „Haftungsdurchgriff“ in Zulieferketten zu gestalten.[1178]

---

1175 Vgl. zuletzt die kürzlich veröffentlichte Mitteilung der Kommission an das Europäische Parlament, den Rat, den Europäischen Wirtschafts- und Sozialausschuss und den Ausschuss der Regionen – Eine neue EU-Strategie (2011–14) für soziale Verantwortung der Unternehmen (CSR) vom 25.10.2011. Abrufbar unter http://eur-lex.europa.eu/LexUriServ/LexUriServ.do?uri=COM:2011:0681:FIN:de:PDF (zuletzt abgerufen am 12.01.2013).

1176 Hamburgisches Vergabegesetz vom 13. Februar 2006. Abrufbar unter: http://www.landesrecht.hamburg.de/jportal/portal/page/bshaprod.psml;jsessionid=320C7EE83F241A34041D236A5A6CFD4B.jpd5?showdoccase=1&doc.id=jlr-VergabeGHA2006rahmen&doc.part=X&doc.origin=bs&st=lr (zuletzt abgerufen am 12.01. 2013).

1177 Vgl. *Schwab*, NZA-Rechtsprechungs-Report, 2010, S. 225, 227. Vergleichbare Regelungen sollen in Österreich, Belgien, Finnland, Frankreich, Italien, den Niederlanden und Spanien existieren, vgl. zu den konkreten Mechanismen *Lukas/Plank/Staritz*, Securing Labour Rights in Global Production Networks, S. 6.

1178 Vgl. *Saage-Maaß* Arbeitsbedingungen in der globalen Zulieferkette, S. 13.

Die Prüfung der einzelnen Anspruchsgrundlagen scheiterte teilweise auch an der schwierigen Beweislage. Insbesondere die Frage der konkreten Ausgestaltung der Lieferkette ist oft nicht ohne Beitrag der betroffenen Unternehmen aufzuklären. Ein ergänzender Ansatz wäre daher, den Unternehmen Mitteilungs- und Offenlegungspflichten aufzuerlegen oder prozessual Beweiserleichterungen zu schaffen. Ein Beispiel für eine derartige Vorschrift findet sich in Kalifornien. Seit dem 1. Juni 2012 müssen Einzelhandelsunternehmen dort Informationen über ihre Anstrengungen zur Verhinderung von Zwangsarbeit in ihren Lieferketten veröffentlichen.[1179]

Nicht zu unterschätzen ist auch die Problematik, dass für die Geltendmachung deliktischer Ansprüche wegen der Verletzung der Gesundheit oder des Körpers nach EUGVO nicht deutsches Recht zur Anwendung kommt. Hier wäre eine Modifikation der Anknüpfung erforderlich. Beispielsweise könnte im Falle von unternehmensverursachten Menschenrechtsbeeinträchtigungen ein Wahlrecht erwachsen, für den Standort des Unternehmenssitzes zu optieren.

Grundsätzlich wird zu untersuchen sein, ob es der Schaffung eines Spezialgesetzes bedarf, welches Haftungsregeln für Unternehmen im internationalen Handelsverkehr schafft, oder ob es ausreicht, Anpassungen an Einzelregelungen im Rahmen der bestehenden Rechtslage vorzunehmen. Die Frage ist, ob wirklich eine umfassende Neuregelung erforderlich ist, oder ob bereits minimalinvasive Reformen den gewünschten Erfolg einer angemessenen Verantwortlichkeit deutscher Unternehmen herbeiführen können. Angesichts der durchaus nicht ausweglosen Klagesituation nach geltender Rechtslage spricht vieles dafür, dass bereits eine „kleine Lösung" die Lage der Betroffenen maßgeblich verbessern könnte.

1179 Vgl. California Senate Bill 657. Abrufbar unter http://leginfo.ca.gov/pub/09-10/bill/sen/sb_0651-0700/sb_657_bill_20100930_chaptered.html (zuletzt abgerufen am 12.01.2013).

# Literaturverzeichnis


Addo, Michael (Hrsg.), Human Rights Standards and the Responsibility of Transnational Corporations, Den Haag, London, Boston 1999.

Agarwal, Bina, A Field of One's Own, Cambridge 1994.

Akehurst, Michael, Jurisdiction in international Law, in: British Yearbook of International Law, Volume 46, 1972/73 S. 145–257.

Allmendinger, Johannes, Das neue Gesetz der Volksrepublik China über Schlichtung und Schiedsverfahren bei Arbeitsstreitigkeiten, in: Zeitschrift für Chinesisches Recht, 2008, S. 103–112.

Alston, Philip (Hrsg.), Non State Actors and Human Rights, Oxford 2005.

Amnesty International (Hrsg.), Report 2012 – Zur weltweiten Lage der Menschenrechte, Frankfurt am Main, 2012.

Amnesty International/ Oxfam Deutschland u. a. (Hrsg.), Dokumentation des Fachgesprächs Wirtschaft und Menschenrechte in einer globalisierten Welt: Welche verbindlichen Regeln für Unternehmen und Ihre Zulieferer bietet das deutsche Recht, in: Haus der Demokratie und Menschenrechte, Berlin, 2. März 2009.

Anderes, Sabrina, Fremde im eigenen Land: Die Haftbarkeit transnationaler Unternehmen für Menschenrechtsverletzungen an indigenen Völkern – Stand der Entwicklung im Völkerrecht und auf nationaler Ebene am Beispiel der Rechtsprechung in den USA, in: Schweizer Studien zum internationalen Recht, Études Suisses de droit international, Band/Volume 114, Zürich 2001.

Andersen, Mette/Skjoett-Larsen, Tage, Corporate social responsibility in global supply chains, in: Supply Chain Management: An International Journal, 2009 (14/2), S. 75–86.

Anderson, Sarah/Cavanagh, John, Top 200: The Rise of Global Corporate Power, Institute for Policy Studies, 2000.

Antrag der Fraktion der SPD, Die UN-Leitlinien für menschenrechtlich verantwortliches unternehmerisches Handeln aktiv unterstützen vom 07.06.2011, Drucksache 17/6087.

Antwort der Bundesregierung auf eine Große Anfrage, Gleichstellungs- und Antidiskriminierungsregelungen und Konsequenzen aus dem Benachteiligungsverbot für Behinderte im Grundgesetz vom 25.09.1996, Drucksache 13/5595.

Antwort der Bundesregierung auf eine Kleine Anfrage, Menschenrechte und Globalisierung vom 10.10.2006, Drucksache 16/2896.

Antwort der Bundesregierung auf eine Große Anfrage, Stärkung der sozialen und ökologischen Verantwortung von Unternehmen vom 27.06.2007, Drucksache 16/5844.

Appelbaum, Richard, Giant Transnational Contractors in East Asia: Emergent Trends in Global Supply Chains, in: Competition & Change, Volume 12, 2008, S. 69–87.

Arnold, Dieter/Isermann, Heinz/ Kuhn, Axel (Hrsg.), Handbuch Logistik, 3. Auflage, Heidelberg 2008.

Ascloy, Nina/Dent, Kelly/de Haan, Esther, Critical Issues for the Garment Industry, in: SOMO – Center for Research on Multinational Corporations, Amsterdam 2004.

Augenstein, Daniel/Harrison, James, Business, Human Rights & Environment Study ENTR/09/45, Country Report United Kingdom, University of Edinburgh 2010.

Bähr, Peter, Grundzüge des Bürgerlichen Rechts, 11. Auflage, München 2008.

Baetge, Dietmar/von Hein, Jan/von Hinden, Michael, Die richtige Ordnung – Festschrift für Jan Kropholler zum 70. Geburtstag, Tübingen, 2008.

Banik, Dan (Hrsg.), Rights and Legal Empowerment in Eradicating Poverty, Surrey, Burlington 2008.

Barwig, Klaus /Saathoff, Günter/Weyde, Nicole (Hrsg.), Entschädigung für NS-Zwangsarbeit – Rechtliche, historische und politische Aspekte, Baden-Baden 1998.

Baumbach Adolf/Lauterbach, Wolfgang/Albers, Jan/Hartmann, Peter, Zivilprozessordnung, 70. Auflage, München 2012.

Becker, Ulrich/Boecken, Winfried/Nußberger, Angelika/Steinmeyer, Heinz-Dietrich (Hrsg.), Reformen des deutschen Sozial- und Arbeitsrechts im Lichte supra- und internationaler Vorgaben – Wissenschaftliches Kolloquium zum 70. Geburtstag von Bernd Baron von Maydell, in: Studien aus dem Max-Planck-Institut für ausländisches und internationales Sozialrecht, Band 35, Baden-Baden 2005.

Behrens, Peter, Die Gesellschaft mit beschränkter Haftung im internationalen und europäischen Recht, 2. Auflage, Berlin, New York 1997.

Beig, Daphne/Graf-Schimek, Caroline/Grubinger, Andrea/Schachereiter, Judith, Rom II-VO Neues Kollisionsrecht für außervertragliche Schuldverhältnisse, Wien 2008.

Bellinghausen, Rupert/Paheenthararajah, Kokularajah, Gegenangriff: Schadensersatzklage gegen US-Klägeranwälte wegen der Erhebung offenkundig missbräuchlicher US-Sammelklagen gegen deutsche Unternehmen, in: ZIP Zeitschrift für Wirtschaftsrecht, 29. Jahrgang, 2008, S. 402–497.

Bentert, Holger, Das Pönale Element – Ein Fremdkörper im deutschen Zivilrecht? – Zugleich ein Diskussionsbeitrag zur Frage der Anerkennung US-amerikanischer "punitive-damages"-Urteile, Berlin 1996.

Bergmann, Andreas, Die Geschäftsführung ohne Auftrag als Subordinationsverhältnis – Die Rechtsinstitute der negotiorum gestio in subordinationsrechtlicher Betrachtungsweise, in: JUS PRIVATUM Beiträge zum Privatrecht, Band 152, Tübingen 2010.

Bernreuther, Jörn/Freitag, Robert/Leible, Stefan/Sippel, Harald/Wanitzek, Ulrike (Hrsg.), Festschrift für Ulrich Spellenberg, München 2010.

Bettermann, Karl August/Nipperdey, Hans Carl, Die Grundrechte – Handbuch der Theorie und Praxis der Grundrechte, Band 4, Halbband 2, 2. unveränderte Auflage, Berlin 1972.

Bieber, Roland/Bleckmann, Albert u. a. (Hrsg.), Das Europa der zweiten Generation – Gedächtnisschrift für Christoph Sasse, Band II, Baden-Baden 1981.

Bielefeldt, Heiner, Menschenwürde – der Grund der Menschenrechte, Studie, Deutsches Institut für Menschenrechte, Bonn, Berlin 2008.

Binding, Jörg/Thum, Kai, Aktuelle Entwicklungen im Arbeitsrecht der VR China, in: Recht der Arbeit, 2008, S. 347–357.

Bittorf, Susanne, Beim Geld hört die Versöhnung auf, in: Süddeutsche Zeitung, 23.04.2003, S. 9.

Blecker, Thorsten/Kaluza, Bernd, Produktions- und Logistikmanagement in virtuellen Unternehmen und Unternehmensnetzwerken, Berlin 2000.

Bleckmann, Albert, Grundgesetz und Völkerrecht, Berlin 1975.

Blüthner, Andreas, Welthandel und Menschenrechte in der Arbeit. The Compatibility of Human Rights at Work with the WTO-System, in: Studien zum internationalen, europäischen und öffentlichen Recht, Band 14, Frankfurt a. M. 2002.

Blumberg, Phillip, Accountability of Multinational Corporations: The Barriers Presented by Concepts of the Corporate Juridical Entity, in: Hastings International and Comparative Law Review, Volume 24, 2000/2001, S. 297–320.

Böhmert, Sabine, Das Recht der ILO und sein Einfluss auf das deutsche Arbeitsrecht im Zeichen der europäischen Integration, in: Studien zum ausländischen, vergleichenden und internationalen Arbeitsrecht, Band 15, Baden-Baden, 2002.

Börner, René, Die sukzessive Anstiftung am Beispiel von Trunkenheitsfahrt, Insolvenzverschleppung und Körperverletzung, in: Juristische Ausbildung, 2006, S. 415–417.

Boulle, Laurence (Hrsg.), Globalisation and Governance, Siber Ink 2011.

Breitinger, Matthias, Dumping-Löhne in Fernost – Verbraucherschützer werfen Lidl Kundentäuschung vor, in: Zeit Online, 08.04.2010.

Brems, Eva, Human Rights: Universality and Diversity, in: International Studies in Human Rights, Volume 66, Den Haag, 2001.

Brenner, Sven, Die strafrechtliche Bekämpfung der Schwarzarbeit unter besonderer Berücksichtigung wirtschaftlicher Aspekte, in: Berliner Juristische Universitätsschriften Strafrecht, Band 31, Berlin 2008.

Bretschger, Roman, Unternehmen und Menschenrechte – Elemente und Potenzial eines informellen Menschenrechtsschutzes, in: Schweizer Studien zum internationalen Recht, Band 135, Zürich, Basel, Genf 2010.

Brox, Hans/Walker, Wolf-Dietrich, Allgemeiner Teil des BGB, 35. Auflage, München 2011.

Brühl, Tanja/Debiel, Tobias/Hamm, Brigitte/Hummel, Hartwig/Martens, Jens (Hrsg.), Die Privatisierung der Weltpolitik – Entstaatlichung und Kommerzialisierung im Globalisierungsprozess, in: Texte der Stiftung Entwicklung und Frieden, Band 11, Bonn 2001.

Brupbacher, Stefan, Fundamentale Arbeitsnormen der Internationalen Arbeitsorganisation – Eine Grundlage der sozialen Dimension der Globalisierung, in: Schriften zum schweizerischen Arbeitsrecht, Bern 2002.

Buergenthal, Thomas/Thürer, Daniel, Menschenrechte – Ideale, Instrumente, Institutionen, St. Gallen 2010.

Bundesamt für Wirtschaft und Ausfuhrkontrolle, Statistiken über den Außenhandel Deutschlands mit Textilien und Bekleidung – Zeitraum Januar bis März 2011/2012, Eschborn 2012.

Buntenbroich, David, Menschenrechte und Unternehmen, Transnationale Rechtswirkungen „freiwilliger" Verhaltenskodizes, Frankfurt a. M. 2007.

Burckhardt, Gisela (Hrsg.), Die Schönfärberei der Discounter-Klage gegen Lidl's irreführende Werbung, Kampagne für saubere Kleidung, Wuppertal 2010.

Canaris, Claus-Wilhelm, Grundrechte und Privatrecht, in: Archiv für die civilistische Praxis, 184. Band, 1984, S. 201–246.

Castan Centre for Human Rights Law/International Business Leaders Forum/Office of the United Nations High Commissioner for Human Rights/United Nations Global Compact Office, Human Rights Translated – A Business Reference Guide, Paris, 2008.

CESCR, General Comment No. 3: The Nature of States Parties' Obligations (Art. 2, Para. 1, of the Covenant), E/1991/23, 1990.

China National Textile and Apparel Council, Status Quo in the Three Quarters of 2010, 2011.

Chirwa, Danwood Mzikenge, The doctrine of State Responsibility as a Potential Means of Holding Private Actors Accountable for Human Rights, in: Melbourne Journal of International Law, 2004, S. 1–36.

Christensen, Guido, Verkehrspflichten in arbeitsteiligen Prozessen, in: Europäische Hochschulschriften, Band 1656, Frankfurt 1995.

Clapham, Andrew, Human Rights in the Private Sphere, Oxford 1993.

Clapham, Andrew, Human Rights Obligations of Non-State Actors, Oxford 2006.

Cliteur, Paul, What developments can we expect in the field of human rights for the coming decades?, in: Rechtstheorie, 1996, S. 177–186.

Conforti, Benedetto/Francioni, Francesco (Hrsg.), Enforcing International Human Rights in Domestic Courts, in: International Studies in Human Rights, Volume 49, Den Haag 1997.

Craven, Matthew, The International Covenant on Economic, Social and Cultural Rights – A perspective on its Development, Oxford 1995.

Dennewitz, Bodo, Die Verfassungen der modernen Staaten – Eine Dokumentensammlung, Erster Band, Hamburg 1947.

Deutsche Bank Research, Aktuelle Themen 519: Textil-/Bekleidungsindustrie: Innovationen und Internationalisierung als Erfolgsfaktoren, Frankfurt a. M. 2011.

Deutsche Bundesbank, Bestandserhebung über Direktinvestitionen, in: Statistische Sonderveröffentlichung 10, 2012.

Deutsches Institut für Entwicklungspolitik (Hrsg.), Soziale Unternehmensverantwortung (CSR) und Arbeitnehmerrechte in der VR China, Bonn, 2008.

Deutsches Institut für Menschenrechte (Hrsg.), Die "General Comments" zu den VN-Menschenrechtsverträgen, Deutsche Übersetzung und Kurzeinführungen, Baden-Baden 2005.

Dörr, Oliver, Privatisierung des Völkerrechts, in: Juristenzeitung, 60. Band, 2005, S. 905–916.

Dörrenbächer, Christoph/Plehwe, Dieter (Hrsg.), Grenzenlose Kontrolle? Organisatorischer Wandel und politische Macht multinationaler Unternehmen, Berlin 2000.

Dolzer, Rudolf, The Settlement of War-related Claims: Does International Law recognize a Victim's Private Right of Action? – Lessons after 1945, in: Berkeley Journal of International Law, 2002, S. 296–341.

Dorsch, Gabriele, Die Konvention der Vereinten Nationen über die Rechte des Kindes, in: Schriften zum Völkerrecht, Band 115, Berlin 1994.

Drzemczewski, Andrew, The European Human Rights Convention and Relations between Private Parties, in: Netherlands International Law Review, 1979, S. 163–181.

Dütz, Wilhelm/Thüsing, Gregor, Arbeitsrecht, 16. Auflage, München 2011.

ECCHR, Kampagne für Saubere Kleidung, Verbraucherzentrale Hamburg, Pressemitteilung: Lidl betreibt Schönfärberei: Klage gegen die Täuschung von Verbrauchern, Hamburg, 08. April 2010.

Ehmann, Horst/Hefermehl, Wolfgang/Laufs, Adolf (Hrsg.), Privatautonomie, Eigentum und Verantwortung – Festgabe für Hermann Weitnauer zum 70. Geburtstag, Berlin 1980.

Ehricke, Ulrich, Auswirkungen der Europäischen Menschenrechtskonvention auf das deutsche Kollisionsrecht, in: Europäische Grundrechte Zeitschrift, 1993, S. 113–118.

Emmerich, Volker, BGB – Schuldrecht Besonderer Teil, 12. Auflage, Heidelberg 2009.

Emmerich, Volker, Unlauterer Wettbewerb, 8. Auflage, München 2009.

Emmerich, Volker/Habersack, Mathias, Konzernrecht, 9. Auflage, München 2008.

Emmerich-Fritsche, Angelika, Vom Völkerrecht zum Weltrecht, in: Rechtsfragen der Globalisierung, Band 13, Berlin 2007.

Emmerich-Fritsche, Angelika, Zur Verbindlichkeit der Menschenrechte für transnationale Unternehmen, in: Archiv des Völkerrechts, 45. Band, 2007, S. 541–565.

Engle, Eric, Alien Torts in Europe? Human Rights and Tort in European Law, ZERP-Diskussionspapier 1/2005, Zentrum für Europäische Rechtspolitik an der Universität Bremen, 2005.

Epiney, Astrid, Die Völkerrechtliche Verantwortlichkeit von Staaten für rechtswidriges Verhalten im Zusammenhang mit Aktionen Privater, in: Völkerrecht und Außenpolitik, Band 46, Baden-Baden 1991.

Epping, Volker, Grundrechte, 5. Auflage, Berlin 2012.

Ermacora, Felix, Menschenrechte in der sich wandelnden Welt – 1. Band – Historische Entwicklung der Menschenrechte und Grundfreiheiten, in: Veröffentlichungen der Kommission für das Studium der Menschenrechte Nr. 1, Wien 1974.

Europäische Kommission, Grünbuch Europäische Rahmenbedingungen für die soziale Verantwortung der Unternehmen KOM(2001) 366, endgültig vom 18.07.2001.

Europäisches Parlament, Entschließung zu EU-Normen für in Entwicklungsländern tätige europäische Unternehmen im Hinblick auf die

Entwicklung eines europäischen Verhaltenskodex, A4-0508/98, vom 15.01.1999.

European Center for Constitutional and Human Rights (ECCHR), Transnationale Unternehmen in Lateinamerika: Gefahr für die Menschenrechte? Gefährdung der Menschenrechte durch Unternehmen und juristische Haftungsfragen, 2011.

European Coalition for Corparate Justice, Contribution, Towards a Coherent European Approach to Collective Redress, Berlin, 2011.

Evangelischer Entwicklungsdienst/Trade Union Advisory Committee/Germanwatch/OECD, Wie weit reicht die Verantwortung von Unternehmen? Handels- und Zulieferbeziehungen von multinationalen Unternehmen – Tagungsdokumentation, Berlin 2003.

Falk, Gertrud/Sterk, Wolfgang, The case Mubende, in: FIAN International Document G27e, 2004.

Féaux de la Croix, Ernst, Schadensersatzansprüche ausländischer Zwangsarbeiter im Lichte des Londoner Schuldenabkommens, in: Neue Juristische Wochenschrift, 1960, S. 2268–2271.

Ferencz, Benjamin, Lohn des Grauens – Die verweigerte Entschädigung für jüdische Zwangsarbeiter. Ein Kapitel deutscher Nachkriegsgeschichte, Frankfurt 1979.

Fichter, Michael/Sydow, Jörg, Using Networks Towards Global Labor Standards? Organizing Social Responsibility in Global Production Chains, in: Industrielle Beziehungen – Zeitschrift für Arbeit, Organisation und Management, 2002, S. 357–380.

Fischer, Thomas, Strafgesetzbuch, 59. Auflage, München 2012.

Fischer-Lescano, Andreas, Subjektivierung völkerrechtlicher Sekundärregeln – Die Individualrechte auf Entschädigung und effektiven Rechtsschutz bei Verletzungen des Völkerrechts, in: Archiv des Völkerrechts, 45. Band, 2007, S. 299–381.

Foxman, Abraham, The Dangers of Holocaust Restitution, in: The Wall Street Journal, 4. Dezember 1998.

Frauendorf, Lutz, Die Entschädigung von NS-Zwangsarbeit – ein aktuelles Problem, in: Zeitschrift für Rechtspolitik, 1999, S. 1–6.

Freitag, Michael/Hirn, Christian/Rickens, Wolfgang, Die Inventur, in: Manager Magazin, 02/2006, S. 28–39.

Fries, Michaela, Die Bedeutung von Artikel 5 (f) der Rassendiskriminierungskonvention im deutschen Recht – Diskriminierung durch Private beim

Zugang zu Gaststätten, in: Beiträge zum ausländischen öffentlichen Recht und Völkerrecht, Band 161, Berlin 2003.

Frowein, Jochen/Peukert, Wolfgang, Europäische Menschenrechtskonvention – EMRK-Kommentar, 3. Auflage, Kehl 2009.

Gaedtke, Jens-Christian, Der US-amerikanische Alien Tort Claims Act und der Fall Doe v. Unocal: Auf dem Weg zu einer Haftung transnationaler Unternehmen für Menschenrechtsverletzungen?, in: Archiv des Völkerrechts, 42. Band, 2004, S. 241–260.

Gamillscheg, Franz, Die Grundrechte im Arbeitsrecht, in: Archiv für die civilistische Praxis, 164. Band, 1964, S. 385–445.

Garner, Bryan (Hrsg.), Black's Law Dictionary, 9th Edition, St. Paul 2009.

Geiger, Rudolf, Grundgesetz und Völkerrecht mit Europarecht, 5. Auflage, München 2011.

Geiger, Rudolf/Khan, Daniel-Erasmus/Kotzur, Markus (Hrsg.), EUV/AEUV-Vertrag über die Europäische Union und Vertrag über die Arbeitsweise der Europäischen Union, 5. Auflage, München 2010.

Geimer, Reinhold, Internationales Zivilprozessrecht, 6. Auflage, Köln 2009.

Geldermann, Heiner, Völkerrechtliche Pflichten multinationaler Unternehmen, in: Düsseldorfer Schriften zu Internationaler Politik und Völkerrecht, Baden-Baden 2009.

Georgi, Viola/Seberich, Michael (Hrsg.), International Perspectives in Human Rights Education, Gütersloh 2004.

Gereffi, Gary, International Trade and industrial upgrading in the apparel commodity chain, in: Journal of International Economics, Volume 48, 1999, S. 37–70.

Germany Trade & Invest, Länder und Märkte – VR Chinas Textil- und Bekleidungsindustrie setzt auf Binnennachfrage, 2010.

Germanwatch (Hrsg.), Unternehmensverantwortung – Vorschläge für EU-Reformen, Eine juristische Analyse der Auslandstätigkeit zweier deutscher Unternehmen, in: Germanwatch e.V., Mai 2010.

Glinski, Carola, Haftung multinationaler Unternehmen beim Transfer von Produktionsrisiken in Entwicklungsländer, TranState Working Papers No. 4, Bremen 2004.

Gottwald, Peter/Jayme, Erik/Schwab, Dieter, Festschrift für Dieter Henrich zum 70. Geburtstag, Bielefeld 2000.

Grabitz, Eberhard/Hilf, Meinhard/Nettesheim, Martin, Das Recht der Europäischen Union Band 1, München 2012.

Grabosch, Robert, The Distribution of Paraquat: Does Syngenta Respect Human Rights?, Erklärung von Bern, European Center for Constitutional Rights, Berlin 2011.

Großfeld, Bernhard, Die Anerkennung der Rechtsfähigkeit juristischer Personen, in: Rabels Zeitschrift für ausländisches und internationales Privatrecht, 31. Jahrgang, 1967, S. 1–50.

Haase, Richard/Keller, Rolf, Grundlagen und Grundformen des Rechts, 11. Auflage, Stuttgart 2003.

Haase, Winfrid, Zur Bedeutung der IAO-Übereinkommen, in: Zeitschrift für Sozialhilfe und Sozialgesetzbuch, 1990, S. 238–250.

Hader, Tobias, Die Geschäftsführung ohne Auftrag als Anspruchsgrundlage bei gescheiterten Verträgen, in: Europäische Hochschulschriften, Band 4392, Frankfurt a. M. 2006.

Hager, Günter, Rechtsmethoden in Europa, Tübingen 2009.

Hague Conference on private international Law, preliminary draft Convention on Jurisdiction and foreign Judgments in civil and commercial Matters, 2000.

Hailer, Claudia, Menschenrechte vor Zivilgerichten – die Human Rights Litigation in den USA, in: Schriften zum Internationalen Recht, Band 161, Berlin 2006.

Halfmeier, Axel, Menschenrechte und Internationales Privatrecht im Kontext der Globalisierung, in: Rabels Zeitschrift für ausländisches und internationales Privatrecht, 68. Jahrgang, 2004, S. 653–686.

Hamm, Brigitte, Menschenrechte – Ein Grundlagenbuch, Opladen 2003.

Handelsblatt Online vom 25.08.2011, Massenkollaps bei H&M-Zulieferer.

Haratsch, Andreas, Die Geschichte der Menschenrechte, in: Studien zu Grund- und Menschenrechten, Band 7, 4. Auflage, Potsdam 2010.

Hassler, Markus, The global clothing production system: commodity chains and business networks, in: Global Networks – a Journal of Transnational Affairs, Volume 3, Nr. 4, 2003, S. 513–531.

Heintschel, Wolff/von Heinegg, Stefan/Kadelbach, Burkhard/Heß, Meinhard/Hilf, Wolfgang/Benedek, Wulf-Henning, Kriegsentschädigungen aus kollisionsrechtlicher und rechtsvergleichender Sicht, in: Berichte der deutschen Gesellschaft für Völkerrecht Band 40 – Entschädigung nach bewaffneten Konflikten, Die Konstitutionalisierung der Welthandelsordnung, Heidelberg 2003.

Hennies, Jörg, Entschädigung für NS-Zwangsarbeit vor und unter der Geltung des Stiftungsgesetzes vom 2.8.2000, in: Saarbrücker Studien zum Internationalen Recht, Band 34, Baden-Baden 2006.

Hennings, Antje, Über das Verhältnis von Multinationalen Unternehmen zu Menschenrechten, Göttingen 2009.

Herdegen, Matthias, Völkerrecht, 10. Auflage, München 2010.

Heß, Burkhard, Entschädigung für NS-Zwangsarbeit vor US-amerikanischen und deutschen Zivilgerichten, in: Die Aktiengesellschaft, 1999, S. 145–154.

Hessbruegge, Jan, Human Rights Violations Arising from Conduct of Non-State Actors, in: Buffalo Human Rights Law Review, Volume 11, 2005, S. 21–88.

Hillemanns, Carolin, Transnationale Unternehmen und Menschenrechte – Eine Studie zu den ersten beiden Prinzipien des Global Compact, Zürich 2004.

Hillemans, Carolin, UN Norms on the Responsibilities of Transnational Corporations and Other Business Enterprises with regard to Human Rights, in: German Law Journal, Volume 4, Issue No 10, 2003, S. 1065–1080.

Hobe, Stephan, Die Zukunft des Völkerrechts im Zeitalter der Globalisierung, in: Archiv des Völkerrechts, 37. Band, 1999, S. 253–282.

Hobe, Stephan/Kieninger, Eva-Maria/König, Doris/Thorn, Karsten u. a., Moderne Konfliktformen – Humanitäres Völkerrecht und privatrechtliche Folgen, in: Berichte der Deutschen Gesellschaft für Völkerrecht, Band 44, Heidelberg 2010.

Hoffmann-Riem, Wolfgang/Schmidt-Aßmann, Eberhard (Hrsg.), Öffentliches Recht und Privatrecht als wechselseitige Auffangordnungen, in: Schriften zur Reform des Verwaltungsrechts, Band 3, Baden-Baden 1996.

Horter, Carsten, Der Strafgedanke im Bürgerlichen Recht – Zugleich ein Versuch der Neubewertung der Rechtsfolgen missbilligter Rechtsgeschäfte sowie Verletzungen des Körpers und des Persönlichkeitsrechts, in: Studien zum Zivilrecht, Band 3, Hamburg 2004.

Human Rights Council, Promotion and protection of all human rights, civil, political, economic, social and cultural rights, including the right to development, Seventeenth Session, Agenda Item 3, U.N. Doc. A/HRC/RES/17/4, 2011.

Human Rights Watch, World Report 2011 – Events of 2010, New York 2011.

ILO (Hrsg.), International Labour Conference 86th Session, Report of the Commitee of Experts on the Application of Conventions and Recommendations, General Report 1998.

International Commission of Jurists, Expert Legal Panel on Corporate Complicity in International Crimes, Corporate Complicity & Legal Accountability, Volume 1 – Facing the Facts and Charting a legal Path, Genf 2008.

International Commission of Jurists, Expert Legal Panel on Corporate Complicity in International Crimes, Corporate Complicity & Legal Accountability, Volume 3 – Civil Remedies, Genf 2008.

International Council on Human Rights Policy, Beyond Voluntarism – Human rights and the developing international legal obligations of companies, Versoix 2002.

International Federation for Human Rights, Corporate Accountability for Human Rights Abuses – A Guide for Victims and NGOs on Recourse Mechanisms, International Federation for Human Rights, 2010.

International Labour Organization, Bericht des Generaldirektors – Eine globale Allianz gegen Zwangsarbeit, Internationale Arbeitskonferenz, 93. Tagung, 2005.

International Labour Organization/Die Weltkommission für die soziale Dimension der Globalisierung, Eine faire Globalisierung: Chancen für alle schaffen, Genf 2004.

International Labour Organization, General Survey concerning the Forced Labour Convention 1930 (No. 29) and the Abolition of Forced Labour Convention 1957 (No. 105), 96th Session Eradication of Forced Labour, Genf 2007.

International Labour Organization, Erklärung der ILO über grundlegende Prinzipien und Rechte bei der Arbeit und ihre Folgemaßnahmen angenommen von der Internationalen Arbeitskonferenz auf ihrer 86. Tagung, 18. Juni 1998.

Ipsen, Knut, Völkerrecht, 5. Auflage, München 2004.

Ipsen, Jörn, Staatsrecht II Grundrechte, 14. Auflage, Köln 2011.

Isensee, Josef/Kirchhof, Paul (Hrsg.), Handbuch des Staatsrechts der Bundesrepublik Deutschland, Band 5, in: Allgemeine Grundrechtslehren, Band 7, Normativität und Schutz der Verfassung – Internationale Beziehungen, Heidelberg 1992.

Janz, Nicole/Risse, Thomas, Menschenrechte – Globale Dimensionen eines universellen Anspruchs, Baden-Baden 2007.

Jauernig, Othmar (Hrsg.), Kommentar zum Bürgerlichen Gesetzbuch, 14. Auflage, München 2011.

Javillier, Jean-Claude/Gernigon, Bernard, Les normes internationales du travail: un patrimoine pour l'avenir – Mélanges en l'honneur de Nicolas Valticos, Genf 2004.

Jenks, C. Wilfred, Human Rights and International Labour Standards, London 1960.

Johns, Fleur, The Invisibility of the transnational Corporation: An Analysis of International Law and Legal Theory, in: Melbourne University Law Review, 1994, S. 893–923.

Joseph, Sarah, Corporations and transnational human rights litigation, in: Volume 4 in the series Human Rights Law in Perspective, Oxford 2004.

Joseph, Sarah/Schultz, Jenny/Castan, Melissa, The International Covenant on Civil and Political Rights – Cases, Materials and Commentary, 2. Auflage, Oxford 2004.

Jürgens, Uwe, Barriere- und diskriminierungsfreier Zugang zu öffentlichen Gaststätten, in: Europäische Hochschulschriften, Reihe II Rechtswissenschaft, Bd. 4648, Frankfurt 2008.

Kadner Graziano, Thomas, Das auf außervertragliche Schuldverhältnisse anzuwendende Recht nach Inkrafttreten der Rom II-Verordnung, in: Rabels Zeitschrift für ausländisches und internationales Privatrecht, Band 73, 2009, S. 1–77.

Kälin, Walter/Künzli, Jörg, Universeller Menschenrechtsschutz, 2. Auflage, Basel 2008.

Kälin, Walter/Riedel, Eibe/Karl, Wolfram/Bryde, Brun-Otto/von Bar, Christian/Geimer, Reinhold, Aktuelle Probleme des Menschenrechtsschutzes, in: Berichte der deutschen Gesellschaft für Völkerrecht, Band 33, Heidelberg 1994.

Kaleck, Wolfgang/Saage-Maaß, Miriam, Corporate Accountability for Human Rights Violations Amounting to International Crimes – The Status Quo and its Challenges, in: Journal of International Criminal Justice 8, 2010, S. 699–724.

Kaleck, Wolfgang/Saage-Maaß, Miriam, Transnationale Unternehmen vor Gericht – Über die Gefährdung der Menschenrechte durch europäische Firmen in Lateinamerika, in: Reihe Demokratie der Böll-Stiftung, Band 4, 2008.

Kamminga, Menno T./Zia-Zafari, Saman (Hrsg.), Liability of Multinational Corporations under International Law, in: Studies and Materials on the Settlement of International Disputes, Volume 7, Den Haag 2000.

Kampagne für saubere Kleidung, Wer bezahlt unsere Kleidung bei Lidl und Kik? Eine Studie über die Einkaufspraktiken der Discounter Lidl und KiK und ihre Auswirkungen auf die Arbeitsbedingungen bei den Lieferanten in Bangladesch, 2008.

Kandiyoti, Deniz (Hrsg.), The Cotton Sector in Central Asia – Economic Policy and Development Challenges – Proceedings of a Conference held at SOAS University of London 3–4 November 2005, London 2007.

Kegel, Gerhard/Schurig, Klaus, Internationales Privatrecht, 9. Auflage, München 2004.

Kerkhoff, Gerd, Zukunftschance Global Sourcing – China, Indien, Osteuropa, Ertragspotentiale der internationalen Beschaffung nutzen, Weinheim 2005.

Khol, Andreas, Der Menschenrechtskatalog der Völkergemeinschaft – Die Menschenrechtskonventionen der Vereinten Nationen, in: Schriftenreihe der österreichischen Gesellschaft für Aussenpolitik und internationale Beziehungen, Band 2, Wien, Stuttgart 1968.

Kindler, Peter, Internationales Gesellschaftsrecht 2009: MoMiG, Trabrennbahn, Cartesio und die Folgen, in: Praxis des Internationalen Privat- und Verfahrensrechts, 2009, S. 189–202.

Kinley, David/Tadaki, Junko, From Talk to Walk: The Emergence of Human Rights Responsibilities for Corporations at International Law, in: Virginia Journal of International Law, Volume 44, 2004, S. 931–1024.

Kirchhof, Paul, Verfassungsrechtlicher Schutz und internationaler Schutz der Menschenrechte: Konkurrenz oder Ergänzung? Landesbericht Deutschland für die IX. Konferenz der Europäischen Verfassungsgerichte, 10–13. Mai 1993, Paris, in: Europäische Grundrechte Zeitschrift, 1994, S. 16–44.

Klein, Eckart/Menke, Christoph, Universalität – Schutzmechanismen – Diskriminierungsverbote: 15 Jahre Wiener Weltmenschenrechtskonferenz, in: Menschenrechtszentrum der Universität Potsdam, Band 30, Berlin 2008.

Klein-Blenkers, Friedrich, Rechtsformen der Unternehmen, Heidelberg 2009.

Klinger, Remo, Survey Response, Laws of Germany – Commerce, Crime and Conflict: A Survey of Sixteen Jurisdictions, in: FAFO AIS, 2006.

Knolle, Maren, Implementierung von Sozialstandards in die Wertschöpfungskette von Bekleidungsunternehmen durch die Bildung von Kooperationen, Centre for Sustainability Management, Lüneburg 2006.

Koch, Harald/Magnus, Ulrich/Winkler von Mohrenfels, Peter, IPR und Rechtsvergleichung – ein Studien- und Übungsbuch zum Internationalen Privat- und Zivilverfahrensrecht und zur Rechtsvergleichung, 4. Auflage, München 2010.

Köhler, Helmut/Bornkamm, Joachim, Gesetz gegen den unlauteren Wettbewerb, 29. Auflage, München 2011.

Köster, Constantin, Die völkerrechtliche Verantwortlichkeit privater (multinationaler) Unternehmen für Menschenrechtsverletzungen, in: Schriften zum Völkerrecht, Band 193, Berlin 2010.

Kötz, Hein/Wagner, Gerhard, Deliktsrecht, 11. Auflage, München 2010.

Kronke, Herbert/Thorn, Karsten (Hrsg.), Grenzen überwinden – Prinzipien bewahren: Festschrift für Bernd von Hoffmann zum 70. Geburtstag, Bielefeld 2011.

Kropholler, Jan, Internationales Privatrecht einschließlich der Grundbegriffe des internationalen Zivilverfahrensrechts, 6. Auflage, Tübingen 2006.
Kropholler, Jan/von Hein, Jan (Hrsg.), Europäisches Zivilprozessrecht – Kommentar zu EuGVO, Lugano-Übereinkommen 2007, EuVTVO, EuMVVO und EuGFVO, 9. Auflage, Frankfurt am Main 2011.
Kühner, Rolf, Das Recht auf Zugang zu Gaststätten und das Verbot der Rassendiskriminierung, in: Neue Juristische Wochenschrift, 1986, S. 1397–1402.
Kühnhardt, Ludger, Die Universalität der Menschenrechte, in: Studien zu Geschichte und Politik, Band 256, Bonn 1987.
Lackner, Karl/Kühl, Kristian, Strafgesetzbuch, 27. Auflage, München 2011.
Lambooy, Tineke, Corporate Due Diligence as a Tool to Respect Human Rights, in: Netherlands Quarterly of Human Rights, Volume 28/3, 2010, S. 404–448.
Lebensmittelzeitung (Online-Ausgabe), Top 10 Textilhändler Deutschland 2011.
Leible, Stefan, Rom I und Rom II: Neue Perspektiven im Europäischen Kollisionsrecht, in: Zentrum für Europäisches Wirtschaftsrecht – Vorträge und Berichte, Nr. 173, Bonn 2009.
Leinemann, Wolfgang/Schütz, Friedrich, Die Bedeutung internationaler und europäischer Arbeitsrechtsnormen für die Arbeitsgerichtsbarkeit, in: Betriebsberater, 1993, S. 2519–2523.
Lin, Li-Wen, Corporate Social Accountability Standards in the Global Supply Chain: Resistance, Reconsideration and Resolution in China, in: Cardozo Journal of International and Comparative Law, Volume 15, 2007, S. 321–369.
Liu, Huan/Sun, Laixiang, Beyond Phase-out of Quota in Textile and Clothing Trading, in: SOAS, University of London, London 2003.
Loewenheim, Ulrich, Bereicherungsrecht, 3. Auflage, München 2007.
Lorenz, Stephan, Gescheiterte Vertragsbeziehungen zwischen Geschäftsführung ohne Auftrag und Bereicherungsrecht: späte Einsicht des BGH?, in: Neue Juristische Wochenschrift, 1996, S. 883–887.
Lukas, Karin/Hutter, Franz-Josef, Menschenrechte und Wirtschaft, in: Studienreihe des Ludwig Boltzmann Instituts für Menschenrechte, Band 17, Wien 2009.
Lukas, Karin/Plank, Leonhard/Staritz, Cornelia, Securing Labour Rights in Global Production Networks – Legal Instruments and Policy Options, Kammer für Arbeiter und Angestellte in Wien, Wien 2010.
Magnus, Ulrich, Schaden und Ersatz – Eine rechtsvergleichende Untersuchung zur Ersatzfähigkeit von Einbußen, in: Beiträge zum ausländischen und internationalen Privatrecht, Band 51, Tübingen 1987.

Magnus, Ulrich/Mankowski, Peter, Brussels I on the Verge of Reform – A Response to the Green Paper on the Review of the Brussels I Regulation, in: Zeitschrift für vergleichende Rechtswissenschaft, Band 109, 2010, S. 1–41.

Maier-Reimer, Georg, Schutzgesetze – Verhaltensnormen, Sanktionen und ihr Adressat, in: Neue Juristische Wochenschrift, 2007, S. 3157–3162.

Mankowski, Peter, Interessenpolitik und europäisches Kollisionsrecht – Rechtspolitische Überlegungen zur Rom I- und Rom II-Verordnung, in: Schriftenreihe des Zentrums für Europäische Rechtspolitik der Universität Bremen, Band 62, Baden-Baden 2011.

Mankowski, Peter, Überlegungen zur sach- und interessengerechten Rechtswahl für Verträge des internationalen Wirtschaftsverkehrs, in: Recht der Internationalen Wirtschaft, 49. Jahrgang, 2003, S. 2–15.

Mansdörfer, Marco/Timmerbeil, Sven, Zurechnung und Haftungsdurchgriff im Konzern – Eine rechtsgebietsübergreifende Betrachtung, in: Wertpapiermitteilungen, 2004, S. 362–370.

Marks, Stephen, Emerging Human Rights: A New Generation for the 1980s?, in: Rutgers Law Review, Volume 33, 1981, S. 435–452.

Maunz, Theodor/Dürig, Günter (Begründer)/Herzog, Roman/Herdegen, Matthias/Scholz, Rupert/Klein, Hans (Hrsg.), Grundgesetz Kommentar, Band III: Art. 17–27, Band IV: Art. 28–69, München, Stand Juni 2010.

McDonald, Ronald/Matscher, Franz/Petzold, Herbert, The European System for the Protection of Human Rights, Dordrecht, Boston, London 1993.

Medicus, Dieter, Allgemeiner Teil des BGB, 10. Auflage, München 2010.

Medicus, Dieter/Lorenz, Stephan, Schuldrecht I Allgemeiner Teil, 19. Auflage, München 2010.

Medicus, Dieter/Lorenz, Stephan, Schuldrecht II Besonderer Teil, 15. Auflage, München 2010.

Melzer-Ridinger, Ruth, Materialwirtschaft und Einkauf – Beschaffungsmanagement, 5. Auflage, München 2008.

Magnus, Ulrich/Meng, Werner (Hrsg.), Das Internationale Recht im Nord-Süd-Verhältnis, in: Berichte der deutschen Gesellschaft für Völkerrecht, Band 41, Heidelberg 2005.

Mentzer, John, Supply Chain Management, Thousand Oaks 2001.

Mentzer, John/Myers, Matthew/Stank, Theodore (Hrsg.), Handbook of Global Supply Chain Management, Thousand Oaks 2007.

Metro AG, Metro-Handelslexikon 2011/2012 – Daten, Fakten und Adressen zum Handel in Deutschland, Europa und der Welt, 2011.

Meyer, William, Human Rights and TNCs: Theory Versus Quantative Analysis, in: Human Rights Quarterly 18, 1996, S. 368–397.

Mihr, Anja, Die UN-Dekade für Menschenrechtsbildung – Eine Bilanz, in: Der Bürger im Staat, 2005, S. 51–56.

Miserre, Roman, Der deliktische Schutz des Persönlichkeitsrechts, in: Juristische Arbeitsblätter, 2003, S. 252–257.

Mitglieder des Bundesgerichtshofs (Hrsg.), Das Bürgerliche Gesetzbuch – mit besonderer Berücksichtigung der Rechtsprechung des Reichsgerichts und des Bundesgerichtshofs, Band II 5. Teil, 12. Auflage, Berlin 1989.

Mitteilung der Kommission an das Europäische Parlament, den Rat, den Europäischen Wirtschafts- und Sozialausschuss und den Ausschuss der Regionen – Eine neue EU-Strategie (2011–14) für soziale Verantwortung der Unternehmen (CSR) vom 25.10.2011.

Muchlinski, Peter, Multinational Enterprises and the Law, 2. Auflage, Oxford 2007.

Mühlmann, Sophie, Blut, Schweiß und Hoffnung, Welt am Sonntag, 9. Dezember 2012, S. 6.

Mülherr, Silke/Gaugele, Jochen/Schmiechen, Frank, Welche Kleidung dürfen wir kaufen?, Welt am Sonntag, 9. Dezember 2012, S. 1.

Müller-Glöge, Rudi/Preis, Ulrich/Schmidt, Ingrid, Erfurter Kommentar zum Arbeitsrecht, 12. Auflage, München 2012.

Müller-Hoff, Claudia/Saage-Maaß, Miriam, Hintergrundbericht: Fairer Wettbewerb! Verbraucherklage in Deutschland für die Rechte der Arbeiterinnen in Südostasien, 2010.

Muhr, Gerd, Die Internationale Arbeitsorganisation, in: Das Arbeitsrecht der Gegenwart,1992, S. 87–116.

Nationale Strategie zur gesellschaftlichen Verantwortung von Unternehmen (Corporate Social Responsibility – CSR) – Aktionsplan CSR – der Bundesregierung, Berlin 2010.

Neuhold, Hanspeter/Hummer, Waldemar/Schreuer, Christoph (Hrsg.), Österreichisches Handbuch des Völkerrechts, 4. Auflage, Wien 2004.

Neumann, Franz L./Nipperdey, Hans Carl/Scheuner, Ulrich, Die Grundrechte – Handbuch der Theorie und Praxis der Grundrechte, Band 2, 2. unveränderte Auflage, Berlin 1968.

New York Times Online, World Business Briefing | Americas: Nicaragua: Pesticide Claims Dismissed, 25. Oktober 2003.

Nordås, Hildegunn Kyrik, Global Textile and Clothing Industry post the Agreement on Textiles and Clothing, in: WTO, Genf 2004.

Neuner, Jörg (Hrsg.), Grundrechte und Privatrecht aus rechtsvergleichender Sicht, Tübingen 2007.

Nickel, Rainer, Gleichheit und Differenz in der vielfältigen Republik – Plädoyer für ein erweitertes Antidiskriminierungsrecht, Baden-Baden 1999.

Nikol, Ralph/Schniederjahn, Nina/Bernhard, Thomas (Hrsg.), Transnationale Unternehmen und Nichtregierungsorganisationen im Völkerrecht, Baden-Baden 2013.

Nowak, Manfred, U.N. Covenant on Civil and Political Rights – CCPR Commentary, 2. Auflage, Kehl 2005.

Nowrot, Karsten, Die UN-Norms on the Responsibility of Transnational Corporations and Other Business Enterprises with regard to Human Rights – Gelungener Beitrag zur transnationalen Rechtsverwirklichung oder das Ende des Global Compact?, in: Beiträge zum Transnationalen Wirtschaftsrecht, Heft 21, 2003.

OECD, OECD Guidelines for Multinational Enterprises, in: 2003 Annual Meeting of the National Contact Points, Report by the Chair, 2003.

Oliver, Dawn/Fedtke, Jörg (Hrsg.), Human Rights and the Private Sphere – A Comparative Study, London, New York 2007.

Oppenhoff, Walter, Anmerkungen zum Urteil des BGH vom 9. Mai 1980 Az: I ZR 76/78, in: Gewerblicher Rechtsschutz und Urheberrecht, 82. Jahrgang, 1980, S. 858–862.

Ossenbühl, Fritz, Staatshaftungsrecht, 5. Auflage, München 1998.

Palandt, Bürgerliches Gesetzbuch, 71. Auflage, München 2012.

Papadimitropoulos, Antonios, Schuldverhältnisse mit Schutzwirkung zu Gunsten Dritter – Ein Erklärungsmodell für die Entstehung von Schutzpflichten gegenüber Dritten, in: Schriften zum Bürgerlichen Recht, Band 354, Berlin 2007.

Pardinas, Claudia, The Enigma of the Legal Liability of Transnational Corportaions, in: Suffolk Transnational Law Journal, 14, 1991, S. 405–456.

Partsch, Karl Josef, Die Anwendung des Völkerrechts im innerstaatlichen Recht – Überprüfung der Transformationslehre, in: Berichte der Deutschen Gesellschaft für Völkerrecht, Heft 6, Karlsruhe 1964.

Paust, Jordan, Human Rights Responsibilities of Private Corporations, in: Vanderbilt Journal of Transnational Law, Volume 35, 2002, S. 801–826.

Pawlita, Cornelius, Verfolgungsbedingte Zwangsarbeit im Nationalsozialismus, in: Arbeit und Recht, 1999, S. 426–436.

Pieroth, Bodo/Schlink, Bernhard, Grundrechte – Staatsrecht II, 26. Auflage, Heidelberg 2010.

Piper, Henning/Ohly, Ansgar/Sosnitza, Olaf, Gesetz gegen den unlauteren Wettbewerb, 5. Auflage, München 2010.

Pottmeyer, Klaus, Kriegswaffenkontrollgesetz (KWKG) Kommentar, 2. Auflage, Köln 1994.

Powell, Benjamin/Skarbek, David, Sweatshops and Third World Living Standards: Are the Jobs Worth the Sweat?, in: Independent Institute Working Paper Number 53, Oakland 2004.

Presse- und Informationsamt der Bundesregierung, Fortschrittsbericht 2008 zur nationalen Nachhaltigkeitsstrategie, Berlin 2008.

Presse- und Informationsamt der Bundesregierung, Fortschrittsbericht 2012 zur nationalen Nachhaltigkeitsstrategie, Berlin 2012.

Puppe, Ingeborg, Was ist Anstiftung? Zugleich eine Besprechung von BGH, Urteil vom 11.10.2005 – 1 StR 250/05, in: Neue Zeitschrift für Strafrecht, 2006, S. 424–426.

Raab, Thomas, Die Bedeutung der Verkehrssicherungspflichten und ihre systematische Stellung im Deliktsrecht, in: Juristische Schulung, 2002, S. 1041–1048.

Rädler, Peter, Art. 3 III GG als Schutzgesetz i. S. von § 823 II BGB? – Zur Renaissance der unmittelbaren Drittwirkung in Gestalt des Schutzgesetzes, in: Neue Juristische Wochenschrift, 1998, S. 1621–1623.

Rau, Markus, Haftung privater Unternehmen für Menschenrechtsverletzungen? Zu Doe v. Unocal Corp., 2000, WL 1239935 [C.D.Cal.2000], in: Praxis des Internationalen Privat- und Verfahrensrechts, 2001, S. 372–376.

Rauscher, Thomas (Hrsg.), Europäisches Zivilprozess- und Kollisionsrecht EuZPR/EuIPR, Kommentar, Bearbeitung 2011, München 2011.

Rauscher, Thomas/Wax, Peter/Wenzel, Joachim, Münchener Kommentar zur Zivilprozessordnung – mit Gerichtsverfassungsgesetz und Nebengesetzen – Band 1 §§ 1–510c, 3. Auflage, München 2008.

Reinhard, Jacob, Der US-amerikanische Alien Tort Claims Act als Grundlage für eine Sammelklage, in: Recht der Internationalen Wirtschaft, 2008, S. 676–680.

Renner, Günter, Ausländerrecht – Aufenthaltsgesetz und Freizügigkeitsgesetz/EU Artikel 16a GG und Asylverfahrensgesetz sowie arbeits- und sozialrechtliche Vorschriften – Kommentar, 9. Auflage, München 2011.

Reynolds, Lauren/Zimmer, Mark, Haften Unternehmen nach dem US-amerikanischen Alien Tort Statute?, in: Recht der Internationalen Wirtschaft, 2012, S. 139–146.

Riedel, Eibe, Die Universalität der Menschenrechte – Philosophische Grundlagen, Nationale Gewährleistungen, Internationale Garantien, in: Veröffentlichungen des Walther-Schücking-Instituts für Internationales Recht an der Universität Kiel, Bd. 143, Berlin 2003.

Riedel, Eibe/Söllner, Sven, Studiengebühren im Lichte des UN-Sozialpakts, in: Juristenzeitung, 2006, S. 270–277.

Rödl, Florian/Massoud, Sofia, Business, Human Rights & Environment Study ENTR/09/45, Country Report Germany, University of Edinburgh 2010.

Roller, Steffen, Die menschenrechtskonventionsgemäße Auslegung – Der Beschluss des Bundesverfassungsgerichts vom 14. Oktober 2004 (2 BvR 1481/04), in: Deutsche Richter Zeitung, 82. Jahrgang, 2004, S. 337.

Rudolf, Walter, Völkerrecht und deutsches Recht – Theoretische und dogmatische Untersuchungen über die Anwendung völkerrechtlicher Normen in der Bundesrepublik Deutschland, in: Tübinger Rechtswissenschaftliche Abhandlungen, Band 19, Tübingen 1967.

Ruggie, John, Corporations and human rights: a survey on the scope and patterns of alleged corporate-related human rights abuse, in: Report of the Special Representative of the Secretary-General on the issue of human rights and transnational corporations and other business enterprises; A/HRC/8/5/Add.2, 2008.

Ruggie, John, Guiding Principles on Business and Human Rights: Implementing the United Nations "Protect, Respect and Remedy" Framework, in: Report of the Special Representative of the Secretary-General on the issue of human rights and transnational corporations and other business enterprises, Human Rights Council, Seventeenth session, Agenda item 3, A/HRC/17/31, 2011.

Ruggie, John, The Corporate Responsibility to Respect Human Rights in Supply Chains, 10th OECD, Roundtable on Corporate Responsibility, 2010.

Ruland, Franz/von Maydell, Bernd/Papier, Hans-Jürgen (Hrsg.), Verfassung, Theorie und Praxis des Sozialstaats – Festschrift für Hans F. Zacher zum 70. Geburtstag, Heidelberg 1998.

Saage-Maaß, Miriam, Arbeitsbedingungen in der globalen Zulieferkette – Wie weit reicht die Verantwortung deutscher Unternehmen, Friedrich Ebert Stiftung Internationale Politikanalyse, 2011.

Saage-Maaß, Miriam, Transnationale Unternehmen im nationalen und internationalen Recht, in: Zeitschrift für Menschenrechte, Februar 2009, S. 102–122.

Sachs, Michael (Hrsg.), Grundgesetz Kommentar, 6. Auflage, München 2011.

Säcker, Franz Jürgen/Rixecker, Roland (Hrsg.), Münchener Kommentar zum Bürgerlichen Gesetzbuch,
- Band 1 Allgemeiner Teil, 6. Auflage, 2012,
- Band 2 Schuldrecht, Allgemeiner Teil, 5. Auflage, 2007,
- Band 3, Schuldrecht, Besonderer Teil I, 6. Auflage, 2012,
- Band 4, Schuldrecht, Besonderer Teil II, 5. Auflage, 2009,
- Band 5, Schuldrecht, Besonderer Teil III, 5. Auflage, 2009,
- Band 10, Internationales Privatrecht, 5. Auflage, 2010,
- Band 11, IPR, Internationales Wirtschaftsrecht, 5. Auflage, 2010, München.

Saenger, Ingo (Hrsg.), Handkommentar Zivilprozessordnung, 4. Auflage, Baden-Baden, 2011.

Schachter, Oscar, International Law in Theory and Practice, in: Developments in International Law, Vol. 13, Dordrecht, Boston, London, 1991.

Schack, Haimo, Internationales Zivilverfahrensrecht, 5. Auflage, München 2010.

Scheffler, Arndt, Die Bewältigung hoheitlich begangenen Unrechts durch fremde Zivilgerichte, in: Schriften zum Internationalen Recht, Band 91, Berlin 1997.

Scherer, Andreas/Blickle, Karl-Hermann/Dietzfelbinger, Daniel/Hütter, Gerhard (Hrsg.), Globalisierung und Sozialstandards, in: Deutsches Netzwerk Wirtschaftsethik, Folge 9, München, Mering 2002.

Scherf, Manfred, Die Umsetzung des Internationalen Paktes über wirtschaftliche, soziale und kulturelle Rechte vom 19. Dezember 1966 in die Rechtsordnung der Bundesrepublik Deutschland, in: Europäische Hochschulschriften, Reihe II, Rechtswissenschaft, Band 925, Frankfurt a. M. 1990.

Schliemann, Harald, ArbZG – Kommentar zum Arbeitszeitgesetz mit Nebengesetzen, Köln 2009.

Schmahl, Stefanie, Amtshaftung für Kriegsschäden, in: Zeitschrift für ausländisches öffentliches Recht und Völkerrecht, Band 66, 2006, S. 699–718.

Schmalenbach, Kirsten, Multinationale Unternehmen und Menschenrechte, in: Archiv des Völkerrechts, 39. Band, 2001, S. 57–81.

Schmidt, Walter, Grundrechte und Nationalität juristischer Personen – Eine Untersuchung über den Grundrechtsschutz der inländischen und ausländischen juristischen Personen in der Bundesrepublik Deutschland, in: Heidelberger Rechtswissenschaftliche Abhandlungen, 20. Abhandlung, Heidelberg 1966.

Schmidt, Karsten (Hrsg.), Vielfalt des Rechts – Einheit der Rechtsordnung?, in: Hamburger Rechtsstudien, Heft 85, Berlin 1994.

Schmidt, Karsten, Handelsrecht, 5. Auflage, Köln 1999.

Schmidt-Aßmann, Eberhard/Schoch, Friedrich (Hrsg.), Besonderes Verwaltungsrecht, 14. Auflage, Berlin 2008.

Schmidt-Bleibtreu, Bruno/Hofman, Hans/Hopfauf, Axel (Hrsg.), Kommentar zum Grundgesetz, 12. Auflage, Köln 2011.

Schneider, Hans/Götz, Volkmar (Hrsg.), Im Dienst an Recht und Staat – Festschrift für Werner Weber zum 70. Geburtstag, Berlin 1974.

Schneider, Jakob, Die Justiziabilität wirtschaftlicher, sozialer und kultureller Menschenrechte, Deutsches Institut für Menschenrechte, 2004.

Schönke, Adolf/Schröder, Horst, Strafgesetzbuch, 28. Auflage, München 2010.

Schorlemer, Sabine von (Hrsg.), Praxishandbuch UNO – Die Vereinten Nationen im Lichte globaler Herausforderungen, Berlin 2003.

Schröder, Rainer, Zwangsarbeit: Rechtsgeschichte und zivilrechtliche Ansprüche (Schluß), in: Juristische Ausbildung, 1994, S. 118–130.

Schröder, Rainer, Zwangsarbeit: Rechtsgeschichte und zivilrechtliche Ansprüche (I), in: Juristische Ausbildung, 1994, S. 61–72.

Schulze, Reiner (Schriftleitung), Handkommentar Bürgerliches Gesetzbuch, 6. Auflage, Baden-Baden 2009.

Schwab, Brent, Das neue Arbeitnehmer-Entsendegesetz, in: Neue Zeitschrift für Arbeitsrecht Rechtsprechungs-Report, 2010, S. 225–231.

Schwab, Dieter/Löhnig, Martin, Einführung in das Zivilrecht – Einschließlich BGB – Allgemeiner Teil, 18. Auflage, Heidelberg 2010.

Schwager, Elke, Ius bello durante et bello confecto – Darstellung am Beispiel von Entschädigungsansprüchen der Opfer von Antipersonenminen, in: Schriften zum Völkerrecht, Band 174, Berlin 2008.

Schwander, Ivo, Rechtsprechung zum internationalen Schuld-, Gesellschafts- und Konkursrecht, in: Schweizerische Zeitschrift für internationales und europäisches Recht, 2005, S. 523–527.

Schwartmann, Rolf, Private im Wirtschaftsvölkerrecht, in: Beiträge zum Öffentlichen Recht, Band 122, Tübingen 2005.

Schwarz, Günter/Wandt, Manfred, Gesetzliche Schuldverhältnisse – Deliktsrecht – Schadensrecht – Bereicherungsrecht – GoA, 4. Auflage, München 2011.

Scott, Craig (Hrsg), Torture as Tort, Comparative Perspectives on the Development of Transnational Human Rights Litigation, Oxford 2001.

Seedorf, Sebastian, Die Wirkung der Grundrechte im Privatrecht in Südafrika, in: Recht und Verfassung in Südafrika, Band 18, Baden-Baden 2005.

Seibert-Fohr, Anja, Die Deliktshaftung von Unternehmen für die Beteiligung an im Ausland begangene Menschenrechtsverletzungen – Anmerkungen zum Urteil Doe I v Unocal Corp. des US Court of Appeal (9th Circuit), Zeitschrift für ausländisches öffentliches Recht und Völkerrecht, 2003, S. 195–204.

Seibert-Fohr, Anja/Wolfrum, Rüdiger, Die einzelstaatliche Durchsetzung völkerrechtlicher Mindeststandards gegenüber transnationalen Unternehmen, in: Archiv des Völkerrechts, 43. Band, 2005, S. 153–186.

Seidl-Hohenveldern, Ignaz/Stein, Torsten, Völkerrecht, 10. Auflage, Köln 2000.

Senti, Martin, Internationale Regime und nationale Politik – Die Effektivität der Internationalen Arbeitsorganisation (ILO) im Industrieländervergleich, Bern 2002.

Shepherd, George W./Nanda, Ved.P. (Hrsg.), Human Rights and Third World Development, in: Studies in Human Rights, Number 5, Westport, Ct. 1985.

Soergel, Bürgerliches Gesetzbuch mit Einführungsgesetz und Nebengesetzen – Band 2, Allgemeiner Teil 2, 13. Auflage, 1999, Band 4/2, Schuldrecht III/2, 1999, Band 12, Schuldrecht 10, 13. Auflage, 2005, Stuttgart.

Spiegel Online vom 8. April 2010, Juristen reichen Hungerlohn-Klage gegen Lidl ein.

Spiegel Online vom 22.02.2011, Giftskandal bei Apple-Zulieferer – Chinesische Arbeiter bitten Steve Jobs um Hilfe.

Spühler, Karl (Hrsg.), Internationales Zivilprozess- und Verfahrensrecht V, Zürich, Basel, Genf 2005.

Stammler, Philipp, Der Anspruch von Kriegsopfern auf Schadensersatz – Eine Darstellung der völkerrechtlichen Grundlagen sowie der Praxis internationaler Organisationen und verschiedener Staaten zur Anerkennung individueller Wiedergutmachungsansprüche bei Verstößen gegen humanitäres Völkerrecht, in: Schriften zum Völkerrecht, Band 189, Berlin 2009.

Staudinger, Kommentar zum Bürgerlichen Gesetzbuch mit Einführungsgesetz und Nebengesetzen

- EGBGB/IPR, Internationales Gesellschaftsrecht, Neubearbeitung, Berlin 1998.
- EGBGB/ IPR Art. 38–42, Berlin 2001.
- §§ 1–14 (Einleitung zum BGB), Neubearbeitung, Berlin 2004.
- §§ 164–240 (Allgemeiner Teil 5), Berlin 2009.
- §§ 241–243 (Einleitung zum Schuldrecht), Neubearbeitung, Berlin 2009.
- §§ 611–613 (Buch 2 Recht der Schuldverhältnisse), Berlin 2011.
- §§ 328–359 (Vertrag zugunsten Dritter, Draufgabe, Vertragsstrafe), Berlin 2009.
- §§ 631–651 (Werkvertragsrecht), Berlin 2008.
- §§ 657–704 (Geschäftsbesorgung), Berlin 2005.
- §§ 812–822 (Ungerechtfertigte Bereicherung), Berlin 2007.
- §§ 823 E – I, 824, 825 (Unerlaubte Handlungen 1 – Teilband 2), Berlin 2009.

- §§ 826–829; ProdHaftG (Unerlaubte Handlungen 2, Produkthaftung), Berlin 2009.
- §§ 839, 839a (Unerlaubte Handlungen 4 – Amtshaftungsrecht), Berlin 2007.

Steen, Henrikus, Das Bhophalunglück von 1984, Kurzanalyse, Bewertungen, Schlussfolgerungen für die BRD, in: Umweltbundesamt–Arbeitsgruppe „Bhopal“ der Störfallkommission, Texte 8, 1987.

Stein, Torsten/von Buttlar, Christian, Völkerrecht, 12. Auflage, Köln 2009.

Stephens, Beth, Translating Filártiga: A Comparative and International Law Analysis of Domestic Remedies For International Human Rights Violations, in: Yale Journal of International Law, Volume 57, 2002, S. 1–57.

Stephens, Beth, Conceptualizing violence under international law: do tort remedies fit the crime?, in: Albany Law Review, Volume 60, 1997, S. 579–606.

Stern, Klaus, Das Staatsrecht der Bundesrepublik Deutschland, Band III/1: Allgemeine Lehren der Grundrechte, München 1988.

Stiglitz, Joseph, Die Chancen der Globalisierung, in: Schriftenreihe Bundeszentrale für politische Bildung, Band 594, Bonn 2006.

Strupp, Karl (Hrsg.), Wörterbuch des Völkerrechts und der Diplomatie, 2. Band, Maas – Utschiali, Berlin, Leipzig 1925.

Südwind, All die Textilschnäppchen – Nur recht und billig?, Arbeitsbedingungen bei Aldi-Zulieferern in China und Indonesien, 2007.

Südwind, Arbeits- und Frauenrechte im Discountgeschäft – Aldi-Aktionswaren aus China, 2009.

Südwind, Schutz der Arbeit in Partnerschaftsabkommen mit China – Fallbeispiele Adidas, Metro und Aldi, 2010.

Sunga, Lyal, Individual Responsibility in international Law for Serious Human Rights Violations, in: International Studies in Human Rights, Volume 21, Dordrecht 1992.

Tagesspiegel Online vom 8. Oktober 2011, Straffrei: Auf die diplomatische Tour.

Teng, Gary/Jaramillo, Hector, Integrating the US textile and apparel supply chain with small companies in South America, in: Supply Chain Management: An International Journal, 11/1, 2006, S. 44–55.

TextilWirtschaft, Der Textil Riese, 1. April 2004, S. 20.

Tófalo, Inés, Overt and Hidden Accomplices: Transnational Corporations' Range of Complicity for Human Rights Violations, in: Global Law Working Paper 01/05, Symposium – "Transnational Corporations and Human Rights", New York 2005.

Tommaso, Michael/Weinbrenner, Christoph, Bereicherungsrechtliche Mehrpersonenverhältnisse nach § 822 BGB, in: Juristische Ausbildung, 2004, S. 649–656.

Tomuschat, Christian, Grundpflichten des Individuums nach Völkerrecht, in: Archiv des Völkerrechts, 21. Band, 1983, S. 289–315.

Tomuschat, Christian, Menschenrechte – Eine Sammlung internationaler Dokumente zum Menschenrechtsschutz, 2. Auflage, Bonn 2002.

Triepel, Heinrich, Völkerrecht und Landesrecht, unveränderter Nachdruck 1958, Leipzig 1899.

Ullmann, Eike, Caroline v., Marlene D., Eheleute M. – ein fast geschlossener Kreis, in: Wettbewerb in Recht und Praxis, 2000, S. 1049–1054.

U.N. Conference on Trade and Development, World Investment Report 2011 – Non-equity modes of international production and development, Sales No. E.11.II.D.2, 2011.

U.N. Conference on Trade and Development, World Investment Report 2008 – Transnational Corporations and the Infrastructure Challenge, Sales No. E08.II.D.23, 2008.

UN Sub-Commission on Prevention of Discrimination and Protection of Minorities, The Realization of Economic, Social and Cultural Rights: The Impact of the Activities and Working Methods of Transnational Corporations on the Full Enjoyment of All Human Rights and the Right to Development, Bearing in Mind Existing International Guidelines, Rules and Standards Relation to the Subject Matter UN ESCOR, 52nd sess, Provisional Agenda Item 4, E/CN.4/Sub.2/1996/12, 1996.

UN Sub-Commission on the Promotion and Protection of Human Rights, Commentary for the Norms on the Responsibilities of Transnational Corporations and Other Business Enterprises with Regard to Human Rights, E/CN.4/Sub.2/2003/38 (2003), Fifty-fifth session, Agenda item 4, 2003.

UN Sub-Commission on the Promotion and Protection of Human Rights, Draft UN-Norms on the responsibilities of transnational corporations and other business enterprises with regard to human rights, Fifty-fifth session, Agenda item 4 E/CN.4/Sub.2/2003/12/Rev.2, 2003.

UN Sub-Commission on the Promotion and Protection of Human Rights, Responsibilities of transnational corporations and other business enterprises with regard to human rights, U.N. Doc. E/CN.4/Sub.2/2003/L.11, 2003.

Verdross, Alfred/Simma, Bruno, Universelles Völkerrecht: Theorie und Praxis, 3. Auflage, Berlin 1984.

Vitzthum, Wolfgang, Völkerrecht, 5. Auflage, Berlin 2010.

Voltz, Markus, Menschenrechte und ordre public im Internationalen Privatrecht, in: Schriften zum Staats- und Völkerrecht, Band 100, Frankfurt a. M. 2002.

von Bar, Christian, Entwicklungen und Entwicklungstendenzen im Recht der Verkehrs(sicherungs)pflichten, in: Juristische Schulung, 1988, S. 169–174.

von Bar, Christian/Mankowski, Peter, Internationales Privatrecht, Band 1: Allgemeine Lehren, 2. Auflage, München 2003.

von Caemmerer, Ernst/Mentschikoff, Soia/Zweigert, Konrad (Hrsg.), Ius privatum gentium – Festschrift für Max Rheinstein, Band II, Tübingen 1969.

von Hoffmann, Bernd, Über den Schutz des Schwächeren bei internationalen Schuldverträgen, in: Rabels Zeitschrift für ausländisches und internationales Privatrecht, Band 38, 1974, S. 396–420.

von Hoffmann, Bernd (Hrsg.), Universalität der Menschenrechte – Kulturelle Pluralität, in: Rechtspolitisches Symposium, Band 7, Frankfurt 2009.

von Hoffmann, Bernd/Thorn, Karsten, Internationales Privatrecht einschließlich der Grundzüge des internationalen Zivilverfahrensrechts, in: Schriftenreihe der Juristischen Schulung, Band 18, 9. Auflage, München 2007.

von Mangoldt, Hermann (Begründer)/Klein, Friedrich/Starck, Christian (Hrsg.), Kommentar zum Grundgesetz, Band 2: Art. 20 bis 82, 5. Auflage, 2005, Band 1: Art. 1–19, 6. Auflage, 2010, München.

von Münch, Ingo, Staatsrecht, Band 2 – Staatsangehörigkeit; Allgemeine Grundrechtslehren; die einzelnen Grundrechte; Wirtschaftsverfassung; Internationaler Schutz der Menschenrechte; Europäische Union und Europäische Gemeinschaft, 5. Auflage, Stuttgart 2002.

von Münch, Ingo (Begründer)/Kunig, Philip (Hrsg.), Grundgesetz, Kommentar, Band 1 (Präambel – Art. 69), 6. Auflage, München 2012.

von Unger, Moritz, Menschenrechte als transnationales Privatrecht, in: Schriften zum Völkerrecht, Band 182, Berlin 2008.

von Woedtke, Niclas, Die Verantwortlichkeit Deutschlands für seine Streitkräfte im Auslandseinsatz und die sich daraus ergebenden Schadensersatzansprüche von Einzelpersonen als Opfer deutscher Militärhandlungen, Schriften zum Völkerrecht, Band 190, Berlin 2010.

Wagner, Gerhard, Die neue Rom II-Verordnung, in: Praxis des Internationalen Privat- und Verfahrensrechts, 2008, S. 1–17.

Ward, Halina, Securing Transnational Corporate Accountability Through National Courts: Implications and Policy Options, in: Hastings International and Comparative Law Review, 2001, S. 451–474.

Weber, Antje, Die rechtliche und politische Dimension von extraterritorialen Staatenpflichten bei Menschenrechtsverstößen durch transnationale Konzerne – Ein Literaturbericht, in: INEF Forschungsreihe, Menschenrechte, Unternehmensverantwortung und nachhaltige Entwicklung, Duisburg 2009.

Weilert, Katarina, Transnationale Unternehmen im rechtsfreien Raum? Geltung und Reichweite völkerrechtlicher Standards, in: Zeitschrift für ausländisches öffentliches Recht und Völkerrecht, 2009, S. 883–917.

Wellenhofer-Klein, Marina, Zulieferverträge im Privat- und Wirtschaftsrecht, in: Münchner Universitätsschriften, Band 140, München 1999.

Weltwirtschaft, Ökologie & Entwicklung e.V. (Hrsg.), Zwischenstaatliche Instrumente zur Stärkung der Unternehmensverantwortlichkeit, Berlin 2005.

Wenzel, Nicola, Das Spannungsverhältnis zwischen Gruppenschutz und Individualschutz im Völkerrecht, in: Beiträge zum ausländischen öffentlichen Recht und Völkerrecht, Band 191, Berlin 2008.

Westermann, Peter/Grunewald, Barbara/Maier-Reimer, Georg/Harm, Erman, Bürgerliches Gesetzbuch, Band II, 13. Auflage, Köln 2011.

Wick, Ingeborg, Soziale Folgen des liberalisierten Weltmarkts für Textil und Bekleidung, Otto Brenner Stiftung, Frankfurt a. M. 2009.

Wiesbrock, Katja, Internationaler Schutz der Menschenrechte vor Verletzungen durch Private, in: Menschenrechtszentrum der Universität Potsdam, Band 7, Berlin 1999.

Wilhelmi, Theresa, Das Weltrechtsprinzip im internationalen Privat- und Strafrecht – Zugleich eine Untersuchung zu Parallelitäten, Divergenzen und Interdependenzen von internationalem Privatrecht und internationalem Strafrecht, Studien zum vergleichenden und internationalen Recht, Band 147, Frankfurt am Main 2007.

Wimalasena, Jan Philip, Die Durchsetzung sozialer Menschenrechte – Rechtsfortbildung am Beispiel des Internationalen Sozialpakts von 1966, in: Kritische Justiz, 2008, S. 2–23.

Windbichler, Christine, Gesellschaftsrecht, 22. Auflage, München 2009.

Wingert, Lutz/Günther, Klaus (Hrsg.), Die Öffentlichkeit der Vernunft und die Vernunft der Öffentlichkeit – Festschrift für Jürgen Habermas, Baden-Baden 2001.

Wöhe, Günter/Döring, Ulrich, Einführung in die Allgemeine Betriebswirtschaftslehre, 23. Auflage, München 2008.

Wouters, Jan/Chanet, Leen, Corporate Human Rights Responsibility: A European Perspective, in: Northwestern Journal of International Human Rights, Volume 6, 2008, S. 262–303.

WTO, International Trade Statistics 2010, Merchandise Trade by Product, 2010.
Xu, Yingxin, Die Textilindustrie Chinas, Vortrag des stellvertretenden Generalsekretärs des China Textile and Apparel Council vom 19. Januar 2009 im Rahmen der Heimtextilmesse, Frankfurt a. M. 2009.
Young, Iris, Responsibility and Global Labor Justice, in: The Journal of Political Philosophy, Volume 12, Number 4, 2004, S. 365–388.
Zerk, Jennifer, Multinationals and Corporate Social Responsibility – Limitations and Opportunities in International Law, Cambridge 2006.
Zimmer, Reingard, Auswirkungen der Globalisierung, in: Arbeitsrecht im Betrieb, 2005, S. 675–678.
Zimmer, Reingard, Soziale Mindeststandards und ihre Durchsetzungsmechanismen – Sicherung internationaler Mindeststandards durch Verhaltenskodizes?, in: Arbeits- und Sozialrecht, Band 110, Baden-Baden 2008.
Zimmermann, Andreas, Deutsche Rechtsprechung in völkerrechtlichen Fragen 1991, in: Zeitschrift für ausländisches öffentliches Recht und Völkerrecht, 1993, S. 360–445.
Zöller, Richard, Zivilprozessordnung, 29. Auflage, Köln 2012.
Zuleeg, Manfred, Der Internationale Pakt über wirtschaftliche, soziale und kulturelle Rechte, in: Recht der Arbeit, 1974, S. 321–332.
Zuleeg, Manfred, Abschluss und Rechtswirkung völkerrechtlicher Verträge in der Bundesrepublik Deutschland, in: Juristische Arbeitsblätter, 1983, S. 1–6.
Zweigert, Konrad, Zur Armut des internationalen Privatrechts an sozialen Werten, in: Rabels Zeitschrift für ausländisches und internationales Privatrecht, Band 37, 1973, S. 435–452.

**INTERNATIONALRECHTLICHE STUDIEN**
Beiträge zum Internationalen Privatrecht,
zum Einheitsrecht und zur Rechtsvergleichung

Herausgegeben von Ulrich Magnus und Peter Mankowski

Band 1 Birgit Reimers-Zocher: Beweislastfragen im Haager und Wiener Kaufrecht. 1995.

Band 2 Lenja Vespermann: Schadensersatz bei Beeinträchtigung rechts- oder sittenwidriger Interessen im deutschen und französischen Recht. 1996.

Band 3 Peter Cypra: Die Rechtsbehelfe im Verfahren der Vollstreckbarerklärung nach dem EuGVÜ unter besonderer Berücksichtigung der Ausgestaltung in Deutschland und Frankreich. 1996.

Band 4 Brigitta Lurger: Regulierung und Deregulierung im europäischen Privatrecht. 1997.

Band 5 Uta Gutknecht: Das Nacherfüllungsrecht des Verkäufers bei Kauf- und Werklieferungsverträgen. Rechtsvergleichende Untersuchung zum CISG, zum US-amerikanischen Uniform Commercial Code, zum deutschen Recht und zu dem Vorschlag der Kommission zur Überarbeitung des deutschen Schuldrechts. 1996.

Band 6 Stefan Abel: Die Qualifikation der Schenkung. Zur Methode der Qualifikation im Internationalen Schuldvertragsrecht. 1997.

Band 7 Daniel Kötz: Verkäuferpflichten und Rechtsbehelfe des Käufers im neuen norwegischen Kaufrecht vom 13. Mai 1988 Nr. 27 im Vergleich zum UN-Kaufrecht vom 11. April 1980 (CISG). 1997.

Band 8 Olaf Beier: Grundsätze eines europäischen transportmittelübergreifenden Schadensrechts für den Gütertransport. Eine rechtsvergleichende Untersuchung unter besonderer Berücksichtigung der CMR, der ER/CIM 1990, des WA/HP und der HVR. 1999.

Band 9 Ulrich Krüger: Modifizierte Erfolgshaftung im UN-Kaufrecht. Die Haftungsbefreiung bei Lieferung vertragswidriger Ware gemäß Art. 79 CISG. 1999.

Band 10 Wolf-Henning Hammer: Das Zurückhaltungsrecht gemäß Art. 71 CISG im Vergleich zu den Kaufgesetzen der nordischen Staaten unter Einbeziehung transportrechtlicher Aspekte. Eine rechtsvergleichende Studie. 1999.

Band 11 Ulrich Quay: Der Consulting-Vertrag im Internationalen Privatrecht. 2000.

Band 12 Axel Halfmeier: Die Veröffentlichung privater Tatsachen als unerlaubte Handlung. Eine rechtsvergleichende Untersuchung. 2000.

Band 13 Stephanie Scholz: Lohngleichheit durch Verfahren. Eine Studie zur Förderung der Lohngleichheit durch verfahrensrechtliche Ansätze. 2000.

Band 14 Tarık Cebecioglu: Stellung des Ausländers im Zivilprozeß. Eine rechtsvergleichende Untersuchung des türkischen und deutschen Rechts. 2000.

Band 15 Gunnar Straube: Sozialrechtliche Eingriffsnormen im Internationalen Privatrecht. 2001.

Band 16 Daniela de Lukowicz: Divergenzen in der Rechtsprechung zum CISG. Auf dem Weg zu einer einheitlichen Auslegung und Anwendung? 2001.

Band 17 Mohamed Hassan Fadlalla Ali: Das islamische Ehe- und Kindschaftsrecht im Sudan. Mit Hinweisen zu den Lehren der Islamischen Rechtsschule, der anwendbaren Familienrechtsvorschriften für Nichtmuslime im Sudan und im deutschen Familienrecht. 2001.

Band 18 Ole Lando/Ulrich Magnus/Monika Novak-Stief (Hrsg./eds.): Angleichung des materiellen und des internationalen Privatrechts in der EU. Harmonisation of Substantive and International Private Law. 2003.

Band 19 Florian Schulz: Der Ersatzlieferungs- und Nachbesserungsanspruch des Käufers im internen deutschen Recht, im UCC und im CISG. Eine rechtsvergleichende Untersuchung unter Berücksichtigung der Schuldrechtskommission, der EG-Richtlinie 1999/44/EG und des Diskussionsentwurfs eines Schuldrechtsmodernisierungsgesetzes. 2002.

Band 20 Ingo Janert: Die Aufrechnung im internationalen Vertragsrecht. 2002.

Band 21 Armin Jentsch: Die Erhaltungspflichten des Verkäufers und des Käufers im UN-Kaufrecht im Vergleich zum US-amerikanischen Uniform Commercial Code und zum deutschen Recht. 2002.

Band 22 Martin Taschner: Arbeitsvertragsstatut und zwingende Bestimmungen nach dem Europäischen Schuldvertragsübereinkommen. Einheitliche Auslegung. 2003.

Band 23 Klaus Bitterich: Die Neuregelung des Internationalen Verbrauchervertragsrechts in Art. 29a EGBGB. 2003.

Band 24 Sascha J. Morgenroth: Umsetzung der Verbrauchsgüterkaufrichtlinie in Spanien und Deutschland. Umsetzung der Richtlinie 1999/44/EG des Europäischen Parlaments und des Rates vom 25. Mai 1999 zu bestimmten Aspekten des Verbrauchsgüterkaufs und der Garantien für Verbrauchsgüter in Spanien und Deutschland. 2003.

Band 25 Markus Renfert: Über die Europäisierung der ordre public Klausel. 2003.

Band 26 Henning Mordhorst: Die Behandlung vertraglicher Mobiliarsicherheiten im US-amerikanischen und deutschen Insolvenzrecht. 2003.

Band 27 Hans Markus Wulf: UN-Kaufrecht und eCommerce. Problembereiche bei der Anwendung des Wiener Übereinkommens auf Internet-Verträge. 2003.

Band 28 Julia Kaiser: Freiheit oder Schutz? Die Scheidungsfolgenvereinbarung im deutschen und im englischen Recht. 2003.

Band 29 Astrid Hillebrenner: Die private Zustimmung zu Rechtsgeschäften Dritter im englischen, dänischen und deutschen Recht. 2004.

Band 30 Irene von der Heyde: Das deutsche und italienische internationale Kindschaftsrecht im Rechtsvergleich. Favor filii oder favor filiationis? 2004.

Band 31 Sven-Michael Werner: Recht im Systemwandel. *Ein Land, zwei Systeme* und das Kontinuitätsproblem in Hongkong. 2004.

Band 32 Holger Ellenberger: Wirtschaftsrelevante Kollisionsnormen im japanischen internationalen Privatrecht. 2004.

Band 33 Sebastian Kaufmann: Parol Evidence Rule und Merger Clauses im internationalen Einheitsrecht. 2004.

Band 34 Britta Christina Weber: Eigentumsübertragung und gutgläubiger Erwerb beim Kauf von beweglichen Sachen im vietnamesischen Zivilgesetzbuch von 1995. Eine rechtsvergleichende Analyse unter Berücksichtigung des Eigentumsbegriffs im vietnamesischen Recht. 2004.

Band 35 Alexander von Saucken: Die Reform des österreichischen Schiedsverfahrensrechts auf der Basis des UNCITRAL-Modellgesetzes über die internationale Handelsschiedsgerichtsbarkeit. Ein Diskussionsbeitrag. 2004.

Band 36 Jasnica Garašić: Anerkennung ausländischer Insolvenzverfahren. Teil 1 und Teil 2. Ein Vergleich des kroatischen, des deutschen und des schweizerischen Rechts sowie der Europäischen Verordnung über Insolvenzverfahren, des Istanbuler Übereinkommens und des UNCITRAL-Modellgesetzes. 2005.

Band 37 Eugenia Kurzynsky-Singer: Anknüpfung und Reichweite des Vollmachtsstatuts. 2005.

Band 38 Timo Utermark: Rechtsgeschichte und Rechtsvergleichung bei Ernst Rabel. 2005.

Band 39 Mohamed Lakmes: Die IPR-Anknüpfung der Schuldverträge. Ein Vergleich zwischen dem deutschen und dem syrischen Recht. 2005.

Band 40 Christian Haas: Vertragsstrukturen privatfinanzierter Infrastrukturprojekte. Nationale und internationale Perspektiven. 2005.

Band 41 Tanja Herzog-Engels: Gesellschaftsrechtliche Formvorschriften und Internationales Privatrecht. 2005.

Band 42 Hassan Siahpoosh: Das Familien- und Erbrecht im Iran. 2006.

Band 43 Carola Reifenrath: Das Vertragsrecht Hongkongs und dessen zukünftige Entwicklung. Unter besonderer Berücksichtigung des englischen Common Law. 2006.

Band 44 Arkadiusz Wudarski: Der Pfandbrief und sein Treuhänder. Eine rechtsvergleichende Untersuchung zum polnischen und deutschen Recht. 2006.

Band 45 Ulla Liukkunen: Cross-Border Services and Choice of Law. A Comparative Study of the European Approach. 2006.

Band 46 Claire Anna Reifner: Die Umsetzung der Verbrauchsgüterkaufrichtlinie in Italien und Deutschland. 2007.

Band 47 Shahriar Rabbanifar: Vergleich des Rechts der öffentlichen Unternehmen in Deutschland, Iran und Polen. 2007.

Band 48 Judith Farokhmanesh: Der Schutz des Urhebers im internationalen Vertragsrecht. Funktion, Reichweite und Effektivität zwingender Bestimmungen im deutschen, französischen und englischen Recht. 2007.

Band 49 Christoph Hellriegel: Schuldnerschutz in Polen. Rechtsvergleichende Untersuchung eines universalen Regelungsproblems. 2007.

Band 50 Ingemar Carl: Einstweiliger Rechtsschutz bei *Torpedoklagen*. 2007.

Band 51 Gabriele Wunsch: Möglichkeiten und Grenzen eines europäischen Hypothekarkredits. Problemanalyse und Lösungswege für die Schaffung eines Binnenmarktes für Grundpfandrechte unter Berücksichtigung des deutschen, englischen, schwedischen und spanischen Rechts. 2009.

Band 52 Sven Kuchmann: Die Haftung des Geschäftsführers einer deutschen GmbH und des Gerente einer argentinischen SRL im Rechtsvergleich. 2008.

Band 53 María Elena Alvarez de Pfeifle: Der Ordre Public-Vorbehalt als Versagungsgrund der Anerkennung und Vollstreckbarerklärung internationaler Schiedssprüche. Unter Berücksichtigung des deutschen, schweizerischen, französischen und englischen Rechts sowie des UNCITRAL-Modellgesetzes. 2009.

Band 54 Amir-Said Ghassabeh: Die Zustellung einer *punitive-damages*-Sammelklage an beklagte deutsche Unternehmen. Zugleich ein Beitrag zum „unnötigen" transatlantischen Justizkonflikt. 2009.

Band 55 Gunnar Lennart Schmüser: Das Zusammenspiel zwischen Haupt- und Sekundärinsolvenzverfahren nach der EuInsVO. 2009.

Band 56 Johanna Siemonsen: Die deutschen Ausführungsvorschriften zur Europäischen Insolvenzverordnung. 2009.

Band 57 Dan Malika Gunasekera: Civil Liability for Bunker Oil Pollution Damage. 2010.

Band 58 Sarah Mukaddes Oguz: Das türkische und das europäische Verbraucherrecht. Eine vergleichende Analyse mit Blick auf die Beitrittsbestrebungen der Türkei zur Europäischen Union. 2010.

Band 59 Niklas Wielandt: Die einseitig verpflichtende Schuldzusage. Eine rechtsvergleichende Untersuchung des abstrakten, kausalen und nicht rechtsgeschäftlichen Schuldanerkenntnisses und Schuldversprechens nach deutschem und englischem Recht. 2010.

Band 60 Lars Meyer: Non-Performance and Remedies under International Contract Law Principles and Indian Contract Law. A comparative survey of the UNIDROIT Principles of International Commercial Contracts, the Principles of European Contract Law, and Indian statutory contract law. 2010.

Band 61 Farzana Soleimankehl-Hanke: Afghanistan zwischen Islam und Gleichberechtigung. Widersprüche in der afghanischen Verfassung am Beispiel des afghanischen Familien- und Erbrechts. 2011.

Band 62 Sören Koch: Der Ersatz frustrierter Aufwendungen im norwegischen Recht. 2011.

Band 63 Vanessa Seibel: Der Geschäftsführer in der Insolvenz der Gesellschaft. Eine rechtsvergleichende und rechtsökonomische Betrachtung von GmbH und LLC. 2012.

Band 64 Dorothea von Domarus: Internationales Arzthaftungsrecht nach Inkrafttreten der Rom I- und Rom II-Verordnung. Ein Rechtsvergleich mit den USA unter besonderer Berücksichtigung der Bundesstaaten New York, Kalifornien und Louisiana. 2013.

Band 65 Nils Rasmus Grenda: Erwerb und Schutz des Eigentums an Mobilien im deutschen und schwedischen Recht. 2013.

Band 66 Tristan Wegner: Überseekauf im Agrarhandel. Die Kontraktpraxis nach GAFTA und Einheitsbedingungen. Eine rechtsvergleichende Darstellung. 2013.

Band 67 Marjam Waladan: Das iranische Familienrecht unter der besonderen Berücksichtigung der Rechte von Frauen und Kindern. 2013.

Band 68 Gesine Osieka: Zivilrechtliche Haftung deutscher Unternehmen für menschenrechtsbeeinträchtigende Handlungen ihrer Zulieferer. 2014.